中华当代学术著作辑要

汉语史论集

（增补本）

郭锡良 著

图书在版编目(CIP)数据

汉语史论集:增补本/郭锡良著.—北京:商务印书馆,2021
(中华当代学术著作辑要)
ISBN 978-7-100-19928-5

Ⅰ.①汉⋯ Ⅱ.①郭⋯ Ⅲ.①汉语史—文集 Ⅳ.①H1-09

中国版本图书馆 CIP 数据核字(2021)第 094553 号

权利保留,侵权必究。

中华当代学术著作辑要

汉语史论集

(增补本)

郭锡良 著

商 务 印 书 馆 出 版
(北京王府井大街36号 邮政编码100710)
商 务 印 书 馆 发 行
北京市十月印刷有限公司印刷
ISBN 978-7-100-19928-5

2021年8月第1版   开本 710×1000 1/16
2021年8月北京第1次印刷   印张 39
定价:188.00元

中华当代学术著作辑要

出 版 说 明

学术升降，代有沉浮。中华学术，继近现代大量吸纳西学、涤荡本土体系以来，至上世纪八十年代，因重开国门，迎来了学术发展的又一个高峰期。在中西文化的相互激荡之下，中华大地集中迸发出学术创新、思想创新、文化创新的强大力量，产生了一大批卓有影响的学术成果。这些出自新一代学人的著作，充分体现了当代学术精神，不仅与中国近现代学术成就先后辉映，也成为激荡未来社会发展的文化力量。

为展现改革开放以来中国学术所取得的标志性成就，我馆组织出版"中华当代学术著作辑要"，旨在系统整理当代学人的学术成果，展现当代中国学术的演进与突破，更立足于向世界展示中华学人立足本土、独立思考的思想结晶与学术智慧，使其不仅并立于世界学术之林，更成为滋养中国乃至人类文明的宝贵资源。

"中华当代学术著作辑要"主要收录改革开放以来中国大陆学者、兼及港澳台地区和海外华人学者的原创名著，涵盖文学、历史、哲学、政治、经济、法律、社会学和文艺理论等众多学科。丛书选目遵循优中选精的原则，所收须为立意高远、见解独到，在相关学科领域具有重要影响的专著或论文集；须经历时间的积淀，具有定评，且侧重于首次出版十年以上的著作；须在当时具有广泛的学术影响，并至今仍富于生命力。

自 1897 年始创起，本馆以"昌明教育、开启民智"为己任，近年又确立了"服务教育，引领学术，担当文化，激动潮流"的出版宗旨，继上世纪八十年代以来系统出版"汉译世界学术名著丛书"后,近期又有"中华现代学术名著丛书"等大型学术经典丛书陆续推出,"中华当代学术著作辑要"为又一重要接续,冀彼此间相互辉映,促成域外经典、中华现代与当代经典的聚首,全景式展示世界学术发展的整体脉络。尤其寄望于这套丛书的出版,不仅仅服务于当下学术,更成为引领未来学术的基础,并让经典激发思想,激荡社会,推动文明滚滚向前。

商务印书馆编辑部

2016 年 1 月

序　　言

　　收入这个集子的文章,是我汉语史方面的论文。除了一篇是50年代的以外,其他都是近十多年写的。文章的编排,大致按内容分成语法、音韵、训诂词汇和文学语言四类,然后再按发表时间的先后排列。

　　我从1954年到北京大学做研究生,在了一师指导下开始攻读汉语史。由于本科时对古典文学、文学理论产生了浓厚兴趣,读研究生后仍不愿割舍文学,于是给自己定下了搞文学语言史的方向,以为这样可以把文学和语言结合起来。集子中所收《韩愈在文学语言方面的理论和实践》就是我那时的学年论文。了一先生对这篇论文作出了颇高的评价,给了我极大的鼓舞。但是毕业时正碰上1958年的"学术批判",提倡集体编书,毕业论文被取消了。我只得把为撰写论文所收集的有关骈文语言研究的资料压在了箱底。60年代跟随了一先生编写《古代汉语》时,才有机会利用其中的部分资料写成了两节《骈体文的构成》。我还承担了除《曲律》外其他几节有关文体的通论,这也与我曾搞过文学语言史不无关系。

　　我跟随了一师32年,耳提面命,受益颇多。在他的熏陶下,懂得治学贵闳通,研究生阶段就对语法史、音韵学也产生了兴趣。特别是留校后,教学任务不允许我继续搞文学语言史,我的主攻方向转成了汉语语法史,并对文字、音韵和训诂都有所涉猎。十年动乱,学术研究被迫中断。拨乱反正后,我在承担了繁重的教学任务的情况下,十多年间,应各种刊物、文集的稿约,撰写了几十篇文章。内容不仅包括汉语史的各个领域,还涉及文字、方言及古汉语教学等多方面。有些文章或被国内外师友称引,或有年轻同志查询索取。现在选取部分结集出版,一则便于读者检索;二则可以更广泛地就正于海内外方家。

集中所收论文,语法方面的居多。其中有的是探讨某些语法现象的发展,重在挖掘语言事实,例如《汉语第三人称代词的起源和发展》、《先秦汉语构词法的发展》;有的是对某些语法现象从体系上进行重新认识,既重视语言现象的全面考察,又注重从新的角度考察问题,例如《试论上古汉语指示代词的体系》、《先秦语气词新探》;有的是重在研究方法的探索,例如《关于系词"是"产生时代和来源论争的几点认识》、《古汉语语法研究刍议》。在音韵方面,主要是以《诗经》音系为出发点,根据分布互补的理论,采取音系投射的内部拟测法,探讨了殷商音系和西周金文音系,为填补古音研究的空白作了一些努力。在训诂方面,提出了反训不可信的论点,引起了热烈的争论。贯串各篇论文的共同思想是:汉语史研究的各个领域都既要继承我国传统语言学的严谨学风和研究成果,又要吸收国外现代语言学的理论、方法。要求实,更要创新。要特别重视语言的系统性和历时变异性,不孤立地观察问题,不以今律古。总的来看,这些文章大都是讨论先秦汉语的各种问题的,这是因为我认为研究汉语史应该先把源头弄清楚。也曾设想要对汉语史的某些问题从先秦一直研究下来,遗憾的是许多设想或研究计划都因各种原因未能实现。今后如果条件允许,仍将努力实现原有的某些设想。

我著文虽然不敢率尔从事,但多数情况是应约为文,有时间的限制,因而有的文章难免带有急就章的痕迹。这次结集,除了统一体例、改正误排外,还改动了两篇文章的题目,对有几篇的行文也作了个别字句的删削。至于论点,一仍其旧。这并非自以为是,而是因为时间和精力都不允许我对原来研究的问题重新思索一番。其中肯定会有讹误欠妥之处,祈请方家指正。

在学术著作出版十分困难的情况下,承蒙商务印书馆允予结集出版,深为感谢。

出版时承启功先生惠题书名,增光不少,谨致谢忱。

郭锡良

1995.2.8.于北京大学畅春园

目　　录

汉语第三人称代词的起源和发展 …………………………… 1
从单位名词到量词 …………………………………………… 35
古汉语语法研究刍议 ………………………………………… 40
古汉语词类活用浅谈 ………………………………………… 48
先秦语气词新探 ……………………………………………… 54
试论上古汉语指示代词的体系 ……………………………… 84
马建忠和《马氏文通》 ……………………………………… 108
关于系词"是"产生时代和来源论争的几点认识 ………… 118
四十年来古汉语语法研究述评 ……………………………… 138
先秦汉语构词法的发展 ……………………………………… 145
远古汉语的句法结构 ………………………………………… 169
关于建立古汉语教学语法系统的浅见 ……………………… 188
远古汉语的词类系统 ………………………………………… 194
介词"于"的起源和发展 …………………………………… 220
介词"以"的起源和发展 …………………………………… 236
再谈马建忠和《马氏文通》 ………………………………… 249
汉语的同源词和构词法 ……………………………………… 255
先秦汉语名词、动词、形容词的发展 ……………………… 263
古汉语虚词研究评议 ………………………………………… 285
古汉语专书语法研究漫谈 …………………………………… 311

先秦称数法的发展 ··· 314
汉语介词"于"起源于汉藏语说商榷 ···························· 327

也谈上古韵尾的构拟问题 ······································· 338
殷商时代音系初探 ··· 347
西周金文音系初探 ··· 389
历史音韵学研究中的几个问题 ································· 441
音韵问题答梅祖麟 ··· 466
简评潘悟云的《谐声分析与异读》 ······························ 500

反训不可信 ·· 505
反训问题答客难 ·· 515
《孔雀东南飞》的一处错简 ····································· 522
怎样掌握古汉语词义漫谈 ······································ 525
汉文（Chinese characters） ··································· 534
说"斃" ··· 546
李白在哪儿望天门山 ··· 552
王维《鸟鸣涧》的"桂花" ······································· 557
《名原》评议 ··· 563
词典义项处理漫议 ··· 568

韩愈在文学语言方面的理论和实践 ····························· 575
汉语历代书面语和口语的关系 ································· 598
增补本跋 ··· 610

汉语第三人称代词的起源和发展

汉语的第三人称代词起源晚,并经过长期的孕育过程才确立下来。语法学家对这个问题有过一些论述,其中某些结论是大家公认的,某些结论是相互抵牾的,也有一些方面还没有谈到,或者语焉不详,本文试图在前人研究的基础上作一些整理和探索。

一、第三人称代词的起源

殷商时代第三人称代词还没产生。甲骨文中除第一、二人称代词外,还有"之""兹"两个代词,都只作指示代词用。① 例如:

余见岩在之。(《卜辞通纂》434)
贞:今日壬申其雨?之日允雨。(《殷虚文字乙编》3414)
兹夕又大雨?兹御。夕雨。(《殷虚书契后编》下,18、13)

从先秦流传下来的古籍看,指示代词"之"和"其"已经逐渐向第三人称代词转化,但还处在孕育的阶段。

"之"作定语时,只具有指示代词的性质。例如:

之子于归,宜其室家。(《诗经·周南·桃夭》)
若之二士者,言相非而行相反与?(《墨子·兼爱下》)

之二虫又何知？(《庄子·逍遥游》)

"之"用作定语,在春秋战国时期,《诗经》中还比较多,共三十八次;其次是《墨子》、《庄子》,也有好几处。其他著作,如《孟子》、《荀子》只用作宾语,没有用作定语的。这虽然反映了"之"作定语的功能逐渐被别的指示代词(此、是)所取代,但也反映出"之"的指示代词性质仍是确定无疑的。

"之"用作宾语时,不少语法学家往往一律把它看作第三人称代词。确实,先秦很多用作宾语的"之",已经由指示代词向第三人称代词转化,把它理解成现代汉语的"他"(它),比较顺当。例如：

晋侯饮赵盾酒,伏甲将攻之。(《左传·襄公二年》)
客果有能也,吾负之。(《战国策·齐策》)
白沙在涅,与之俱黑。(《荀子·劝学》)

但是,不少用作宾语的"之",只有理解为指示代词,才是正确的。例如：

姜氏欲之,焉避害？(《左传·隐公元年》)
使杞子、逢孙、杨孙戍之。(《左传·僖公三十年》)
齐宣王问曰："文王之囿方七十里,有诸？"孟子对曰："于传有之。"(《孟子·梁惠王下》)

例①,"姜氏欲之",是说武姜要求把"京"这个地方封给共叔段,"欲之"是"要这样",而不能理解为"要它"。例②,"戍之"是"戍守这里(郑国国都)",而不是"戍守它"。例③,"有之"是"有这个(记载或说法)",而不是"有它"。

有些用作宾语的"之",似乎处于两可状态。例如:

孟尝君顾谓冯谖:"先生所为文市义者,乃今日见之。"(《战国策·齐策》)
宋君令人问之于丁氏。(《吕氏春秋·察传》)

两例的"之",既可以理解为"它",也可以理解为"这个"。但"见到的"或"问的"都是抽象的事情,"之"的作用重在指示,而不是重在称代,本质上仍是指示代词。

了解这一点很重要,否则上古有许多用作宾语的"之"不好理解,很容易作出错误的判断。正因为"之"经常指示抽象的事物,意思比较空泛,所以很难说出它是称代什么。例如:

战于长勺。公将鼓之。(《左传·庄公十年》)
齐师败绩。公将驰之。(《左传·庄公十年》)
填然鼓之,兵刃既接,弃甲曳兵而走。(《孟子·梁惠王上》)

例①,"鼓之"是"击鼓进攻齐军",还是"击鼓激励将士"呢?也就是说"之"是称代"齐军",还是称代"鲁军的将士"呢?莫衷一是。其实"之"就是指示"发动进攻"这件事。有的语法书在分析这类句子时说:"'鼓'作动词用,等于'擂战鼓',用不着宾语的,故'之'不能说出它究竟何所指代。"[②]于是认为这种"之"字只是"凑足一个音节",把它强列为小品词。我们认为,需要不需要用宾语,不能根据现代汉语的规律去考察,而应该根据古代汉语是否用,或者用与不用有否差别去考察。这类句子,古代汉语用与不用是有差别的。用"之"是补充说明动词谓语的,绝不是毫无实际意义地凑足音节,它是动词的连带成分,不妨叫做宾语。例②,"驰之"不是"赶着兵车",而是"赶着兵车追击齐军","之"是指示"追击齐军"这件事。例③与例①情况相类似。

杨树达先生在1929年写定他的《高等国文法》时,改变了他在《词诠》中的看法,不把"之"列入人称代名词,而归入指示代名词一类,认为是表"泛称",[③]这是颇有见地的。

由于"之"是表"泛称"的指示代词,所以前面不一定要出现它所指代的事物名称。例如:

小子识之,苛政猛于虎。(《礼记·檀弓》)
由此观之,则强弱大小可见于前事矣。(《战国策·齐策》)

这种"之"字,当然不能看作是凑足音节的小品词,也不能像有的语法书那样,说它是"探下指代",即指代后文的"苛政猛于虎"等结论。其实,"识之"、"观之"一类的"之",甚至包括后来的"无之"、"顷之"的"之"都是一种泛指,泛指一种道理或情况。

由于不明确"之"的这种泛指作用,过分看重它的第三人称代词的性质,在讲不通时,就只好用"灵活运用"来解释,说它"有时候是说话人本人自称,有时候是指称对话人"。[④]这就是说,它既是第三人称代词,又可作第一、第二人称用。例如:

若从君之惠而免之,以赐君之外臣首,首其请于寡君,而以戮于宗,亦死且不朽。(《左传·成公三年》)
士季曰:"谏而不入,则莫之继也。会请先;不入,则子继之。"(《左传·宣公二年》)

例①,"免之"的"之"被说成是说话人知罃自称。例②,"莫之继也"的

"之"被说成指对话人赵盾,"则子继之"的"之"又被说成是说话人士季自称。其实这都是不对的。例①"免之"就是免掉被杀戮这件事;例②的两个"之"同是指向晋灵公进谏这件事。这里的"之"都是表泛称的指示代词,而不是人称代词。必须指出,现代汉语的"他",有时用于委婉的说法,既可以是自称,也可以是指对话人;但我们绝不能用现代汉语中的"他"来比附上古汉语的"之"。因为现代汉语的"他"是确定无疑的第三人称代词,而上古汉语的"之"本质上是一个泛指代词;何况所引例句,完全不是什么委婉的说法。特别是第二例,既代"我",又代"你",未免太"灵活"了。

"之"还可以用作兼语(宾语兼主语)和复指。用作兼语时,一般可以理解为第三人称代词。例如:

> 令之俯则俯,令之仰则仰,是似景也。(《墨子·鲁问》)
> 子谓薛居州,善士也,使之居于王所。(《孟子·滕文公下》)

在这里,"之"虽然已具有第三人称代词的性质,但实际上仍未完全脱离指示代词的范畴。因为作为指示代词的"之",既可指物,也可指人;当指人是指确定的某人(这个人)时,就容易被理解为第三人称代词,这也正是"之"向第三人称转化的客观语言条件。

用作复指的"之",只能认为是指示代词。例如:

> 姜氏何厌之有?(《左传·隐公元年》)
> 父母唯其疾之忧。(《论语·为政》)
> 鲁颂曰:"戎狄是膺,荆舒是惩。"周公方且膺之,子是之学,亦为不善变矣。(《孟子·滕文公上》)

古代汉语中除了用"之"复指,还用"是"复指,如上面引例中的"戎狄膺,荆舒是惩"。"是"和"之"都是指示代词,绝不可以把"之"看作第三人称代词。

总之,春秋战国时"之"已经从指示代词向第三人称代词转化,但并没有完成这一转化过程。为什么说没有完成呢?首先是"之"字用作定语时,只能是指示代词,而用作宾语就把它看成人称代词,缺乏充足的理由。并且用作宾语的"之"能否看作人称代词,情况很复杂,不少人往往是拿现代汉语去对译,把它理解成第三人称代词的。这是不妥当的。更重要的是,"之"字在汉代以后并没有继续向第三人称代词转化,它的用途有缩小的趋势(下文还要谈到),直到隋唐时代也没有发展成为真正的第三人称代词,而是为后起的真正的第三人称代词"他"所取代。王力先生推测现代汉语的指示代词"这"是由古代的"之"转变来的,[5]这是有一定根据的。如果真是如此,那么"之"从古到今都是一个指示代词,不过在真正的第三人称代词产生以前,曾在一定程度上起过第三人称代词的作用。

至于"其",在春秋战国时期的古籍中,一般只用作定语,是一个特指代词。例如:

尔爱其羊,我爱其礼。(《论语·八佾》)
或曰:"以子之矛,攻子之盾,何如?"其人弗能应也。(《韩非子·难一》)
其一能鸣,其一不能鸣。(《庄子·山木》)

这种"其"字相当于现代汉语的"那个"或"那里的"。

自然,"其"字在先秦也已向第三人称代词转化,在某些句子中把它理解成第三人称代词"他(它)的"更顺当一些。例如:

> 祁奚请老。晋侯问嗣焉。称解狐,其仇也。(《左传·襄公三年》)
> 是以臣或弑其君,下或杀其上。(《荀子·富国》)
> 丈夫亦爱怜其少子乎?(《战国策·赵策》)
> 吾视其辙乱,望其旗靡,故逐之。(《左传·庄公十年》)
> 是何故也?以亏人愈多,其不仁兹甚,罪益厚。(《墨子·非攻上》)

例①,语译时,"其"只能用"他的"来替代;但后面四例的"其"都可以用"那个"来语译。先秦时,人们可能正是理解为特指代词,不过,我们用现代汉语的观点来看,会觉得译作"他的"更顺当。

先秦的"其",一般只作定语,不能作其他的句子成分。有些地方很容易被误认为是主语或兼语。例如:

> 秦人,其生民也陿阸,其使民也酷烈。(《荀子·议兵》)
> 爱之欲其生,恶之欲其死。(《论语·颜渊》)
> 吾见师之出而不见其入也。(《左传·僖公三十二年》)
> 且夫水之积也不厚,则其负大舟也无力。(《庄子·逍遥游》)

《马氏文通》曾把这种"其"看作"读之起词,而居主次",⑥即认为是主语。杨树达先生不同意,在《刊误》中说道:"有时实是当作'彼之'二字解";王力先生也曾指出:"'其'字后面有一个谓语形式,似乎本身居于主位",实际上仍是作定语,其意义等于名词后面加联结词"之"字,将整个谓语变成名词性词组。⑦马建忠的看法确实不正确。这种"其"是将后面的动词或整个谓语形式变成名词性词组,正像古代汉语中的复指代词"之"取消主谓结构的独立性一样(《左传·僖公十四年》:"皮之不存,毛将焉傅?")。上面③、④两例最富有启示性。例③前面说

"见师之出",后面说"不见其入";"其入"正是"师之入"。例④前面说"水之积",后面说"其负大舟";"其负大舟"即"水之负大舟"。我们绝不可用现代汉语的句法结构去套,误认为这种"其"是主语或兼语。在这种句式中的"其",虽然比较明显地具有第三人称代词的性质,但仍未完全丧失指示的意味。

先秦的"其",只有在次系是判断句的递系句中,才不作定语,而必须承认它是兼语。例如:

以是知其天也,非人也。(《庄子·养生主》)
人见其禽兽也。(《孟子·告子上》)
何以见其是陈君也。(《穀梁传·桓公六年》)

这种"其"是初系动词的宾语,又是次系名词谓语的主语。但在先秦的古书中这样用例是不多的。这里虽然可以用"他"来语译,但也可以用"那个";从全面来看,应该认作特指代词,而不是第三人称代词。

总之,代词"其"同"之"一样,原本是指示代词,在先秦虽然已经由特指代词向第三人称代词转化,但也未完成它的转化过程。它的第三人称代词的性质比"之"更弱一些。王力先生主编的《古代汉语》在讲人称代词的时候说:"有时候,'其'字不能解作'他的'、'她的'、'它的',只能解作'一定的'、'相当的'。在这种情况下,'其'字已经变为指示代词的性质。"⑧这是没有从历史发展的角度考虑,容易使人误认为"其"是从第三人称代词向指示代词变化。

先秦古籍中,被看作第三人称代词的还有"彼"和"厥"。"厥"和"其"的情况相似(可能是"其"的早期形式),用例比"其"少得多。"彼"是与"此"相对的远指代词,指示性特别强,大多是确定无疑的指示代词,只有极少数例子好像可用现在的第三人称代词理解。例如:

> 彼,丈夫也;我,丈夫也。吾何畏彼哉?(《孟子·滕文公上》)

这是"彼"被看作第三人称代词最典型的例子。句中的"彼"固然可以用现在的"他"来语译,但实际上仍是"那个人"的意思。

全面考察先秦的古籍,"之"、"其"、"厥"等字虽然在一定程度上具有第三人称代词性质,但没有一个能作主语的。这是因为它们都是从指示代词向第三人称代词转化,都还没有摆脱原来词性的束缚;因此,严格说来,先秦还没有真正的第三人称代词。

第三人称代词为什么起源这样晚呢?这是因为当初人们要谈到某事物时,往往用它的名称,为了避免重复,出现了指代的要求,于是产生了指示代词。这就是"之"原先用作泛指,"其"原先用作特指的客观需要。随着社会的发展和语言交际功能精密化的要求,人们在交谈中多次重复谈到同一个人或物,"之"、"其"又被经常用来称代这个人或物,于是开始向人称代词转化,反映出汉语已经迫切需要有表达第三人称的语法形式。第三人称代词产生得晚,并非汉语所独有的现象。某些现代语言仍然反映出这一事实。例如日语的第三人称代词有このひと(此の人)、そのひと(其の人)、あのひと(彼の人)和あのかた(彼の方)等六个。この,その和あの在日语中是连体词,相当于汉语中作定语的指示代词,分别表示近称、中称和远称;ひと是名词,意思是"人",かた是表示人的敬称的接尾(词尾)。因此,这六个第三人称代词,实际上是指示代词的性质。再如蒙古语,第三人称代词与指示代词完全是相同的形式⑨:(1) ᠲᠡᠷ (TƏP)是指示代词,意思是"那,那个",又作第三人称代词用,理解为"他(她、它)",随上下文而定。ᠲᠡᠷ (TƏP)后面加ᠬᠦᠮᠦᠨ(XYH),意思是"那个人",也作"他"用。(2) ᠡᠨᠡ (ЭНЭ)也是指示代词,意思是"这、这个",也可作第三人称代词用;加ᠬᠦᠮᠦᠨ(XYH)是

"这个人"的意思,也作"他"用。(3) ꟻ√(ЭД)是复数的指示代词,指在说话者附近的人,意思是"这些人",也可理解为复数的第三人称代词"他们"(近指)。(4) ꟻ√(ТЭД)是复数的指示代词,只能指人,意思是"那些人",第三人称代词的性质更强。这说明蒙语实际上还没有真正的第三人称代词,与上古汉语的情况很相似。但乌兰巴托在需要用第三人称代词时,一般已很少用 ꟻ√(ТЭР),而往往要说成 ꟻ√ ꟻ√(ТЭР ХҮН),反映出指示代词和第三人称代词明确分化的趋势。朝鲜语同蒙语相似,指示代词和第三人称代词也是不分的。

二、"之"、"其"的发展和"伊"、"渠"的产生

汉以后,"其"的使用范围开始扩大,魏晋以后有取代"之"的趋势;也就是说,原来只能用"之"的地方,逐渐可以用"其"代替。例如:

> 中山见其诚也,不忍与其战,果下之。(《说苑》卷五)
> 今夕风甚猛,贼必来烧军,宜为其备。(《三国志·魏书·满宠传》)
> 云是卿为其计。(《世说新语·言语》)
> 徒丧身命,为其所困。(《百喻经》卷下)

以上"其"作介词宾语。

> 可引军避之,与其空城。(《三国志·魏书·陈登传》)
> 有人遗其双鹤。(《世说新语·言语》)
> 至城卖之,诸贵长者多与其价。(《百喻经》卷下)
> 我有一儿,年已十七,颇晓书疏,教其鲜卑语及弹琵琶。(《颜氏家训》卷一)

以上"其"作间接宾语。

> 可率勉之,令其为善。(《论衡·率性篇》)
> 鼠本欲杀君而不能,当为使其反死。(《搜神记》卷三)
> 譬如芝兰玉树,欲使其生于阶庭耳。(《世说新语·言语》)
> 见其还债,言非我兄。(《百喻经》卷上)
> 闻其已生,心大欢喜。(《百喻经》卷上)

以上"其"作兼语。

"其"不仅有取代"之"的趋势,而且还可以独立用作主语。例如:

> 王来省视,依法集僧而问:"比丘得道耶?"其便以实答,言是罗汉。(《法显传》)
> 又问:"汝入山何所求?"其便说言,明当七月十五日,欲取桃腊佛。(《法显传》)
> 若其债时,则称非兄。(《百喻经》卷上)
> 其于初时虽无净心,然彼其施遇善知识,便获胜报。(《百喻经》卷下)
> 其若见问,当作依违答之。(《宋书·刘劭传》)

总的来看,到了南北朝时期,"其"除不能独立用作动词的宾语(即"时人见之"、"弃之河上"等句式仍然只能用"之",不能用"其")外,第三人称代词的其他句法功能都已具备。这说明汉以后"其"继续向第三人称代词转化,南北朝时期在口语中可能已经成为真正的第三人称代词。至于"之"字,反而逐渐丧失了它作为第三人称代词的作用。

南北朝时期第三人称代词的重要变化还在于出现了新的形式"伊"和"渠"。例如：

> 江家我顾伊,庚家伊顾我。(《世说新语·方正》)
> 伊必能克蜀。(《世说新语·识鉴》)
> 使伊去,必能克定西楚。(同上)
> 女婿昨来,必是渠所窃。(《三国志·吴书·赵达传》)
> 无奈人心复有忆,今暝将渠俱不眠。(庾信《秋夜望单飞雁》)
> 无事交渠更相失,不及从来莫作双。(庾信《代人伤往》)

《世说新语》中用"伊"15次,可以出现在主语、宾语、定语、兼语等各种位置;"渠"在南北朝还少见,只在少数著作中能找到一些例证,到唐初才比较流行。

"伊"和"渠"用作第三人称代词,也是从指示代词发展而来的。在《诗经》中,"伊"除了用作句首、句中语气词外,还有用作指示代词的。例如：

> 所谓伊人,在水一方。(《诗经·秦风·蒹葭》)

郑笺："伊当作繄,繄犹是也。"这是指示代词。"伊"后来如何由指示代词转变为第三人称代词,由于文献中用例太少,不像"之""其"那样可以看得很清楚。

"渠"最先也是用作指示代词。例如：

> 虽与府吏要,渠会永无缘。(《汉乐府·焦仲卿妻》)
> 渠怀之其几何？庶无愧兮庄子。(潘岳《哀永逝文》)

例①的"渠",有人误认为第三人称代词,注作:"'渠',作'他'解,指府吏。"⑩这是错误的。"渠会永无缘"的真实意思是兰芝认定她与焦仲卿分别时那个誓不相负的约会永远没有缘分实现了。"渠"是指示代词,相当于现代汉语的"那个"。例②的"渠怀",是"那种深切怀念"的意思。

"渠"的来源,章炳麟在《新方言·释词》中认为是从《周易·系辞传》"则居可知矣"和《庄子·齐物论》"何居"的"居"来的,他认为"居"有"此"或"彼"的意思;吕叔湘先生则认为"渠""大概就是'其'的变式。六朝的非领格的'其'可能就是传写口语里的渠"。⑪我们认为,吕先生的意见有一定道理。上面我们曾指出,"渠"在六朝还少见,唐初才盛行;"渠"盛行后,"其"一般不再使用(详见下文)。原因何在呢?这大概是因为"其"字发展到六朝有文白两读,文读随着之部其他字的读音演变了,而用作第三人称代词的白话读音却基本保存古代的读音,跟来自鱼部的"渠"的读音相近或相同了。两个字的语音演变可能是这样的:

$$
\begin{array}{ll}
其 & {}^*g'\text{ĭə} \left\{ \begin{array}{l} \rightarrow (文) g'i \\ \rightarrow (白) \\ \end{array} \right. \\
 & \phantom{{}^*g'\text{ĭə}} \left. \begin{array}{l} \\ \\ \end{array} \right\} g'\text{ĭo} \\
渠 & {}^*g'\text{ĭa} \rightarrow
\end{array}
$$

正因为如此,有人就写作"渠",但多数人还是用"其"来传写它。到了唐代,接近口语的诗文中便都写作"渠"。这种看法如果能成立,那么"渠"实际上就是上古"其"字的发展;但是应该指出,完成了这一发展过程的可能只限于古代某些方言。

当然,还有另一种可能,"渠"并非从"其"演变过来的,而是跟"伊"一样,同是方言词。刘知几在《史通》中引王劭《齐志》中的话说:"渠们底个,江左彼此之辞,乃若君卿,中朝汝我之义。"⑫吕叔湘先生曾认为"渠们"可能是"渠伊"之误。⑬可见早在唐以前,人们就已明白指出"渠""伊"是江南的方言词。从文献来看,"渠""伊"一般只出现在南朝的作品中,王劭的话,不是没有根据的。再从今天的方言看,也可以得到印证。"渠""其""伊"在现代一些方言中使用的大致情况如下:⑭

渠	广州 køy²³	梅县 k'i¹²	南昌 tɕ'iɛ²⁴
	永康 g'ou		
其	温州 g'i³¹	阳江 kei⁴⁴³	衡阳 tɕi⁴²
	宁波 dʑi		
伊	绍兴 i¹¹³	福州 i⁴⁴	厦门 i⁵⁵
	潮州 i³³	上海 ɦi¹³	嘉兴 i

"渠"或"其"仍保存在吴、粤、客、赣、湘等方言区的某些地点,"伊"仍保存在吴方言和闽方言的某些地区,而北方话区域却没有使用的。

三、"他"字的发展过程

现代汉语普通话中的第三人称代词"他"是从上古的指示代词"他"发展来的,这是大家公认的。但是"他"字何时成为第三人称代词,看法却不一致;至于"他"怎样由指示代词转变为人称代词的,则很少有人谈到。

杨树达先生是最早提到"他"作人称代词的。他在《高等国文法》中把"他"字归入指示代名词,但在讲人称代名词时,又附带谈到"他"字用作人称代名词,说是"始于晋宋间",⑮并举了两个例子:

长房曾与人共行,见一书生,黄巾被裘,无鞍骑马,下而叩头。长房曰:"还它马,赦汝〔死〕罪。"人问其故,长房曰:"此狸也,盗社公马耳!"(《后汉书·方术传》)

他自姓刁,那得韩卢后耶?(《晋书·张天锡传》)

吕叔湘先生也曾认为"他"字作人称代词是从六朝开始的,同样举了上述《后汉书》的例子。⑯高名凯先生对这一问题作了较多的论述。他认为上古汉语中的"他"字是一个"甄别代名词",用作第三人称代词"是汉以后的事情"。他同意吕叔湘先生所举《后汉书》的例子,并说:"早期的佛教俗文学也已经用'他'为第三身代名词,《百喻经》就有不少的例子。"⑰他摘引了如下例句:

如彼愚人,代他捉熊,反自被害。
昔边国人,不识于驴,闻他说言,驴乳甚美。
往有商人,贷他半钱,久不得偿。
昔有一人,共他相瞋,愁忧不乐。

还列举了干宝《搜神记》一例:

夫人食他一物,而有愧色,适来已饮他酒脯,宁无情乎?

王力先生也看到了这些材料,但他不认为第三人称代词"他"是始于六朝,而认为是"起源于唐代",他正确地指出《后汉书》的例子不是人称代词,"而仍然应该认为是无定代词"。⑱他所举的最早的例证是《游仙窟》和杜甫的《清明》诗:

虽作拒张,又不免输他口子。(《游仙窟》)
计时应拒得,伴作不禁他。(同上)
绣羽衔花他自得,红颜骑竹我无缘。(杜甫诗)

苏联古里耶维奇(И. С. Гуревич)着重研究了《百喻经》中的"他"字,他不同意高名凯先生所举的例子是第三人称代词。但却承认:"六朝时期,'他'逐渐从古代汉语中的指示代词'别的'(другой)变为第三人称代词'他'(он)"。不过"'他'最通常的作用是不定人称的标志","作为人称代词刚在这个时期出现"。⑲他举了两个用作第三人称代词的例子:

昔有雄雌二鸽,共同一巢……雄瞋雌言:"取果勤苦,汝独食之……"即便以嘴啄雌鸽杀……天降大雨,果得滋润,还得如故。雄鸽见已,方生悔恨。彼实不食,我妄杀他。(《百喻经·二鸽喻》)

"卿等二人,俱为不是。由檀腻鞿口不付汝,当截其舌;由卿见牛,不自收摄,当挑汝眼。"彼人白王:"请弃此牛,不乐剜眼截他舌。"(《贤愚经》)

概括诸家说法,只是两种意见:一种意见认为,"他"字作第三人称代词始于六朝,一种意见则认为始于唐代。到底哪种意见对呢?我们认为,"他"字正式作为人称代词是始于唐代,但六朝是"他"字从指示代词转变为人称代词的一个重要的变化阶段。这时"他"通常的用法,既不同于上古的"他",也不同于唐以后第三人称代词的"他"。

"他"本作"它",现存先秦古籍中有三种写法:它、他、佗。这是一个无定代词,即指示不确定的事物或人,大多用作定语,也可以用作宾语。例如:

它山之石,可以攻玉。(《诗经·小雅·鹤鸣》)

以他马反。(《左传·宣公十二年》)

他人不知,己独知之。(《墨子·非儒下》)

此无佗故焉。(《荀子·富国》)

王顾左右而言他。(《孟子·梁惠王下》)

然而不可者,无佗也,中无主而不止,外无正而不行。(《庄子·天道》)

公室四分,民食于他。(《左传·昭公五年》)

用作定语时,意义很明显都是"别的"。既可以指物,也可以指人,还可以指时间、地点或表抽象概念的事物。用作宾语时,多指代抽象概念,一般不指代具体事物,更不指代人。"言他"是说别的,"无他"是没有别的原故,"于他"是在别的方面。

我们统计了《尚书》、《左传》等十部先秦古籍,共用"他"字184次,除"其他"一语7次不算外,用作定语的144次,用作宾语的33次。在33次用作宾语的例中(包括介宾结构),"无他"占19次(包括"靡它"),"非(匪)他"3次。列表如下:

次数项目书名	定语("他人")	"无他"	"非他"	用作其他动词或介词的宾语	"其他"	共计
尚书	1					1
左传	41(2)	4	1	3	3	52
公羊传	4(3)					4
诗经	17(15)	1	1	2	1	22
论语	4(1)				1	5
孟子	16(2)	10		5		31
墨子	18(2)			1		19

（续表）

荀子	30	2		1	1	33
庄子	3	2			1	6
礼记	10(1)					10
总计	144(26)	19	3	11	7	184

考察所有宾语用例，"无他"的意思是"没有别的缘故、情况或办法"；用作其他动词或介词的宾语时，一般是表示别的方面、情况或地方；只有"非他"的例句可能理解成"别人"，列举如下：

> 肖同叔子非他，寡君之母也。（《左传·成公二年》）
> 岂伊异人？兄弟匪他。（《诗经·小雅·頍弁》）
> 古之今之为鬼，非他也，有天鬼，亦有山水鬼神者，亦有人死而为鬼者。（《墨子·明鬼下》）

《墨子》一例，不可能理解为"别人"，略而不论。《诗经》一例，郑笺："无他，言至亲。"这说明郑玄没有把"他"理解成"别人"，而是理解成"别的关系"。到孔颖达作疏时，由于受唐代语言的影响，反而有点含混不清了，他说："皆王宗族，非有他人，何不燕而亲之。"宋代朱熹作《集传》时，就直接注为："匪他，非他人也。"这是直接把"他"字解释作"别人"，更是误以后代的词义作注了。同样，《左传》一例，因为上下文是指人，语译时可以译作"别人"，但实际上齐使宾媚人是就肖同叔子与齐国国君的关系来说的。两句话的本意应是："肖同叔子不是别的情况（关系），是我们齐国国君的母亲。"总之，统观先秦古籍，"他"字在当时只能作"别的"讲，不能理解成"别人"。

西汉时，"他"字的意义仍然同先秦一样。我们检阅《史记》本纪、世家、列传部分，共用"他"89次（其中写作"佗"的8次）[20]，除"其他"

两次外,用作定语的 81 次。例如:

> 书缺有閒矣,其轶乃时时见于他说。(《五帝本纪》)
> 所以遣将守关者,备他盗之出入与非常也。(《项羽本纪》)
> 赐陆生橐中装直千金,他送亦千金。(《郦生陆贾列传》)
> 必以岑娶为太子,无令他人代之。(《大宛列传》)
> 此无佗故,其祟在龟。(《龟策列传》)

此外,有"他罪"、"他道"、"他姬"、"他言"、"他礼"、"他郡"、"他乐"、"他女"、"他国"、"他子"、"他公子"、"他乱"、"他日"、"他语"、"他言"、"他财物"、"他物"、"他裘"、"他端"、"他将"、"他庶子"、"他官"、"他事"、"他业"、"他兵器"、"他县"、"他能"、"佗小渠"、"佗奇道"、"佗利害"、"佗郡国"、"佗杂业"等。所有用例,全是"别的"的意思,无一例外。

不用作定语的,只有 6 次,列举如下:

> 令故美人才人得幸者十人从居。他可。(《淮南衡山列传》)
> 请著功令。佗如律令。(《儒林列传》)
> 有天下而不恣睢,命之曰以天下为桎梏者,无他焉,不能督责,而顾以其身劳于天下之民。(《李斯列传》)
> 其为谨慎,虽他,皆如是。(《万石张列传》)
> 一岁中往来过他客,率不过再三过。(《郦生陆贾列传》)
> 彼韩急则将变而佗从。(《韩世家》)

例①的"他可",是说奏章中所陈述的"别的事"都可以(认可)。唐司马贞《索隐》:"谓他事可其制也。"例②的"佗如律令",是说"别的方面"

都按照法令规定的。例③的"无他焉",是说没有"别的原因"。例④的"虽他",是说即使是"别的方面"。例⑤是陆贾对他五个儿子说:一年中往来"别的地方"做客,一般不过两三次探望。"过他"是探望"别的地方"。例⑥的"佗从",是说韩国被逼急了,会追随"别的国家"。六个用例也都只能理解为"别的"。这里值得注意的是,"他"字可用作主语,如一、二两例,这是在先秦文献中没有发现的。

东汉前期,"他"的意义仍无变化。《论衡》用"他"44次,其中作定语的41次。例如:

> 其适自然,非他为也。(《偶会》)
> 颜渊,他姓也。(《问孔》)
> 皆论他事,不颂主上。(《佚文》)

此外,"他人"7次,"他日"4次,"他物"、"他家"、"他气"各3次,"他类"、"他草"、"他族"、"他书"各两次,"他地"、"他器"、"他姓"、"他谷"、"他禽兽"、"他占"、"他言"、"他鬼"、"他神"各1次。所有用例,都只能理解为"别的"。

用作宾语的3次,列举如下:

> 儒书言董仲舒读《春秋》,专精一思,志不在他,三年不窥园菜。(《儒增》)
> 二者皆自有所欲为于他,而伪诱属其民,诚心不加,而民亦悦。(《定贤》)
> 吕不韦淮南王以他为过,不以书有非。(《书解》)

例①"志不在他"是说董仲舒全部思想集中在读《春秋》上,不在"别的方面"。例②是说齐国田成子和越王勾践收买民心都是在"别的方面"要有所作为,即"专齐政"和"雪会稽之耻"。例③"以他为过"是说吕不韦和淮南王刘安是"别的方面"有过错,不是因为招集门客著了《吕氏春秋》或《淮南子》有什么不对。三个例句的"他"都只能语译为"别的",用法和意义仍然与先秦相同。

东汉后期,"他"字的用法开始发生变化。当时安息(今伊朗)来中国的和尚安世高翻译《佛说罪业应报教化地狱经》时,用"他"字10次,全应作"别人"解。例如:

> 论他好丑,求人长短。
> 吝惜己物,但贪他财。
> 坐横道作贼,剥脱人衣,使冬月之日,令他冻死。
> 少小孤寒,无有父母兄弟,为他作使,辛苦活命,长大成人,横罗殃祸。

但是安世高所译别的佛经,用"他"字时,没有作"别人"解的。例如:

> 慎莫取他人财物。(《佛说分别善恶所起经》)
> 他人不敢以恶语污之。(同上)
> 见他人有孝父母敬事长老者。(同上)
> 其苦万倍于他犁之苦。(《佛说十八泥犁经》)
> 见他客止,方复瞋恚。(《佛说鬼问目连经》)

以上各例,全只能作"别的"解。特别值得重视的是,《佛说分别善恶所起经》用"他人"12次,没有一次是用"他"。同时期别的翻译佛经的人,也未见有用"他"作"别人"解的例证。这说明"他"字作"别人"解,可能刚萌芽。《后汉书》虽然成书在南北朝,但《方术传》一例,也可能反映东汉后期"他"字用法变化的开始。

南北朝时期,"他"字虽然仍保存先秦的意义、用法,但用作"别人"的意思已是普遍现象。《百喻经》是反映这一变化例证最多的一部作品,不过,所有这些用例都还不能认作第三人称代词。首先,高名凯先生所引《百喻经》的四个例子,都正像王力先生否定《后汉书》用例时所说的:"并不是前文已经说到某人,后面才用'它'来指此人,而是一开始就用'它'。"㉑因此,只能认为是无定代词,当"别人"解。其次,即使前面已经说到某人,后面再用"他",细心体会前后文,仍然不能认为是第三人称代词。如《搜神记》一例,高名凯先生引自《汉魏丛书》八卷本卷一,为了便于分析,下面把前面的文字也补引出来:

(颜超)乃依辂言而往,果见二人围棋。次,前往,待(侍)从非常赵(衍文)。颜置脯、斟酒于前。其人贪戏,俱(但)饮酒食脯,不顾颜子。饮数巡,已戏终。北边坐者举首,忽见颜在侍立,大怒,叱曰:"何故在此?"颜唯拜之,不对。南面坐人语北面坐人曰:"夫人食他一物,而有愧色;适来饮他酒脯,宁无情乎?"

前面叙述两个下棋的人(南斗、北斗)吃了颜超的酒脯;"夫人食他一物,而有愧色",显然是发一般议论,并非专指颜超,只能作"别人"解;后面"适来饮他酒脯"的"他",不过重复前一句的"他",仍是"别人"的意思。崇文书局《百子全书》本的《搜神记》文字出入较多,没有前面两句,但从前后文的意思来体会,并考虑"他"字在整个六朝时期的使用情况,也还是应当理解作"别人"。古里耶维奇否定了《搜神记》的这个例子,却另引了两个相似的例子认作第三人称代词,其实同样是误解。例如《百喻经》一例,前面是谈到了雄鸽啄杀雌鸽,"我妄杀他"的"他"

例①,"他"指天然物,例②,"他"指一群女。这两例必须认作第三人称代词,再作"别人"解就太勉强了。但《寒山子诗集》中大多数"他"字用例,还不是第三人称代词。有的只能当"别的"解,如:

> 何以好识字,识字胜他人。
> 见他高道人,却嫌诽谤骂。

大多数应作"别人"解,如:

> 一身无所解,百事被他嫌。
> 何须杀他命,将来活汝己。
> 他贤君即受,不贤君莫与。君贤他见容,不贤他亦拒。

少数用例也应理解为"别人",但容易误认作第三人称代词。例如:

> 城北仲家翁,渠家多酒肉。仲翁妇死时,吊客满堂屋。仲翁自身亡,能无一人哭!吃他杯胾者,何太冷心腹?
> 时人见寒山,各谓是风颠……我语他不会,他语我不言。

例①的"他"很近似第三人称代词,易被看作指代前文的"仲翁",但与前面的"渠家多酒肉"对比,还是应该理解作"别人"。例②的"他"虽然可以理解为指代前文的"时人",但"时人"本身就是泛指当时的人,"他"没有确指的对象,因此还是"别人"的意思。

与寒山子同时的拾得和尚的诗集中,"他"字只用作"别人"和"别的",没有用作第三人称代词的(用例见附录)。但盛唐成书的《游仙窟》,"他"字的用法与《寒山子诗集》的情况相似,有作"别的"解的,有

汉语第三人称代词的起源和发展

似乎是指代雌鸽；但是值得注意的是，"彼实不食"的"彼"才确是⋯鸽，"妄杀他"仍是"妄杀别人"的意思。《贤愚经》一例"不乐剜眼⋯舌"的"他"同样也是"别人"的意思，对比前面的"当截其舌"的"其"⋯是第三人称代词。

我们全面考察《搜神记》、《法显传》、《百喻经》使用第三人称代词的情况，都是用"其"和"之"，无一例外；《世说新语》除用"其"和"之"外，还用了"伊"。至于"他"字，在《搜神记》、《法显传》、《世说新语》中除一例应作"别人"理解外，仍然保存先秦的意义和用法，在《百喻经》中既有许多用例与先秦一致，也有大量用作新义的例证。"他"字在这几部书中使用的情况，列表说明如下[②]：

书名 \ 用法 \ 次数	别的（作定语）	别的（作宾语）	别人（作定语）	别人（作宾语）	别人（作兼语）
搜神记	14	4	1（或2）		
法显传	1				
世说新语	7	2			
百喻经	14		10	11	6

从《百喻经》的情况可以看出"他"字在六朝发生了重大变化，由"别的"向"别人"转化，并且用作宾语的也增多了，如果前面已说到某人，"他"字就很容易被误认为指代这"某人"的人称代词。这说明"他"字已经向第三人称代词的方向大大跨进了一步。

到了唐初，"他"字才真正发展成为第三人称代词。例如《寒山子诗集》：

可贵天然物，独一无伴侣。觅他不可见，出入无门户。
逢见一群女⋯⋯谓言世无双，魂影随他去。

作"别人"解的,而用作第三人称代词的比《寒山子诗集》多一些,反映出"他"字进一步向第三人称代词转化的趋势(用例见附录)。杜甫诗集中的"他"字绝大多数只能作"别的"解,作"别人"解的有两次;王力先生所举杜甫《清明》诗"绣羽衔花他自得,红颜骑竹我无缘"一例,从当时口语中"他"字的发展情况看,自可认作第三人称代词,但也可以当作"别人"解。因为第三人称代词"他"固然可以与"我"相对,而作"别人"解的无定代词"他"同样可以与"我"相对。

初盛唐用作第三人称代词的"他",大多还与用作"别人"解的"他"没有割断联系,不少用例同杜甫《清明》诗中的"他"一样,仍可勉强理解作"别人"。杨树达先生所举《晋书·张天锡传》一例:

> 尝大会,温(桓温)使司马刁彝嘲之。彝谓博(韩博)曰:"君是韩卢后邪?"博曰:"卿是韩卢后。"温笑曰:"刁以君姓韩,故相问焉。他自姓刁,那得韩卢后邪?"

《晋书》是唐初编成的,不能认为是记录晋代的语言;这是受了唐初语言的影响,"他"字是用作第三人称代词,不应该再理解为"别人"。

在盛唐以前"他"字用作第三人称代词的用例中,高适的《渔父歌》一例是最没有疑义的:

> 曲岸深潭一山叟,驻眼看钩不移手。
> 世人欲得知姓名,良久问他不开口。

世人问的是山叟,不开口的也是山叟,这绝不能再认为是作"别人"解的无定代词。这个用例很重要,它说明盛唐以前,"他"字确已用作第三人称代词。因此,我们在研究唐代"他"字的使用情况时,必须两方面都考虑到,既不要把用作"别人"解的"他"字误认作第三人称代词,又不可把用作第三人称代词的"他"再理解作"别人"的意思。

我们全面考虑一下"他"字和其他第三人称代词在《寒山子诗集》、《游仙窟》、《李太白全集》和《杜诗详注》中的使用情况,可以得到一些启示。列表如下(用例见附录):

次数 用法 书名	他(别的)			他(别人)			他(人称代词)			渠	伊	之	其
	主	定	宾	主	定	宾	主	定	宾				
寒山子诗集		6		5	10	8			2	13	7	7	3
游仙窟		1		2	2	4	2	1	4	18	1		10
李太白全集		25							1		2	62	35
杜诗详注	1	49	4		2	1				9		37	88

从上表可以看出,"渠"和"伊"是当时第三人称代词的主要形式,特别是"渠",《寒山子诗集》和《游仙窟》都用例很多,正反映了这一语言事实。李白、杜甫用字比较遵循古代的规范,所用"其"字可能是传写口语中的"渠"。"之"字只是保存在书面语中的古代形式。"他"字在初唐主要还是用作无定代词,但已向第三人称代词过渡;盛唐以后,"他"字已确立为第三人称代词,李白、杜甫使用"他"字虽然偏重采取古代的用法,但也透露出当时口语的消息。盛唐以后,除杜甫、高适外,还有一些诗人,如白居易等也把"他"字用作第三人称代词。至于唐代的传奇小说和变文,用例更多。此后,"他"字在北方话中逐渐排除了其他第三人称代词,成为唯一的形式,一直流传至今。至于"他"字何以能取代其他第三人称代词,有待进一步研究。

* * *

综观先秦至唐代汉语第三人称代词的发展过程,可以得出如下几点结论:

（一）汉语第三人称代词起源较晚,周代指示代词"之"、"其"(厥)开始向第三人称代词转化,从某种意义上说具有了第三人称代词的性质,但没有完成其转化过程。

（二）两汉时期,"其"的功能开始扩大,有取代"之"的趋势,但仍没有用作主语的形式。

（三）六朝时期,"其"的功能进一步扩大,并产生了新的形式"伊"和"渠"。这时才有了真正的第三人称代词。"伊"和"渠"也是由指示代词发展来的,"渠"可能就是"其"的口语形式。"伊"和"渠"只保存在南方某些方言中。

（四）现代汉语普通话第三人称代词"他"是由先秦的无定代词"他"演变成的。先秦时代"他"的意义是"别的",汉末到南北朝时期"他"由"别的"演化出"别人"的意思,成为向第三人称代词转变的重要阶段。初唐"他"开始具有第三人称代词的语法功能,盛唐以后才正式确立起作为第三人称代词的地位。

附　　注

① "其"在甲骨文中用作语气副词,如"邛方其来,逆伐。"(《卜辞通纂》492)这与后代的代词无关。
② 杨伯峻《文言语法》167页。(北京出版社,1956)
③ 杨树达《高等国文法》87—89页。(商务印书馆,1939)
④ 王力主编《古代汉语》326页。(中华书局,1962,下同)
⑤ 王力《汉语史稿》中册284页。(科学出版社,1958)
⑥ 《马氏文通》卷二。(中华书局校注本上册47页)
⑦ 参看王力《中国语法理论》下册8页。(中华书局,1954)
⑧ 王力主编《古代汉语》上册327页。(同上)
⑨ 蒙语第三人称代词的使用情况,请教了北京大学东语系的楚勒特木同志和倪申源同志。
⑩ 北京大学中国文学史教研室《两汉文学史参考资料》555页。(中华书

局,1962)

⑪ 吕叔湘《汉语语法论文集》182页。(科学出版社,1956)

⑫ 刘知几《史通·杂说中·北齐书》。

⑬ 吕叔湘《释您俺咱附论们字》,载华西大学《中国文化研究集刊》第一卷第二号。

⑭ 除衡阳话为本文作者标音外,绍兴话引自王福堂《绍兴话记音》(载《语言学论丛》第三辑);上海话引自《江苏省和上海市方言概况》;其他标有调值的均引自北京大学中文系语言学教研室编《汉语方言词汇》;未标调值的均引自赵元任《现代吴语的研究》。

⑮ 杨树达《高等国文法》66页。(商务印书馆,1939)

⑯ 吕叔湘《汉语第三身代词说》,载华西大学《中国文化研究集刊》第一卷第二号。

⑰ 高名凯《汉语语法论》303—305页。(开明书店,1946)

⑱ 王力《汉语史稿》中册270页。(同上)

⑲ N. C. Гуревич《Личные местоимения в китайском яэыке Ⅲ－Ⅴ вв.》《三至五世纪汉语的人称代词》,载 Краткие сообщения Института народов Аэии,68(яэыкоэнание),Академия наук СССР,1964(苏联科学院亚洲民族研究所简讯,第68期,1964)。

⑳ 《史记》用例是由徐寒玉同志提供的。

㉑ 王力《汉语史稿》中册270页。(同上)

㉒ 《搜神记》用例是根据商务印书馆1957年标点重印的崇文书局《百子全书》本统计的。"或2"是据《汉魏丛书》本。全部用例见附录。补记:收入本论文集的《世说新语》用例据张万起《世说新语词典》作了修订。

〔附〕魏晋以后"他"字的用例

一、《搜神记》(1957年商务印书馆本)

1. 唯超见之,～人不见。(卷一,11页)
2. 而令帝居～帐遥望之。(二,15)
3. 下土诸生,无～异分。(三,19)
4. 非有～祸。(三,20)
5. 人生～物,非人所见者。(七,62)

6. 常宿于～舍,值雷风。(十一,83)
7. 尝有～舍鸡,谬入园中。(十一,85)
8. 自伤居贫,使食有～肉。(十一,85)
9. 此我故妇,非有～过。(十一,87)
10. 令人以～词请朗。(十一,87)
11. 瑶家积年无～祸幅(福)。(十二,91)
12. ～人居其故宅,复累世寿。(十三,98)
13. 积年无～病,唯患头痛。(十七,134)
14. 竟无～怪。(十八,137)
　　(以上作定语,意思是"别的"。)
1. 后卒无～。(三,20)
2. 欲见君,无～,欲附书与女婿耳。(四,27)
3. 四体无～,止为草木伤耳。(五,37)
4. 每有风浪,辄居宅侧,恬静无～。(二十,155)
　　(以上作宾语,意思是"别的"。)
1. 适来饮～酒脯,宁无情乎?(三,21)
　　(以上作定语,意思是"别人"。)

二、《法显传》(文学古籍刊行社本)
　　1. 停此国五月日,复随～商人大船,上亦二百许人。(49页)

三、《世说新语》(文学古籍社本)
　　1. 宁可不安己而移于～(写作"它")人哉?(《德行》)
　　2. 且不爱其亲而爱～人者,不为悖德乎?(《德行》)
　　3. ～人能疏亲,臣不能使亲疏。(《方正》)
　　4. 太傅欲慰其失宫,安南辄引以～(它)端。(《雅量》)
　　5. ～日,二人来。(《贤媛》)
　　6. 夫始殊疑之,伺察,终无～意。(《任诞》)
　　7. 儿悲思啼泣,不饮～乳,遂死。(《惑溺》)
　　　　(以上作定语,意思是"别的"。)
　　1. 无～,当厚相报。(《假谲》)
　　2. 卿但遥拜,必无～(它),我为卿得之。(同上)
　　　　(以上作宾语,意思是"别的"。)

四、《百喻经》(文学古籍社本)
　　1. 如彼外道,闻～邪说,心生惑著。(卷上,5页)

2. 欲显其德,遂至～国,抱儿而哭。(上,10)
3. 见～妇女,面貌端正。(上,21)
4. 即截～妇鼻,持来归家。(上,21)
5. 闻～宿旧沙门婆罗门有大名德。(上,22)
6. 有～买真金者。(上,25)
7. 见～头陀苦行。(上,28)
8. 因时饥俭,逐食～土。(下,9)
9. 至～境界,饥困之时,乃可取食。(下,11)
10. 至～境界,未及食之。(下,11)
11. 至～国者,喻于诸天。(下,13)
12. 即截～人白马尾来。(下,19)
13. ～人以如法论破其所论。(下,28)
14. 见～宿旧有德之人。(下,31)
　　(以上作定语,意思是"别的"。)
1. 昔有愚人,至于～家。(上,2)
2. 寻以～鼻著妇面上。(上,22)
3. 如截～鼻,徒自伤损。(上,22)
4. 毁～善法。(上,29)
5. 如彼愚臣,唐毁～目也。(上,29)
6—7. 昔有一人,往至～舍,见～屋舍墙壁涂沾,其地平正。(上,30)
8. 而此仙人不答～问,人皆知之。(上,38)
9. 昔有一长者,遣人持钱至～园中。(下,17)
10. 昔有一人,与～妇通。(下,32)
　　(以上作定语,意思是"别人的"。)
1. 汝若不痴,为～所打,乃至头破,不知逃避。(上,4)
2. 被～打头,不知避去。(上,4)
3. 后于中间,共～交往。(上,4)
4. 往有商人,贷～半钱,久不得偿。(上,14)
5. 前有大河,雇～两钱,然后得渡。(上,14)
6. 昔有一人,贫穷困乏,与～客作。(上,22)
7. 昔有一人,共～相瞋,愁忧不乐。(下,16)
8. 竟未害～,先为瞋恚,反自恼害。(下,16)
9. 其所乘马为～所夺。(下,19)
10. 如彼愚人,推求摩尼,为～所害。(下,33)
11. 彼实不食,我安杀～。(下,33)
　　(以上作宾语,意思是"别人"。)

1. 反谓~痴。(上,4)
2. 云何须财,名~为兄,见其债时,复言非兄。(上,7)
3. 见~道说,返欲打扑之。(上,12)
4. 如彼愚人使~没海。(下,15)
5. 昔边国人不识于驴,闻~说言驴乳甚美。(下,22)
6. 如彼愚人代~捉熊,反自被害。(下,32)
（以上作兼语,意思是"别人"。）

五、《寒山子诗集》(四部丛刊本)
1. 缘遭~辈责,剩被自妻疏。(19页)
2. 欠负~人钱,蹄穿始惆怅。(25)
3. 才死渠便嫁,~人谁取遏。(29)
4. 何以好识字,识字胜~人。(33)
5. 见~高道人,却嫌诽谤骂。(43)
6. 劝你休去来,莫恼~阎老。(44)
（以上作定语,意思是"别的"。最后一例可语译为"那"。）
1. ~贤君即受,不贤君莫与。(24)
2—3. 君贤~见容,不贤~亦拒。(24)
4—5. 我语~不会,~语我不言。(34)
（以上作主语,意思是"别人"。）
1. 只为著破裙,吃~残醅馊。(9)
2. 麦地占~家,竹园皆我者。(16)
3. 何须杀~命,将来活汝己。(16)
4. 吃~盃胬者,何太冷心腹。(23)
5. 不知~命苦,只取自家甜。(32)
6. 将~儒行篇,唤作盗贼律。(36)
7. 脱体似蝉虫,咬破~书帙。(36)
8. 昔日极贫苦,夜夜数~宝。(38)
9. ~家学事业,余持一卷经。(38)
10. 我见人转经,依~言语会。(45)
（以上作定语,意思是"别人"。）
1. 父母续经多,田园不羡~。(5)
2. 一身无所解,百事被~嫌。(14)
3. 弃金却担草,漫~亦自漫。(17)
4. 贱~言孰采,劝君休叹息。(17)

5. 老去不自由,渐被～推斥。(20)
6. 秋到任～林落叶,春来从你树开花。(31)
7. 理短被～欺,理长不柰你。(36)
8. 但且自省躬,莫觅～替代。(45)
　　(以上作宾语,意思是"别人"。)
1. 觅～不可见,出入无门户。(26)
2. 谓言世无双,魂影随～去。(27)
　　(以上作宾语,第三人称代词。)

六、《拾得诗集》(四部丛刊本)
1. 杀～鸡犬命,身死堕阿鼻。(54页)
2. 被～恶部童,抄得报阎王。(56)
3. 念得两卷经,欺～道郦俗。(58)
　　(以上用作定语,为无定代词,可译作"那"。)
1. 不顾～心怨,唯言我手好。(56)
2. 吞并～田宅,准拟承后嗣。(59)
　　(以上用作定语,意思是"别人"。)
1. 但自修己身,不要言～己。(54)
2. 为～作保见,替～说道理。(54)
3. 任～天地移,我畅岩中坐。(59)
　　(以上用作宾语,意思是"别人"。)

七、《游仙窟》
1. 面非～舍面,心是自家心。(20页)
　　(以上用作定语,意思是"别的"。)
1—2.～道愁胜死,儿言死胜愁。(33,两次)
　　(用作主语,意思是"别人"。)
1. 好是～家好,人非着意人。(20)
2. ～家解事在,未肯辄相瞋。(30)
　　(以上用作定语,意思是"别人"。)
1. 自隐多姿则,欺～独自眠。(19)
2. 汉骑驴则胡步行,胡步行则汉骑驴,总悉输～便点。(25)
3. 旧来心肚热,无端强熨～。(27)
4. 强知人是客,方便恼～来。(28)
　　(以上用作宾语,意思是"别人"。)

1. 但令脚直上,～自双眼翻。(28)
2. 元来不见,～自寻常。(20)
　　(以上用作主语,第三人称代词。)
1. 无事风声彻～耳,教人气满自填心。(25)
　　(用作定语,第三人称代词。)
1. 人家不中物,渐渐逼～来。(31)
2. 虽作拒张,又不免输～口子。(31)
3. 昔日曾经自弄～,今朝并悉从人弄。(31)
4. 计时应拒得,伴作不禁～。(31)
　　(以上用作宾语,第三人称代词。)

八、《李太白全集》(中华书局 1977 年版)
1. 我妓今朝如花月,～妓古坟荒草寒。(《东山吟》)
2. ～筵不下箸,此席忘朝饥。(《寻鲁城北范居士》)
3. 但使主人能醉客,不知何处是～乡?(《客中作》)
　　(以上用作定语的三例,此外有"他日"十二次,"他人"七次,"他年"三次,意思都是"别的"。)
1. 白云～自散,明月落谁家?(《忆东山》)
　　(此例用作主语,据缪本,别本作"还"。)

九、《杜诗详注》(扫叶山房本)
1. 自危适～州,勉强终劳苦。(《法镜寺》)
2. 始知五岳外,别有～山尊。(《木皮岭》)
3. 不知明月为谁好,早晚孤帆～夜归。(《秋风》)
4. 远水非无浪,～山自有春。(《郪城送李判官武判官赴成都》)
5. 客愁殊未已,～夕始相鲜。(《江边星月》)
　　(以上用作定语,此外尚有"他日"十八次、"他乡"十四次、"他时"六次、"他年""他人"各三次,意思都是"别的"。)
1. ～皆任厚地,尔独近高天。(《白盐山》)
　　(用作主语,意思是"别的",指别的山。)
1. 雄笔映千古,见贤心靡～。(《别唐十五诫因寄礼部贾侍郎》)
2. 百万传深入,寰区望匪～。(《散愁》)
3. 江浦寒鸥戏,无～亦自由。(《鸥》)
4. 少壮乐难得,岁寒心匪～。(《湖中送敬十使君适广陵》)
　　(以上用作宾语,意思是"别的"。)

1. 妻子寄～食,园林非昔游。(《过故斛斯校书庄》)
   (用作宾语,意思是"别人",也可以认作指"别的地方"。)
1. 绣羽衔花～自得,红颜骑竹我无缘。(《清明》)
   (用作主语,第三人称代词。)

(原载《语言学论丛》第六辑,商务印书馆,1980)

从单位名词到量词

我在讲古代汉语的词类活用时,说道:"以先秦口语为基础而进行加工的文言文的词类划分基本上是与现代汉语一致的。"但是又指出:"在文言文中量词没有从名词中分化出来,这是先秦古汉语同现代汉语的词类划分的主要不同的地方。"(《古代汉语讲授纲要》上册125页)由于这里是顺带谈到古今词类的划分,所以没有详谈。

有人撰文反驳我。他指出我的这种说法与自己主持编写的《古代汉语》教材有矛盾,因为在教材的注释中我们把"都城过百雉"的"雉",注作了"量词"。他又根据王力先生的《汉语史稿》论证了先秦汉语单位词的存在,以此来驳斥我的先秦汉语无量词的说法。我有必要简单地申述一下自己的看法。

首先应该说明一点,我在讲课中的观点与教材有时是有些出入的。这是因为教材对问题的论述一般依从通行的说法,而大学的讲课主讲者是可以讲一些自己的看法的,这就是分歧产生的原因。至于王力先生的《汉语史稿》在谈到单位词时,明确地说明了这是"一种特殊的名词"(《汉语史稿》中册234页)。王力先生是从不同的角度来谈问题的,与我的说法并无矛盾。

我并没有说先秦汉语没有单位词,谁都知道,作为表示容量单位和集体单位的特殊名词,早在甲骨文时代就产生了。例如:

鬯(祭祀的酒)二升一卣。(罗振玉《殷虚书契续编》)

马五十丙。(同上)

贝十朋。(董作宾《殷虚文字甲编》)

"升"、"卣"是容器,有人把"升"看作表度量的单位词,还需研究;"丙"是表车马的单位词,相当于"乘",几匹马构成一"丙",尚待考定;"朋"是贝的单位,据王国维的推测,是十贝为一朋。

到了周代以后,不仅表容量单位和集体单位的名词增加了,而且表度量衡单位的名词已经很齐全(比现代汉语还多),就是表个体(天然)单位的名词也有了好些个。例如:

西方有木焉,名曰射干,茎长四寸,生于高山之上,而临百仞之渊。(《荀子·劝学》)

吾力足以举百钧(三十斤),而不足以举一羽。(《孟子·梁惠王上》)

皆赐玉五縠(玉一双叫一縠,集体单位词),马三匹。(《左传·庄公十八年》)

负服矢五十个。(《荀子·议兵》)

枪三十枚。(《墨子·备城门》)

"寸"、"仞"、"钧"是表度量衡单位的,"匹"、"个"、"枚"是表个体(天然)单位的。但是,必须指出,这些单位词都还只是名词,而不是与名词不同类的另一类词(量词),因为它们同一般名词在语法功能、语法作用上没有什么不同。

我们知道,在先秦两汉(包括后代仿古的文言),名词和数词可以直接结合,中间无需加一个单位词。例如:

故夫知效一官,行比一乡,德合一君而征一国者,其自视也,亦

若此矣。(《庄子·逍遥游》)

蟹六跪而二螯,非蛇蟮之穴无可寄托者,用心躁也。(《荀子·劝学》)

今人有五子不为多,子又有五子,大父未死而有二十五孙。(《韩非子·五蠹》)

孚(俘)马囗匹,孚车卅两(辆),孚牛三百十五牛,羊卅八羊。(《小盂鼎》)

前三例数词直接加在名词前面,与上文所举的单位词和数词的结合方式是一致的;特别最后《小盂鼎》一例,前面两个单位词"匹"、"两"与数词直接结合,后面两个一般名词"牛"、"羊"也与数词直接结合。统观先秦典籍,都说明单位词和一般名词的语法功能和语法作用是完全一致的。这也就是说,单位词还没有从名词中分化出来,只是名词中的一小类。

要知道,名词如果按照它的词汇意义范畴来分类,还可以分成许多小类。比如表示时间的时间词(今、昔、晨、昏、岁、月),表示地点的地位词(东、西、南、北、上、下、内、外),都是名词中的小类,由于它们的语法作用同一般名词是相同的,人们并不为它们另立一个词类,而是统一归在名词之内。既然单位词与一般名词的语法作用完全一致,也不应该另立量词一类。这就是我说"在文言文中量词没有从名词中分化出来"的根据。

语法是发展的,到了魏晋以后,名词变得不能直接同数词结合了,中间必须加上一个单位词;而单位词却总是直接同数词结合成数量结构,用作句子中的一个成分。这时单位词和一般名词的语法功能、语法作用有了明显的区别,才能说单位词已经从名词中分化出来,成了独立的一类词——量词。例如:

王大看之,见其坐有六尺簟。(《世说新语·德行》)
　　今年田得七百斛秫米。(《世说新语·任诞》)
　　凫至,举罗张之,但得一只舄焉。(《后汉书·王乔传》)
　　邺城毁五层佛图。(《魏书·世祖纪》)
　　但愿樽中九酝满,莫惜床头百个钱。(鲍照《拟行路难》)
　　支道林常养数匹马。(《世说新语·言语》)
　　蔡司徒在洛,见陆机兄弟住参佐廨中三间瓦屋。(《世说新语·赏誉》)
　　龚遂为渤海,劝民务农桑,令口种一株榆,百本薤,五十本葱,一畦韭。(贾思勰《齐民要术》)

以上都是"数+量+名"的结构。这同"一官"、"一乡"、"六跪"、"二螯"、"五子"、"二十五孙"的结合关系是完全不同性质的。

　　另外,数词如果放在名词后,也必须带上量词。例如:

　　有石碑一枚。(《洛阳伽蓝记》卷二)
　　赐羊千口,帛千匹。(《魏书·于什门传》)
　　获马五万匹,牛二十万头。(《魏书·太宗纪》)

不像先秦,数词后可以重复它前面的名词(如上面举的"孚牛三百十五牛"),或者名词后只带数词,而不需要单位词,例如:

　　齐为卫故,伐晋冠氏,丧车五百。(《左传·哀公十五年》)
　　之日狩,允擒,获虎一,麇四十,狼一百六十四,兔一百五十九。(《殷虚文字乙编》)

总之,魏晋南北朝以后口语中数词必须同单位词结合后才能同名词结合。这是结合方式上的根本变化。

"数+量+名"这种结构,在先秦典籍中除容量单位词外,个体(天然)单位词的用例只发现一个:

> 有人于此,力不能胜一匹雏,则为无力人矣。(《孟子·告子下》)

但是朱骏声却认为这个"匹"字是尐(读若辍,小也)之误字,"尐"误作"疋",再误作"匹"。那么"一"字后是个形容词,而不是一个单位词。朱骏声的意见是有道理的(参见《说文通训定声·履部》,武汉市古籍书店1983年版641页)。

汉代以后,数+(量)+名的结构开始产生。例如:

> 安邑千树枣,燕、秦千树栗。(《史记·货殖列传》)
> 乌孙以千匹马聘汉女。(《史记·大宛列传》)
> 一尺布,尚可缝;一斗粟,尚可舂。兄弟二人不能相容。(《史记·淮南衡山列传》)

但是,汉代数词一般还是直接与名词结合,这少数用例只说明单位词开始显露了从名词中分化出来的端倪。魏晋以后,单位词才完成了分化的过程,形成了一个独立的量词范畴。后代仿古的文言文虽然也偶尔采用"数+量+名"的方式,但基本上还是采用先秦的"数+名"的方式。因此,从单位名词分化成独立的量词,这是汉语语法发展中的客观事实;我们学习、研究古代汉语语法,需要有明确的历史发展观点,也需要有语法系统性的明确观念,这样才不至于把某些形式相同而性质不同的语法现象混淆起来。

(原载《文科园地》1984年第7期)

古汉语语法研究刍议

汉语语法研究早在春秋战国时代就已萌芽,但是直到19世纪末《马氏文通》问世才趋于系统化,到现在不满一个世纪。汉语语法学至今还是一门年轻的学科。

1.1. 文言语法的著述是过去古汉语语法研究的一个重要方面。马建忠的《马氏文通》和杨树达先生的《高等国文法》是众多的文言语法中材料最丰富、影响最深远的两部著作。它们都是汉语语法兴起时期的著作,不免有套用西方语法框架的弊端,重视汉语语法的特点不够。这对早期的语法著作来说,是不便苛责的;但是后来出版的文言语法,仍然因袭的居多,很少见到有脱出窠臼、另开新面的论著。马汉麟先生的《古汉语语法提要》(1980)虽然篇幅不大,论述也不全面,却不失为一本内容充实的古汉语语法的入门书。60年代周法高先生的《中国古代语法》是《高等国文法》以后篇幅最大的一部古汉语语法著作。作者收集的材料十分丰富,并企图总结前人的研究成果,注意了语法的发展事实,具有一些新意,可惜只印行了三册,没有出齐。

1.2. 汉语语法史的探索是古汉语语法研究的又一重要方面。30年代以后,王力先生、吕叔湘先生、丁声树先生等写了一些有关汉语法发展的单篇论文,开拓了古汉语语法研究的新领域。50年代以后,从事汉语语法史研究工作的同志越来越多,论文不断发表,取得了可喜的成绩。王力先生的《汉语史稿》中册(1958)为汉语语法史勾画了一个轮廓。陈梦家先生的《殷虚卜辞综述》第三章《文法》(1956),管燮初先生的《殷虚卜辞的语法研究》(1953)、《西周金文语法研究》(1981),刘世儒先生的《魏晋南北朝量词研究》(1965)是断代的语法研究。这些可说是半个世纪以来古汉语语法研究方面的主要成绩。此外,日本汉学家太田辰夫写了《中国语历史文法》(1958),牛岛德次写了《汉语文法论》(1961),志村良治写了《中国中世语法史研究》(1984),加拿大汉学家杜百胜(W. A. C. H. Dobson)编著了《古汉语虚词词典》,也对古汉语法研究作出了一定的贡献。

2.1. 研究古代汉语语法,要有明确的时代观点,在选材上绝不可不分时代,古今杂糅。马建忠写《马氏文通》,引例上自《诗》《书》,下至韩文;杨树达先生写《高等国文法》,引例也上自"诸经诸子",下采"唐人之作"。更有甚者,有的文言语法,引例更上起先秦,下讫清末。这样把几千年的材料糅在一起,必然会混淆不同时代的语法结构,作出错误的分析论断。例如马建忠讲被动句,提出了七种被动句的形式:第一种是"为……所"式,第二种是为字句,第三种是于字句,第四种是见字句,第五种是被字句(和见字句合在一起讲),第六种是用"可"、"足"作状语的受事主语句,第七种是无任何形式标志的意念上的被动句。这样平列各种被动句的形式,是很不妥当的。我们知道,"为……所"式被动句是后起的句式,战国末期才产生,《荀子》、《韩非子》、《战国策》中有个别例句。马建忠看到了"先秦诸书,'为''所'二字连用以成受动者,实鲜见也"的事实,没有引用汉以前的例句,却仍然把"为……所"式列为第一种被动句;并且在分析先秦就已常用的为字句时,反而认为"所"字是"隐而不言"。这是明显地违背历史发展观点,作出了本末倒置的结论。至于被字句,在汉代以前没有成为被动句,马建忠没有举先秦典籍的用例,举了《史记·酷吏列传》:"错卒以被戮。"实际上这里的"被戮"是"遭受杀戮"的意思,"戮"是宾语,而不是述语。东汉末"被"字可以引出施事,例如蔡邕《被收时表》:"今月十三,臣被尚书召问。"这时才变成真正的被动句。历史文献告诉我们,被动句有一个发展过程:西周产生了于字句、见字句,春秋时代产生了为字句,战国末期产生了"为……所"式,汉代"为……所"式逐渐取代了其他几种被动句,东汉末被字才用于真正的被动句,唐代被字句又逐渐取代了"为……所"式。马建忠的论述,完全掩盖了被动句的这一历史发展。

2.2. 研究古代汉语语法,不仅不能在材料上采取古今杂糅的办法,而且必须特别重视语法的系统性,要从特定时代的语法系统去考虑问题。即使形式相同的语法成分,在不同时代的语法系统中也可能性质完全不同。例如"甚"字,文言语法一般都把它看作程度副词,其实"甚"在汉代以前只能是形容词,因为它同一般的形容词的语法功能完全一致,既作状语,又经常作谓语(超过作状语的用例),还作定语、宾语、补语。例如:

甚矣,吾衰也。久矣,吾不复梦见周公。(《论语·述而》)
若是,则弟子之惑滋甚。(《孟子·公孙丑上》)
沐甚雨,栉疾风。(《庄子·天下》)
一之谓甚,其可再乎?(《左传·僖公五年》)
君美甚,徐公何能及君也!(《战国策·齐策》)

例一、例二作谓语,例三作定语,例四作宾语,例五作补语。六朝以后,在接近口语的著作中,"甚"字才一般只作状语,由形容词变成了副词。马建忠看到了"甚"在先秦经常作谓语的事实,可是他却说:"甚字本状字也,以煞句读,则用如静字而为表词矣。"在这里马建忠是不懂得不同时代有不同的语法系统,不能从不同时代的语法系统去分析语言材料所作出的错误论断。

2.3. 传统的虚词研究是作为训诂学的附庸产生的,元代卢以纬的

《助语辞》(1324)是第一部研究虚词的专书,清代刘淇的《助字辨略》(1711)、王引之的《经传释词》(1798)是我国古代研究虚词成就最高的虚词词典。但是它们始终是用训诂的方法来研究虚词的,不能算是真正的语法学著作。马建忠早在《文通》中对此已有所批评,归之为"经生家"的"浮泛之说",然而后来在古汉语语法的虚词研究中仍不免带有训诂方法的影响。

例如"亦"字,杨树达先生的《词诠》对它的分析是:"(一)副词　又也。""(二)副词　祇也,特也,但也。""(三)语首助词　无义。""(四)语中助词　无义。"后来的文言虚词方面的著作也或多或少沿袭《词诠》的论述。其实《词诠》还是沿用传统训诂学的训释方法,不过加注了词性;并没有真正分析清楚"亦"的语法作用、语法意义,论述是不够确切的。文言的"亦"相当于现代汉语的"也",它的基本作用是在复句中表示动作、性质的类同。《词诠》所举的四种用法,其实都是表示类同的。"(一)副词　又也。"例如:

怨不在大,亦不在小。(《尚书·康诰》)

这是说,对于"怨"来说,"小"和"大"是类同的。"(二)副词　祇也,特也,但也。"例如:

圣人之治天下,岂无所用其心哉!亦不用于耕耳。(《孟子·滕文公上》)

这是说,〔农夫种田,用心于耕,不用心于治天下;〕而圣人治天下,用心于治天下,也和农夫不用心于治天下的情况相同,不用心于耕。只是在行文中没有把这种类同的内容明白地说出来。"(三)语首助词　无义。"例如：

> 亦行有九德。(《尚书·皋陶谟》)

"助词无义"的说法是传统训诂学没有找到确切训释而回避问题的防空洞。语言的任何成分可以没有实义(词汇意义)，但是总有它的语法意义。"无义"的说法是不科学的。《皋陶谟》是记载大禹和皋陶的对话，"亦行有九德"是皋陶在第三段对话中说的。第一段对话皋陶提出，天子要实践自己的美德；第二段对话提出，天子要"知人"，要"安民"；这里第三段对话提出，天子的行为要有九种美德。"亦"是表示"行有九德"与一、二段对话提出的要求是类同的。"(四)语中助词无义。"例如：

> 予亦拙谋作乃逸。(《尚书·盘庚》)

这是盘庚批评臣下放弃了美德("惟汝含(舍)德")造成过失，然后又引咎自责的话："我也计谋拙劣，造成你们的过失。""亦"是表示盘庚自己的"拙谋"与臣下的"含(舍)德"对造成臣下过失的作用是类同的。

《词诠》的这种训释虚词的方法，也被后来许多文言虚词著作所沿袭。应该看到，传统训诂学的训释方法对研究古代实词的词义也已经显得浮泛、含混，需要进行一番科学的改造；如果用来研究古代汉语虚词，甚至用来研究古汉语句法，就更不足取了。此外，还有人用训诂学的互文见义的办法来研究古汉语语法，结果往往得出不够科学的结论。总之，研究古汉语语法必须从传统训诂学的影响下摆脱出来。

3.1. 汉语语法学是直接在西方语言学的影响下创立起来的。现代语言科学的发展潮流，从理性语法——历史比较语言学——结构主义——转换生成语法,各种理论和方法都已引进或正在引进现代汉语语法的研究工作中;而在古代汉语语法的研究中,起主要影响的是西方青年语法学派的理论和方法,其次是心理社会学派的德·索胥尔和房德理耶斯的理论。后来的结构主义和转换生成语法的理论和方法对古汉语语法研究几乎没有什么影响。总的来说,结构主义和转换生成语法在国外对语言史的研究也是不大成功的;我们目前还看不出在古汉语语法研究方面有全面引进这些理论、方法的必要性。但是他们分析语言形式的某些具体方法却不无参考价值。一般来说,研究古汉语的人,容易钻进古书堆,谨守中国语言学的旧传统,对西方语言学的新进展不大过问,这是不利于学科发展的。王力先生多次提出过古今中外熔为一炉的指导性意见,我们研究古汉语语法就是要采取古今中外熔为一炉的态度。

3.2. 句子的语法结构是语法研究的主要对象。古汉语的句法研究是一薄弱环节。《马氏文通》《高等国文法》都是以词类为纲来写的,后来的文言语法在句法分析方面也很少进展。汉语语法史方面的论文也是研究词法的占多数。很有必要加强古汉语句法方面的研究。

在我国语法学界,目前通行着两种分析句子结构的方法:一种是成分分析法,这是传统语法用以分析语言单位的方法;一种是层次分析法,这是结构主义用以切分语言单位的方法。在现代汉语语法研究中,层次分析法的影响越来越大,取得了不容忽视的成效;但是,在古汉语语法研究中,过去一般都是采用成分分析法,成分分析法的缺陷必然在古汉语句法分析上反映出来。我们认为,有必要引进层次分析法,把两种分析法结合起来,取长补短,使古汉语的句法分析能取得明显的进展。

3.3. 汉语有着悠久的历史文献,这是任何一种语言无法与之相比的;古汉语语法的研究,目前最主要的工作还是应该对几千年的文献资料进行详尽的分析归纳。方言语法的比较研究对古汉语语法和汉语语法史的研究是有着重要意义的;然而它只能是辅助的,而不能喧宾夺主,更不能取代历史资料的分析归纳。至于汉藏语系的历史比较研究更只能有待将来了,也有待于搞少数民族语言研究的同志的努力。

3.4. 当前最需要提倡专书的语法研究和断代的语法研究。三千多年来的汉语语法史必须建立在断代研究的基础上,而断代研究又需要从专书的语法研究开始。从先秦到清代,每个时期都应该选择几部有代表性的接近口语的著作,例如《左传》、《国语》、《战国策》、《论语》、《孟子》、《荀子》、《韩非子》、《吕氏春秋》、《淮南子》、《史记》、《论衡》、《世说新语》、从汉到唐的佛经、敦煌变文、《祖堂集》、《朱子语类》、宋元话本、元曲、《老乞大》、《朴通事》、《水浒传》、《金瓶梅》、《红楼梦》、《儿女英雄传》等,一一写出专书的描写语法。每部书的各种语法成分和各种句式都应力求作穷尽的描写,既作出定性分析,又作出定量分析。有了专书语法研究的基础,再作同时代的综合归纳,一部断代语法就出来了。几部断代语法进行历史的联系、比较,就成了一部材料丰富的汉语语法史。

专书语法研究的工作量很大,又需要分问题逐一研究、逐一解决。语言所古代汉语研究室的同志对《左传》的语法已经进行多年研究,写出了一批材料丰富的调查报告和论文。我们需要有更多的人来做这种专书语法的研究工作。专书语法研究有了可观的成果,才能写出内容丰富、材料翔实的断代语法来。

3.5. 横断面的描写是一种研究方式,纵向的历史探索是另一种方式。在各种语法结构的历史探索中我们已经取得了不少成果,例如系词的发展、使成式的发展、处置式的发展、被动式的发展、代词的发展、词尾"的"、"们"的发展等。在历史的探索中也应该尽可能作穷尽的研究,而不应该凭印象采取举例式地讨论问题。摆事实,讲道理,材料越多越全面,结论也就越可靠。材料事例不多而空讲道理、规律的做法是不可取的。

纵向的各种语法结构的历史探索和横断面的专书语法、断代语法研究相结合,古汉语语法研究必将开创一个新局面,结出丰硕的成果,从而对整个汉语的研究起到很好的促进作用,为我国语言理论建设提供有益的素材。

(原载《语文导报》1985年第9期)

古汉语词类活用浅谈*

汉语无形态,为了解决词类和句法功能之间的复杂关系,所以讲古代汉语语法总要谈到词类活用。所谓词类活用是指词的非经常性的临时用法,它是与本用相对的,本用是指词的经常用法。讲词类活用有两要:一要从汉语的实际出发,不受印欧语法的束缚;二要有历史观点,不能以今律古。

目前一般谈词类活用的往往失之过宽。原因之一是由于受印欧语划分词类的影响。在印欧语里词有形态变化,词类和句法成分之间有对应关系。名词一般只作主语、宾语,动词一般是作谓语,形容词一般是作定语。可是汉语的词没有形态变化,往往是多功能的,每类词都能作好几种句子成分;因此划分汉语的词类必须考虑各类词的句法功能总和,而不能套用印欧语划分词类的标准。长期以来汉语语法的研究深受印欧语法的影响,很多语法学家把主语、宾语位置上的动词、形容词都看成是活用作名词。例如:

乐民之乐者,民亦乐其乐;忧民之忧者,民亦忧其忧。(《孟子·梁惠王下》)

白马之白,无以异于白人之白也。(《孟子·告子上》)

例一处在宾语位置的"乐"和"忧",被看成动词活用作名词;例二处在

---

* 原题为《讲词类活用的两要》。

主语位置和宾语位置(介词宾语)的"白"被看成形容词活用作名词。其实作宾语的"乐"和"忧"与作谓语的"乐"和"忧"意义完全相同,词性未变,都是动词;作主语或宾语的"白"与作定语的"白"也是一致的,都是形容词。动词、形容词不能作主语、宾语,这是印欧语的语法特点,汉语是不受这条规律制约的。

当然,动词、形容词确有活用作名词的。例如:

劳苦不抚循,忧悲不哀怜。(《韩非子·用人》)
事死如事生,礼也。(《左传·哀公十五年》)
然则小固不可以敌大,寡固不可以敌众,弱固不可以敌强。(《孟子·梁惠王上》)

例一中的"劳苦"、"忧悲"和例二中的"死"、"生"本是动词,例三中的"小"、"大"、"寡"、"众"、"弱"、"强"本是形容词,分别用作主语或宾语。它们是否属于词类活用呢？我们认为应是活用,因为它们的意义与本用已有所不同。"死"、"生"等活用的动词已由表示动作行为转而表示具有这种行为动作的人或物,"大"、"小"等活用的形容词已由表示性质状态转而表示具有这种性质状态的人或物。"劳苦"等于"劳苦者","忧悲"等于"忧悲者","死"等于"死者","生"等于"生者","小"等于"小者","大"等于"大者",等等。可以说,这些动词、形容词已经名物化,这是它们词性活用的标志。动词、形容词处在主语、宾语位置是否看作词类活用是要根据具体情况来定,不能一刀切。

早期的语法学家还有把名词、动词作定语也当成活用为形容词的。例如:

少时好读书,学击剑,故其亲名之曰犬子。(《史记·司马相如

列传》)

　　心如涌泉,意如飘风。(《庄子·盗跖》)

　　章士钊的《中等国文典》就认为例一的"犬"是"假名词为形容词",例二的"涌"和"飘"是"假动词为形容词"。汉语中名词作定语是普遍现象,这是名词的基本功能之一,动词也往往可以作定语;如果把处在定语位置的名词、动词都看成活用,那就无限地扩大了词类活用的范围。后来的语法学家都不赞成这种做法。

　　古代汉语词类活用扩大的又一重要原因是缺乏历史观点,受现代汉语影响,从现代汉语的词性出发来分析问题。例如:

　　树吾墓檟,檟可材也,吴其沼乎?(《左传·哀公十一年》)

《马氏文通》认为"树"是名词活用作动词。现代汉语"树"是名词,先秦"树"到底是什么词类呢?我们分析了《尚书》、《诗经》、《论语》、《左传》等九部古籍,将用作谓语的标作动词,将用作主语、宾语的标作名词(下同),统计如下:

	尚书	诗经	论语	左传	墨子	庄子	孟子	荀子	韩非子	共计	百分比
动词	4	10	2	15	17	6	7	5	25	91	75%
名词	0	0	0	3	6	7	0	6	5	27	25%

作谓语是"树"最主要的功能,而作主语、宾语的倒是少数,说它是名词活用作动词,显然是不符合语言实际的。金文"树"字像以手植树之形,《说文解字》:"树,木生植之总名也。"许慎的意见是对的。"树"的本义是"植树"、"种植",它是动词;与"木"相对,"木"才是名词。从古籍的用例来看,"树"到春秋时代以后,才开始用作名词,可能到六朝以

后才取代"木"作为木本植物的通称。马建忠在这里是从自己的语感出发,犯了以今律古的错误。同"树"情况相似的还可以举一个"履"字,"履"字和"屦"字相对,在先秦"履"是动词,"屦"是名词。汉魏以后,"履"才逐渐多用作名词。后来虽然很少再有人认为"树"或"履"在先秦是名词活用作动词,但是犯马建忠同样性质错误的却比比皆是。例如:

出入相友。(《孟子·滕文公上》)

不少人把例句中的"友"看作名词活用作动词,其实"友"同"树"一样,本来是动词。甲骨金文中"友"字是画的两只手,"以手相助"是它的本义。这是动词。《说文解字》:"友,同志为友。"这是"友"的后起义。先秦古籍中"友"经常用作谓语,并非临时用法。统计如下:

	尚书	诗经	论语	左传	墨子	庄子	孟子	荀子	韩非子	共计	百分比
动词	8	5	12	2	3	8	19	7	4	68	44%
名词	7	18	7	3	9	11	8	20	3	86	56%

动词用例几乎同名词用例平分秋色,自然不能看作活用。从历史发展来看,"友"原本是动词,引申发展出名词的意义,在先秦只宜看作兼类。

再如"先"字,一般看作方位名词,用作谓语时就被认为是名词活用作动词。这也是从现代汉语出发来谈古代汉语词类活用的。甲骨文的"先"字,上面是画的一只脚,下面是一个"人"字,表示在别人之前走。《说文解字》:"先,前进也。"这一训释是接近本义的,它本是动词。"先"在《尚书》等九部著作中的使用情况如下:

	尚书	诗经	论语	左传	墨子	庄子	孟子	荀子	韩非子	共计	百分比
主语	0	0	0	2	1	1	0	5	0	9	2%
宾语	4	1	0	5	4	6	0	6	5	31	7%
谓语	3	2	7	62	17	24	10	23	21	169	36%
状语	0	4	8	123	39	12	8	17	46	267	56%

作定语的未统计,其中绝大多数是构成"先王、先君、先民、先祖"等固定词语。名词、动词、形容词都可以作定语,这不足以作为划分词类的标准。其他几种成分,可以认作名词的是主语、宾语,总共不足9%;作谓语而应该认作动词的接近36%,超过主语、宾语的用例几倍。作状语可以有两种处理方法:一是看成动词用作状语,一是看成由动词虚化而成副词。总之,把先秦用作谓语的"先"看成名词活用作动词是不妥当的,因为它不符合当时的语言实际。汉代以后"先"用作谓语的逐渐减少,才开始由动词转变成方位名词。

再如"衣"字更被看成名词活用作动词的典型例证,其实这也是一个值得重新考虑的问题。如果把"布衣、紫衣、衣服"等固定词语不算,"衣"单用时作动词的用例比例很大。统计如下:

	尚书	论语	左传	墨子	庄子	孟子	荀子	韩非子	共计	百分比
动词	2	5	14	17	25	9	10	28	110	38%
名词	6	8	19	18	13	4	22	30	177	62%

单用时动词用例占了接近40%,即使加上所有固定词语的用例,动词用例也占20%以上,这就很难说是临时活用了,而应该算兼类。我们还应该看到,在先秦时代没有一个表示"穿衣"这个动作的专用词,"著衣"是汉代以后才有的说法,"穿衣"就出现得更晚了。"衣"的名动两用正像 yú(鱼、渔)这个词一样,原本是兼类词;不过 yú 作名词写成了"鱼",作动词写成了"渔",那只是一个书写形式的区别,而从语言的角

度来看只是一词兼用于名词、动词两类。这样的兼类词,我们应该承认在古代比后来会更多一些。

有些词在先秦不能看作活用,但是到了汉代以后却又要承认它是活用了。例如:

故齐冠带衣履天下,海岱之间敛袂而往朝焉。(《史记·货殖列传》)

天子不得而臣也,诸侯不得而友也。(刘向《新序》)

我们说过,在先秦"衣"、"履"、"友"都不能看成名词活用为动词;但是到了汉代"衣"已经很少用作谓语了,"履"已经由动词转变成名词,"友"在战国已经多用作名词(朋友),这里不是动词"友爱"义,而是"朋友"义的意动用法,因此我们认为到了汉代它们又都应该看作是名词活用作动词。这也是从历史观点来看问题,不同时代应该不同对待。

总之,谈词类活用要有历史观点,不能以今律古,目前这方面存在的问题还很多,我们需要深入研究古代的语言资料,才能作出科学的结论。

(原载《湖北电大学刊》1987 年第 1 期)

先秦语气词新探

语气词又称助词或语气助词。这是汉语特有的一种词类。马建忠说:"助字者,华文所独,所以济夫动字不变之穷。"①他把助字(语气词)分成两类:传信助字、传疑助字;并比较详尽地讨论了"也、矣、焉、乎、哉、耶、与(欤)"等常用语气词的作用。后来的古汉语语法著作无不讨论语气词用法的,似乎分歧不大。但是早在四十年代何容先生就提出过如何考察语气词的作用问题,②其后王力先生等对句尾语气词作用的分析已显示出不同看法;③早些年我曾明确提出不同意见,但未作深入分析。④本文试图对先秦语气词的作用进行比较全面的探索,作为对原来意见的申述或补充,就正于方家读者。

一、什么是语气

语气词是表示句子的语气的,各家语法大都采取与此类似的说法。但是什么是"语气"呢?很少作出明确的回答,只有吕叔湘先生的《中国文法要略》有较为详细的阐述。他说:"'语气'可有广狭两解。广义的'语气'包括'语意'和'语势'。所谓'语意',指正和反,定和不定,虚和实等等区别。所谓'语势',指说话的轻或重,缓或急。除去这两样,剩下的是狭义的'语气':假如要给他一个定义,可以说是'概念的内容相同的语句,因使用的目的不同所生的分别'。"⑤吕叔湘先生给语气所下的定义,仍难掌握,只能从他对语气的分类中去体会什么是广义的语气,什么是狭义的语气。

语法学家一般认为我们所说的语气相当于英语的 mood。例如王力先生说:"语气词虽各有其语法上的意义(如决定、疑问、反诘、夸张等),但多少总带着些情绪,所以若译成英语,可称为 emotional moods,语气词可称为 emotional particles。"⑥何容也说过:"那么我们所谓语气就是西文所谓 moods。"又说:"moods 是从动词的形态上寻出来的,这形变所表示的则是说话者对所说的话的心理态度。"⑦高名凯先生把它叫作"式",他说:"'式'的语法范畴说明动作或过程进行的方式。这个术语是从拉丁语的 modus 来的,它的意思就是'方式'。"⑧苏联维诺格拉多夫说:"式的范畴反映说话人对于行为和行为人或行为事物的联系的性质的看法。它反映从说话人的角度对行为和行为主体之间的联系的现实性的评价,或说话人对实现或否定这种联系的意愿。"⑨

综合各家的说法,语气是跟说话人的心理状态、情绪愿望密切相关的。我们可以说:语气就是说话人对所说句子与现实关系所持的态度。通俗地说,就是说这句话的口气,这包括思想认识、意志愿望方面的因素,也包括心理状态、感情色彩方面的因素,可以是直陈、疑问,可以是肯定、否定,可以是假设、拟测,可以是商量、命令,可以是赞叹、惊讶。

二、语气的分类

语言是表情达意的工具,每说一句话,都必然表达出说话人的思想认识和感情态度。由于说话人对所说的话的思想认识和感情态度不同,句子的语气就不一样。

目前汉语语法著作通常是把语气分成陈述、疑问、祈使、感叹四大类。有的在四大类之下再分若干小类。其实语气的分类是很复杂的,各家的分类差别相当大。

最早马建忠把语气分成两大类。他说:"助字所传之语气有二:曰信,曰疑。故助字有传信者,有传疑者。"在传信、传疑之下,又细分为若干类,比如:"'也'字惟以助论断之辞气,'矣'字惟以助叙说之辞气。""'焉'为助字,所以助陈述之口气也。"⑩黎锦熙先生的《新著国语文法》把语气分为五大类:(1)决定;(2)商榷;(3)疑问;(4)惊叹;(5)祈使。在叙述时每类下实际上还分成了若干小类。⑪王力先生在《中国语法理论》中说:"语气大致可分为十二类,(一)决定;(二)表明;(三)夸张;(四)疑问;(五)反诘;(六)假设;(七)揣测;(八)祈使;(九)催促;(十)忍受;(十一)不平;(十二)论理。"⑫吕叔湘先生在《中国文法要略》中把狭义的语气分成5类11种以上,广义的语气则有12类20种以上。⑬张秀的《汉语动词的"语气"系统》从普通语言学的角度提出了5类31种以上的语气名称,⑭尚且没有举全。

总之,语气范畴是一个十分复杂的问题。人的思想认识、心理状态是复杂多变的,句子的语气也是非常复杂的。应该看到:由语法手段构成的语气范畴、语气系统在不同语言中并非完全一致的,一种语言在不同时期、不同地点的语气系统也可能不一致。

三、语气的表达手段

任何语言都具有语气范畴,不同语言的语气范畴可以用不同的手段来表达。印欧语有形态变化,主要是用动词的变化作为语气的表达手段,同时还用语调来表示;汉语是没有形态变化的语言,语气的表达手段似乎就是语气词了。其实这种认识是不确切的,汉语的语气表达手段并非只有语气词。黎锦熙先生在《新著国语文法》中说:"疑问语气,在口语,本来不一定全靠助词来表示",他还提到可以用疑问代词、疑问形容词、疑问副词和上扬声调来表示疑问语气(商务印书馆1957年版,328—329页)。王力先生在《中国语法理论》中提出:有些语气的差别"是上下文的语意所形成,不一定需要特别的形式"(《王力文集》第一卷224页),"中国有些副词也可认为语气词之一种"(229页),"语气副词的空灵不让于语气词"(230页),它们也都是表示语气的。赵元任先生更提出,除语气词外还有五种表示口气的方法:即用实词,用副词或连词,用语法词式的变化,用单呼词,用语调的变化。⑮

总之,表达语气的语言手段是多种多样的,可以是词形变化,也可以是语气词;可以是词汇形式,也可以是句式,还可以是语调。在汉语里,除词形变化外,其他形式都可以用来作为表示语气的手段。过去大多汉语语法著作在讨论语气或语气词时,往往忽视甚至无视这一事实,其结论自然难免出现偏颇。

四、语气词的起源

汉语是否从有史以来就有语气词呢? 具体说,殷商时代是否已有语气词? 这是一个值得探讨的问题。《殷契粹编》425 有下述卜辞:

丁未卜,扶:又咸戊、㠯戊乎?
丁未卜,扶:又咸戊牛不?

郭沫若先生解释说:"案此二辞,一级以'乎',一级以'不',盖均表示疑问之语词,不者否也。凡卜辞本均是疑问语。"又:《殷契粹编》1089:

贞:乎伐邛,尸才。
贞:勿尸才。

郭沫若先生把"才"读作"哉"。

陈梦家先生的《殷虚卜辞综述》和管燮初先生的《殷虚甲骨刻辞的语法研究》在讲词类时,虽没有列语气词一类,但是他们实际上都是认为甲骨刻辞中有语气词的。陈梦家先生明确说:"武丁晚期的𠂤组卜辞中,偶有在句末安置语气词的。"⑯除了《殷契粹编》425一例外,他还引了几例带"不"的刻辞和一例带"才"的卜辞。如:

址或伐召方,受又才!(《掇一》450)

陈梦家先生解释说:"'才'似作'哉'。"(129页)管燮初先生也引用了《殷契粹编》425一例,不过他把"乎"和"不"都叫作询问副词(22页);还举了《殷契粹编》1160一例:

其曰徣人㠯!其曰毋搜㠯!

解释说:"'徣人㠯,毋搜㠯'的㠯是感叹词,用在句末拉长句调,相当于古文中的矣字。"(50页)这里虽然没有把"乎"、"㠯"叫作语气词,实质上是认为跟周秦的"乎"、"矣"一样,是表示语气的。

此外,李学勤同志曾提出两个特殊的语末助词:"艮"(fú)和"执"。他说:"把正反两问并于一辞之中,正问用助词'艮',反问用助词'执'(有时相反)。"⑰裘锡圭同志也赞同把这两个字看作句末疑问语气词,不过他认为"艮"应按罗振玉的意见释作"抑",并认为"较晚的古汉语里置于选择问句的两个分句之间的连词'抑',也许就是由这种'抑'演变而成的。"⑱

把"乎"字认作语气词,早有人提出异议;最近裘锡圭同志又作过分析,他认为"乎"可能"指跟祭祀有关的某件事"。裘锡圭同志也不同意把"才"读作"哉",认为"才"字之后,可能有未刻出的字,应读作"在"。⑲裘锡圭同志的这个意见很对,我们完全赞同。

至于把"⿱"(抑)、"执"看作语气词,也是根据不足,大可怀疑的。把"⿱"、"执"看作语气词,只能解释甲骨卜辞,后代一点痕迹也找不到,真是昙花一现。一种语法范畴,突然冒了出来,又突然消失了,这是不合语言发展规律的。而且卜辞中还只在师组卜辞中常用,其他卜辞极少见,更要慎重处理。李学勤同志把"⿱"(抑)和"不"作了对比:

丙辰卜,丁巳其阴不?允阴。(合,19781)
丙辰卜,丁巳其阴⿱?允阴。(合,19780)

"不"不是语气词,而是否定副词。如果把"⿱"(抑)、"执"看作副词或仍是动词,在句中作补语或单独成句,表示对前文的否定或肯定,并非不可能。

最后我们要讨论到"㠯","㠯"今音与"矣"相同,古音却有别。它在甲骨文中用在句末很罕见。如果它在甲骨文中已用作语气词,而西周金文却不出现(《尚书》有两篇出现语气词"矣",时代有待考定,其中一篇肯定是战国作品),五六百年销声匿迹,这是很奇特的。从西周的语言资料来看,金文中只有语气词"哉",一次写作"𢦏",三次写作"才";《尚书》中也只有"哉"用得最多,112次,其他语气词极罕见。如果说甲骨文时代已经产生语气词,那么可能性最大的只能是"哉";但是正如裘锡圭同志在《关于殷虚卜辞的命辞是否问句的考察》中所指出的,"把卜辞的'才'读为'哉'显然是不合适的。"(6页)因此,我们认为在甲骨文时代语气词还没有产生,句子的语气只能是由别的语言手段来担任。语气词是西周时期才产生的,最初是"哉"字,然后逐渐产生了其他的语气词。

五、语气词作用的传统看法

语气词是表示语气的,这没问题;但是语气词表示语气是多功能的,还是单功能的,却值得研究。传统的看法,认为语气词是多功能的,即一个语气词可以表示多种语气。例如杨树达先生的《高等国文法》认为:"也"字有八种用法,"矣"字有七种用法,"焉"字有六种用法,"乎"字有五种用法,"与"(欤)字有三种用法,"哉"字有三种用法,"邪"字有五种用法,等等。这就是说每个语气词都可以表示多种语气。可是按杨树达先生的意见,一种语气又可以用多个语气词来表示,比如:疑问语气可以用"乎"、"与"、"邪",也可以用"哉"、"夫",还可以用"也"、"矣"、"尔"、"焉";感叹语气可以用"哉"、"夫",也可以用"乎"、"与"、"邪",还可以用"也"、"矣"、"焉";决定(论断)语气可以用"也",又可以用"矣"、"焉"、"尔"、"耳"、"邪";陈述语气可以用"矣",又可以用"也"。[20]吕叔湘先生总结说:"语气词和语气不是一一相配的。一方面,一个语气词可以用来表不同的语气。一方面,同一语气可用几个语气词,有时似乎无区别,但一般而论,实代表种种细微的区别,这些细微的区别最应该体会。"[21]"一个语气词可以用来表示不同的语气","同一语气可用几个语气词",这是目前语法学界的一般看法;吕叔湘先生感觉到了不同语气词"实代表种种细微区别",并对某些细微区别作过一些探索,但是未能摆脱传统认识的束缚。我们认为,这种传统认识其实是不正确的,应该重新进行一番分析考察,作出新的结论。

六、语气词的作用是单功能的

我们在前文已经论述过,语气范畴是一很复杂的范畴,语气范畴的语言表达手段是多种多样的,并非只有语气词。对语气范畴的复杂性和语气表达手段的多样性缺乏认识,恐怕是语气词多功能观点在理论认识上的一种失察。这样就造成了像何容早已指出过的结果:"不免把这个助词所没有的作用也当成它的作用,把一个作用很单纯的助词当成作用很复杂的,而永远弄不清楚。"㉒

我们不妨拿杨树达先生《高等国文法》所举的某些用例重新进行一番分析。《高等国文法》认为"也"字有时作用"与'矣'同",列举了四个用例:

> 散军而郊射,左射狸首,右射驺虞,而贯革之射息也。(《礼记·乐记》)
> 刑罚行於国,所诛者乱人也。如此,则民顺治而国安也。(《礼记·聘义》)
> 且夫栾氏之诬晋国久也。(《国语·晋语》)
> 从我於陈蔡者,皆不及门也。(《论语·先进》)

这四个用例带"也"的句子都不是判断句,而是叙述句,整个句子带有陈述语气,所以杨树达先生认为"也"的用法与"矣"同,也就是说"也"是表示陈述语气的。如果陈述语气真是由"也"承担的,那么去掉"也"句子就不应该再有陈述语气,事实是去掉"也"依然存在陈述语气。这就是说,句子的陈述语气是由句式本身决定的。我们还可以把"也"字换成"矣"字,句子的陈述语气更加显豁,这是由于"矣"是真正表示陈述语气的,它使句子的陈述语气得到加强。不用"矣"而用"也",句子就不再是单纯的陈述语气,而是在陈述语气中兼有论断意味的复杂语气了。"也"字的作用是对陈述的事物加以论断、肯定,仍然是表示论断、肯定语气的。认为"也"与"矣"同,可以表示陈述语气,显然是把不是"也"的作用当成了它的作用。

又如,《高等国文法》几乎把所有常用的语气词都认作可以表示疑问语气,大多的语法著作都持这一观点。《高等国文法》在这方面举例甚多:"也"字用例28,"矣"字用例8,"焉"字用例6,"尔"字用例3。"矣"、"焉"、"尔"的用例,句中全有疑问代词。例如:

汝何梦矣?(《礼记·文王世子》)
危而不持,颠而不扶,则将焉用彼相矣?(《论语·季氏》)
嗟行之人,胡不比焉?(《诗经·唐风·杕杜》)
然则何言尔?成公意也。(《公羊传·隐公元年》)

这些用例的疑问语气真是由句尾语气词表达的吗?试将例①加以替换,并进行比较:

汝何梦矣?
汝何梦邪?
汝何梦?

用"矣"、用"邪",或者不用句尾语气词,都是疑问句,都具有疑问语气。可见句子的疑问语气并非由句尾语气词表示的,而是由句中的疑问代词带来的。不用句尾语气词,句子是一种径直的疑问语气,直接询问所不知道的事物,语气比较平实、急促;加上"邪",使句子的疑问语气带有商讨、探询的意味;加上"矣",是询问事物的新情况,"矣"强调所问事物的发展变化。总之,这种特指问的疑问语气是由句中的疑问代词或疑问副词等疑问词语决定的,句尾的语气词仍然保留它原来所表示的语气,使句子具有一种复杂的语气。

《高等国文法》中"也"字表疑问语气的用例比较复杂。28例可以分成两大类。一类是句中有疑问词语或为选择问句,其中有疑问代词的8例,有表示疑问的语气副词(其)或固定结构(无乃、不乃)的6例,用在选择句中的7例。例如:

夫《易》,何为者也?(《周易·系辞上》)
且虞能亲于桓庄乎?其爱之也?(《左传·僖公五年》)
今豆有加,下臣弗堪,无乃戾也?(《左传·昭公六年》)
敢问天道乎?抑人故也?(《国语·周语》)

例①句中有疑问代词"何",例②③句中有表疑问的语气副词"其"或固定词语"无乃",疑问语气是由这些词语带来的,"也"仍然表示论断语气。如例①既是个疑问句,又是个判断句,"何"表疑问,"也"表判断,整句是一种要求论断的疑问语气。例②"其爱之也"是带有探询意味的叙述句,"其"表探询,"也"表示要求对这种探询性叙述的事情进行论断。例③"无乃"表拟测性的疑问,"也"表示要求对这种拟测性的提问进行论断;它是疑问句,又是判断句。例④是选择问句,疑问语气是由选择问的对称句式决定的。不用"也"仍是选择问,照样带有疑问语气;加"也",表示要求对这种选择问进行论断。

第二类是用在一般的叙述句或判断句中,共7例。例如:

女忘君之为孺子牛而折其齿乎,而背之也?(《左传·哀公六年》)
子张问:"十世可知也?"(《论语·为政》)
公都子曰:"冬日则饮汤,夏日则饮水,然则饮食亦在外也?"(《孟子·告子上》)

三个例句"也"字都是用在一般的叙述句中,句中没有表示疑问语气的语言成分,只能从前后文来确定它是疑问句。比如例①"而背之也",单从本句的形式来看,是带肯定语气的叙述句;联系前面一句"女忘君之为孺子牛而折其齿乎"和整段文章来看,才能确定它是疑问句。"也"可以换成"邪";换成"邪",语气变了,句子本身就带有探询语气。还可以在"也"字后加"邪",说成"而背之也邪",句子的语气变得更复杂,在总的探询语气中包含对陈述事实的肯定语气。不少语法著作认为这种句式中的"也"通"邪",其实是不正确的。上古"也"在歌部,"邪"在鱼部,语音上有别,轻易谈通假,事实上是抹煞了"也"、"邪"在语气表达上的重要差别。例②"十世可知也"本身只能看作带肯定语气的叙述句,或者看成判断句,译成现代汉语是"十代以后〔的礼义制度〕是可以知道的"。联系前面的"子张问",才能确定这是子张提出的一个问题。现在这样标点,它应该是一个疑问句;但是也可以标点为"子张问十世可知也",则是一个叙述句,叙述子张提出了一个问题。再联系后文孔子的答话用了三个"可知也"("其或继周者,虽百世,可知也"),更证明"也"不是表示疑问语气。按现在的标点,疑问语气是由前后文决定的,或者是由没有记录下来的语调表示的。这句可以转换成:"子张问:'十世可知也邪'"? 或者"子张问:'十世可知邪?'"基本意思不变,语气却有了变化。例③句子本身也没有疑问的标志,联系前文,公都子这段话是反驳孟季子的,"然则饮食亦在外也"才具有了反问的性质。这是公都子按照孟季子的逻辑,要求孟季子作出"饮食亦在外也"的论断,"也"是表论断语气,而不是表疑问语气。疑问语气应该是前后文或没有记录下来的语调所带来的。如果把"也"改成"乎"或"邪",或者在"也"后加"邪",才是由语气词表示疑问语气了。

总之,认为"也"、"矣"、"焉"、"尔"等语气词可以表示疑问语气,其实都是把它们没有的作用当成了它们的作用。《高等国文法》还认为"也"、"矣"、"焉"、"乎"、"与"、"邪"都可以表示感叹语气,情况也同所举表示疑问语气的用例一样,经不起推敲,这里就不一一分析了。我们认为:汉语的语气词是单功能的,任何一个句尾语气词都是表示某一特定语气的。一个语气词在不同类型的句子中所表示的语气可能有某些变化,但是它所表达的基本语气应该是固定的。

我们还可以从一个句子连用两个或三个语气词,来证明语气词是单功能的。例如:

> 其无乃先王之命也乎?(《左传·成公二年》)
> 有能一日用其力於仁矣乎?(《论语·里仁》)
> 若果是也?我果非也邪?(《庄子·齐物论》)
> 君子多乎哉!不多也。(《论语·子罕》)
> 曰:"行乎?"曰:"吾罪也乎哉?"(《左传·襄公二十五年》)
> 可谓好学也已矣。(《论语·子张》)

如果语气词是多功能的,"也"既表论断语气,又表疑问语气,为什么又要"也乎"连用呢?"矣"既表陈述语气,又表疑问语气,就无需"矣乎"连用。"也"、"邪"既然可以通假,"也"本身就可以表示"邪"的语气,"也邪"连用,就是多余。按照《高等国文法》的分析,"乎"和"哉"的作用几乎完全相同,都可以表示疑问、反诘、感叹,何必要"乎哉"连用呢?至于"也乎哉"、"也已矣"等三个语气词连用,按照多功能的观点,就更是叠床架屋,没有必要了。总之,按照语气词多功能的观点,既分不清各个语气词之间的区别,又解释不清几个语气词连用的大量语言事实。只有按照语气词单功能观点来考察,才能分清各个语气词之间的细微区别,也才能解释清楚几个语气词连用的现象。"也乎"连用是在疑问语气中带有论断的语气,"矣乎"连用是在疑问语气中带有陈述的语气,"也邪"连用是在探询语气中带有论断的语气,"乎哉"连用是疑问兼感叹语气,"也乎哉"连用是在反诘感叹语气中带有论断的语气,"也已矣"连用是在陈述语气中带有论断、限止的语气。语气词连用,每个语气词仍然保留各自所表示的语气,组成一种复杂的语气,不过语气的重点一般是落在后一个语气词上。

七、常用语气词所表示的语气

先秦最常用的句尾语气词是"也"、"矣"、"乎"、"哉",其次是"已"、"耳"、"焉"、"尔"、"与"、"邪"、"夫"、"兮"。它们可以分成三大类:一类是表示陈述语气,包括"也"、"矣"、"已"、"耳"、"焉"、"尔";一类是表示疑问语气,包括"乎"、"与"、"邪";一类是表示感叹语气,包括"哉"、"夫"、"兮"。下面简述它们在先秦的使用情况及其所表示的特定语气。

1. 表论断语气的"也"和表报道、实现语气的"矣"

"也"和"矣"从大类来说虽然同属陈述语气,但"也"是论断性的陈述,而"矣"是报道性的陈述。《淮南子·说林训》说:"'也'之与'矣',相去千里。"这是古人深有感受的体会,说得很对。

语气词"也"不见于西周金文和《尚书》、《诗经》、《左传》、《论语》和战国以后的典籍却用得很多,是古汉语中出现频率最高的两个语气词之一。[23]"也"的基本作用是表示论断、肯定的语气。它主要用在判断句中,表示判断语气。例如:

公曰:"制,岩邑也。"(《左传·隐公元年》)
子曰:"女,器也。"(《论语·公冶长》)

除判断句外，"也"字还用在其他类型的句子中，仍然是表示论断或肯定的语气。

"也"用在叙述句中，并不是表示报道的陈述语气（狭义的陈述语气），而是对所叙述的事物加以肯定，是肯定语气。"也"用在疑问句中，不是表示疑问语气，仍然是表示肯定或论断的语气。这在前文已经论述过，这里不再讨论。

"也"还用在祈使句或感叹句中，并不表示祈使语气或感叹语气，而是对这种祈使或为之惊叹的内容加以肯定，仍是表示论断或肯定的语气。例如：

> 不及黄泉，无相见也。（《左传·隐公元年》）
> 窦太后曰："皇后兄王信可侯也！"（《史记·外戚列传》）
> 恶！是何言也！（《孟子·公孙丑上》）
> 上退，谓左右曰："甚矣汲黯之戆也！"（《史记·汲郑列传》）

例①例②是祈使句，不用"也"仍然是祈使、命令的内容。例①祈使的意义是由禁止性否定副词"无"表示的，例②是由能愿动词"可"表示的，"也"是肯定祈使的内容。例③例④是感叹句。例③前有叹词"恶"，句中又有表示反诘的代词"何"，反诘也就带有不以为然的惊讶意味，句子的感叹语气是由"恶"和"何"表示的，"也"是帮助"是何言"这个判断句表示判断的。例④的状态形容词"甚"带有惊叹的意思，作提前的谓语；"也"用在后置主语的后面，表停顿，并带有肯定汲黯戆直的意味，全句的感叹语气是由"甚"决定的。

语气词"矣"不见于西周金文。《尚书》《诗经》《左传》《论语》和战国以后的典籍都用得很多，是出现频率最高的语气词之一。"矣"的基本作用是把说到的事物作为新情况报道出来，是陈述该事物得到了实现。主要用在叙述句中。例如：

> 鸡既鸣矣。(《诗经·齐风·鸡鸣》)
> 孔子曰："诺,吾将仕矣。"(《论语·阳货》)
> 君能补过,衮不废矣。(《左传·宣公二年》)

例①叙述的事情是已经发生的，"矣"并非表示完结的语气，而是强调事物的发展变化，说明鸡原来没有鸣，现在已经鸣了，把事物的发展变化当作新情况报道出来。例②叙述的事情还没有发生，说话人把它当作将要出现的新情况提示出来。例③的"矣"是用在条件复句中，把在这种条件下将产生的某种结果当作新情况报道出来。

"矣"也用在描写句中，在描写句中"矣"同样是报道新情况的陈述语气。例如：

> 天之弃商久矣。(《左传·僖公二十二年》)
> 上下交征利,而国危矣。(《孟子·梁惠王上》)

描写句带上语气词"矣"，就不单纯是描写事物的状态，而是带有陈述一种事物状态的意思。例①不是单纯描写上天抛弃商人已久这一状态，而是把这一状态当作新情况报道出来。例②同样是把"国危"这一状态当作新情况加以陈述，原来国家不处在危险的状态，在"上下交征利"的情况下，国家就出现了危险状态。描写的是静态，陈述的是动态。

"矣"还用在疑问句、祈使句、感叹句中，它的作用也是报道新情况、表示陈述语气的，而不是表示疑问或祈使、感叹语气。例如：

> 邪而诅之,将何益矣？(《左传·隐公十一年》)

善哉！吾请无攻宋矣。(《墨子·公输》)
何得车之多也？子行矣。(《庄子·列御寇》)
甚矣！吾衰也。久矣！吾不复梦见周公。(《论语·述而》)

"矣"在疑问句中,不表疑问语气,上文已经讨论过。例①是疑问句,"矣"是把"将何益"这一反问的事实陈述出来。例②例③是祈使句。例②祈使的意思是由"请"表示的,"矣"是把"吾请无攻宋"这一祈使内容当作新情况来加以陈述。例③祈使的语气是由前后文和本句的内涵(可能还包括语调)决定的,"矣"是把祈使的内容("子行")当作新的情况来加以陈述。例④是谓语前置的描写句,描写句中用"矣"字,往往带有感叹的意味,特别是谓语前置时,感叹的语气更加明显。从语气的角度进行句子分类,这是感叹句。但是句子的感叹语气,并不是真正由"矣"字来承担的,而是由句中其它词语的内涵和整个句式表达的。例句中的"甚"表程度深,"久"表时间长,都易使人有惊叹之感。"矣"仍然是帮助把这种状态陈述出来。

2. 表示限止语气的"已"和"耳"

"已"在先秦古籍中,可用作句尾语气词。最早见于《尚书·洛诰》,使用频率不高。一般用在叙述句中,有时也用在描写句中。例如:

王曰："公定,予往已。"(《尚书·洛诰》)
苟无恒心,放辟邪侈,无不为已。(《孟子·梁惠王上》)
吾生也有涯,而知也无涯。以有涯随无涯,殆已。(《庄子·养生主》)

"已"表示的语气同"矣"近似,都是对事物进行陈述;但是两者不仅古音不完全相同,表示的语气也有明显差异。"矣"是把所说的事物当作

新情况来报道,"已"则是表示所说的事物不过如此,是一种限止的语气。语气词"已"是从动词虚化来的。例如:

> 肸之宗十一族,唯羊舌氏在而已。(《左传·昭公三年》)

这个例句因为有连词"而","已"的动词性还很明显;如果去掉连词"而",就同《洛诰》"予往已"的形式一样了,动词的性质不易觉察,已虚化成语气词。试比较:

> 孟子曰:"子诚齐人也,知管仲晏子而已矣。"(《孟子·公孙丑上》)
> 子曰:"赐也!始可与言诗已矣。"(《论语·学而》)
> 四十五十无闻焉,斯亦不足畏也已。(《论语·子罕》)

例①有连词"而","已"仍是动词性质,去掉"而"就同例②一样,已虚化成语气词;正因为它同"矣"表示的语气不一样,才可能"已矣"连用。例③"已"用在语气词"也"的后面,比例②更加虚化,只能是表示限止语气的语气词。

语气词"耳"是"而已"的合音,也是表示限止语气。《尚书》《诗经》未见,春秋战国以后的典籍往往使用。例如:

> 子曰:"二三子!偃之言是也。前言戏之耳。"(《论语·阳货》)
> 直不百步耳,是亦走也。(《孟子·梁惠王上》)
> 安特将学杂志,顺诗书而已耳。(《荀子·劝学》)

例①例②的"耳"可以换成"而已","而已"表示句子陈述的事实止于这种情况,"已"还带有动词性;合音成"耳",意义虚化,只表示限止语气。使用日久,"耳"完全虚化,人们已不觉察它的来源,因此"而已"之后还可以加"耳",如例③。

3. 表提示语气的"焉"和"尔"

刘知几《史通·浮词》说:"是以伊、惟、夫、盖,发语之端也;焉、哉、矣、兮,断句之助也。"可见古人是把"焉"归在语气词一类的;但是"焉"往往有指代作用,一般古汉语语法著作都把它叫作兼词,即代词兼语气词。在某些句子中,指代作用比较清楚;在某些句子中,指代作用不明显。于是有的语法著作把"焉"分成兼词和语气词两类,其实两者的界限是不清楚的,倒不如全算作语气词。不过"焉"是一个有指代作用的语气词,指代和提示是相通的,它的提示语气是由它的指代作用虚化成的。《尚书》、《诗经》及先秦其他典籍多用之。例如:

制,岩邑也,虢叔死焉。(《左传·隐公元年》)
三人行,必有我师焉。(《论语·述而》)
止子路宿,杀鸡为黍而食之,见其二子焉。(《论语·微子》)
夫子言之,于我心有戚戚焉。(《孟子·梁惠王上》)

例①例②指代作用比较明显,如果重视它的指代作用,可以认为是代词;但是它同时是提示对话人注意自己所说的事实,如果重视它的提示作用,也可以认为是语气词。例③例④指代作用几乎完全消失,只是提示对话人注意所叙述的事实,只应看作语气词。

"焉"除用在叙述句外,还用在疑问句中。例如:

嗟行之人,胡不比焉?(《诗经·唐风·杕杜》)
对曰:"君何患焉?"(《左传·隐公元年》)
冉有曰:"既庶矣,又何加焉?"(《论语·子路》)

> 王若隐其无罪而就死地,则牛羊何择焉?(《孟子·梁惠王上》)

正如"也"、"矣"等语气词一样,句子的疑问语气是由句中的疑问代词决定的,"焉"仍然是表示提示语气。

"尔"本是一个指示代词,是"如此"的意思,用在句尾,指代作用虚化,变成语气词。杨树达先生认为它是表限止、决定和疑问三种语气,其实"尔"同"焉"一样,也是表提示语气。例如:

> 不崇朝而遍雨乎天下者,唯太山尔。(《公羊传·僖公三十一年》)
> 郁陶,思君尔。(《孟子·万章上》)
> 外逆女不书,此何以书?讥。何讥尔?讥始不亲迎也。(《公羊传·隐公二年》)

这是《高等国文法》所举分别表示三种语气的用例。例①"唯太山尔"是说只有太山如此,句中有"唯"表示范围限制,所以"尔"被看成"表限止";例②是说郁陶是思念您的缘故,这是判断句的活用;所以"尔"被看成"表决定"。其实限止的意思、决定的意思是由句中的别的成分或句式决定的,"尔"是表提示语气,提示这种情况只有太山,这种情况是因为思念您。进一步推敲,两例的"尔"还保留原来指示代词"如是"的意味,只是因为在句尾,这种意思已经淡化。例③的疑问语气是由疑问代词"何"表示的,"尔"仍是表提示语气,提示人们注意所提出的疑问。

有的语法著作认为"尔"与"耳"、"而已"都表限止语气,这是没有看到上古"尔"、"耳"并不同音,来源也不一样。语气词"耳"是"而已"的合音,作用与"已"近似;语气词"尔"来源于指示代词,作用与"焉"相近。不过"焉"往往是提示范围,而"尔"则是提示情状。

4. 表疑问语气的"乎"、"与"（欤）、"邪"

"乎"、"与"、"邪"都是表示疑问语气的句尾语气词,这是语法学界的共同认识。

"乎"字是个最纯粹的疑问语气词。西周金文未见,《尚书》、《诗经》用例较少,先秦其他典籍都用得很多。它既用在是非问句中,又用在选择问句中。例如:

厩焚,子退朝,曰:"伤人乎?"不问马。(《论语·乡党》)
滕,小国也,间于齐楚。事齐乎?事楚乎?(《孟子·梁惠王下》)

"乎"也用在反问句中,既然是反问句,当然是表示反问语气。例如:

一之谓甚,其可再乎?(《左传·僖公五年》)
墨子曰:"然,胡不已乎?"(《墨子·公输》)

在反问句中"乎"往往是同句中的语气副词或疑问代词相呼应来表示反问语气。其实反问的意思主要是由句中的语气副词或疑问代词表示的,"乎"主要还是表纯粹的疑问。反问句可以不用"乎",用了"乎"疑问语气更强一些。

战国以前"乎"很少用在特指问中,战国中期以后才逐渐多起来。例如:

志修德厚,孰谓不贤乎?(《荀子·尧问》)
尧、舜不复生,将谁使定儒、墨之诚乎?(《韩非子·显学》)

"乎"还可以用在感叹句中。例如:

子曰:"必也正名乎!"(《论语·子路》)

越十年生聚,十年教训,二十年之外,吴其为沼乎!(《左传·襄公九年》)

善哉!技盖至此乎!(《庄子·养生主》)

不少的语法著作因此认为"乎"也表感叹语气。其实这些句子的感叹语气并非由"乎"承担的。例①的"必"是确定无疑的意思,由此带来全句的感叹语气;例②本是揣测将产生的结果,这种结果是令人慨叹的,被看成感叹句;例③是因为前面有"善哉",因而带来了惊叹的意思,感叹的语气是由"哉"决定的。在这类感叹句中加上"乎"使全句带有疑而有定的意味,"乎"实际上仍是表示疑问语气的,不过疑问语气弱化,被全句的感叹语气掩盖起来了。

"与"(欤)和"邪"也表示疑问语气。它们不见于西周金文和《尚书》、《诗经》。"与"最早见于《论语》、《左传》,"邪"最早见于战国中期以后的典籍。例如:

曰:"是鲁孔丘与?"曰:"是也。"(《论语·微子》)

曰:"冠素。"曰:"自织之与?"曰:"否,以粟易之。"(《孟子·滕文公上》)

以不相爱生邪?(《墨子·兼爱中》)

治乱,天邪?(《荀子·天论》)

以上"与""邪"是用在是非问句中。是非问句如果不用句尾语气词,疑问语气就表现不出来,往往变成一般的陈述句。用"乎"还是用"与"或"邪",虽然同是表疑问语气,但是仍有区别。用"乎"是纯粹的询问语气,说话者把一件事情全部说出来,要求对方作肯定或否定的答复。用"与"或"邪",疑问语气没有用"乎"那样纯粹、强烈,它是表示说话人猜想大约是这样,却非深信不疑,要求得到证实,是一种探询的语气。比如例①是长沮猜想大概这就是鲁国的孔丘,但是不敢肯定而向子路发出的询问,是探询的口吻。如果换成"乎",就是说长沮只是直接提出询问,是纯粹的询问语气。例④荀子自己的认识是"治乱非天也",这里是设想,采取的是探询的语气;如果换成"乎",就是纯粹的询问语气。"与"和"邪"在上古声音很接近,可以拟作[ʎĭa]、[ʎĭa];同时有的书只用"与",不用"邪",如《论语》、《孟子》、《公羊传》、《穀梁传》等,有的书则多用"邪",少用或不用"与",如《庄子》、《韩非子》。因此,"与"和"邪"很可能是方言或时代的不同。

"与"、"邪"也用在其他类型的疑问句中,例如:

> 然则治天下独可耕且为与?(《孟子·滕文公上》)
> 子之道岂足贵邪?(《庄子·盗跖》)
> 求之与?抑与之与?(《论语·学而》)
> 孙子之所言是邪?先生之所言非邪?(《庄子·达生》)
> 是谁之过与?(《论语·季氏》)
> 子之师谁邪?(《庄子·田子方》)

在这些类型的疑问句中,"与"和"邪"都是表示探询语气。

"与"和"邪"也用在感叹句中,例如:

> 孝弟也者,其为仁之本与!(《论语·学而》)
> 庄子曰:"在蝼蚁。"曰:"何其下邪!"(《庄子·知北游》)

例①的感叹语气是从前文对"孝弟"作用的大力肯定带来的,从本句来看,"其"是表揣测语气的副词,"与"仍是表探询的语气。与其说是感叹句,还不如说是在具有探询语气的疑问句中带有感叹的意味。例②的感叹语气是由"何其"决定的,"邪"仍是疑而未定的探询语气;可以认为是感叹句,也可以认为是反问句。反问与惊叹是相连的,由于惊讶才发出反问,反问往往带有惊叹的意味。总之,感叹语气并不是由语气词"与"或"邪"本身载荷的。

5. 表感叹语气的"哉"、"夫"和"兮"

句尾语气词"哉"是表示感叹语气的,它也许起源最早,见于西周金文,先秦典籍中用得很多。例如:

> 王曰:"师訇,哀才!今日天疾畏降丧。"(《师訇簋》)
> 子犯曰:"子玉无礼哉!君取一,臣取二,不可先矣。"(《左传·僖公二十八年》)
> 子曰:"管仲之器小哉!"(《论语·八佾》)
> 曰:"言必信,行必果,硁硁然小人哉!"(《论语·子罕》)
> 疾走料虎头,编虎须,几不免虎口哉!(《庄子·盗跖》)

这些是典型的感叹句,谓语可以是动词性的,也可以是形容词性的或名词性的。不用"哉"字,句子就是直陈性的叙述句、描写句或判断句,因此,句子的感叹语气明显是由"哉"表示的。

更多情况下,"哉"是用在反问句或其他类型的疑问句中。例如:

> 天实为之,谓之何哉?(《诗经·邶风·北门》)
> 公曰:"晋吾宗也,岂害我哉?"(《左传·僖公五年》)
> 大车无輗,小车无軏,其何以行之哉?(《论语·为政》)

> 彼,丈夫也,我,丈夫也,吾何畏彼哉?(《孟子·滕文公下》)

有的语法著作认为这些句型中的"哉"是表示疑问语气或反诘语气,其实"哉"仍然是表示感叹语气。我们可以把句中的"哉"换成"邪"或"乎",句子就完全是疑问语气了。用了"哉",句子既带有疑问语气,又带有感叹语气,疑问语气是由句中的其他成分决定的。

句尾语气词"夫"也是表示感叹语气的。它不见于《尚书》、《诗经》、《论语》、《左传》及战国以后的某些典籍间或用之,使用频率比"哉"小得多。例如:

> 子在川上曰:"逝者如斯夫!不舍昼夜。"(《论语·子罕》)
> 率天下之人而祸仁义者,必子之言夫!(《孟子·告子上》)

"哉"和"夫"虽然同表感叹语气,可是有细微区别。王夫之《说文广义》云:"哉,其声激扬,故为惊诧之词,以之赞叹,惊其甚也。"元卢以纬《语助》云:"夫"字"在句末者为句绝之余声,亦意婉而声衍"。袁仁林《虚字说》云:"夫"字"用为语已辞者,意有所见而拖其气以盘旋之,有无限虚空唱叹意"。他们的说法,大致反映了"哉"和"夫"的区别。也就是说,"哉"是纯粹的感叹语气词,表示的感叹语气强烈明确;而"夫"多用在表惋惜、咏叹的句子中,它所表示的感叹语气要比"哉"舒缓、低沉一些,在感叹中带有商度的成分。

"兮"字被古人叫作"语助余声",一般只用于诗歌、韵文,带有衬字的意味;由于一般用在诗歌、韵文中,因而也带有感叹语气。例如:

> 坎坎伐檀兮!置之河之干兮!(《诗经·魏风·伐檀》)
> 帝高阳之苗裔兮!朕皇考曰伯庸。(屈原《离骚》)

"兮"的语气舒缓,一般是咏叹,很少有惊讶的成分。

6. 语气词的连用

句尾语气词连用,《尚书》中未见,先秦其他典籍两个语气词连用的很常见,还有三个语气词连用的情况。[24]语气词连用有很强的规律性,疑问语气词,感叹语气词往往殿后,论断语气词"也"一般只能在前。组合形式多种多样,分述如下:

(1)陈述语气词殿后的二合语气

陈述语气词殿后的二合语气是比较少的,一般只有"矣"、"已"用于殿后。例如:

其余不足观也已。(《论语·泰伯》)
官爵可买,则商工不卑也矣。(《韩非子·五蠹》)
赐也,始可与言诗已矣。(《论语·学而》)
人人有贵于己者,弗思耳矣。(《孟子·告子上》)

两个陈述类语气词连用,各自保留原来所表示的语气,组成一种复合的语气。比如例①是限止语气带有论断语气,表示说话人认为情况肯定只限于这样。例②是报道语气带有论断语气,表示说话人是把事物当作肯定的状况报道出来。例③例④都是限止语气兼报道语气,表示说话人所报道的事物只限于这种情况。"也已"、"已矣"比较常见,"也矣"、"耳矣"罕见。

(2)疑问语气词殿后的二合语气

疑问语气词殿后的二合语气比较常见,前面只能加陈述类的语气词。例如:

其无乃非先王之命也乎?(《左传·成公二年》)

> 斯谓之仁已乎？（《论语·颜渊》）
> 然则夫子既圣矣乎？（《孟子·公孙丑上》）
> 其犹穿窬之盗也与？（《论语·阳货》）
> 若果是也，我果非也邪？（《庄子·齐物论》）
> 国之道尽此已邪？（《墨子·尚同下》）

疑问语气词"乎"前可以用论断语气词"也"，又可以用限止语气词"已"或报道语气词"矣"。疑问语气词"与"、"邪"之前一般只用"也"，用"已"的很少，未见加"矣"的。疑问语气词同别的语气词组合，二者仍保留原来表示的语气，但语气重心在后一个疑问语气词。

（3）感叹语气词殿后的二合语气

感叹语气词殿后的二合语气是几类语气词连用中最常见的形式，前面既可加陈述类的语气词，又可加疑问类的语气词。例如：

> 吾岂匏瓜也哉！（《论语·阳货》）
> 岂不过甚矣哉！（《荀子·荣辱》）
> 善败由己，而由人乎哉！（《左传·僖公二十年》）
> 王曰："天败楚也夫！余不可以待。"（《左传·成公十六年》）
> 苗而不秀者有矣夫！（《论语·乡党》）

感叹语气词加别类语气词最常见的是这五种形式，个别典籍中有"邪哉"、"焉哉"、"耳哉"等形式。两个语气词结合，各自保留原来表示的语气，但语气重心在感叹。

（4）三个语气词连用的三合语气

现代汉语一般没有三个语气词连用的，先秦三个语气词连用的也

不多,只出现在少数典籍中,如《论语》、《左传》、《孟子》,以《论语》用得较多。例如:

> 子曰:"泰伯其可谓至德也已矣。"(《论语·泰伯》)
> 寡人之於国也,尽心焉耳矣。(《孟子·梁惠王上》)
> 其人曰:"死乎?"曰:"独吾君也乎哉!吾死也?"(《左传·襄公二十五年》)
> 鄙夫可与事君也与哉!(《论语·阳货》)
> 子曰:"女得人焉耳乎?"(《论语·雍也》)

三个语气词连用只有以上五种结合形式,"也已矣"出现次数较多,其他几种都只见一两次。三个语气词连用,各个语气词仍保留各自所表示的语气,组成三种语气因素相结合的复合语气,语气的重心一般在最后一个语气词上。比如例①"也"表肯定语气,"已"表限止语气,"矣"表报道新情况的语气,也就是说孔子是把"泰伯其可谓至德"这一事实当作肯定的、止于此的新情况报道出来。其实句中的语气副词"其"还表示委婉语气,整个句子又带上委婉语气色彩。这是一个四种语气因素组成的复合语气。又如例③"也"表论断语气,"独"与"乎"结合表反问语气,"哉"表感叹语气,也就是说晏婴是把"〔庄公〕独吾君也"这一论断从反问的角度用带惊讶的语气说出来,以否定自己要为庄公的被杀而死的发问。这是一种带有论断、反问而重在惊叹的复合语气。如果去掉"哉",就没有惊叹语气了,只是带有论断的平直反问语气;再把"乎"改成"邪"或"与",就是带有论断的探询语气。总之,三个语气词连用,都是构成三个语气因素结合的复合语气。

*　　　　*　　　　*　　　　*

综上所述,句尾语气词是从西周时期产生的,到春秋时代形成了一个语气词系统。它们可以分成陈述语气词、疑问语气词、感叹语气词三大类。每个语气词都是表示某一特定语气的,它们可以用在不同句型中,但仍然保持原来的语气作用。几个语气词可以连用,连用后构成一种复合的语气。

附　注

① 马建忠《马氏文通》323 页。(商务印书馆《汉语语法丛书》本,1983)
② 何容《中国文法论》132—136 页。(同上,1985)
③ 王力主编《古代汉语》225—226 页,232—234 页。(中华书局,1960)
④ 郭锡良等《古代汉语讲授纲要》上册 271—285 页。(中央电大出版社,1983)
⑤ 吕叔湘《中国文法要略》261 页。(商务印书馆,1956)
⑥ 王力《中国语法理论》216 页。(《王力文集》第一卷,山东教育出版社,1984)
⑦ 何容《中国文法论》150 页。(同②)
⑧ 高名凯《语法理论》134 页。(商务印书馆,1960)
⑨ Б.Б.维诺格拉多夫《俄语动词研究》(中译本,时代出版社,1958)
⑩ 马建忠《马氏文通》323 页、350 页。(同①)
⑪ 黎锦熙《新著国语文法》306 页。(商务印书馆,1957)
⑫ 王力《中国语法理论》216 页。(同⑥)
⑬ 吕叔湘《中国文法要略》262 页。(同⑤)
⑭ 见《语法论集》(第三集)。(商务印书馆,1960)
⑮ 赵元任《北京苏州常州语助词的研究》。(《清华学报》3 卷 2 期,1926)
⑯ 陈梦家《殷虚卜辞综述》128 页。(科学出版社,1956)
⑰ 李学勤《关于师组卜辞的一些问题》41 页。(载《古文字研究》第 3 辑,1980)
⑱⑲ 裘锡圭《关于殷虚卜辞的命辞是否问句的考察》(《中国语文》1988.1)
⑳ 杨树达《高等国文法》368—406 页。(商务印书馆《汉语语法丛书》本,1984)
㉑ 吕叔湘《中国文法要略》261 页。(同⑤)
㉒ 何容《中国文法论》135 页。(同②)
㉓ 参见附表一,以下各个语气词的使用频率均见该表。
㉔ 参见附表二、附表三。

附表一

书名\词数	也	矣	已	耳	焉	尔	乎	与	邪	哉	夫	兮	合计
尚书	0	7	1	0	2	0	1	0	0	117	0	0	128
诗经	61	192	0	0	13	0	5	0	0	28	0	313	612
左传	3578	831	8	0	766	0	625	1	0	93	28	2	5932
论语	328	138	18	1	42	3	104	29	0	45	13	5	726
孟子	1214	195	6	11	102	9	150	64	0	98	3	4	1856
墨子	2034	252	9	7	130	0	102	30	24	121	2	0	2711
庄子	1661	454	32	21	149	5	365	46	156	141	26	2	3058
荀子	2670	542	21	21	236	7	78	30	53	113	3	9	3783
韩非子	2939	600	2	15	105	0	186	0	15	60	0	2	3922
战国策*	2446	884	21	37	28	3	322	16	32	78	2	6	3875
共计	16931	4095	118	113	1573	27	1938	216	280	894	77	343	26603

*《战国策》统计数字引自北京大学1986届汉语专业毕业生倪彦同学的毕业论文《战国策的语气词》复印稿。附表二同。

附表二

书名\词数	也已	也矣	已矣	耳矣	也乎	已乎	矣乎	也与	也邪	已邪	矣哉	耳哉	焉哉	乎哉	邪哉	也夫	矣夫	合计
尚书	0	0	0	0	0	0	0	0	0	0	0	0	0	0	0	0	0	0
诗经	0	0	0	0	0	0	0	0	1	0	10	0	0	0	0	0	0	11
左传	20	0	2	0	9	1	3	0	0	0	6	6	0	0	2	0	19	1	68
论语	8	0	2	0	0	2	5	10	0	0	1	3	0	0	8	0	1	7	37
孟子	0	0	3	2	1	0	3	0	0	0	3	0	0	3	0	0	0	1	16
墨子	0	0	0	0	0	0	0	1	1	2	3	3	0	2	1	0	0	0	13
庄子	0	0	1	0	0	3	0	0	6	0	3	1	0	0	10	0	4	6	34
荀子	1	0	1	1	0	0	0	0	20	28	1	0	10	1	0	0	0	63
韩非子	0	1	0	0	0	0	0	0	0	1	0	0	0	2	0	0	0	4
战国策	8	1	0	0	1	0	0	0	0	0	7	0	1	0	4	0	1	0	23
共计	37	2	9	3	11	6	11	11	7	2	45	41	2	12	40	1	25	15	280

附表三

书名＼词数	也已矣	焉耳矣	焉耳乎	也乎哉	也与哉	合计
左传	0	0	0	2	0	2
论语	7	0	1	0	1	9
孟子	1	1	0	0	0	2
共计	8	1	1	2	1	13

注：其他几部著作无三合语气词。

（原载《古汉语研究》1988 年创刊号及 1989 年第 1 期）

试论上古汉语指示代词的体系

上古汉语的指示代词比现代汉语多,杨树达先生在《高等国文法》中列举了三四十个,虽然其中有些不宜归作指示代词,但被语法学界公认的指示代词也在十个以上。这十多个指示代词一般被分属在近指和远指两大类中,虽然有的语法书指出了某些指示代词在语法意义或语法作用上的区别,但多数指示代词的区别没有受到应有的重视,似乎不少指示代词是等义的。例如王引之的《经传释词》,在训释"兹"时说:"《尔雅》曰:'兹,此也。'常语。"又说:"兹,犹'斯'也。"在训释"斯"时说:"《尔雅》曰:'斯,此也。'常语。"在训释"之"时说:"之,是也。故《尔雅》曰:'之子者,是子也。'亦常语。"在训释"是"时说:"《广雅》曰:'是,此也。'常语。"又说:"是,犹'之'也……'是'训为'之',故'之'亦训为'是'。"按王引之的训释,"兹、斯、之、是、此"五个指示代词是可以互训的同义词。再如杨树达先生的《高等国文法》也把"此、兹、斯、是、尔"等归在指示代名词 A 类"近称'此'义诸字"中,并同样引用《尔雅》的训释。一般的文言语法,大多沿用王引之、杨树达的说法。例如杨伯峻先生说:"'是''斯''兹'诸字,都和口语的'这'字相当,除'兹'字只作宾语外,其余都可以作主语、宾语。"①这些指示代词是否确实是没有区别的等义词呢? 很值得研究。我们知道,任何一种语言,在同时同地的条件下,词汇意义、语法意义、语法作用完全相同的等义词是不存在的;尤其作为指示代词,是一种"半虚词",抽象的程度比一般实词更高,而抽象程度越高的词越不可能有等义的现象存在。因此,对上古汉语指示代词的体系,有必要摆脱现代汉语指示代词体系的观念,在前人研究成果的基础上,作出新的结论。本文试图就此作些初步探索。

一、指示代词体系的地域性和时间性

不同语言的指示代词体系可能相同,也可能不同。现代汉语的指示代词分为近指和远指两类,这同英语、俄语等许多语言是一致的;但正如王力先生曾经指出的:"另有些语言里,除了近指、远指之外,还有第三种指示代词,就是非远非近,只是指的某一定的人物。"[②]他举了越南语:"近指用 nay,远指用 kia,普通非远非近用 ây。"再如日语也是分成三类:

  これ(此) 近称(指说话人身边的事物。)
  それ(其) 中称(指对话人身边的事物。)
  あれ(彼) 远称(指距交谈双方都远的事物。)

苗语指示代词的体系更加复杂[③]:

  nongd[noŋ^{35}] 近指(指说话人身边的事物。)
  nend[nen^{35}] 中指(指对话人身边的事物。)
  mongx[moŋ^{55}] 远指(指距交谈双方都不太远的事物。)
  aib[ai^{33}] 最远指(指在交谈双方之外很远的事物。)
  id[i^{35}] 忆指(指回忆中的事物。)

同一语言的不同方言之间,指示代词的体系也可以是不同的。王力先生举了现代苏州话,他说:"现代苏州话(吴语区准此),近指用'该'

('该个''该搭'),远指用'规'('规个''规搭'),普通非远非近用'格'('格个''格搭')。"(按:苏州话中"格个"的"格"念[ká],最好改写作"葛"。)就我们所知,上海话、常州话、湖南洞口话和江西龙南话的指示代词也分成三类。④

上海话:

$di?^1 gə?^3$(迪格)
$di?^1 ta?^4$(迪搭) } 近指(相当于"这个""这儿")

$gə?^1 gə?^3$(辫格)
$gə?^1 ta?^4$(辫搭) } 中指(近似"这个""这儿")

$i^{44} gə?^1$(伊格)
$i^{44} ta?^4$(伊搭) } 远指(相当于"那个""那儿")

常州话:

$tsʅ^{423} kə?^3$(至格)
$tsʅ^{423} k'uəɪ^{32} tiɪ^{11}$(至块点) } 近指(相当于"这个""这儿")

$kæ^{423} kə?^3$(监格)
$kæ^{423} k'uəɪ^{32} tiɪ^{11}$(监块儿点) } 中指(近似"这个""这儿")

$kyɯ^{423} kə?^3$(过格)
$kyɯ^{423} k'uəɪ^{32} tiɪ^{11}$(过块点) } 远指(相当于"那个""那儿")

湖南洞口话:

$^c kɔ^{21}$个　近指(相当于"这个")

$^c ŋ^{21}$个　中指(近似于"这个",但"哪个"也说"$ŋ^{21}$个"。)

$^c mən^{44}$个　远指(相当于"那个")

江西龙南话:

$tsə^{55}$(这)　近指(与普通话相同)

ne^{55}（那）　　中指（指比较远的事物）
^{c}ne^{53}（那）　　远指（指最远的事物）

以上都是指示代词地域性的具体表现。

再从汉语的历史来看，甲骨文中只出现两个指示代词"之"和"兹"。例如：

王夕入于之，不雨。（殷契粹编 697）
之日允戋戈方，十二月。（殷虚文字乙编 4069）
兹夕又大雨？兹御。夕雨。（殷虚书契后编下 18·13）

"之"用作宾语或定语，"兹"用作主语或定语。甲骨文中没有与"之""兹"相对立的指示代词，看来两个指示代词既非远指，也非近指，而是一种广泛的指代，可以称作泛指。

我们可以设想，最初汉族的祖先在对话中要谈到某一事物时，只是称举它的名称，后来社会发展，事物纷繁，语言的使用日益频仍，词句的组织日益复杂，由于在对话中反复使用同一名词，感到过于繁冗，于是产生指代的要求。甲骨文中的"之""兹"只是用来替代所要称举的名词，不分远近，这正是反映了汉语指示代词产生的初期阶段。总之，甲骨文中的指示代词的体系只有一类，这是同周秦以后的指示代词的体系不同的。它说明了指示代词的体系是具有时代性的。

随着社会生活的日趋纷繁复杂和人们思维的精密化，语言要表达的内容日益复杂，表达的形式也要求更加精密，因而不仅要求一般的广泛指代，还要求区别指代的范围、远近、有定或无定等各种情况，这就是周秦时期汉语指示代词数量大大增加的客观条件，也必然形成指示代词的新体系。但是，随着汉语整个语法体系的发展，为了突出近指和远指的对立,汉语指示代词体系从汉代以后又走上了简化的道路;简化以后,某些指代性的区别,在必要时可以采用词组的形式来表示。因此,现代汉语除个别方言外,指示代词只保存近指和远指两类。这里必须指出,语言体系中某些手段的繁化和简化是相辅相成的,繁化是为了表达形式的精密化,而简化是为了表达形式的鲜明和突出重点。简化并不意味着退化,某方面简化了,而别的方面又将用新的手段来补充它。这正是事物发展的辩证法。从汉藏语系的苗语和越南语的指示代词体系来看,上古汉语的指示代词体系很可能比现代汉语复杂,而苏州话、上海话、常州话、洞口话、龙南话指示代词的三分法可能就是上古汉语指示代词体系的某些残迹的反映。总之,在我们考察语言现象时,一定要有历史发展观点,千万不可以今律古,强把现代汉语的指示代词体系硬套在上古汉语的头上。这就是我们考察上古汉语指示代词体系的一个基本观点。

下面我们分别对上古各个指示代词的语法意义、语法作用进行一些分析,考察其同异,归纳其体系。考察的主要依据是《尚书》、《诗经》、《左传》、《公羊传》、《穀梁传》、《论语》、《孟子》、《墨子》、《庄子》、《荀子》等十部著作。

二、"他"、"莫"和"尔"、"若"、"然"的语法意义和语法作用

杨树达先生把"他"(它)叫作"旁指代名词",把"莫"叫作"无指代名词",统属指示代名词(见《词诠》);王力先生把"他""莫"都叫做"无定代词";吕叔湘先生把"他"认作"他指";高名凯先生把"他"称作"甄别代词"。名称虽不一,但对这两个词的语法意义和语法作用的认识还是比较一致的。

在先秦"他"的意义是"别的","莫"的意义是"没有谁"或"没有什么"。例如:

它山之石,可以攻玉。(《诗经·小雅·鹤鸣》)
王顾左右而言他。(《孟子·梁惠王下》)
溥天之下,莫非王土。(《诗经·小雅·北山》)
谏而不入,则莫之继也。(《左传·宣公二年》)
一年之计,莫如树穀;十年之计,莫如树木;终身之计,莫如树人。(《管子·权修》)

我们考察《尚书》等十部著作,"他"和"莫"的使用情况如下:

代词次数 书名	他					莫				
	主	定	宾	"其他"	共计	主	定	宾	其他	共计
尚书		1			1	5				5
诗经		17	4	1	22	67				67
左传		41	8	3	52	99				99
公羊传		4			4	12				12
穀梁传					0	7				7
论语		4		1	5	25				25
孟子		16	15		31	57				57
墨子		18	1		19	65				65
庄子		3	2	1	6	116				116
荀子		30	3	1	34	252				252
共计		134	33	7	174	705				705

根据以上统计,"他"在先秦一般只作定语和宾语,"莫"只作主语。

汉代以后,"他"已用作主语,东汉以后产生新义,表示"别人",唐以后"他"演变为第三人称代词。⑤

"莫"在战国以后,也逐渐产生新义,当"勿"字讲,变成一个表禁止的否定副词。例如：

> 〔勾践〕至于军，斩有罪者以徇曰："莫如此环瑱通相问也！"明日徙舍，斩有罪者以徇，曰："莫如此不从其伍之令。"明日徙舍，斩有罪者以徇，曰："莫如此不用王命。"（《国语·吴语》）
>
> 秦王车裂商君以徇曰："莫如商鞅反者。"（《史记·商君列传》）

王力先生在《中国语法理论》中将代词分成七类：（1）人称代词；（2）无定代词；（3）复指代词；（4）交互代词；（5）被饰代词；（6）指示代词；（7）疑问代词。在他所主编的《古代汉语》中把"莫"算作无定代词，根据他的分类，上古的"他"也应是无定代词。但是杨树达先生是把代词分成人称代名词、指示代名词、疑问代名词和复牒代名词四类，"他"、"莫"都属指示代名词。可见"他"、"莫"既可以作为指示代词中的一小类，又可以分出来另立一大类。总之，"他"、"莫"同其他指示代词的区别是很明显的。现代汉语中没有和"他"、"莫"相当的代词（"他"保存在"其他"这一固定结构中）；可以说，唐以后代词体系中的无定代词一类已经逐渐消亡，相应的意思一般是用词组来表示。

"尔"、"若"、"然"三个指示代词，杨树达先生的《高等国文法》把它们归在"如此"一义的下面，与"此"、"是"、"斯"有别。段玉裁也早就说过："然，通假为语词，训为'如此'，'尔'之转语也。"（《说文解字注·火部》）王力先生在《中国语法理论》中也认为"尔""若"相当于现代汉语的"这样"、"这么着"，或"那样"、"那么着"。他们的意见是对的。例如：

> 虽曰匪予，既作尔歌。（《诗经·大雅·桑柔》）
>
> 形全犹足以为尔。（《庄子·德充符》）

公与为尔也。(《公羊传·僖公二十一年》)

君子哉若人！尚德哉若人！(《论语·宪问》)

君人者,亦可以察若言矣。(《荀子·王制》)

君如有忧中国之心,则若时可矣。(《公羊传·定公四年》)

君臣亦然。(《左传·昭公二十年》)

非独染丝然也,国亦有染。(《墨子·所染》)

河东凶亦然。(《孟子·梁惠王上》)

我们考察《尚书》等十部著作,"尔""若""然"的使用情况如下表:

代词 书名	尔				若				然			
	定	宾	谓	共计	定	宾	谓	共计	定	宾	谓	共计
尚书				0				0⑥			1	1
诗经	3			3				0	3		5	8
左传				0				0			79	79
公羊传		3		3	3			3			5	5
榖梁传				0				0			2	2
论语				0	3			3			6	6
孟子	1	1		2	4			4			35	35
墨子				0	10			10	41		52	93
庄子		1		1				0	5		46	51
荀子				0	4			4	5		65	70
共计	4	5		9	24			24	55		295	350

根据以上统计,"尔""若"在先秦很少用作指示代词;用作指示代词时,"尔"多用作宾语,"若"只作定语。正如杨树达先生指出的,"尔"、"若"都可以理解为"如此"或"如是",即带有谓词性。至于"然"在先秦用作指示代词是比较常见的,意义是"如此",一般作谓语,有的著作中也作宾语,显然是一种谓词性的指示代词。这三个词与体词性的指示代词有着明显的区别。至于"尔"、"若"、"然"之间则显示出语法功

能上的差别,特别是《公羊传》表现得最为明确。

汉代以后,"若"、"然"逐渐很少用作指示代词,而指示代词"尔"却使用日益频繁,作用也有所扩大。《世说新语》用"尔"五十三次,"然"一次,不用"若"。例如:

> 许椽尝诣简文,尔夜风恬月朗。(《世说新语·赏誉》)
> 江曰:"恐不得尔。"(《世说新语·方正》)
> 果尔,后将易吾姓也。(《晋书·桓温传》)

"尔"不但用作定语、宾语,还可用作谓语,如例②、例③。意义也有变化,即有时已不是"如此",而等于"此"或"那",如例①"尔夜"。王力先生在《汉语史稿》中指出,"那"的来源可能就是"尔"。那么,"尔"就由上古带有谓词性的指示代词发展成了后代的体词性远指代词了。

三、"彼"、"夫"的语法意义和语法作用

"彼"和"夫"都是远指代词,这是语法学界比较一致的看法。例如:

> 取彼谮人,投畀豺虎。(《诗经·小雅·巷伯》)
> 彼丈夫也,我丈夫也,吾何畏彼哉?(《孟子·滕文公上》)
> 是亦彼也,彼亦是也。彼亦一是非,此亦一是非。(《庄子·齐物论》)
> 夫何为哉?(《论语·卫灵公》)
> 夫独无族姻乎?(《左传·襄公二十六年》)
> 微夫人之力不及此,因人之力而敝之,不仁。(《左传·僖公三十年》)

不以夫一害此一谓之壹。(《荀子·解蔽》)

有些语法学家把"彼"、"夫"的许多用例认作第三人称代词,认为它们既是人称代词,又是指示代词[7];我们认为那是从现代汉语翻译的角度来理解的,而从上古的整个指代系统来看,"彼"、"夫"的作用在指示,应该统一看作指示代词。[8]

"彼""夫"在《尚书》等十部著作中的使用情况如下:

代词次数\书名	彼					夫				
	主	定	宾	谓	共计	主	定	宾	谓	共计
尚书	1	3			4					0
诗经	23	275	3		301					0
左传	44	7	4		55	1	11			12
公羊传	4		2		6	2				2
穀梁传	2				2		1			1
论语	2		1		3	2	13			15
孟子	22	3	12		37	3	4			7
墨子	23	6	25	5	59		11			11
庄子	93	15	32	1	141		42			42
荀子	40	38	7		85		14			14
共计	254	347	86	6	639	8	96			104

根据以上统计,可见"彼"是一个常用的远指代词,不仅可以用作主语、定语、宾语,还可以用作谓语;"夫"的使用频率低得多,而且只作主语或定语。"彼"同"夫"的区别是否只在语法功能的广狭和使用频率的高低呢?吕叔湘先生说:"夫,远指,只作指示用。先秦书中多用,后世文言里用得较少。就后世的用法而论,比'彼'轻些,和白话里的'那'字很相近。"[9]吕先生是就后世文言的用法说的,那么先秦怎样呢?王力先生也说:"夫字,也是一个指示代词,但是指示性很轻,和现代汉语对

译时有时可以不必译出。"⑩这是就先秦而论的。两部书的意见是对的,在语法意义上,"彼"的指示性特别强,始终是一个与"此"相对立的十足的远指代词,而"夫"的指示性轻得多。可能就因为"夫"的指示性轻,所以先秦时代已开始变成一个要概述事物的特征或阐发议论的句首语气词。例如:

> 夫战,勇气也。(《左传·庄公十年》)
>
> 夫物之不齐,物之情也。或相倍蓰,或相什百,或相千万。子比而同之,是乱天下也。(《孟子·滕文公上》)
>
> 夫列子御风而行,泠然善也,旬有五日而后反。彼于致福者,未数数然也。此虽免乎行,犹有所待者也。(《庄子·逍遥游》)

一般来说,用在句首或用作主语的"夫"大多被看作句首语气词。这样一来,先秦古籍中句首语气词的"夫"反而比指示代词的"夫"多。《尚书》等十部著作的使用情况如下:

书名	尚书	诗经	左传	公羊传	穀梁传	论语	孟子	墨子	庄子	荀子	共计
指示代词	0	0	12	2	1	15	7	11	42	14	104
语气词	0	0	102	3	6	16	45	118	247	233	770
共计	0	0	114	5	7	31	52	129	289	247	874

"夫"被看作句首语气词的来源是很早的,梁朝刘勰在《文心雕龙·章句》中就说:"至於夫、惟、盖、故者,发端之首唱。"唐朝陆德明在《经典释文》中说:"'夫'音符,发端之字。"宋朝邢昺疏《尔雅》也说:"'夫'者,发语辞,亦指示语。"但是指示代词的"夫"和句首语气词的"夫"的界限不是很清楚的。《马氏文通》就把下面的用例看作指示代词:

> 夫州吁弑其君而虐用其民,于是乎不务令德,而欲以乱成,必

不免矣。(《左传·隐公四年》)

夫祛犹在,女其行乎?(《左传·僖公二十四年》)

在讲到提起连字时,重复举了《隐公四年》一例,这是看作我们说的句首语气词了。但是马建忠始终强调"夫"具有指示代词的性质,他说:"然则古人以'夫'字为发语之词者,亦非定论。总之,'夫'字以冠句首者,皆以顶承上文,重立新义,故以'夫'字特为指明。是则'夫'字仍为指示代字,而非徒为发语之虚字也。"⑪杨树达先生也很重视"夫"的指代作用,很少谈到"夫"作助词。总之,"夫"确实总带有轻微的指代作用,如果看重"夫"的指代作用,句首的"夫"就都可以归作指示代词,如果看重它提示下文要概述事物的特征或阐发议论,就可以归作句首语气词。所以产生这种情况,就因为"夫"的指示性比"彼"轻。

四、"之"、"兹"、"其"的语法意义和语法作用

"之""兹"一般被认作近指代词,但是正如我们在第一节中指出的,它们在甲骨文中不分远近,是两个泛指代词,到上古时期,仍然保持它们泛指的特性,泛指需要说到的人、物、事、理、时、地。"其"是特指代词,指示某一特定的人、物、事、理、时、地。例如:

我王来,既爰宅于兹。(《尚书·盘庚》)

挹彼注兹。(《诗经·大雅·泂酌》)

惟兹臣庶,汝其于予治。(《孟子·万章上》)

之子于归,宜其室家。(《诗经·周南·桃夭》)

使杞子、逢孙、杨孙戍之。(《左传·僖公三十年》)

使之居于王所。(《孟子·滕文公下》)

子曰:"爱之,能勿劳乎?"(《论语·宪问》)
子曰:"不在其位,不谋其政。"(《论语·泰伯》)
吾视其辙乱,望其旗靡,故逐之。(《左传·庄公十年》)

试分析《诗经·周南·桃夭》一例,前句用"之子",这是泛指一切女子,"之子于归"即"凡女子出嫁"的意思;后句用"其",却是指示那出嫁的特定女子了。再对比《论语·宪问》和《论语·泰伯》两例,《宪问》中"爱之"的"之"是广泛指代,指代"爱"的任何对象;而《泰伯》中"其位""其政"的"其"却是指示某一特定的职位和政事了。因此,"之"和"其"是泛指和特指的对应。

《尚书》等十部著作中的使用情况如下:

代词次数\书名	之				兹					其			
	主	定	宾	兼	共计	主	定	宾	兼	共计	主	定	宾	兼	共计
尚书			82		82	25	41	26		92		88			88
诗经		37	364		401	1	7	7		15		352			352
左传			4020	5	4025	6	5	6		17		1969			1969
公羊传			615	3	618		2			2		524			524
穀梁传			545	4	549					0		643			643
论语			338	1	339			1		1		209			209
孟子			848	4	852	1	2			3		540			540
墨子		18	1313	6	1337		2			2		1178			1178
庄子		10	1120	9	1139					0		1151			1151
荀子			1428	12	1440	1				1		1167			1167
共计		65	10668	44	10777	33	60	40		133		7821			7821

根据以上统计,正如顾炎武《日知录》指出的:"《尚书》多言兹",用了九十二次;此外《诗经》用了十五次(只见于《大雅》和颂诗);《左传》用了十七次;其他古籍用"兹"很少,有的还是引的《尚书》。看来"兹"在

春秋战国时代已经是一个古词。"之"、"其"在先秦古籍中用得特别多,语法学界一般把大部分用例看作第三人称代词,我们在《汉语第三人称代词的起源和发展》一文中曾经指出:它们在先秦本质上是指示代词,不过兼任了后代第三人称代词的职务。因此,统计时一律当作指示代词来对待,只是将用作连词的"之"(马建忠和王力先生称作介词)和用作语气副词的"其"(王力先生称作句首句中语气词)排除在外。

"之"为什么是泛指而不是近指呢?概括起来,有以下几点理由:

(1) 上古时期,"之"用得非常多,在任何一部古籍中既用"之",也用"此"和"是",语法作用应当与"此""是"有别;如果"之"是近指,那么与"此"成了等义词,这是不合语言体系的通例的,我们在前文已经说过。

(2) "之"所指代的事物,可以近在目前,也可以远在天边,甚至是上下文中没有具体交代的。例如:

> 公赐之食,食舍肉。公问之。(《左传·隐公元年》)
> 欲与太叔,臣请事之。(《左传·隐公元年》)
> 之子于归,宜其室家。(《诗经·周南·桃夭》)
> 之二虫又何知?(《庄子·逍遥游》)
> 得之若惊,失之若惊,是谓宠辱若惊。(《老子·十三章》)

例①的"之"指代颍考叔,颍考叔就在郑庄公的身边,所指近在目前;例②的"之"指代公叔段,公叔段远在郑国国都以外的京地;例③的"之"指代对象的远近无从知道;例④的"之"所指代的对象蜩和学鸠,是拟想中的事物;例⑤的"之"所指代的对象在文中没有具体交代,只是泛指某种东西。前文已经指出,甲骨文中的"之"不分远近,是泛指;从以上用例的分析中,可见上古时期的"之"也是不分远近的,继承了甲骨文"之"字的泛指作用。

(3) 正因为"之"是泛指,可以广泛指代所要说到的事物,因而逐渐趋向于虚化。例如:

> 生则恶可已也,恶可已,则不知足之蹈之,手之舞之。(《孟子·离娄上》)

"蹈之"、"舞之"的"之"指代什么呢?已经比较虚化。因而有的语法学家认为它们是小品词,或者说是凑足音节。其实"之"是泛指一种情况。"蹈之"、"舞之"是说人们因为快乐一产生就手舞足蹈起来,"之"泛指快乐产生的情况,作"蹈"和"舞"的原因补语。再如"顷之"、"久之"的"之",更是泛指代词的虚化用例。

泛指代词"之"进一步虚化,更变成了连词"之"。例如:

> 鸡豚狗彘之畜,无失其时,七十者可以食肉矣。(《孟子·梁惠王上》)
>
> 手之所触,肩之所倚,足之所履,膝之所踦,砉然响然。(《庄子·养生主》)

以上两例用现代汉语来理解,我们可以说"鸡豚狗彘这类家畜","手这身体一部分所接触的地方,肩这身体一部分所倚靠的地方,脚这身体一部分所踩的地方,膝盖这身体一部分所顶住的地方"。追溯来源,这种"之"也是一种复指,用复指来提示前面的成分和后面的成分是一种偏正关系;由于指代作用的虚化以至消失,于是"之"只起连接定语和中心语的作用了,因而变成了连词。"之"的所以能够虚化,正是由于它是泛指,指代性没有"此"、"彼"等近指或远指代词那样强、那样具体。

(4)"之"、"兹"与"其"古音同在之部,它们的语法作用分别是泛指和特指的对立,正好说明语音之间的密切关系是与语法作用之间的对立相一致的,体现了语言系统之间的紧密联系。

五、"此"、"是"、"斯"的语法意义和语法作用

"此"、"是"、"斯"一般都被看作近指代词,那么分别何在呢?顾炎武《日知录》说:"《尚书》多言'兹',《论语》多言'斯',《大学》以后之书多言'此'。"又说:"《论语》之言'斯'者七十,而不言'此';《檀弓》之言'斯'者五十有三,而言'此'者一而已矣;《大学》成于曾子之门人,而一卷之中,言'此'者十有九。语言轻重之间,而世代之别,从可知矣。"《马氏文通》也说:"按《尚书》多言'兹',《论语》多言'斯',而《孟子》则通用'此''是'诸字,惟引《书》一言'惟兹臣庶'而已。"顾炎武、马建忠都把"兹"看作近指代词,我们上文已经论述"兹"是较古形式的泛指代词,可以不再讨论。顾炎武认为其他几个词也是"世代之别",马建忠的看法也有类似之处。那么,"此"和"斯"是否就是时代的差别呢?我们认为这个问题需要重新考察。《孟子》固然比《论语》晚,但《尚书》《诗经》的时代是早的,还有《礼记》是七十子后学和汉代学者所记,《檀弓》的时代不会比《孟子》早,从时代的差别来解释"此""斯"的分别说不通。不是时代的区别,是否又是地域的区别呢?从地域来说,孔子是山东曲阜人,孟子是山东邹县人,两地相距很近,是否有此方言的区别,也很值得怀疑。更重要的是许多先秦古籍"此""斯"并用,这就很难说是方言的区别了。

下面是"此""斯""是"在《尚书》等十部著作中的使用情况:

代词 次数 书名	此					斯					是				
	主	定	宾	谓	共计	主	定	宾	谓	共计	主	定	宾	谓	共计
尚书	2	2	1		5					0	10	3	17		30
诗经	7	73	5		85	8	19	4		31	3	11	89		103
左传	46	64	108		218	2	1	1		4	210	56	381	2	649
公羊传	221	7	51		279					0	17	7	34	4	62
穀梁传	84	6	8		98	2		2		4	48	11	24		83
论语					0	7	15	16		38	25	6	21	3	55
孟子	33	28	51		112	9	17			26	133	29	61	12	235
墨子	269	46	233	13	561		1			1	292	28	173	12	505
庄子	132	40	81		253	2	1			3	188	15	166	13	382
荀子	180	44	49		273	3	3			6	529	13	263	39	844
共计	974	310	587	13	1884	33	57	23		113	1455	179	1229	85	2948

根据以上统计,除《尚书》《论语》、《公羊传》以外,其他七部著作都是"此"和"斯"并用的。《诗经》中"斯"的用例很多,几乎是"此"的一半;但由于《诗经》本身有一个时代和地域的问题,我们姑且不用作论据。而《孟子》的用例也不少,超过"此"的用例的1/10,这就很难说是时代或地域的区别了。其他五部书"斯"的用例虽然少,但也只是使用频率的问题,不能轻易地当作例外处理。因此,我们认为"此"和"斯"的分别比较合理的解释是,有点儿类似远指代词"彼"和"夫"的分别;也就是说,"斯"的指示性比"此"轻。正因为如此,"斯"与"夫"一样,指示性进一步弱化,也转变成了另一类词;不过,"斯"不是转变成了句首语气词,而是转变成了连词。例如:

知惧如是,斯不亡矣。(《左传·成公七年》)
王无罪岁,斯天下之民至焉。(《孟子·梁惠王上》)
敢问何如?斯可谓士矣?(《荀子·哀公》)

观过,斯知仁矣。(《论语·里仁》)

吴师来,斯与之战,何患焉?(《左传·哀公八年》)

前四例,"斯"仍然多少带有指示的意味,最后一例,指示性很轻微。我们在统计"斯"的用例时,把这种虚化的"斯"都看作连词排除在外了。因此,有些先秦古籍"斯"用作连词比用作指示代词的频率还高一些。例如"斯"在《孟子》中用作指示代词十七次,而用作连词的却有二十六次;在《荀子》中用作指示代词二次,而用作连词的却有九次。如果把这些"斯"的用例也算上,"此"和"斯"并用的情况将更加普遍。

"此"和"是"的分别更是一个语法学界没有定论而又比较难于解决的问题。马建忠曾经说过:"至'是''此'二字,确有不可互易之处。凡言前文事理,不必历陈目前,而为心中可意者,即以'是'字指之。前文事物有形可迹,且为近而可指者,以'此'字指之。"⑫可是杨树达先生不同意,在《马氏文通刊误》中他根据马建忠的举例进行了批驳,认为"此""是"之间没有马建忠所说的区别。我们认为杨树达先生的刊误是值得商榷的。因为马建忠的话,虽然有可议之处,但重要的是肯定"'是''此'二字,确有不可互易之处"。他说:"凡言前文事理,不必历陈目前,而为心中可意者,即以'是'字指之。"这是说明"是"并非真正的近指代词。又说:"前文事物有形可迹,且为近而可指者,以'此'字指之。"这说法虽然欠周,但主要是说"此"是真正的近指代词。杨树达先生指出:"此"也可指"未在目前的""前文事理",这确是马建忠考察欠周之处。正如王力先生指出的:"近指和远指,似乎很容易分别。其实除非远近二物都说得出来,才有了比较,否则所谓远或近是没有标准的。"⑬这就是说,远近是相对而言的,说话人对所谈的事物,基于考虑的角度不同,既可以视为近指,又可以视为远指,因此有时说到同一个事物,既可以用"是",又可以用"此"。这种情况在现代汉语中同样可以出现。例如:"中国也有火神的。但那可不是燧人氏,而是随意放火的莫名其妙的东西。"(鲁迅《关于中国的两三件事》)句中的"那"就可以改为"这"。由于鲁迅先生写作时,考虑到"火神"并非近在目前、具体可指的东西,因此用了远指代词"那";如果作者想表明,我说的是我现在讲到的这种事物,那就该用近指代词"这"了。

我们考察《孟子》所用的全部"此"和"是",凡真正"有形可迹",且"近而可指"的事物,只用"此",没有用"是"的。例如:

孟子见梁惠王。王立于沼上,顾鸿雁麋鹿,曰:"贤者亦乐此乎?"孟子对曰:"贤者而后乐此,不贤者虽有此,不乐也。"(《孟子·梁惠王上》)

鲁君之宋,呼于垤泽之门。守者曰:"此非吾君也,何其声之似我君也?"(《孟子·尽心上》)

在《孟子》中,"是"只指抽象的事理或不在目前的事物。例如:

杨氏为我,是无君也;墨氏兼爱,是无父也;无父无君,是禽兽也。(《孟子·滕文公下》)

颜渊曰:"舜,何人也?予,何人也?有为者,亦若是。"(《孟子·滕文公上》)

例①的三个"是"都指前文所举的抽象事理,例②的"是"指舜,虽然有形可迹,但不在目前。

我们还看到有些用"是"的地方,如果用近指来理解,很觉勉强。例如:

予岂若是小丈夫然哉?谏于其君而不受,则怒,悻悻然见于其

面,去则穷日之力而后宿哉?(《孟子·公孙丑下》)

故天将降大任于是人也,必先苦其心志,劳其筋骨,饿其体肤,空乏其身,行拂乱其所为,所以动心忍性,曾益其所不能。(《孟子·告子下》)

孟子曰:"君子居是国也,其君用之,则安富尊荣;其子弟从之,则孝弟忠信。"(《孟子·尽心上》)

以上三例,都无前词,不是承前指代,因此用近指来理解,总有些扞格难通。例①的"是",王引之在《经传释词》中就说:"是犹夫也。"可见他是看作远指代词了。例②、例③的"是",也以理解为远指或特指较为稳妥,语译时可以用"那个"或"某个",而不宜用"这个"。这都说明"是"与"此"不同,不是真正的近指代词。吕叔湘先生也说:"'是'字的近指性也不及'此'字强,用于承指比'此'字更合适。"⑭这也是看到了"是"和"此"确有区别。我们认为,"是"作指示代词很有点像苗语的远指 $moŋ^{55}$ 或忆指 i^{35},也有点类似苏州话的"葛个"、龙南话的中指 ne^{255}。

正是由于"是"与"此"不同,不是真正的近指代词,指示性不如"此"强,常常用来承指前文所举事物,因此当它复指宾语时,就构成了上古汉语中宾语前置的特殊句式,"是"的指示性也有所虚化。例如:

日居月诸,下土是冒。(《诗经·邶风·日月》)
岂不穀是为?先君之好是继。(《左传·僖公四年》)

"是"不仅复指宾语,还经常复指主语;由复指主语发展为后来的系词。例如:

知之为知之,不知为不知,是知也。(《论语·为政》)

>　　日月星辰瑞历,是禹桀之所同也。(《荀子·天论》)
>　　贫与贱,是人之所恶也。(《论语·里仁》)

以上三例,"是"复指主语。为什么要用"是"复指呢？最初大概是因为有些判断句中的主语太长、结构复杂,主谓界限不明显,容易产生误解,如例①;用"是"复指,起总括前文、提示主语和划分主谓的作用。由于类推的原故,后来主语不长的句子,如例③,也用"是"复指;这时复指提示的作用自然随之减弱,逐渐转为连系主谓的作用,于是开始向系词转化。

汉代以后,这种复指主语的"是"就逐渐发展成了系词"是"。例如:

>　　巫妪、弟子是女子也。(《史记·滑稽列传》)
>　　此是家人言耳。(《史记·儒林列传》)
>　　余是所嫁妇人之父也。(《论衡·死伪篇》)
>　　汝是大家子,仕宦于台阁。(《焦仲卿妻》)

例①还是从指示代词转化为系词的过渡形式,我们固然可以认作系词,因为《史记》时期已经有了系词"是";但它在形式上与前面所举的《荀子·天论》和《论语·里仁》的例子是完全一样的,未始不可以认为仍是复指主语的指示代词。例②、例③的主语是代词,句中的"是"当然是系词;但最典型的是《焦仲卿妻》一例,表判断的句尾语气词从句中消逝了,"是"的复指提示作用不再保存,只起联系主谓、表示判断的作用了。

总之,"此"、"彼"两个指示性很强的指示代词,没有发生虚化的现象,而"是"同"夫""斯"一样,虚化成了别类词,正是由于它同"此"有明显的区别,不是真正指示性强的近指代词。

六、结论

从以上的分析中，可以看出先秦十几个指示代词在语法意义、语法作用等方面都是有区别的。这些区别使它们之间的关系有的密切，有的较远，形成一个体系；这个体系既不同于远古时期甲骨文指示代词的体系，也不同于今天现代汉语指示代词的体系。如果结合它们的上古音来考察，更可以看出这种体系的系统性来。下面按指示代词的语法意义、语法作用的体系标出它们的上古音，再加以说明：

（1）泛指和特指　　之 tǐə　　兹 tsǐə　　其 g'ǐə
（2）近指和中指　　此 ts'ǐe　　斯 sǐe　　是 zǐe
（3）远指　　　　　彼 pǐa　　夫 pǐwɑ
（4）无定　　　　　他 ta　　莫 mak
（5）谓词性指代　　尔 ńǐa　　若 ńǐak　　然 ńǐan

"之"、"兹"同属之部，并且声母同是舌齿音；"其"也属之部，声母是牙音。"之"、"兹"同"其"构成泛指和特指的对立，"之"与"兹"在远古有语法功能方面的差异，春秋战国时期"兹"已成为古语的残留。"此"、"斯"、"是"同属支部，声母也同是齿音，在语法方面关系也很密切，以声母的不同表示语法方面的细微差别。"此"是指示性很强的近指代词，"斯"是指示性轻的近指代词，"是"是指代不在近前的中指代词，或者可以称为忆指。"彼"、"夫"同是帮母字，韵的方面是歌、鱼旁转，用韵母的不同表示语法方面的细微差别。"彼"是指示性很强的远指代词，"夫"的指示性弱。"他"和"莫"语音上的差别较大，但在韵部方面还是有联系。"他"属歌部，"莫"属铎部，歌、铎是旁对转，有点近似

"彼"、"夫"的情况，不过关系较远，二者在语法方面的区别也较大。"他"是甄别性的无定代词，"莫"是否定性的无定代词。"尔"、"若"、"然"同是日母字，韵的方面"尔"和"然"是歌、元对转，"若"同"尔"、"然"是旁对转，近似"莫"同"他"的关系。"尔"、"若"、"然"在语法方面同是谓词性的指示代词，韵母的不同体现了它们在语法功能上的差别。"尔"一般作宾语，"若"只作定语，"然"主要作谓语，有时也作宾语。

这种语音上的系统相配，表明它们语法意义、语法作用方面存在的对应关系，绝不是偶然的巧合。当然，我们并不认为这种现象就是一种形态变化，而认为是一种词汇范畴的现象，是同源词或近义词采取音变构词的结果。

总之，上古汉语众多的指示代词既在语音方面表现了相当整齐的系统，又在语法意义、语法作用方面体现了自己独特的体系，我们需要从上古汉语本身来考察、理解它的独特的体系，绝不能以今律古，强把上古汉语的指示代词体系纳入现代汉语的近指、远指两类指示代词之中。

附　　注

① 杨伯峻《文言语法》56页。（北京出版社，1956）
② 王力《中国语法理论》下册46页。（中华书局，1954）
③ 苗语的资料由曹翠云同志提供，参见张永祥、今旦、曹翠云《黔东苗语的指示词》（载《中央民族学院学术论文集·民族语文》）。
④ 上海话、常州话的材料由史有为同志提供，湖南洞口话的材料由唐作藩同志提供，江西龙南话的材料参看凌慈房的《龙南话里的一些语法现象》（载《中国语文》1957.11）。
⑤ 参看拙作《第三人称代词的起源和发展》。
⑥ 《尚书》用"若曰"二十三次，旧注作"如此"；那么就是指示代词作状语；又《大诰》："尔知宁王若勤哉。""若"也是"如此"。

⑦ 参看杨树达的《高等国文法》和杨伯峻的《文言语法》。
⑧ 参看拙作《第三人称代词的起源和发展》。
⑨ 吕叔湘《中国文法要略》169 页。(商务印书馆,1956)
⑩ 王力主编《古代汉语》331 页。(中华书局,1962)
⑪ 《马氏文通校注》下册 354 页。(中华书局,1954)
⑫ 《马氏文通校注》上册 51 页。(同上)
⑬ 王力《中国语法理论》下册 48 页。(中华书局,1954)
⑭ 吕叔湘《中国文法要略》167 页。(商务印书馆,1956)

(原载《语言文字学术论文集》,知识出版社,1989)

马建忠和《马氏文通》
——纪念《马氏文通》出版 90 周年

《马氏文通》出版已经 90 周年了。它的影响很大,对它的争议也很多。语言学界不仅对《马氏文通》的评价有分歧,就是对作者是谁也有争议。至于马建忠的生平、思想,很少谈及,谈到时也很简略,甚至生卒年月,也说法不一。现就有关问题提出一些不成熟的意见,就正于方家读者。

一、马建忠生平简述

马建忠出生在江苏丹徒(今镇江)一个信奉天主教的商人家庭。父名松岩,以教书、行医为业,开过药铺和米店、布店。大哥马建勋,在淮军办理粮台,深受李鸿章信任;二哥马建常,即复旦大学的创始人、爱国老人马相伯,也曾充当李鸿章的幕僚。

马建忠是道光二十五年正月初三(公元 1845 年 2 月 9 日)出生的,有的文章著作以马建忠生于 1844 年,显系误记。1852 年马建忠七岁,入家塾读书。1853 年春太平天国定都南京,分兵破镇江、扬州,马建忠"随家徙,凡十八迁而抵上海"(《自纪》),入上海法国教会办的徐汇公学学习。十五岁以前,马建忠一直学习旧学,"通经史",准备参加科举考试。

1860 年英法联军攻陷天津、北京,焚毁圆明园,清廷被迫订立了丧权辱国的《北京条约》。马建忠激于爱国热情,"于是决然舍其所学而学所谓洋务者,始求上海所译书","遂乃学其今文字与古文词"(《自纪》)。他积十年以上的努力,不但学习了西方的自然科学和社会科学,还学会了英文、法文和拉丁文、希腊文。

1870年李鸿章调任直隶总督,马建忠随李鸿章北上天津,任翻译,帮办洋务。1876年被派赴法国考察、留学,入法国政治学院。有的文章以为马建忠是1875年赴法留学的,那是不确的。因为马建忠在1877年8月写的《上李伯相言出洋工课书》中说:"窃念忠此次来欧一载有余",说明不到两年;又《南行记》载:"(1881年6月29日)午后至黄水洋,过余山,舟中晤英人毛里士,即光绪二年偕至开平看矿者。"光绪二年是1876年,可见1876年初马建忠还去过开滦煤矿,1875年不可能赴法。1877年5月我国第一个驻外公使(驻英)郭嵩焘兼任驻法公使,马建忠任郭嵩焘的法文翻译。6月马建忠以优异成绩获政治学院文学士学位,据马建忠自称,这是"东土之人"在法国第一个获得文学学士学位的。以后两年马建忠还参加过外交、法律、政治、矿学等科的考试,也都及格,并游历西方各国。

1880年3月回国,由李鸿章保荐,得二品衔候补道,"备充出使各国之用"(李鸿章《奏保马建忠片》)。1881年被派赴旅顺勘察军港,著有《勘旅顺记》;旋又被派赴印度访办鸦片事宜,著有《南行记》。1882年马建忠两次出使朝鲜,第一次是协助朝鲜与英、美等国订立通商条约,第二次是处理朝鲜的政变,同觊觎朝鲜的日本正面交涉,著有《东行录》。据《东行录》记载,马建忠对朝鲜政变的处理是机警果断的,但是这成了马建忠从政治上跌落下来的转折点。因为此后日本侵略势力逐渐深入朝鲜,逼迫中国与朝鲜脱离关系,把朝鲜变成了日本的殖民地。这本来是清王朝羸弱腐败、弱国外交所招致的结果,但是马建忠作为朝鲜政变的直接处理人,尽管是因"后继失人,初谋尽毁"(《清史稿·马建忠传》),责任不在马建忠,却也难辞其咎。因此,朝野都指谪马建忠,甚至有人主张要把他"立正典刑"。梁启超1896年说:"顾闻马君眉叔将十年矣,称之者一而谤之者百。"(《适可斋记言记行·序》)这就是马建忠1882年以后处境的写照。

马建忠从外交舞台上隐退后,多年从事兴办实业的洋务活动(参见张国辉《洋务运动与中国近代企业》)。1883年李鸿章派马建忠任上海官督民办的轮船招商局的会办,与盛宣怀一起经营航运事业;1890年李鸿章又派马建忠接办经营亏损的上海机器织布局,由于经营思想分歧,遭到李鸿章的指斥,说他"办事一味空阔,未能处处踏实",遂被摈斥。1890年马建忠写了《富民说》,集中表现了他的经济思想,也反映了他同李鸿章的思想分歧。

1890年以后,被摈斥家居,集中精力,从事著译,《马氏文通》主要是这一时期写成的。但是《马氏文通·序》说:"爰积十余年之勤求探讨以成此编。"看来马建忠1882年政治上失意后,虽然继续追随李鸿章搞洋务活动,但也可能已经在收集资料,准备撰写《马氏文通》了。1900年8月14日(光绪二十六年七月二十日)马建忠在上海寿昌里去世。有的文章著作以为马建忠的卒年是1899年,这是不确的。马相伯《题马建忠著〈东行三录〉》明确指出:1900年"公历八月中旬,俄廷突来长电七千余字,竟谓不承诺,即封锁吴淞。连夜译成,惫甚,以致热症大作,十四日晨即去世。"

二、马建忠的思想

马建忠的家庭信奉天主教,与法国教会的关系密切;兄弟三人长期充当李鸿章的幕僚,从事洋务活动,马建忠一生基本上是在洋务派的圈子里活动的。但是马建忠的思想并未囿于洋务派的樊篱,他不只是考虑船坚炮利,简单地主张"中学为体,西学为用";他的思想的主导面是一种反抗西方侵略、奋发图强、发展民族工商业的爱国思想。

他弃科举,学洋务,是激于爱国热情;他跟随李鸿章从事洋务活动,也是出自反抗侵略、富强中国的思想。他勘旅顺、出使印度、朝鲜,都表现了抗侵略、争权益、富国强兵的思想。他经营轮船招商局、上海机器织布局,则表现了实业救国的思想。最后"摈斥家居",还动议设立翻译书院(1894)、撰写《马氏文通》,可以说是出自科学救国、教育救国的理想。在《马氏文通·后序》中他说:写《文通》的目的是"群吾古今同文之心思","以求夫实用,而后能自群,不为他群所群"。这是出自肺腑的忧国忧民的沉痛之辞。

马建忠对西方侵略势力的认识非常深刻。他指出:"英人二百年,专假互助以吞噬人之土地","唯利是图,妄谈公法。其心则长蛇也,其口则羔羊也。"(《勘旅顺记》)他痛恨西方国家对中国的欺凌侵略,指出:"今日之中国其见欺于外人也甚矣","其公使傲睨于京师,以凌我政府;其领事强梁于口岸,以抗我长官;其大小商贾盘踞于租界,以剥我工商;其诸色教士散布于腹地,以惑我子民。"(《拟设翻译书院议》)因此,他关心军港的建筑、海军的建设,力主造铁路、开矿山,经营实业,提倡重商主义的经济思想,鼓吹建学校以开发民智。总之,一心寻求中国富强之道,时刻不忘抗拒西方的侵略。

《富民说》是他经济思想的代表作。这使他成为近代具有影响的经济学家。在这篇文章中,他指出:"治国以富强为本,而求强以致富为先。"他反对闭关自守,提倡"通商致富"。他认为当务之急是讲究丝茶等土货的生产,大力发展出口;仿造洋布、洋纱等洋货,实行保护关税,以限制进口;开采金矿、银矿,以加强国力。并主张引进外资,纠集散股,兴办公司,发展民族工商业,以与洋商竞争。他认为只要照此办理,"数年之间,即可转贫民为富民,民富而国自强。"这些思想是符合民族工商业者的要求的,与压制民族工商业的洋务派有明显区别。正因为如此,才最后与李鸿章发生矛盾,而被摈斥家居。

马建忠的这种"富民"思想,并非晚年写《富民说》时才具有的,早在留学法国时,他就指出:"近今百年,西人之富不专在机器之创兴,而其要领专在保护商会","考其文事,则知其讲富者以护商会为本,求强者以得民心为要"。又说:"他如学校建而智士日多,议院立而下情可达。其制造、军旅、水师诸大端,皆其末焉者也。"(《上李相伯言出洋工课书》)这种思想实际上已触及到社会政治改革,与康梁的维新思想颇相吻合。因此梁启超1896年同他结交以后,十分赞誉他:"每发一论,动为数十年以前谈洋务者所不能言,每建一议,皆为数十年以后治中国者所不能易。嗟夫!使向者而用其言,宁有今日!使今日而用其言,宁有将来!"(《适可斋记言记行·序》)

马建忠不仅是一个有旧学根基、又精通西学的、有影响的语法学家和经济学家,同时也是一个富有爱国思想、积极向西方寻求真理、趋新求改革以富强中国的仁人志士。他的语法著作、经济著作也就富有这种特色。

三、《马氏文通》的作者是马建忠

《马氏文通》的作者是马建忠,本来是没有异议的。但是1980年朱星先生写了一篇《〈马氏文通〉的作者究竟是谁》,他说:"一般人只知《马氏文通》是马建忠所作","不知实际作者原来是马建忠的大哥马相伯","他(指马相伯)是神父出家人,不愿出名,且兄弟友爱,所以写马建忠之名。"后来邬国义同志写了《〈马氏文通〉的实际作者是马相伯吗》,作了比较详尽的反驳。朱星先生根据年轻时与马相伯老人接触交谈的回忆,从"言语间露出是他写的"这一印象而断定马相伯是"实际作者",这当然是不可靠的。文中还说马相伯"兄弟三位,他是行大,马建忠行三,老二早卒",也有失实之处。

除了朱星先生的意见外,还有一种马相伯、马建忠合著的说法。早在30年代缪子才在《马氏文通答问》中就说:"此书乃马良师相伯、马建忠眉叔合作。"钱智修《马相伯先生98岁年谱》说:"《马氏文通》一书","实先生与(眉叔)共成之,而卷端未尝署名,盖先生欲奖成眉叔先生,不愿分其盛誉也。"张若谷《马相伯先生年谱》也持此说。近年马玉章先生在《怀念先祖父相伯公》中仍说:"又与弟眉叔公合著《马氏文通》","《文通》问世,公爱弟心切,令眉叔公独署著者之名。"(见《上海文史资料选辑》47辑,1984)

合著之说是否能成立呢？我以为也是不妥的。马相伯自己就说:"讲到《马氏文通》,是吾弟眉叔经二十年长期的记录,与我切磋琢磨而成的,但所发表的只是十分之二。"(《九三老人马相伯语录》)又说:"《文通》原稿经我删去三分之二有奇,因为举例太多,有碍青年读者的时间与脑力,但是梁任公对于我所删节的本子还嫌举例太多,殊不知此种研究中国文字的文法书,在《马氏文通》出版时,实在是破天荒,举例过少,学者将由微信而狐疑。"(《一日一谈》)这里说得很清楚,马建忠花了二十年功夫写作(马建忠自己说是"积十余年之勤求探讨");马相伯也确实出过力,一是"切磋琢磨",提过一些意见,一是删去了三分之二以上的例句。要知道,马建忠写《马氏文通》,不仅同他二哥马相伯切磋琢磨过,也听取过梁启超的意见。梁启超说:"眉叔是深通欧文的人","著书的时候是光绪二十二年,他住在上海的寿昌里,和我比邻而居,每成一条,我便先睹为快。有时还承他虚心商榷,他那种研究精神,到今日想起来还给我很有力的鞭策。"(《中国近三百年学术史》)这说明马建忠写《文通》也听取过梁启超的意见,能否说梁启超也是《马氏文通》的作者之一呢？当然不能。同样我们只能说马建忠写作《马氏文通》,

曾得到他二哥马相伯的帮助，最多只能说马相伯为《马氏文通》做过校订工作，而不能说马相伯是《马氏文通》的作者之一。

四、有关《马氏文通》的评价

《马氏文通》出版九十年以来，语言学界一直是肯定马建忠的巨大成绩的。当然也不断有人提出质疑、刊误、校注、述评，肯定它的成绩，指出它的局限或失误，这是学科发展的正常现象。在批评《马氏文通》的意见中，不免有些偏激的言辞，早年有来自保守观点的否定，三四十年代以后多来自比较激进的观点。偏激的言辞，不必深究，要紧的是如何看待模仿问题。

近来有的同志在肯定《马氏文通》的巨大成就时，希望摘掉它那顶模仿西方语法的帽子。我以为大可不必。马建忠在《马氏文通·后序》中说："斯书也，因西文已有之规矩，于经籍中求其所同所不同者，曲证繁引以确知华文义例之所在。"这是马建忠写作《马氏文通》的指导思想，也是《马氏文通》内容的简要概括。《马氏文通》是模仿西方语法的，是用拉丁语法的间架来描写古汉语语法的，这是他自己也不讳言的。我们无需为它洗刷。要知道，所谓模仿，换个说法就是引进。从国外引进一种新技术、新理论、新学科，最初免不了有个模仿阶段。模仿并不见得就是一件坏事。

谈到模仿西方语法，还应该问是模仿的哪一家。很少有人明言。高名凯先生曾说："马建忠在法兰西学习语法学，他多少受了波尔—瓦耶尔(Port—Royal)理性主义语法学的影响。"(《关于汉语的词类分别》，载《中国语文》1953.10)高先生的意见是对的。《马氏文通》从理论指导到语法框架同《波尔—瓦耶尔语法》是很相似的。理性主义语法把语法与逻辑联系起来，认为语法应该是理性的、逻辑的。理性是人类共有的属性,因此各种语言的语法也应该是共同的、普遍的。马建忠接受了这种语法观念,在《马氏文通·后序》中说:"其种之或黄、或白、或紫、或黑之钧是人也,天皆赋之以此心之所以能意、此意之所以能达之理。"并探求希腊、拉丁等各种语言,"见其字别种而句司字,所以声其心而形其意者,皆有一定不易之律;而因以律吾经籍子史诸书,其大纲盖无不同。"语法规律既然具有普遍性,马建忠套用西方语法的间架,自然是理所当然的了。因此,《波尔—瓦耶尔语法》是《马氏文通》的学术渊源之一,并且是主要的学术渊源,但不是唯一的学术渊源。

《马氏文通》的另一学术渊源是我国传统小学的虚词研究。马建忠虽然经常批评"经生家",但是他吸收传统虚词研究的成果却很多。从《左传》、《荀子》、《说文》、《文心雕龙》、柳宗元、欧阳修到王引之的《经传释词》、俞樾的《古书疑义举例》,明引、暗引前人的成说超过20家,160多处。他同意的观点,有时直接引用过来,不作说明。梁启超说:"眉叔是深通欧文的人。这部书(指《文通》)是把王、俞之学融会贯通之后,仿欧人的文法书把语词详密分类组织而成的。"(《中国近三百年学术史》)在这里梁启超正是指出了《马氏文通》的两个学术渊源。马建忠一手伸向外国,一手伸向古代,吸收他认为应该吸收的东西,扬弃他认为应该扬弃的东西,有模仿,也有创新。

因此,我们一方面应该承认《马氏文通》是模仿西方语法的,另一方面又必须看到,马建忠在套用西方语法框架时,不仅"求其所同",还注意求其"所不同者"。加上他非常重视语言资料,原稿所使用的例句在两万以上,他在观察比较中,发现了许多中西语法不同之处,因而创见也是很多的。《马氏文通》把词类分成虚、实两大类,就不是模仿西方语法,而是继承了小学的传统。《马氏文通》指出:"助字者华文所独,所以济夫动字不变之穷。"(丛书本323页)又说:"大抵论议句读皆泛指,故无起词。此则华文所独也。泰西古今方言,凡句读未有无起词者。"(丛书本387页)这就是马建忠从比较中得出的汉语和西方语言在语法上不同的两个重要特点。《马氏文通》在讨论介字时还谈到:"中国文字无变也,乃以介字济其穷。"(丛书本246页)同样体现了马建忠考虑汉语特点、求其"所不同者"的思想。《马氏文通》在分析某些具体语法现象时,更提出了许多独到的见解。比如对"助字"(语气词)的分析,不仅超出传统虚词研究的"语已词"、"语助,无义"的说法,也远胜后来许多语法著作有关语气词的见解。《马氏文通》比较倾向于语气词单功能的看法,重视各个语气词之间的细微差别,这是很有见地的,也是马建忠的创见。又如,《马氏文通》对代词的分析、对介词的分析,都有自己的独到见解。王力先生说:"《马氏文通》可以说是富于创造性的一部语法书。"(《中国语言学史》175页)这并非过誉。总之,《马氏文通》是一部引进国外新学科的开创性的著作,它不仅开辟了我国语法学的新纪元,具有不可磨灭的历史意义,而且它的不少具体分析至今还有重要的参考价值,从文言语法之类的著作来说,还很难说有超越它的。

但是,科学总是要发展的,后人不能总是踏着前人的步子走路。三十年代后期展开了"文法革新"讨论,不少语法学家批评马建忠模仿西洋语法、忽视汉语特点,要求建立符合汉语特点的新语法体系。这次讨论和以后不少语法学家在建立新语法体系方面的努力,应该给予充分肯定。四十年代以后汉语语法研究有了长足的进步,古汉语语法研究方面由文言语法的写作转向历史语法的研究,成果累累,都与语法学指导思想的转变、反对模仿分不开。有的文章一笔抹煞几十年来汉语语法研究的进步,全归之于对《马氏文通》的修修补补,这是不顾事实的妄说。我们应该既肯定《马氏文通》的伟大功绩,又肯定后人的批评、改革,二者并不矛盾。

今天《马氏文通》并没有过时,我们研究汉语语法首先就应该学习

《马氏文通》,它那众多的资料和某些精辟的分析,都将给予我们很大启发。同时马建忠的治学态度和治学方法也是值得我们效法的。其特点是:重视资料的研究,不说空话;"积十余年之勤求探讨",而不是急于求成;尊重前人而不迷信前人,更不是骂倒一切;引进国外经验而有独创,却不是粗知一二就侈谈建立新体系。

(原载《湖北大学学报》1989 年第 1 期)

关于系词"是"产生时代和来源论争的几点认识[*]

一、引言

　　丁一先生1937年在《清华学报》发表了《中国文法中的系词》这篇力作，提出了上古判断句不用系词"是"，"是"作为系词是六朝以后由指示代词演变来的。这个观点虽然未被语言学界普遍接受，但是直到二十年后才有辩难的文章发表出来。争论的焦点是：到底"是"的系词用法是后起的呢？还是先秦就有？据我所知，前后发表了十三篇文章，大都是批驳丁一先生的。似乎"是"在先秦就用作系词，已经是众论所趋了，但是丁一先生并没有表态赞同。这里固然有材料问题，某些材料在半个世纪以前丁一先生撰写他的那篇文章时没有注意到，因此在撰写《汉语史稿》时修订了系词"是"产生的时代，由六朝提到了一世纪的西汉末、东汉初。但是分歧的主要原因还是对同一材料的看法不一，这就牵涉到研究历史语法的方法论问题了。本文想就系词"是"产生时代和来源论争中所涉及的方法论谈谈自己的肤浅看法，并试图说明丁一先生为什么没有接受某些批评，同时也申述一下我对系词"是"产生时代的意见。

---

[*] 本文承朱德熙先生、陆俭明同志、蒋绍愚同志审阅，提了一些宝贵的修改意见，谨表谢意。

二、对《中国文法中的系词》的认识

语言是人类社会集团为了进行思维、交际而创造的一种符号系统。它既然是一种符号系统就具有极强的系统性,任何一种语言现象如果不考虑它是属于哪个系统的,那就不可能真正被理解。因此,在研究历史语法时,一定要把所研究的语法现象摆在它特有的历史时期的系统中去进行考察;而绝不能以今律古,随意比附。语言又是一种社会现象,具有极强的社会性,而语法是语言的组织规律,规律的东西不是杂乱繁多的,因而大多数语法现象(语法成分和句式)都必然具有社会共同使用的普遍性,因此,在研究历史语法时,又必须特别重视一般和特殊的关系,不要轻易以特例否定通则。

了一先生半个世纪前撰写《中国文法中的系词》时,正是在这样的认识下来进行研究的。他在文章的《导言》中说:"文法也一般是带时代性的东西","乙时代所有的文法,甲时代未必就有"。"如果我们在某一时代的史料中,只在一个地方发现了一种特别的语句构造方式,那么就不能认为通例,同时也不能成为那时代的文法"。因此,在具体讨论问题时,他把古汉语中判断句用不用系词这个课题是放在整个系统中来考察的。他收集了丰富的资料,把"为"字、"是"字、"非"字等可能作为系词的语法成分,按先秦、两汉、六朝等几个时期来考察它们在各种句型中的具体使用情况,十分重视各成分之间的关系,也就是重视语法的系统性,又特别注意不同时代的特点,目的就是要"彻底地考求""中国文法中的系词在历史上的演变"进程。

我们知道,《马氏文通》问世,中国才有了真正的语法学;但是经过几十年,汉语语法仍然只有"文言文法"和"国语文法"两大类,前者是把古汉语作泛时的研究,后者是研究现代汉语的共时语法。当时还没有人对汉语语法作过历时研究。因此,了一先生的《中国文法中的系词》是我国第一篇汉语语法史论文。它不仅具有汉语历时语法研究的开创意义,而且在汉语语法史研究的方法论方面也具有宝贵的示范作用。不管系词"是"起源的时代可否提前几个世纪,这篇论文在汉语语法学史上始终是具有重大意义的。

三、对辩难文章的总认识

三十年来发表的十三篇讨论系词的文章,可以分作两个阶段来谈。

第一阶段是五十年代末到六十年代初,也就是十年动乱之前,一共发表了五篇文章。发表得最早的是《中国语文》1957年2月号上赵立哲先生的《秦汉间的系词"是"》,这篇文章举了十一个先秦的用例,十三个两汉的用例(《穀梁传》的用例算作汉代的)。同年洪诚先生的《论南北朝以前汉语中的系词》发表在《语言研究》第二期上,他列举了从《穀梁传》、《史记》、《盐铁论》、《说苑》、《论衡》以及汉人传注中的众多用例,下至《三国志》和杜预的《左传注》。1963年《河北大学学报》第四期又发表了裴学海先生等的《〈古代汉语〉(王力)上册(第一分册)中的语法训诂问题的商榷》,其中有一节是专门讨论先秦有没有系词"是"的。他们把句型分成9类,列举了48个先秦的用例。1964年洪心衡先生在《中国语文》第四期发表了《〈孟子〉里的"是"字研究》,对《孟子》中"是"字的用法作了全面研究。另外1959年马忠先生在《语法论集》第三集中发表《"是"的用法演变》,收集了从金文到《诗经》、《论语》、《孟子》、《左传》、《国语》等一两百个"是"字的用例,包括裴文的某些用例。不过马忠先生是赞同了一先生《汉语史稿》中的意见,认为"是"在东汉初年才用作系词,因此裴文中某些被认为是系词的,他都处理作指示代词。在四篇不同意了一先生的文章中,洪诚先生的文章是最见功力的,他不但举了众多用例,而且作了充分论证。他所举的用例,也是了一先生能同意是系词的。①正因为如此,了一先生在撰写《汉语史稿》时,采纳了洪诚先生的部分意见,把系词"是"的起源时代从六朝提到了一世纪的西汉末、东汉初。裴学海先生等的文章是认为先秦"是"用作系词的文章中收集先秦用例最多也最全的一篇,其中确有几个用例应该承认是系词,但是对大多数用例还是因为观点不同而有不同的认识。洪心衡先生的文章,认为《孟子》中的"是"字有三种意义:一是指代事物,是指示代词;二是表示"对"或"不错"的意思,是形容词;三是表示"确认"的意义,是一个与"实"相近的副词。系词就是由这种表"确认"意义的副词演变来的,但是《孟子》中的这种"是"还不是系词,而是副词。洪心衡先生的文章论证也相当详尽,颇有见地。

第二阶段是从1978年起,又发表了八篇讨论古汉语系词的文章,一致的意思是:"是"在先秦时代已经用作系词;所举的用例很少超出五六十年代文章中已经举过的,唯一值得重视的是个别文章举出了1973年长沙马王堆三号墓出土的帛书《天文气象杂占·彗星图》中的几个用例。一般来说,科学研究总是后出转精的,但是很遗憾,我们不得不指出,这些文章在系词"是"起源的研究方面没有取得多大进展,同时还暴露了在历史语法研究中存在的某些方法论上的问题。②造成这种情况固然与我们的科学信息不灵有关,因为发表洪诚先生、裴学海先生和马忠先生文章的书刊印数很少,不容易找到;不过,也需指出,有的作者认识偏颇,匆促成篇,也不能说不是原因之一。

四、从某些用例的分析看方法论上存在的问题

在讨论系词的起源时,某些文章在方法论上存在值得商榷的地方,归纳起来有下面几点:

1. 从今译出发讨论问题

在讨论系词的文章中,有的是先将用例译成现代汉语再来进行分析;有的虽然表面上不是先译成现代汉语,但是实际上是从自己的语感(也就是从译文的角度)出发来分析的。例如:

曰:是鲁孔丘与?曰:是也。曰:是,知津矣。(《论语·微子》)

《微子》一例,本是很多人喜欢用来证明先秦"是"有系词用法的论据,了一先生早在《汉语史稿》中就作过分析,指出它的不妥;但是现在仍有文章重新提出来,认为:"这段对话里的三个'是'字,都是系词。是一连串紧接着说下来的。话有省略,是自然的,不是问题。"又说:"'是,知津矣'是一个紧缩假设句,它的偏句是'是'这一谓语。如果把全句译作口语,应该是'如果是的话,也就晓得渡头了'。所以'是'字后面必须标上逗号。"③所谓"省略"也好,所谓"紧缩假设句"也好,并非从整个先秦语法系统来进行分析的,而是从作者主观直感来考虑的,实际上也就是"译作口语"后再进行分析。以译文作为语法分析的基础,这当然是不妥的,可是在近些年来讨论系词的文章中,却并非个别现象。

2. 利用古注、互文等训诂方式来分析问题

要分析古代语法,当然首先要读懂古书,这无疑应该吸收古人的训诂成果,这是没有问题的;但是在分析具体古代文句或古代语法成分时,却绝不能拿古注作为论据;或者沿用训诂的方式,这又是必须明确的一条原则。在不少讨论系词的文章中,却往往有凭古注或互文来立论的。例如:

曰:商是常。(《诗经·商颂·殷武》)

有的文章就引用《郑笺》"商王是吾常君也"来证明这个"是"字是系词。④其实《殷武》第二章的全文是这样的：

> 维女荆楚,居国南乡。昔有成汤,自彼氐羌,莫敢不来享,莫敢不来王。曰商是常。

"曰商是常"是一个四字句,不应断开。"曰"是词头性质的东西,旧称发语词。"常"用作动词,"是"作前置宾语,指代"莫敢不来享,莫敢不来王"。所以朱熹《诗集传》说："昔成汤之世,虽氐羌之远,犹莫敢不来朝。曰:此商之常礼也。况汝荆楚,曷敢不至哉！"朱熹在这里显然比东汉的郑玄高明得多。他没有把"是"当作系词来理解,虽然当时他不可能有现代的语法观念,说不清楚"曰商是常"的语法关系,然而从训释中可以看出他是心知其意的。《郑笺》不仅加字解经,而且也割裂文义,自不可从。又如：

> 四牡孔阜,六辔在手,骐駵是中,騧骊是骖。(《诗经·秦风·小戎》)

有的文章也引《郑笺》："中,中服也。骖,两骖(騑)也。"来证明"是"字用作系词。⑤其实"中"和"骖"在这里都是用作动词。两句的意思是"使骐駵作中间(的辕马),使騧骊作(两旁的)骖马"。"是"字是复指前置的宾语。"中"和"骖"在上古用作动词是不乏其例的,比如："鹑火中,必是时也。"(《左传·僖公五年》)"载骖载驷,君子所届。"(《诗经·小雅·采菽》)不过,在《小戎》这首诗里"中"和"骖"都是使动用法。

在讨论系词的文章中,用互文对举作为立论根据的更加普遍。例如：

> 故王之不王,非挟泰山以超北海之类也;王之不王,是折枝之类也。(《孟子·梁惠王上》)
>
> 夫执舆者为谁? 子路曰:"为孔丘。"曰:"是鲁孔丘与?"(《论语·微子》)

不少文章用例①的"非"、"是"对举,论证"是"字是系词;⑥也有的文章用例②的"为"、"是"互文作为"是"作系词的论据。⑦训诂学上的"互文见义"用在词义训释上也有它的局限性,不能任意比附、阐发,用在语法分析上就更加危险。因为古文中的对句、排比句并不见得都是语法结构一一相对的。按照这种办法证明"是"字是系词,那么其他许多字也可以证明是系词。⑧例如:

> 此庸夫之怒也,非士之怒也。(《战国策·魏策四》)
> 以是知其天也,非人也。(《庄子·人间世》)
> 齐国之诸公子其可辅者,非公子纠,则小白也。(《韩非子·说林下》)

试拿例①同"是不为也,非不能也"(《孟子·梁惠王上》)比较,结构上是相似的(不同的是《孟子》一例的谓语不是名词性的,并非真正的判断句);《孟子》一例的"是"可以认为同"非"互文对举,⑨那么例①的"此"自然也可以认为同"非"互文对举。认为"此"不与"非"互文,不是系词,而认为"是"与"非"互文,是系词,都是由主观认定的,不过有正确与不正确之分。如果我们对"其"和"则"没有一个正确的认识,那么例②、例③也可以认为它们同"非"互文,也可以论证它们是系词。可见用互文来论证"是"作系词用,是靠不住的。

3. 利用现代汉语的语法规律作为依据

在讨论系词"是"的起源时,不少文章利用"是"字前用不用副词修饰作为鉴定它是否为系词的准则。例如:

> 钧是人也,或为大人,或为小人,何也?(《孟子·告子上》)

这是常被用来论证先秦"是"作系词的一个例句,⑩ 理由是"是"字前有副词"钧"(均),而副词一般只修饰动词(包括系词)、形容词,不能修饰名词、代词。殊不知这条规律只适用于现代汉语(也有例外),而对古代汉语却是没有约束力的。在古代汉语中,副词修饰名词性的谓语却比比皆是。例如:

> 且今之勋者皆吾敌也。(《左传·僖公二十二年》)
> 亡邓国者必此人也。(《左传·庄公六年》)
> 是乃狼也,其可畜乎?(《左传·宣公四年》)
> 曰:闻君行圣人之政,是亦圣人也。(《孟子·滕文公上》)

以上例句中的"皆"、"必"、"乃"、"亦"都是副词,在句中修饰名词性的谓语。"钧是人也"的"钧"通"均",用作副词,是修饰"是人"这个名词性谓语的;这同"必此人也"的结构关系是一样的。"钧是人也"的意思是"都(是)那种(或这种)人","是"是限定"人"的,与"必此人也"同类。

至于为了证明"是"作系词用,把连词"则"也算作副词,或者把不是名词作谓语的叙述句也拉了进来,那就更不妥了。例如:

> 今也滕有仓廪府库,则是厉民而以自养也。(《孟子·滕文公上》)
> 若彼知之,乃是离之。(《庄子·在宥》)

这两个例子都不是判断句,有的文章却引作副词修饰系词的用例。⑪某些语法著作确实是把"则"字分属连词和副词两类,这是不妥的,这里不多加讨论。我们只需说明,经籍中虽然"则是"多,但是也不乏"则此"的用例。例如:

若苟贤者不至乎王公大人之侧,则此不肖者在左右也。(《墨子·尚贤中》)

"则此"和"则是"是同一性质的结构,不能用今天的语感而强生分别。至于例②"乃是离之"的"是",实际上是一个表肯定语气的副词,也就是王引之《经传释词》所说的"是","犹寔也",又通"实"。它是用来修饰"离之"这个动宾词组谓语的。

不同时代的语法系统一定有所不同,表面完全相同的语法形式在不同系统中很可能是不同性质的,我们绝不能把一个时代的语法规律硬套在另一时代的语法结构上,这是研究历史语法最基本的原则之一。

4.引用材料有误或者处理不当

在讨论系词"是"的起源时,有的文章在个别材料的引用上有误,后作者不察,以讹传讹。例如:

孰是吾君也,而可无死乎?(《国语·越语上》)

这个例句,六十年代有人引用,八十年代还有人引用。⑫猝然见到这个引例,无疑得承认"是"字是用作系词;但是查阅《国语·越语上》(四部丛刊本、四部备要本、上海古籍本),就会发现原文作"孰是君也,而可无死乎?"韦昭注:"孰,谁也。谁有恩惠如是君者,可不为之死乎?"王引之《经传释词》卷九"孰"字条引此例,解释说:"言有君如是,何可不为之死也。"显然韦昭、王引之都是把句中的"是"字当作代词,而不是当作系词。衍出一个"吾"字,句子的结构和意思就都变了。这属于一种虚假的材料,自然完全没有价值。

有的引用的材料虽然不误,但是分析靠不住,我们难以苟同。例如:

呜乎!君已曰:"时我。"(《尚书·君奭》)

有的文章认为句中的"时"通"是",也是系词。[13]考原文作:"呜呼!君已曰:时我,我亦不敢宁于上帝命。"《传》曰:"叹而言曰:君也,当是我之留,我亦不敢安于上天之命,故不敢不留。"《疏》曰:"周公又叹而呼召,当是我之留,勿非我也。"《传》、《疏》虽然都把"时"认作通"是",但是他们是看作"是非"的"是",是形容词用作意动,"时我"即"认为我正确"。屈万里先生的《尚书今注今译》把"时"注作善,"时我"译作"认为我们善良",也是比较可取的。把"时"认作通"是"的系词,这就是脱离原文强作解释了。又如:

非也,是己亥也。(《吕氏春秋·察传》)

"非"在这里明显是形容词"是非"的"非",可是有的文章却把例句中的"是"、"非"分析成"是"、"非"对举的系词,[14]这当然是很不妥当的。

如上所述,在讨论系词"是"的文章中,方法论上存在多方面的问题,这里只是择其要者作些分析,难以一一详究。总的来看,最根本的一条就是没有考虑到不同时代的语法系统是不同的,没有把所分析的语法现象摆在它当时的语法系统中去进行考察;又没有考虑语法系统的历史演变进程,仅从单个的例句出发,用自己的语感来分析问题。没有以现代语言学的理论作指导,同现代语言学的系统分析方法自然存在相当距离。

五、对先秦个别系词"是"的认识

按了一先生的认识和分析方法,现存先秦古籍中,也确有几个用系词"是"的判断句。它们是:

> 谓彼是是也,不可。(《墨子·经说下》)
> 此是何种也?(《韩非子·外储说左上》)
> 是鲁孔丘之徒与?(《论语·微子》)
> 韩是魏之县也。(《战国策·魏策三》)

《论语·微子》一例,是桀溺同子路当面对话,这个"是"字当然很难看作指示代词,所以了一先生在《汉语史稿》1958年初版中说:"这种例子太少",又说:"同时,有人说《微子篇》是伪书,如果是伪书的话,更可证明我们的论证是对的。"[15]裴学海先生等的文章曾批评说,即使是伪书,也是西汉以前的作品。[16]我曾和了一先生讨论过这个问题,提出《史记·孔子世家》曾引用《微子》的这段话,《史记》没有用"是",而是作"子,孔丘之徒与?"所以了一先生在1980年重印《汉语史稿》时,没有再提伪书的问题,而挖改成"再者,《史记·孔子世家》用这段话时,把'是(鲁)孔丘之徒与?'写成'系孔丘之徒与?'可见原文不一定是'是'字"。这里"子"误排成"系",于是又有文章批评说:"王先生引这段材料所得的结论是,'可见原文不一定是"是"字'。恰好相反,笔者认为《史记》把'是'字改为'系'字,这一字之改,更能说明《论语》原文的'是'字是系词,而不是指示代词。因为'系'字从来不当指示代词讲。"[17]这里批驳者没有去查对《史记》,批评也就落空了。在这一例句的看法上,我也许比了一先生的态度更绝对化。我认为这种情况正说明很可能司马迁看到的《论语》就是作"子",否则他绝不会改"是"为"子"的;因为既然《论语》时代已经有系词"是",经过几百年口语中就应该用得更加普遍,事实上《史记》中确有用作系词的"是",司马迁《史记》改动前人的词句,往往是改得更接近口语的,这是公认的事实,怎么会在这里改得更古奥一些呢?《经典释文》引这句话作"孔子之徒与",又说:"一本作'子是',今本作'孔丘之徒与'。"可见唐代这句话已传抄成几种说法,我以为《史记》所引才是原来的正确说法。

《战国策》是西汉刘向整理的,能否作为先秦的语言材料,已大成问题;唐以后又多散佚,经过曾巩、姚宏辑校才成为今本,一两个例句更难作为依据。上面举的《魏策》这个例句,正好1973年长沙马王堆汉墓出土的帛书《战国纵横家书》有这一篇,文字只与今本稍有出入。现将今本《战国策》和帛书《战国纵横家书》这段文字引在下面[18]:

共(合)有其赋,足以富国,韩必德魏、〔爱魏〕、重魏、畏魏,韩必不敢反魏。韩是(是韩)魏之县也。魏得韩以为县,则(以)卫、大梁(梁)、河外(北)必安矣。

加( )的是帛书不同于今本的字,加〔 〕的是帛书所无的。在帛书中"韩是魏之县也"作"是韩,魏之县也",可见"是"并非用作系词,而是用作代词。今本《战国策》"是韩"倒置成"韩是",才成了系词的用例。

剩下两个例句,我们虽然没有材料论证它是否传抄之误,但是在先秦那样多的语言材料中,判断句成千上万,唯独只有两个有系词"是",这是很值得怀疑的。首先,语言是社会共同使用的工具,一种重要的句法结构在语言运用中必然具有普遍性,几百年只出现一两次是难以想象的。其次,古籍经过千百年的传抄、印刷、讹误、衍脱或者混入后代的语法成分总是难免的。因此,《墨子》一例,应予排除,《韩非子》一例,也大可怀疑。这就是说,在历史语法的研究中,我们必须坚持辩证唯物主义和历史唯物主义的原则,正确处理一般和特殊的关系,从全面、系统、历史的观点来考察问题。

六、对西汉系词"是"的探讨

西汉时期"是"用作系词的例证比先秦多,了一先生早在《中国文法中的系词》中就举了《史记·刺客列传》"此必是豫让也"一例,不过他认为那是传抄之误。洪诚先生在《论南北朝以前汉语中的系词》中举的用例,有《史记》五个、《穀梁传》三个、《盐铁论》一个、《说苑》一个。不过《穀梁传》的三个(都是"何以知其是陈君也"同一形式),可以作两种分析,马忠先生就是把它们作为指示代词处理的;在了一先生看来,《史记》的用例中,除《豫让传》一例外,确定无疑要算系词的大概只有下面三例:

天子识其手书。问其人,果是伪为。(《史记·封禅书》)
此是家人言耳。(《史记·儒林列传》)
其是吾弟与?(《史记·刺客列传》)

因此,后来了一先生虽然看到了洪诚先生的文章,却没有改变自己的结论。1973年长沙马王堆三号汉墓出土的帛书《天文气象杂占·彗星图》,有五个用"是"作系词的例句[⑩]:

是是帚彗,有内兵,年大孰(熟)。
是是竹彗,人主有死者。
是是蒿彗,兵起,军几(饥)。

是是苦彗,天下兵起,若在外归。

是是苦发彗,兵起,几(饥)。

在了一先生将《汉语史稿》(中册)修改为《汉语语法史》时,我曾提出这一材料向先生请教。了一先生说:"这个材料很怪,'是是'连用,只见于这个材料,我还有保留。"显然,了一先生是非常重视语言的社会性和语言系统的历史继承性的,帛书《天文气象杂占·彗星图》虽然有五个系词"是"的用例,但是从众多的语言资料来看,它仍然是独此一家,由于它的形式又颇特殊,所以了一先生还持保留态度。

不过,就系词"是"来说,在西汉时期可以确定的用例,已不止三两个,也不止见于一两种典籍。仅从现已发现的资料来看,除上面所举的《史记》四个用例外,还有:

学者博览而就善,何必是周公孔子,故曰法之而已。(《盐铁论·申韩篇》)

口是何伤?祸之门也。(《说苑·敬慎篇》)

此是螳螂也。(《韩诗外传》八)

长沙马王堆三号汉墓帛书《天文气象杂占·彗星图》的五个用例也应该算是西汉初年的资料。虽然有人考证《天文气象杂占》的内容应是战国时代的产物(据推测为公元前369年至前345年),但是埋在马王堆三号汉墓的《天文气象杂占》绝不会是公元前四世纪的实物,而只能是墓主人安葬年代(公元前168年)前不久所绘的,它的文字说明,虽然可能早一点,但是更可能只代表西汉初期的语言。

除了上面这些确定无疑的系词"是"用例外,还有些两可的用例也透露出"是"由代词向系词转变的信息。例如:

客人不知其是商君也。(《史记·商君列传》)
朱家心知是季布。(《史记·季布栾布列传》)
龟者是天下之宝也。(《史记·龟策列传》)
巫妪、弟子是女子也。(《史记·滑稽列传》褚少孙增补部分)
蔡人不知其是陈君也。(《穀梁传·桓公六年》)
何以知其是陈君也?(《穀梁传·桓公六年》)
何用见其是齐侯也?(《穀梁传·僖公元年》)

因此,我们认为应该承认西汉"是"字已经用作系词,甚至不排除战国末期系词"是"就已萌芽。不过,在西汉用系词"是"的判断句是一种新兴的句法结构,所以用得还不太普遍;而不用系词"是"的判断句还占有绝对优势。东汉时期这种带系词"是"的判断句新形式日益用得普遍,到六朝的口语中用系词"是"的新形式才最后取代了不用系词"是"的旧形式。这就是用系词"是"的判断句由少到多的历史演变过程。

七、关于系词"是"的来源问题

丁一先生认为系词"是"是由复指前文的指示代词演变来的。洪诚先生同意系词"是"是指示代词演变来的,不过他认为是由"复指带肯定作用"的"系词活用法"变成纯粹系词的,即"纯粹系词产生于语气系词"。[20]洪心衡先生的看法与洪诚先生近似,他认为系词"是"是由表示"确认"意义的副词"是"来的,但是他不同意这种副词"是"与复指的"是"有关,也就是不同意系词"是"来源于指示代词的说法。[21]洪成玉同志也明确反对系词"是"来源于指示代词复指的说法,他认为系词(判断词)"是"字是从形容词发展来的,"形容词'是'的意义,是对事物表示肯定,相当于现代汉语的'正确'或'对'。"[22]这种看法显然同洪诚先生、洪心衡先生的看法是相通的。不少认为"是"在先秦就有系词用法的同志，没有谈它的来源问题，有人同意来源于指示代词，也有人说："三千年以来，判断词'是'都没有发生重大的变化"，目前根本不能谈"产生于什么时间"，而只能说"见于载籍的时间"㉓，这自然就是说"是"原本就是系词，不存在谈它的演变问题。

我们认为，系词"是"的来源确实还值得探讨。但是在考虑这个问题时，首先还是要从句法结构出发，因为这是句法结构的变化问题。即使是认为先秦"是"有系词用法的同志，也不得不承认先秦的判断句一般是不用系词的。当主语太长而又结构复杂时，主语和谓语的界限往往会不十分清楚，于是产生了用一个代词复指主语的必要。例如：

　　知之为知之，不知为不知，是知也。（《论语·为政》）
　　妻不以我为夫，嫂不以我为叔，父母不以我为子，是皆秦之罪也。（《战国策·秦策二》）

例一"是"复指"知之为知之，不知为不知"这一道理。例二"是"复指前面说的那种情况，不说"皆是"，而说"是皆"，可见"是"是复指前文，而不是表示确认的系词。由于结构复杂的长主语往往用"是"来复指，于是类推到结构简短的主语有时也用"是"来复指。例如：

　　富与贵，是人之所欲也。（《论语·里仁》）
　　日月星辰瑞历，是禹桀之所同也。（《荀子·天论》）

主语简短，复指的必要性不太大，"是"的复指意味随之减弱，主要是起联系主语、谓语的作用。再进一步，句末表判断语气的"也"字去掉，"是"就变成了联系主语、谓语、并表判断意义的纯粹系词了。这就是

"是"字在判断句中由表复指的代词转变成系词的演变过程,是一种句法结构的自然发展。

不仅"是"字有这种复指作用,"此"字也可以用来复指。例如:

夫抚剑疾视曰:"彼恶敢当我哉!"此匹夫之勇,敌一人者也。(《孟子·梁惠王上》)

朝菌不知晦朔,蟪蛄不知春秋,此小年也。(《庄子·逍遥游》)

为什么"是"字演变成了系词,而"此"字又没有演变成系词呢?这就不能不考虑两个词在词汇系统中的地位了。"此"字是一个与"彼"相对的指示性很强的近指代词,所以没有演变成系词;而"是"字是一个指示性较弱的承指(或中指)代词[29],它有一个同形的形容词"是",形容词"是"虚化就变成表确认、肯定语气的副词,表复指的代词"是"受同形的表确认意义的副词"是"的影响,自然容易演变成表判断的系词"是"。这就是说,从句法结构来说,系词"是"是由表复指的指示代词演变来的,这是这一语法演变事实的基本方面;而从词汇意义上来说,它是受了形容词"是"的影响,这是促使它由指示代词转变成系词的又一因素。

八、小结

综合以上所述,我们的几点认识可以归纳如下:

1. 了一先生的《中国文法中的系词》是第一篇汉语语法史论文,不仅有开创意义,而且在汉语语法史研究方面有方法论上的示范作用。

2. 五六十年代发表的几篇讨论系词的文章,大多材料丰富,论述比较深入,对系词的历史研究有所推进。七八十年代讨论系词的文章,进展不大,有的在方法论上存在不少问题。

3. 讨论系词的某些文章在方法论上存在的根本问题是对语言的社会性、系统性和历史发展认识不足,没有把语言资料摆在一定时代的语法系统中去进行考察,有从今译出发、从现代汉语的规律出发、从单个例句分析出发、不分个别和一般的毛病。

4. 应该承认系词"是"在西汉时期(或战国末期)就已经产生,但是到六朝时期这种用系词"是"的判断句新形式才在口语中取代不用系词的旧形式。

5. 系词"是"来源于表复指的指示代词"是",但是应该承认它的演变成系词,曾受了形容词"是"的影响。

附记:1988 年完稿后,曾油印讨论。去年承敖镜浩、冯春田两同志先后寄来大作抽印本,材料丰富,颇有见地,未能补入拙文论述,乞谅。1990.2. 看清样时补记。

附　注

① 洪诚先生文中提出的"是"字是由"系词的活用"再演变成"纯粹系词"的观点和论证,是了一先生不赞同的,也是值得商榷的。

② 这里应该说明,敖镜浩同志有《"是"字问题探讨》一文,我只见到油印提纲,从中可见该文材料丰富,论述全面,颇多阐发,可惜未见到全文。

③ 见徐德庵 1981。

④ 见徐德庵 1981,又任学良 1980,吴泽顺 1984。

⑤ 见任学良 1980,又徐德庵 1981。

⑥ 见裴学海等 1963,又张庆绵 1978,任学良 1980,梁光华 1983,倪祥保 1983。

⑦ 见赵立哲 1957。

⑧ "非"字本来就不是系词,我们且不讨论,只考察这种用互文论证的方

法是否妥当。

⑨ 见张庆绵 1978。
⑩ 见裴学海等 1963,又张庆绵 1978,任学良 1980,吴泽顺 1984。
⑪ 见张庆绵 1978,又裴学海等 1963,吴泽顺 1984。
⑫ 见裴学海等 1963,又梁光华 1983。
⑬ 见徐德庵 1981,又吴泽顺 1984。
⑭ 见倪祥保 1983。
⑮ 见王力《汉语史稿》中册 349 页注①。
⑯ 见裴学海等 1963。
⑰ 见梁光华 1983。
⑱ 参见《战国策》(上海古籍出版社,1985 年)中册 877 页,下册 1353 页。
⑲ 见马王堆帛书《天文气象杂占·彗星图》图版(载《文物》1978.2)。
⑳ 见洪诚 1957。
㉑ 见洪心衡 1964。
㉒ 见洪成玉 1980。
㉓ 见任学良 1980。
㉔ 参看拙文《论上古汉语指示代词的体系》。

参考文献

王力:《中国文法中的系词》(《龙虫并雕斋文集》第一册,中华书局,1980.1)。

王力:《汉语史稿》(中册)(科学出版社,1958.4. 又,中华书局,1980)。

赵立哲:《秦汉间的系词"是"》(《中国语文》,1957.2)。

洪诚:《论南北朝以前汉语中的系词》(语言研究所《语言研究》2 期,1957.12)。

马忠:《"是"字的用法演变》(《语法论集》3,中华书局,1959.12)。

洪心衡:《〈孟子〉里的"是"字研究》(《中国语文》1964.4)。

裴学海、王荫浓、程垂成、谢质彬:《〈古代汉语〉(王力)上册(第一分册)中语法训诂问题的商榷》(《河北大学学报》1963.4)。

张庆绵:《谈〈孟子〉中的系词"是"》(《辽宁大学学报》1978.4)。

洪成玉:《判断词"是"的来源》(《河北师范学院学报》1980.1)。

任学良:《判断词"是"见于先秦说》(《杭州师范学院学报》1980.2)。

徐德庵:《上古汉语中的系词问题》(《西南师范学院学报》1981.3)。

梁光华:《试论两汉以前汉语中的系词"是"》(《贵阳师范学院学报》

1983.2)。

倪祥保:《先秦汉语系词识小》(《苏州大学学报》1983.3)。
吴泽顺:《古汉语系词刍议》(《吉首大学学报》1984.2)。
董希谦:《古汉语系词"是"的产生和发展》(《河南大学学报》1985.2)。

(原载《王力先生纪念论文集》,商务印书馆,1990)

四十年来古汉语语法研究述评

十九世纪末《马氏文通》出版，我国才有了第一部系统的古汉语语法。五十年代以前古汉语语法研究的主流仍然是泛时的"文言语法"，少数语法学家作过一些汉语语法史的拓荒工作，例如王力先生的《中国文法中的系词》(1937)、吕叔湘先生关于近代语法的研究(1940—1949)、丁声树先生关于《诗经》虚词的研究(1933—1948)。半个世纪中有关古代汉语语法的论文总共不到60篇，除文言语法、文言虚词的著作外，没有一部有关古代汉语语法的专著。五十年代以后，古汉语语法研究转向了以研究汉语语法史为主，这是一个意义重大的转变。在这一总的研究方向引导下，逐步开展了语法史专题研究、专书语法研究、断代语法研究，特别是八十年代，研究工作发展迅速，形成了相当繁荣的局面。四十年来，仅《中国语文》发表的古汉语语法论文就有175篇；根据不完全统计，全国各类书刊发表的古汉语语法论文超过一千三百篇。文言语法、文言虚词和古汉语教材以外的古汉语语法的专著出版了二十种以上。

上半个世纪不仅数量方面无法同这四十年相比，更重要的是研究的广度和深度也是不可同日而语的。这里首先应该提出的是王力先生的《汉语史稿》(中册，1958)。它总结了前人和时贤以及作者本人的研究成果，写成第一部汉语语法史，勾画出了汉语语法发展的轮廓，对后来汉语语法史的教学和研究起了重要的促进作用。八十年代经过修订、充实，作为《汉语语法史》(1989)单独出版。八十年代又有潘允中的《汉语语法史概要》(1982)、史存直的《汉语语法史纲要》(1986)。汉语语法史需要建立在专书语法研究、断代语法研究的基础之上,需要许多代人的共同努力,才能写出一部真正全面详尽、体系严谨、材料丰富的汉语语法史来,目前的条件还不成熟。但是事物总是从无到有,从不完善到完善的。王力先生的《汉语史稿》和《汉语语法史》虽然还难免有这样那样的缺陷,但是它毕竟是汉语语法史的奠基之作,也是现有汉语语法史中论述最全面、材料最丰富、影响也最大的著作,功不可没。在总结四十年来古汉语语法研究的成绩时,自当推居首位。

其次应该提出的是断代语法研究。六十年代以前有管燮初的《殷墟甲骨刻辞的语法研究》(1953)、陈梦家的《殷虚卜辞综述·文法》(1956)、吕叔湘的《汉语语法论文集》(1955)、刘世儒的《魏晋南北朝量词研究》(1965)。八十年代以后有管燮初的《西周金文语法研究》(1981)、吕叔湘的《近代汉语指代词》(1985)、赵克诚的《近代汉语法》(1987)、冯春田的《近代汉语语法问题研究》(1991)。管燮初的两部著作,一是对甲骨文语法进行全面系统研究的第一部著作,一是对金文语法进行系统研究的迄今唯一的一部著作。关于甲骨语法的研究虽然比较简略,由于出版较早,作者所采用的语法系统也比较陈旧,停留在套用现代汉语语法体系的做法之中,自然难以全面反映甲骨语法的系统,但是它的开创之功却不可忽视。作者在写《西周金文语法研究》时,受到丁声树、陆志韦两先生的影响,在理论、方法上有很大提高,加上治学严谨,既有定性分析,又有定量分析,因而这本书材料翔实,结论也比较可靠,较好地反映了西周时代金文语法的全貌。陈梦家关于甲骨语法的研究虽然只是他一部关于甲骨学理论巨著中的一章,但是由于作者对甲骨文的深湛研究,加上才华横溢,眼光敏锐,提出了不少精辟的见解。吕叔湘先生的《汉语语法论文集》,主要是集结了作者四十年代所写近代语法的论文,论文材料丰富、分析深入,为研究近代语法作出了示范。他的《近代汉语指代词》也是他四十年代末准备写近代汉语历史语法时所写下的初稿,三十多年后才由他的学生江蓝生帮助整理,并补充一些材料,又亲自做了一些修改调整而出版的。这本书材料十分丰富,"细针密缕",分析十分细致,是近代汉语语法研究方面的重要成果。当然,这本书仍然应看成吕先生四十年代的旧作,整理修改时吕先生年事已高,后来语法学界的研究成果吸收甚少,某些指代词语音演变的解释不免有可商之处。刘世儒的《魏晋南北朝量词研究》,是作者花了多年功夫写成的力作,收集的材料十分丰富,它不仅对魏晋南北朝的量词系统描写全面,还因为这一时期是汉语量词范畴形成的时代,因而对了解量词体系的形成也颇有参考价值。冯春田的《近代汉语语法问题研究》主要是研究近代汉语中的一些虚词及其发展变化,也涉及与某些虚词有关的句式。作者用力甚勤,治学态度严谨,立论平稳,分析细致,这是八十年代以来中年学者作出的可喜成果。

至于专书语法研究,四十年来发表的论文接近三百篇,涉及的典籍三十多种,上起《尚书》、《诗经》、《左传》、《论语》,下迄《金瓶梅》、《红楼梦》、《儒林外史》、《老残游记》。据不完全统计,1991年以前研究某一典籍的论文超过三十篇的有《诗经》、《左传》,超过二十篇的有《论语》、《世说新语》,超过十篇的有《孟子》、《史记》、敦煌变文和《水浒传》。集结为专书出版的有何乐士的《〈左传〉虚词研究》(1991)。同时台湾也出版了许世瑛的《〈论语〉二十篇句法研究》(1973)和詹秀惠的《〈世说新语〉语法探究》(1973)。专书语法研究取得成果最多的是《左传》。现在已经出一批成果,何乐士的《〈左传〉虚词研究》是最引人瞩目的成果之一。作者把《左传》中出现次数较多,用法又较复杂的二十多个虚词逐一作了专题研究,由定量分析入手,作出定性分析的结论,把虚词研究同句式研究结合起来,实事求是地对所研究的虚词作出了比较全面深入的描写。

从论文研究的内容来看,一千三百多篇论文,涉及古汉语的词法和句法的各个方面。有关代词和复音词(包括词头、词尾)的论文都接近一百篇,有关词类活用(包括兼类)、被动句以及"所"字结构的论文都超过五十篇,有关使动、意动和动补结构的论文也都超过三十篇。不仅数量多,在许多问题上都取得了引人注目的进展。构词法(复音词)的发展、代词的发展、量词的发展、语气词的发展、被动式的发展、动补式的发展、处置式的发展等是这四十年来取得成果最大的汉语语法史研究专题。这些论文有的是对发展变化过程作了较为详尽的揭示。例如唐钰明关于被动句的研究(《论上古汉语被动式的起源》,与周锡馥合作,1985;《论先秦汉语被动式的发展》,1985;《汉魏六朝被动式略论》,1987;《唐至清的"被"字句》,1988)、周迟明(《汉语的使成复合动词》,1958)、杨建国(《补语式发展试探》,1959)、李平(《〈世说新语〉和〈百喻经〉中的动补结构》,1980)、杨平(《"动词+得+宾语"结构的产生和发展》,1989;《带"得"的述补结构的产生和发展》,1990)等,对补语式的研究都做到了材料丰富,论述比较深入。这类文章数量不少,难以一一列举。有的是对传统观点结论有所修正和发展。例如郭锡良的《汉语第三人称代词的起源和发展》(1980)论证了秦汉以前没有第三人称代词,第三人称代词是魏晋以后才产生的,"之"、"其"、"彼"等被传统认为的第三人称代词都是指示代词。他的《试论上古汉语指示代词的体系》(1989)一反传统的说法,论证了先秦指示代词不是分成近指、远指两类,而是一个更复杂的系统。他的《先秦语气词新探》(1988)对语气词多功能的传统观点表示了异议,提出了语气词单功能的看法,并论证了常用语气词所表示的特定语气。又如潘悟云的《上古汉语使动词的屈折形式》(1991),结合藏缅语的研究,提出了上古汉语有自动词和使动词的对立,意义相关的自动词和使动词表现为语音的屈折形式,与清声母相对立的浊声母、去声破读和加前缀 s-、加反缀-s 都是表示使动意义的。新观点的提出,不一定都很成熟,但是它毕竟说明研究深入了一步。总之,为数不少质量较高的论文为撰写科学的汉语语法史准备了大量资料。

从理论方法上来看,多数论文的理论水平有了提高,具体表现为历史发展观、地域性和语法系统性观念都比上半世纪明确。它们的作者懂得不同时期的语法系统是不同的,必须从特定时期的语法系统来分析材料、考虑问题,而不能以今律古,随意比附,更不能从翻译出发来研究古代语言事实。这是古汉语语法研究中最明显的进步。其次,五十年代末已有人注意全面收集材料,采取定量分析的统计方法来观察问题,例如周光午的《先秦否定句代词宾语位置问题》(1959)统计了二十部先秦典籍否定句代词宾语的用例,黄盛璋的《古汉语人称代词研究》(1963)统计了十四部典籍的用例。八十年代采取这种穷尽式定量分析方法的论文越来越多。从定量分析中归纳出定性分析的结论,这比随意举例证明自己的观点自然要科学得多。质量较高的论文,大都在这两方面做得较好。

除了断代、专书或专题的古汉语语法专著和论文外,四十年还出版了三四十种文言语法、文言虚词式的泛时的古汉语语法著作;也出版了二三十种古代汉语教材,其中大都有古汉语语法专门章节。它们对古汉语语法知识的普及和古汉语语法教学的促进是起了重大作用的。其中影响最大的是台湾出版的周法高的《中国古代语法》(1959—1962),王力主编的《古代汉语》(1961—1964),郭锡良主持编写的《古代汉语》(1981—1983)。何乐士、敖镜浩、王克仲、麦梅翘、王海棻的《古代汉语虚词通释》(1985)也改变了训诂的训释方式,更注重虚词语法作用的分析。八十年代掀起了学习、研究《马氏文通》的高潮,发表了不少这方面的论文,出版了多种研究《马氏文通》的专著,例如孙玄常的《〈马氏文通〉札记》(1984)、王海棻的《〈马氏文通〉与中国语法学》(1991)、此外,也出版了多种汉语语法学史,例如龚千炎的《中国语法学史稿》(1987)。还有蒋绍愚、徐昌华翻译了太田辰夫的《中国语历史文法》(1987)、江蓝生、白维国翻译了太田辰夫的《汉语史通考》(1991,其实主要是谈语法,未涉及语音史和词汇史)。这都对古代汉语语法的研究有推进作用。

更可喜的是八十年代以来,研究古代汉语语法的队伍得到了前所未有的扩大,从近十年来发表的论文目录看,大多是新时期加入语言学研究队伍的中青年作者,不少作者显示了功底深厚、学风朴实、思想活跃的特点,这是一支大有前途的生力军。我们还应当看到,近些年来有些攻读现代汉语或语言理论的研究生,也有涉足古汉语语法研究领域的,这也是一种很有意义的现象。

总之,四十年来古代汉语语法研究的面拓宽了,甲骨文语法和近代语法的研究得到了重视;研究的问题更深入了,取得了一系列丰硕的成果;研究队伍也扩大了,不必担心后继乏人。但是,又不能不看到古汉语语法研究中也还有许多问题。首先,古汉语语法研究中存在一种轻视理论的倾向,新的语言学理论、方法和新的语法理论、方法很少引进,远远落后于现代汉语语法研究的现状。不少论文在论证问题时多少还带有传统训诂学虚词训释的色彩,有用翻译代替语法分析的,有以今律古的,实际上是对语法的系统性和历时变异性缺乏认识。理论和材料是科学研究的两个翅膀,就古汉语语法研究来说,目前是理论这个翅膀太弱,应该大力加强。第二,也有些论文对材料重视不够,根据少数例证就轻易下结论,甚至用的是不可靠的例证。第三,信息不灵,各自为战。其结果是或重复别人的劳动,或研究不深入,结论偏颇。第四,研究的路子有待拓宽。1991年中国语言学会第六届学术年会上,朱德熙先生在书面发言中提出要把"方言语法研究、历史语法研究和标准语语法研究"密切联系起来。王力先生曾多次提出,研究语言学要采取古今中外、兼容并包的态度。这应当是我们努力的方向。

(原载《中国语文研究四十年纪念文集》,
北京语言学院出版社,1993)

先秦汉语构词法的发展[*]

汉语词汇由单音走向复音,这是汉语发展史上的一大变化。从西周开始历代复音词都有增加,构词的方式也由单音造词向复音造词转变。周代就是汉语构词法发生这种重大转变的时期。

一 殷商时代的构词法

(一) 甲骨卜辞中的复音结构

殷商时代的词汇系统和构词法前人很少专门研究。我们以徐中舒主编的《甲骨文字典》作为依据来考察甲骨卜辞的词汇构成情况。《甲骨文字典》共出字头2859个,包括已识字和部分未识字;共出义项3899条,包括专有名词和复音结构的释义,其中不少是"义不明"的。字典所列的不同义项,多数是不同的词,少数是属于一词多义现象。字典的释义难免有误,义项也可能不齐全,但应该承认,字典作者已尽了很大努力,其成果基本上反映了甲骨卜辞词汇研究的现有水平。根据《甲骨文字典》所收近四千个义项来考察,其中所举复音结构不到一百个,卜辞中的复音结构虽未完全收齐,但遗漏已不太多。根据它们表示

---

[*] 本文初稿完成后,承沈培同志帮助核对甲骨文用例。

的内容,大致可分成以下八类:①

1. 神祇的名称:上帝、东母、北巫等。
2. 宗庙、神主的名称:元示、二示、三示、大示、小示、上示、下示、大宗、小宗、黄示、血室等。
3. 宫室的名称:大室、中室、东室、东寝、西寝、公宫等。
4. 方国的名称:人方、北方、大方。
5. 地名:北彔、丘商、丘雷、丘绍、大邑商等。
6. 职官名:多君、多舌、多晨、多尹、多射、多马、多犬、多亚、多老、乍册、小丘臣等。
7. 人名:妇周、妇喜、妇多、妇康、妇宅、妇好、子儒、子伐、子渔、子戈、般庚、伊尹、黄尹、王亥等。
8. 记时的名称:大采、小采、大食、小食、眉日、中日、昃日、郭兮。

略加分析,即可发现这八类复音结构大多是用作专有名称(神名、方国名、地名、人名),又几乎全是偏正结构(有些是大名冠小名的偏正结构,如"丘商"、"妇好")。偏正结构中用作修饰成分的词语范围还很窄,大多是方位词(上、中、下、东、西、北)、数词(二、三)和有限的几个形容词(大、小、多)。两个成分结合,虽然是指称某类或某个具体事物,但是两个成分本身的意义、功能并未发生变化。例如"东母"是和"西母"(《甲骨文字典》未作义项列举)相对的,大约是分指日月之神。《礼记·祭义》:"祭日于东,祭月于西。"这可能是殷人创造这两个神祇名称的理据。又如:"二示"是示壬、示癸两个庙主的合称,"元示"、"大示"、"上示"都是对自上甲始庙至示癸六位直系庙主的统称,"它示"、"小示"、"下示"都是对包括旁系先王的集合庙主的统称。再如:"大食"、"小食"两个记时的名称,是因为古人一日两餐,早晨八点左右进正餐,叫做大食,下午四点左右补充吃一顿,因而叫小食。至于"上帝",这是殷人信奉中权威最高的天神,也单称"帝"。殷人祭祀的对象可分为三类：一是在上的"帝、东母、西母、风、云"等，二是在下的"社、四方、山、川"等，三是先王、先公、先妣、旧臣等人鬼。称"上帝"是与在下的地祇相对而言的，加上殷代后期"帝"又用于先王称号，如"帝甲"、"帝丁"，因此在"帝"前加修饰语"上"有助于区别天神与人王。总之，卜辞中的复音结构，包括《甲骨文字典》未列举的，如以干支组合起来纪日（甲子、乙丑）的联合结构，都还是词组，而不宜看作复音词。即使有些组合，如"上帝"，在周代以后是复音词，但是在殷商时代的词汇系统中还只能看作词组，最多也只能说是"短语词"。我们知道，事物的名称固然常常是以词来表示，但是也可以用词组来表示。例如："中华人民共和国"、"中国人民政治协商会议全国委员会"是现代的专有名称，"集贤殿书院侍讲学士"、"礼部侍郎提督浙江全省学政"是唐代、清代的官职全称，都很难看作一个复音词。甲骨卜辞中用作名称的复音结构与之相似，因此，甲骨文时代的语言可以说还是一种单音节语，只有单音节的词。

（二）甲骨卜辞的构词法

单音节语言要创造新词，只可能有两种方式：一种是通过词义引申分化出新词，可以叫做词义构词；另一种是通过音节中音素的变化构造意义有联系的新词，可以叫做音变构词。考察殷商时代卜辞的词汇，不外这两种构词方式。

（甲）词义构词举例

（1）田

在甲骨卜辞中"田"有田猎义，又有农田义。例如：

壬子卜，贞：王其田，亡灾？（合,33530）

大令众人曰:协田,其受年?(合,1)

《说文》以为"田"的字形象农田阡陌之制,本义是种植谷物,这是不确的。人类社会是从采集时代到渔猎时代,再经过畜牧时代到农耕时代的。"田"这个词本来是表示田猎的,到了农耕时代人们在先前田猎的区域进行种植,"田"引申出农田义,分化出一个新词。

(2) 帝

在甲骨卜辞中"帝"有禘祭、上帝、死去的帝王三个意义。例如:

丙辰卜,㕞贞:帝于岳。(遗,846)
今二月,帝令雨。(铁,123·1)
乙卯卜,其又岁于帝丁一牢?(南辅,62)

甲骨文中的"帝"字象架木或束木以燔之形,本是表示禘祭,初为祭天神之义,是动词。由祭祀天神而转指祭祀的对象——权威最高的上帝,再引申指人间权威最高的帝王。分化为三个词,后代加示旁,造了一个"禘"字作为禘祭的专用字。

(3) 乡

在甲文中"乡"有宴飨、飨祀、面向三个意义。例如:

甲寅卜,彭贞:其乡多子。(甲,2734)
庚子王乡于祖辛。(文,293)
于西方东乡。(粹,1252)

甲骨文"乡"字象二人相向共食之形,本义是宴飨。拿食物招待客人是宴飨,拿食物供奉祖先是飨祀。二者是近引申,可以算一词多义,也可以算两个同源词。面向义是由宴飨时相向共食这一特性引申而来的。宴飨、飨祀义后来作"飨",面向义后来作"嚮",二字在《广韵》中声音有上、去之别,但在甲骨文中字形无别,去声后起,甲骨文中声音可能相同,因此"乡"由宴飨义引申为面向义是词义造词。

（4）日

在甲骨卜辞中"日"既指天体太阳,又作纪时的名称,指一天,还指白天,与夕相对。例如：

庚子贞：日又炽,告于河。(存,1·1941)
戊戌卜：永贞：今日其夕风？(合,13338)
丙寅卜：日风,不祸？(粹,1417)

三个义项引申线索明确,是一词多义还是同源词,可能看法有分歧。不过三者指称的客观事物范畴不同,特别是一义同二、三两义差别更大,以看作不同的词为宜。

（5）又

在甲骨文中"又"用作方位名称,与"左"相对,还有佑助、保佑义。例如：

丁酉贞：王作三师——又、中、左。(粹,597)
甲辰卜,争贞：我伐马方,帝受我又？(乙,5408)

甲骨文中"又"字象右手之形。《说文》："又,手也,象形。三指者,手之列多,略不过三也。"据《说文》"又"的本义应是指称右手,甲骨文中未见此义,但先秦典籍中多用之,写作"右"。例如："左并辔,右援枹而鼓。"(《左传·成公二年》)《说文·又部》："右,手口相助也。"又《口部》

重出:"右,助也。""右"本是佑助义的用字,由于用作方位名称,于是再造一"佑"字表示佑助义。"右"、"佑"都是"又"的后起分别字,后来还特造一个从示右声的字专指神的保佑。"又"的右手、右边、佑助、保佑等义是词义引申所分化出的新词,甲骨文中已经分化,不过还没有创造专用字。

(6) 生

在甲骨卜辞中"生"有生育、活的、将要到来的等义。例如:

辛已贞:其䅖生于妣庚妣丙。(合,34081)
其获生鹿?(粹,951)
兹月至生月又大雨?(合,29995)

《说文》:"生,进也。象草木生出土上。"甲骨文"生"字正象草木长出地面之形,本义当是生长。引申为生育、活的二义,是词义构词。"生月"是下一个月,即将要生长出来的一个月,也是由生长引申分化出的新词,"生"的这一用法周代以后消亡了。

(乙)音变构词举例

(1) 狩、畜

甲骨文中有"狩"字,义为田猎;有"畜"字,义为豢养。例如:

之日狩,允禽。(合,10198)
王畜马在兹厩。(合,29415)

人类社会由渔猎时代转向畜牧时代,也就是把狩猎所获得的野兽豢养起来。狩猎有所获,畜养也有所获,二者在意义上是有联系的。在《诗经》音系中"狩"是书母幽部[*çǐəu],"畜"是晓母觉部[*xǐəuk],为阴入对转。二字音近义通,"畜"是"狩"通过音变构造的新词。

(2) 玉、珏

甲骨文中"玉"既是礼品货币,也作祭品,"珏"是一对玉。《说文》:"二玉相合为一珏。"例如:

> 戊戌卜,争贞:王归,奏玉,其伐?(合,6016 正)
> 癸酉,贞:帝五玉,其三小牢?(通,468)
> 五人卯五牛于二珏。(乙,7645)

在《诗经》音系中"玉"是疑母屋部[*ŋǐwǒk],"珏"是见母屋部[*keǒk]。二字音义俱近,是同源词,"珏"是"玉"通过音变构造的新词。

(3) 见、观

甲骨文中有"见"、"观"二字。"见"用作看见、谒见等义,"观"义为观看。例如:

> 余见它在之。(通 434)
> 己未卜,壳贞:岳其来见王? 一月。(合,301)
> 庚子卜,贞:王其观耤,惠往?(后下,28·16)

在《诗经》音系中"见"[*kian]"观"[*kuan]都是见母元部,二字只有介音的区别,音义俱近,是通过音变构造的同源词。

(4) 史、事

甲骨卜辞中"史"、"事"同形,是一个字。用作"史"是官职名,用作"事"是事物、事情义。例如:

>其乎北御史,卫。(甲,1636)
>丁亥史其酒告[于]南室。(续,2·6·3)
>贞:勿立史(事)于南。(明,2324)
>乙亥卜:生四月妹有史(事)? 弗及今三月有史(事)。(通·别一·新17)

史官在商代地位较高,或主持祭祀,或记事,或为使臣。总之,"史"是为王治事的人,在意义上与"事"有关系。在《诗经》音系中,"史"是山母之部[$^*ʃĭə$],"事"是崇母之部[$^*dʒĭə$]。二字音近义通,是通过音变构造的同源词。有的甲骨学者对某些官名释作"吏",如"东史"释作"东吏"。"吏"是来母之部[$^*lĭə$],与"事"也是叠韵关系,仍然是音变造词。如果承认上古以前有复辅音,"史"、"吏"的音义关系更加紧密,原本同音[$^*ʃlĭə$],是一个词,分化为"史"[$^*ʃĭə$]和"吏"[$^*lĭə$],意义也有所分化。

二 周代构词法的发展

(一) 单音节构词法在周代的延续

西周以后,词义构词和单音节的音变构词仍是汉语中一种很能产的构词方式。例如:

(1) 道

"道"字始见于西周金文,在先秦有多种意义。本义是道路,引申义有途径、方法;道理、规律;好的政治措施、政治局面;思想、学说;述说等。例如:

>封于眉道,封于原道。(散盘)

交邻国有道乎?(《孟子·梁惠王上》)
臣之所好者,道也。(《庄子·养生主》)
邦有道则仕,邦无道则隐。(《论语·卫灵公》)
吾道一以贯之。(《论语·里仁》)
《诗》以道志,《书》以道事。(《庄子·天下》)

后面五个意义都是由本义道路引申而来的,虽然同用一个"道"字,但是意义之间相距颇远,是通过词义构词方式构造的同源词。

(2) 伤、惕、殇

这三个字不见于甲骨金文,都收在《说文》内。《说文》:"伤,创也。"即创伤。又:"惕,忧也。"即忧伤。又:"殇,不成人也。"即夭殇。先秦典籍中都有用例,不过忧伤义今本多作"伤"。例如:

曰:"伤人乎?"不问马。(《论语·乡党》)
维以不永伤?(《诗经·周南·卷耳》)
十一至八岁为下殇。(《仪礼·丧服》)

三字同音,义亦相通,是通过词义构词方式构造的同源词。

(3) 获、穫

"获"是猎获,在甲骨卜辞中是常用词,写作"隻";"穫"是收获、收割,不见于甲骨金文,在先秦典籍中常用。例如:

己未卜,亘贞:逐豕,隻(获)?(合,10228)
八月剥枣,十月穫稻。(《诗经·豳风·七月》)

在《诗经》音系中,"获"是匣母铎部合口二等[*ɣoăk],"穫"是匣母铎部合口一等[*ɣuăk]。二字只有介音的细微差别。捕取猎物是"获",割取谷物是"穫"。义亦相近。因此,"穫"是周代通过音变方式而创造的新词。

（4）枯、涸、竭、渴、歇

草木缺水为"枯",江河缺水为"涸",为"竭",人缺水欲饮为"渴",少力欲息为"歇"。五字都未见于甲骨金文,却都出现在先秦典籍中。例如：

> 行冬令,则草木蚤枯。(《礼记·月令》)
> 仲秋之月……水始涸。(《礼记·月令》)
> 昔伊洛竭而夏亡。(《国语·周语上》)
> 君子于役,苟无饥渴？(《诗经·王风·君子于役》)
> 神无以灵,将恐歇。(《老子·三十四章》)

这五个字不但意义相通,古音也相近：枯[*k'ɑ],涸[*ɣăk],竭[*gĭăt],渴[*k'ăt],歇[*xĭăt]。"枯"和"涸"是鱼铎对转,"涸"同"竭、渴、歇"是铎月旁转。五字是通过音变方式构造的同源词。

我们以王力先生的《同源字典》为依据进行考察,其中音同音近的同源词,能肯定在甲骨文时代已经出现的极其个别,大多可以推断是出现在西周以后,因此我们认为词义构词和单音节的音变构词仍是周代重要的构词方式。两汉以后单音构词法虽然日渐衰亡,但是单音词是汉语词汇的核心,词义引申分化出新词始终是新词构成的方式之一,只是比例越来越小。

（二）周代汉语的复音化和复音构词法

周代是中国社会大变动的时期。生产发展远远超过商代,社会生活日益纷繁复杂,文化繁荣,思想活跃,形成了百花齐放、百家争鸣的华夏文化的黄金时代——春秋战国时代。从生产、生活到人们的思想认识都发生了巨变,各方面都需要大量的新词来表达新事物、新思想,仅凭单音构词方式已不能满足社会的需要。因为词义构词是分化出同音的新词,在语言系统中同音词过多是不利于交际的。单音节的音变构词也有限度,因为语音系统虽可由简趋繁,增加音节数量,但是不能无限制地增加。据我们考察,周代的音节数目比商代多了一倍以上,②其语音系统已经发展到十分繁复的局面。即使如此,新词的大量增加,仍将无法避免同音词过多的现象。加以音变构词还受到音义相联的限制,削弱了它的构词能力。因此,突破单音的格局、变革构词方式的动力,必然要在汉语内部形成。周代成了复音化迅猛发展的第一个时期,这是汉语适应社会激剧变化所决定的。

复音化的方式有二:一是双音节的音变构词法,二是结构构词法。

(甲)双音节的音变构词法

双音节的音变构词是单音节音变构词的扩展,是把音节内部的音素变化转向两个音节之间的同音重叠和异音连绵。这是周代的新构词方式,也是能产的方式。它造成了先秦词汇的特色之一——叠音词和双声叠韵联绵词十分丰富。

1.叠音构词法

把两个完全同音的音节重叠起来,构成叠音词,这是双音节音变构词中的一大类。叠音词一般是状态形容词,或模拟自然的声音,或描绘自然的状态。《诗经》有叠音词353个③,是先秦叠音词用得最多的典籍,我们用作考察的依据。例如:

伐木丁丁,鸟鸣嘤嘤。(《小雅·伐木》)

> 彼都人士,狐裘黄黄。(《小雅·都人士》)
> 今我来思,雨雪霏霏。(《小雅·采薇》)
> 桃之夭夭,灼灼其华。(《周南·桃夭》)

"丁丁、嘤嘤"是拟音,"黄黄、霏霏、夭夭、灼灼"是绘景,都是状态形容词。一般认为叠音词只是两个音节的重叠,同单字的意义没有联系,其实不然,应该分成两种情况。一种情况是像"丁丁、嘤嘤",只是拟音,纯粹是两个音节的重叠。另一种情况是叠音词和构成它的单音节有意义联系。例如《都人士》的"黄黄",《郑笺》:"冬则衣狐裘黄黄然,取温裕而已。"《集传》:"黄黄,狐裘色也。""黄"是表事物的颜色,重在定性,是性质形容词;"黄黄"是描绘事物的状态,重在绘景,是状态形容词。由单音的性质形容词"黄"重叠后变成描绘事物状态的状态形容词"黄黄",二者的意义是有联系的。"黄黄"就等于现代汉语的"黄灿灿"或"黄澄澄",它与单音形容词"黄"的意义既有区别,又有联系。再如"霏霏",是描写雨雪纷飞或云气飘荡的状态,字形也有作"雨"下加"飞"的,我们认为,它应是动词"飞"重叠而成的状态形容词,用来描绘事物纷飞之状。又如"夭夭",它是描绘事物壮盛柔美的状态,《毛传》:"夭夭,其少壮也"。《正义》:"夭夭言桃之少"。单音词"夭"就有少壮义,《国语·鲁语》:"泽不伐夭"。《韦注》:"草木未成曰夭"。这也是单音的性质形容词"夭"重叠后转为状态形容词的。至于"灼灼",它是描绘事物明亮、鲜明的状态,也应是动词"灼"重叠而成的状态形容词。

全面考察《诗经》的 353 个叠音词,全是状态形容词。其中模拟声音的有 49 个,描绘景状的有 308 个,有 4 个叠音词(将将、简简、钦钦、雍雍)既用于拟声,又用于绘景。不过有的虽然书写形式不同,其实是一个词。例如:祁祁和祈祈,晏晏和燕燕,连连和涟涟,绎绎和驿驿。进行合并后,《诗经》中的叠音词少说也在三百以上。这样大数量叠音词的功能作用如此一致,反映了社会发展亟须一种状态形容词来完善语言的交际活动,而叠音构词法正适应了这一客观需要。从《诗经》的叠音词来看,拟声的叠音词一般都是单纯声音的重叠,而绘景的叠音词多与单音节语素的意义有关,不过因为字形的掩盖,有的绘景叠音词一时难以看出其意义联系罢了。

其他先秦典籍中的叠音词大都与《诗经》的情况相似,多是拟声绘色的状态形容词。至于"燕燕于飞"(《诗经·北风·燕燕》)中的"燕燕"只是名词叠用的形式,并未构成复音词。战国以后,出现了少数叠音名词。例如《吕氏春秋·本味》:"肉之美者,猩猩之唇,獾獾之炙"。"猩猩"为兽名,"獾獾"为鸟名(《山海经·南山经》作"灌灌")。《山海经·西山经》还有叠音的鸟名"罗罗"、"蛮蛮",《尔雅·释兽》有兽名"狒狒"。这些叠音名词的来源尚不清楚,不一定是音变构词造成的。

2. 异音联绵构词法

把两个音素不同的音节组合成联绵词,这是双音节音变构词中的又一大类。联绵词虽有两个音节,一般却不能再拆开来理解,是只有一个语素的单纯复音词。至于那些由同义语素构成的复合词,例如"宁静",两个音节之间虽有语音联系,却不能视作音变构成的联绵词。联绵词根据两个音节异同的情况不同,又可以分为双声兼叠韵联绵词、双声联绵词、叠韵联绵词和非双声叠韵联绵词四类。我们仍以《诗经》作为考察依据。《诗经》共有异音联绵词84个,④分别列举如下:

(1) 双声兼叠韵联绵词9个。例如:

绵蛮[*miǎn mean](《小雅·绵蛮》:"绵蛮黄鸟。"《毛传》:"绵蛮,小鸟貌。")

辗转[*tiǎn tiwan](《周南·关雎》:"辗转反侧。"《鲁说》:"辗转,不寐貌。")

其他还有:燕婉、契阔、间关、蔽芾、缱绻等。

（2）双声联绵词21个,其中有的除声母相同外,韵部也比较接近。例如:

栗烈[*liět liǎt]（《豳风·七月》:"二之日栗烈"。《毛传》:"栗烈,寒气也。"）

踟蹰[*dǐe dǐwo]（《邶风·静女》:"搔首踟蹰。"）

其他还有:葡萄、黾勉、荟蔚、参差、荏染、拮据、玄黄、邂逅、游衍、鸳鸯、流离、蟏蛸、伊威、町疃等。

（3）叠韵联绵词35个,其中有的除韵部相同外,声母也相近。例如:

蟋蟀[*sǐět ʃǐět]（《豳风·七月》:"十月蟋蟀入我床下。"）

婆娑[*bua sa]（《陈风·东门之枌》:"婆娑其下。"《毛传》:"婆娑,舞也。"）

其他还有:优游、绸缪、逍遥、虺聩、窈纠、猗傩、伴奂、判涣、畔援、鞅掌、仓兄、虚邪、差池、忧受、夭绍;仓庚、蜉蝣、勺药、菡萏、蜾蠃、扶苏、崔嵬、沮洳、螺蠃、椒聊、於乎、猗嗟等。

（4）非双声叠韵联绵词19个,其中大多在韵部方面有一定联系,或旁转,或对转,或旁对转,是一种宽松的叠韵关系。真正声、韵都相差很远的联绵词是极少的。例如:

窈窕[*iəu diau]（《周南·关雎》:"窈窕淑女,君子好逑。"）

岂弟[*k'əi diei]（《大雅·旱麓》:"岂弟君子,求福不同。"）

苌楚[*dǐaŋ tʃ'ia]（《桧风·隰有苌楚》："隰有苌楚,猗傩其枝。"）
滂沱[*p'aŋ da]（《陈风·泽陂》："寤寐无为,涕泗滂沱。"）
梧桐[*ŋɑ doŋ]（《大雅·卷阿》："梧桐生矣,于彼朝阳。"）

"窈窕"是幽宵旁转,"岂弟"是脂微旁转（不分脂微,则同属一部）,"苌楚"是鱼阳对转,"滂沱"是歌阳旁对转。只有"梧桐"声韵都相距很远,是否音变构成的联绵词,已值得怀疑。其他还有：委蛇、委佗、倭迟、蒙戎；权与、脊令、驺虞、常棣、戚施、歇骄、熠耀；噫嘻、猗与、于嗟。

异音联绵构造的联绵词除状态形容词外,还有名词和叹词,《诗经》的84个异音联绵词中就有名词32个,⑤叹词5个。这是异音联绵构词同叠音构词的不同之处,也是汉语复音化向前推进的具体表现,即复音化由状态形容词向名词、叹词扩展。

(乙) 结构构词法

双音节的音变构词虽然有助于新词的大量增加,但是由于语音条件的限制,也带有很大的局限性,仍难满足社会对语言反映新事物、新思想、新认识的需要,于是由音变构词向结构构词转轨成了必然趋势。采用语词组合方式把两个或两个以上的语素组合起来,代表一个概念,构成新词,这种结构构词法是最简便的构词方式,也是最能产的构词方式。这样构成的词是复合词。复合词同词组不容易区分,尤其是对古代语言,很难用扩展法、转换法来鉴别,更无语音识别条件,我们只能以意义为主结合语词搭配、出现频率等多方面因素来确定它是不是词,因此必须十分谨慎,宁严勿滥。不过词和非词不易区分是对那些介于复合词和词组之间的具体复音组合来说的,并非所有复音组合都难区分。殷商甲骨卜辞同西周金文中的复音组合有明显差异,这是不难鉴别的。因此,从构词法发展的角度来考虑,不存在太大困难。周代复合词的构造方式主要是联合式、偏正式和附加式,也有少数采取支配式构造的复合词。

1. 联合式构词法

把两个意义相类或相反的语素联合在一起,形成一个整体,表示一个新的意义。这就是联合式构词法,它是先秦复合词最能产的构词方式。联合式构成的复合词,不但有名词,也有动词、形容词。根据组成语素的词性不同,分别举例如下:

(1) 名+名→名词

与朋友交而不信乎?(《论语·学而》)
士之失位也犹诸侯之失国家也。(《孟子·滕文公下》)

(2) 动+动→名词

圣人恶疾病,不恶危难。(《墨子·小取》)
行旅皆欲出于王之涂。(《孟子·梁惠王上》)

(3) 形+形→名词

故旧不遗,则民不偷。(《论语·泰伯》)
知好色,则慕少艾。(《孟子·万章上》)

(4) 动+动→动词

未见君子,我心伤悲。(《诗经·召南·草虫》)
上下和睦,周旋不逆。(《左传·成公十六年》)

(5) 形+形→形容词

　　入其疆,土地荒芜。(《孟子·告子下》)
　　吾独穷困乎此时也。(《楚辞·离骚》)

这些复合词的语素都可以单独成词,但是组合后的意义不是语素意义简单相加,而是构成了一个更概括更抽象的意义。例如"朋友",虽然旧注称"同门为朋,同志为友",但是二者很难截然分开,不仅在交往的人中往往有既同门又同志的人,而且交际有时并不需要区分开这两种关系,而是需要一个意义更概括的词。类义连用的复合词正是适应了语言的这一需要。又如"国家",在周代诸侯的封地叫"国",大夫的封地叫"家",最初"国家"连用当是兼举诸侯、大夫的封地,还是词组。但是东周以后,分封的制度日渐崩溃,"陪臣执国命","国"与"家"的区分已渐泯灭,"国家"连用,常常只指诸侯的封地,已凝固成词。在联合式中,谓词性语素组合成的复合词远比名词性语素组合成的复合词多,这是由于谓词的语义比名词更具有模糊性特点所决定的。例如"疾"和"病"都指生病,但有轻重之分,然而轻重的界限是模糊的,"疾病"连用,泛指一切病痛,已不考虑轻重之分。"伤"和"悲"、"荒"和"芜"、"穷"和"困"都存在界限模糊的特点,这正是一种"析言则异,浑言则同"的现象,也是谓词性联合语素比名词性联合语素容易凝固成词的原因。

2. 偏正式构词法

把两个具有偏正关系的语素组合起来,构成一个整体,组合后的意义不是两个语素意义的简单相加,而是表示一个新的概念。这就是偏正式构词法,它也是先秦复合词的主要构成方式之一。在先秦偏正式构成的复合词一般是名词。根据组成语素的词性不同,分别

举例如下:

(1) 名+名→名词

惜乎!夫子之说君子也。(《论语·颜渊》)
门人治任将归。(《孟子·滕文公上》)

(2) 形+名→名词

小人比而不周。(《论语·为政》)
宜大夫庶士,邦国是有。(《诗经·鲁颂·閟宫》)

(3) 动+名→名词

采采卷耳,不盈顷筐。(《诗经·周南·卷耳》)
诸侯放恣,处士横议。(《孟子·滕文公下》)

(4) 数+名→名词

惠此中国,以绥四方。(《诗经·大雅·民劳》)
百姓足,君孰与不足?(《论语·颜渊》)

(5) 形+动→名词

后生可畏,焉知来者之不如今也。(《论语·乡党》)
丘请为先生往说之。(《庄子·盗跖》)

(6) 形+动→动词

> 为命,裨谌草创之。(《论语·宪问》)

偏正式复合词大多是以名词性语素为中心成分的定中式,前面的修饰成分可以是名词性语素,也可以是形容词、数词性的语素,动词性语素很少。以动词性语素为中心成分的状中式极少,状中式的复合词,有名词,如"先生"、"后生",也有个别的动词,如"草创"。

对先秦偏正式复合词的认定分歧较大。周法高《中国古代语法·构词编》分析《诗经》的偏正式二字组合,只认定了三十几个复合词。这是采取从严的标准,我们是赞同的。汉语复合词往往有一个由词组凝固成词的过程,周代是汉语复音化的初始阶段,有些后代是复合词的偏正式组合在先秦还是词组性质,这是我们在考察先秦复合词时所要留意的。

3. 附加式构词法

把两个语素组合起来,一个是词根,一个是附加成分。这就是附加式构词法。先秦可靠的构词附加成分,词头只有一个"有",词尾只有"然"、"尔"、"如"、"若"。例如:

> 有夏多罪,天命殛之。(《尚书·汤誓》)
> 有北不受,投畀有昊。(《诗经·小雅·巷伯》)
> 天油然作云,沛然下雨,则苗勃然兴之矣。(《孟子·梁惠王上》)
> 子路率尔而对。(《论语·先进》)
> 乘马班如。(《周易·屯》)
> 桑之未落,其叶沃若。(《诗经·卫风·氓》)

"有"常加在国名、地名或部落名前面,也加在某些普通名词前面,是一个名词词头。甲骨文中也偶或出现类似的"有"字,其来源尚待探讨,从整个系统出发,我们未看作复音语素。"然"是附加式构词法中构词能力最强的词尾,"尔"可能是"然"的方言变体,构成的复合词比"然"少得多。"如"和"若"也可能是一个语素的两种变体,使用频率比"然"低,比"尔"高。它们都是构成状态形容词的词尾,是一种取代叠音词的构词方式。

4. 支配式构词法

支配式构词法是把两个语素组合起来,一个语素支配另一个语素,即通常所说的动宾式。例如:

> 子耳为司空,子孔为司徒。(《左传·襄公十年》)
> 岂将军食之而有不足?(《左传·昭公二十八年》)
> 睆彼牵牛,不以服箱。(《诗经·小雅·大东》)
> 有匪君子,充耳琇莹。(《诗经·卫风·淇奥》)

支配式构成的复合词,不但先秦很少,后代也不多,它不是能产的构词方式。支配式复合词大多是官职名称,个别支配式复合词指称别的事物,如"牵牛"是星宿名,"充耳"是耳坠名。这种支配式的官职名称,早在甲骨文中就已出现,例如"乍册"、"御史",可是我们没有把它们认作复音词;只是到了西周以后,语言系统中有了各种类型的复音名词、复音动词和复音形容词,这种支配式的官职名称才取得了复音词的地位。

至于补充式(动补结构)的组合在先秦往往是词组而不是词,中古以后才有一些动补结构凝固成词。表述式(主谓结构)构成的复合词古今都很少,"屋漏"(《诗经·大雅·抑》)大概是先秦少有的表述式复合词中的一个。

（三）复音构词法产生的时代

周代构词法有很大发展，最大的变化是复音构词方式的产生，到春秋战国时期各种复音构词法达到了相当完备的程度，已如上述，那么复音构词法到底产生于何时呢？有关这方面的研究还不多。我们考察了马承源主编的《商周青铜器铭文选》所收的512件西周铜器铭文的复音结构，现将这些铭文中出现的复音词情况综述如下：

（1）叠音词：西周铭文中有叠音词13个，出现最早的是"晏晏$_1$"⑥，见于康王时的沈子也簋。其他还有：穆穆$_7$、桓桓$_3$、宪宪$_1$、异异$_1$等。

（2）双声词：西周铭文中双声联绵词仅有"觬许$_1$"一词，见于西周晚期宣王时的毛公鼎。

（3）叠韵词：西周铭文中叠韵联绵词也只发现"乌呼$_{11}$"一个，始见于成王时的何尊。

（4）联合式复合词：西周铭文中有联合式复合词43个。出现最早的是"丕显$_{65}$"，始见于武王时的天亡簋，又有"征伐"，见于成王时的器铭，还是"奔走$_7$"，始见于康王时的大盂鼎。此外还有：京师$_6$、行道$_1$、土田$_1$、疆土$_1$、朋友$_6$、左右$_1$、仆庸$_1$、爪牙$_1$、辟侯$_3$、辟君$_1$、辟王$_1$、昧爽$_2$、昧晨$_1$；来格、死亡$_1$、刺伐$_1$、逊遁$_1$、婚媾$_2$、恐惧$_1$、佐佑$_2$、经维$_1$；宁静$_1$、康静、静幽$_1$、舒迟$_1$、恭纯$_2$、威仪$_4$、明哲$_1$、淑哲$_1$、康娱$_2$、暴虐$_1$、寿考$_1$等。

（5）偏正式复合词：西周铭文中有偏正式复合词38个。出现最早的是"上帝$_4$"、"天室$_1$"，见于武王时的天亡簋，成王时的何尊中有"小子$_{26}$"、"中国$_1$"。此外还有：天子$_{117}$、皇王$_1$、太子$_2$、公子$_1$、圣人$_1$、者（诸）侯$_4$、百工$_7$、百生（姓）$_8$、庶人$_3$、庶民$_1$、皇天$_1$、皇宗$_1$、宗周$_{18}$、四方$_{21}$、眉寿$_{47}$；大室$_{43}$、宗室$_7$、京室$_1$、大宫$_1$、大庙$_1$、宗庙$_1$、宣射$_2$、大池$_2$；大师$_{11}$、大保$_7$、大史$_5$、大宰$_2$、卿士$_9$、师氏$_9$、保氏$_1$、善夫$_9$、史正$_1$、邦司$_1$等。其中宫室宗庙名称9个,官名10个,占了偏正式复合词的一半。

（6）支配式复合词:西周铭文中有支配式复合词9个。武王时利簋中的"又(有)事$_1$"出现最早,成王时的铜器铭文中有"司土(徒)$_{19}$"、乍册$_{24}$。此外还有:有司$_{14}$、司马$_{14}$、司工$_{10}$、司寇$_6$、走马$_5$。全是官名。

（7）附加式复合词:西周铭文中的附加式复合词只有一个"有周$_4$",始见于康王时的邢侯簋。

西周铜器铭文的资料说明,除双声联绵词外,其他类型的复音词在西周早期的成康时代都已出现。双声联绵词的用例虽然只见于西周晚期宣王时的毛公鼎,但是并不能说明这种构词方式到西周晚期才产生。我们知道,铜器铭文的内容比较单一,文体要求庄重简练,状态形容词一般使用较少,因而造成了早期铜器铭文中未出现双声联绵词。按照常理,双声构词方式应该是与叠韵构词方式同时产生的,既然叠韵构词法在西周早期已经产生,那么双声构词法绝不应该比它晚出两个世纪以上。

分析西周铭文的各类复音词,无疑会使人感到铭文中的支配式复合词和不少偏正式复合词还难以同甲骨刻辞中的复音结构截然分开。比如偏正式的"上帝"、"大室"和支配式的"乍册"在甲骨卜辞中就有了。西周铭文中支配式复合词全是官职名称,偏正式也多是官职或处所名称,这也是跟甲骨卜辞的复音结构类似的。为什么在甲骨卜辞中我们把这些都看作词组,而在周代以后却又认定为词呢？这并非它们自身在不同时代有了很大不同,而是因为语言的词汇系统起了很大变化。在甲骨卜辞中,除了这些复音结构外,没有别的复音词,它们是处在单音节语言的词汇系统中,因而是词组的性质。在西周铭文中,已有大量其他的复音词,加以这种结构形式经过了几百年,凝固的程度也高了一些,因而可以认定是词。

西周汉语已开始向复音化过渡,这是无可怀疑的。但是如果同春秋战国时代相比,西周的复音词不仅数量少,而且范围也窄得多。当然,铜器铭文的资料不可能反映西周时期复音词的全貌,但是只要考察《诗经》、《左传》和战国诸子的词汇,必然将感受到复音词迅速增加这一事实。不少论著指出春秋战国时期复音词已占全部词汇的20%以上,这是可信的。复音化是随着时间的推移而向前发展的,但复音构词的各种方式却是西周前期就已具备。从构词法发展的角度来看,春秋战国时的新变化只是复音构词法的各种形式更完备和结构构词已成了汉语构造新词的主要方式。

我们分析研究了殷商甲骨卜辞、西周铜器铭文、《诗经》兼及战国诸子的复音组合后,并参考了前人和时贤的研究成果,对先秦各阶段构词法的状况和发展作了如上的初步论述。综合起来,可概括为以下几点:

(1)殷商时代语言的词汇系统本质上是单音节的,少数复音结构应该是词组而不是词。

(2)殷商时代的构词方式有二:一是通过词义引申分化出新词,即词义构词法;二是通过音节内部音素变化构造新词,即单音节的音变构词法。

(3)周代复音化现象十分明显,复音化的构词方式有两大类:一是多种形式的双音节的音变构词,二是多种形式的结构构词。复音化的各种构词法萌芽于西周早期,完备于春秋战国。

(4)春秋战国时期复音词的数量增加很大,成为汉语复音化迅速发展的第一个时期,此后结构构词成了汉语构词的主要方式。

附　注

① 为了排版印刷的方便,本文引用卜辞、铭文时,一律采取宽式,冷僻字用后起字或通假字代替。

② 参见拙著《殷商音系初探》(载《北京大学学报》1988.6)。

③ 我们的统计以字形为准,不同书写形式算不同的词。又《大雅·公刘》

中的"处处、言言、语语"和《周颂·有客》中的"宿宿、信信"也看作叠音状态形容词,由动词语素重叠而成。本文对复音词的考察统计是以个人的认识为准,因此各类统计数字同某些论著有或大或小的出入。

④ 有些被看作联绵词的复音组合,如"蒹葭"、"雎鸠"、"桑扈"等,是本文不收的。因为"蒹葭"在古注中被认为是两种同类的植物,"雎鸠"、"桑扈"等虽然语源莫考,但是它们的两个音节之间没有语音联系,都不宜看作音变构成的联绵词。至于:"玁狁"、"昆吾"等外族名,很可能是音译词,更不应看作音变构成的联绵词。

⑤ 有的可能是由状态形容词转作名词的,如:流离、熠耀。

⑥ 复音词右下数字为所考察的 512 件铜器铭文的总使用次数。

参考文献

徐中舒主编:《甲骨文字典》(四川辞书出版社,1990)。
马承源主编:《商周青铜器铭文选》(文物出版社,1988)。
周法高:《中国古代语法·构词编》(台联国风出版社,1972)。
管燮初:《西周金文语法研究》(商务印书馆,1981)。
向熹:《诗经语言研究》(四川人民出版社,1987)。
马真:《先秦复音词初探》(北京大学学报,1980.5)。
程湘清:《先秦双音词研究》(载《先秦汉语研究》,山东教育出版社,1982)。

(原载《第一届国际先秦汉语语法研讨会论文集》,
岳麓书社,1994)

远古汉语的句法结构*

远古时期甲骨刻辞的句法结构已经相当复杂,句式已经相当完备,初步具备了汉语句法系统的基本特点和格局。概括起来有四点:

(一)汉语主要是用虚词和词序来表现自己的造句规则、语法范畴和句型变化的;

(二)汉语句子的基本格局是主语在前,谓语在后,宾语在动词之后,被修饰语在修饰语之后;

(三)句子不一定要有主语、谓语,非主谓句很多;

(四)谓语不一定要由动词担任,形容词、名词都能作谓语。

甲骨刻辞的句法结构体现了这四个基本特点。下面将从多角度、多方面来考察甲骨刻辞的句法结构。

一、谓语不同的句式

句子可以从多种角度分类,根据谓语的性质分类是最重要的一种分类。从谓语的性质分,甲骨刻辞的句子可以分为动词谓语句、形容词谓语句和名词谓语句。(下文引用卜辞时,释文一般用宽式,为了便于印刷,有些字选用形体略近的字代替。)

---

* 《古汉语研究》要出《纪念周秉钧先生专辑》,特将八十年代的讲稿《汉语语法史纲要》中的一节整理出来,以表示我对周先生的深切悼念。

（一）动词谓语句

①癸卯卜，殻贞：旬亡祸？（合，6057）
②贞：今七月王入于商。（通，752）
③王征邛方。（合6322）
④己未卜，亘贞：逐豕，获？（合，10228）

有的是及物动词，带宾语，如："亡（无）"、"征"、"逐"；有的是不及物动词，不带宾语，如"卜"、"贞"、"入"。

（二）形容词谓语句

①东土受年，［吉］。南土受年，吉。西土受年，吉。北土受年，吉。（合，36975）
②己卯卜，贞：王今夕宁？（通，799）
③壬子卜，㠯子晦？壬子卜，㠯子不其晦？允不。（甲，3000）

甲骨刻辞中形容词数量较少，不及物动词同形容词的界限又不是十分清楚的。"吉"、"宁"、"晦"只从意义来考虑，当然是形容词，如果从整个词汇——语法范畴来考虑，就还是一个有待深入研究的问题；因此甲骨刻辞中应否分立形容词谓语句并非毫无疑问。

（三）名词谓语句

①酒二升一卣。（续，1·40·5）
②唯王六祀彡日（佚，518）
③惠贝十朋。（甲，777）

甲骨刻辞中，名词作谓语大都要与数词结合，构成形容性的词组。它作谓语时,整个句子从语法意义上来看是一种描写句;不像周秦时代,名词作谓语一般是构成判断句。

甲骨刻辞中有的用例,从形式上看,谓语是单个的名词,从语法意义上看,似乎也是判断句。例如:

①王占曰:丁雨,不惠辛。(合14138)
②惠王往?勿唯王往?惠王?勿唯?(合,7352)
③王占曰:吉,灾?唯甲,不惠丁?(合,248反)

例①"辛"是天干名,代表"辛"这一天,前加否定副词"不"和语气副词"惠",全句是否定会在辛这一天下雨,与"丁雨"相对,显然是省略了谓语动词"雨"。例②"惠王"与上面的"惠王往"相对,也是省略了谓语动词"往","勿唯"后更把句子的主要部分"王往"全都省略了。例③"吉,灾"是正反对占,"唯甲"、"不惠丁"也是省略了谓语动词。

按谓语的性质分类,除了着眼于谓语的组织形式(即用什么词类作谓语),分成动词谓语句、形容词谓语句、名词谓语句外;还有另一种分类法,即着眼于谓语所表示的语法意义来分类,又可以分成叙述句、描写句、判断句。两种分类方法基本上是重合的,用动词作谓语的是叙述句,用形容词作谓语的是描写句,用名词作谓语的是判断句。但是也有某些交叉,例如前面所举数名结合的名词性谓语句是描写句,而不是判断句。又如:

东方曰析风曰劦,南方曰因风曰凯。(合,14294)

这是用动词"曰"作谓语构成的判断句,而不是叙述句。

总的来看,甲骨刻辞中的句子,按谓语的性质来分,主要是动词谓语句或叙述句,占十分之九以上,形容词谓语句或描写句少,不到十分之一,名词谓语句或判断句是非常少的。

二、复杂动词谓语的句式

动词谓语句中有用几个动词结合起来构成的复杂动词谓语的句式,简称复谓句。这是汉语句子发展到相当高度的句式,也是汉语有别于印欧语的句式。

（一）连动式

谓语部分是由两个非并列的动词构成,中间没有关联词语。例如：

①王占曰:有祟,其有来婐?（合,6057）
②丁未卜:象来涉,其乎(呼)射鹿?（屯南,2539）
③辛卯卜,争贞:翌甲午王涉归。（合,5233）
④王往田,从南禽?（屯南,629）
⑤奠告于父乙。（存,2·213）

连动的形式已多样化,"往"、"来"多为连动式中的一个成分,祭祀动词也多连用的。

（二）兼语式

兼语式的特点是两个主谓结构套在一起,第一个动词的宾语兼作第二个动词的主语。例如：

①甲午贞:其令多尹乍王寝?（合,32980）
②己亥贞:令王族追召方。（合,33017）
③甲子卜:央雀弗其乎(呼)王族来?（合,302）

④王使人于沚若。(乙,1355)

甲骨刻辞中的兼语式的第一个动词往往是使令动词:"令"、"呼"、"使"等。也有了兼语式套连动式的用例。例如:

①乎单酚寮于方? 不。(铁,114·3)
②贞:王勿令单挈众伐邛方。(通,491)

三、主语不同的句式

汉语的句子,根据主语的不同情况,可以分成施事主语句、受事主语句和陈述对象主语句。这三种主语不同的句式在甲骨文中都已具备。

(一) 施事主语句

在意义上,主语是谓语中所说行为的发出者,即施行者,这就是施事主语句。在动词谓语句中施事句是最广泛使用的句式。例如:

①辛卯卜,争贞:翌甲午王涉归。(合,5233)
②王其射咒,无灾? (合,28391)
③甲辰卜,争贞:我伐马方,帝受我又? (乙,5408)

在甲骨刻辞中用作施事主语的有名词,也有代词,它们多指称人或神。甲骨刻辞中的施事句是很多的。

(二) 受事主语句

在意义上,主语是受谓语中所说行为影响的,即动作行为的接受者,这就是受事主语句。例如:

①兽弗其擒。(合,220)

②三百羌用于丁。(续,2·6·3)

③贞:亘其果唯执?(乙,5303)

例①主语"兽"指野兽,是被以网捕捉的对象,是动作的受事。例②主语"羌"指羌人,是被用作祭牲,是动词"用"的受事,而不是施事。例③主语"亘"指亘人,是谓语"执"的受事,也不是施事。

汉语用受事作主语的句子比印欧语要少,古代汉语又比现代汉语要少。甲骨刻辞中受事主语句更比后代少,它只有语义上的被动句,没有周代以后具有形式标志的被动式。例②同后代用"于"引进施事的被动句还是不同的,"于"在这里不是引进施事,而是引进动作涉及的间接对象。

(三)陈述对象主语句

主语既不是施事,也不是受事,而只是谓语陈述的对象。例如:

①王今夕宁?(前,3·25·4)

②羌十又九,犬十。(屯南,1059)

③惠贝十朋。(甲,777)

④南方曰因风曰凯。(合,14294)

⑤甲辰卜,永贞:西土其有降堇?二月。(续存,下55)

⑥彝在中丁宗。(合,38233)

⑦风止。(铁,55·3)

⑧妹其雪?(粹,818)

⑨帝于东方曰析,风曰劦。(合,14295)

"施事"和"受事"都是对动词来说的,而非动词的谓语句,自然也无所谓施事或受事,主语只能是谓语陈述的对象。如例①至例③。动词谓语句的动词如果不表示动作:如例④⑨是用动词"曰"构成判断句,例⑤是有无句,例⑥是存在句,主语都既非施事,也非受事,而只是谓语陈述的对象。例⑦的谓语动词"止"是表示动作,可以有施事;但主语"风"却并非施事,而只是谓语"止"的陈述对象。例⑧的主语"妹"是地名,它不是下雪的施事,是处所主语,只是谓语的陈述对象。在甲骨刻辞中这一类主语句的形式是多样的,数量也是很多的。

四、非主谓的句式

汉语的句子不一定非有主语不可,这是汉语的特点之一。甲骨刻辞中非主谓的句式非常多,格式也非常多样,大量的是动词性非主谓句,也有一些形容词性非主谓句。分别举例如下(N 表名词,V 表动词,O 表宾语,C 表补语,adv 表状语):

（一）动词性非主谓句

(1) adv·V 型

①其雨?吉。(屯南,308)
②今日雨?允雨。(屯南,449)
③弜射。(合,28391)
④壬申允兽,禽。(乙,764)

(2) V·O 型

①丁未卜,亡水?(合,33357)
②己未卜,亘贞:逐豕,获?(合,10228)

③王其射兕,亡灾?(合,28391)
④丧众。(屯南,530)

(3) adv·V·O 型

①不遘雨。(屯南,725)
②于癸亥省象。(合,32954)
③才九月征人方。(合,36487)
④今夕弗振王师。(卜,98)

(4) V·C 型

①饮于河。(合,10405)
②至于商。(林,1·23·1)
③祝于匕庚(屯南,1060)
④禘于王亥。(后,上19·1)

(5) adv·V·C 型

①自瀼至于膏,亡灾?(合,28188)
②其又于夒。(合,30401)

(6) V·O·C 型

①桒年于河。(合,10085)
②亡来娟自南。(通,549)

③桒禾于河。(屯南,578)
④告土方于上甲。(天,60)

(7) V1·V2·O 型

往逐豕,获?(甲,3389)

(8) 〔adv〕·V1·N·V2·O 型

①己亥贞:令王族追召方。(合,33017)
②甲午贞:其令多尹乍王寝。(合,32980)
③乎多臣伐邛方。(前,4·31·3)
④贞:勿乎宰伐邛。(甲,332)

(9) V·O1·O2 型

受我又。(合,6322)

(10) adv·O1·adv·V·O2 型

不我其受又。(合6322)

(二)形容词性非主谓句

①北土受年,吉。(合,36975)
②丁亥卜:翌日戊王惠盂田。弘吉。(合,28314)

③乍学于入(内)。若。(京都,50060)
④从盂亡灾,大吉。(屯南,271)
⑤唯若。(库,705)

这些非主谓句,有的可以补上主语,如"逐豕"、"不遘雨"等,可认为省略句;也有的补不上主语,如"其雨"、"亡灾"、"吉"、"若"等,可认为无主句。

五、多宾语的句式

汉语用及物动词作谓语的句子,多数是带一个宾语,有的动词可以带两个宾语,叫做双宾语句。甲骨刻辞中带宾语的句式,除了单宾语、双宾语句式外,还有带三个宾语的。

(一)双宾语句

甲骨刻辞中双宾语动词有两类,一类是授予义动词,如"受"、"赐"等。授予义动词的两个宾语:一个是指称人,被称作间接宾语,又因为紧接在动词之后,也称作近宾语;一个指称授予的物,被称作直接宾语,也叫远宾语,这是同后代的双宾语句式一致的。例如:

①王赐宰丰寝。(佚,518)
②帝受我又。(乙,5408)
③我受土方又。(文,634)
④帝不我其受又。(乙,3789)

甲骨刻辞中另一类双宾语句的谓语动词是祭祀义动词,如"御"、"祷"、"酻"等,这是后代双宾语句所无的。例如:

① 戊子卜,至子御父丁白豕。(合,22046)
② 丁巳卜,御三牢妣庚。(合,22294)
③ 丁亥卜,于翌戊子酚三豭祖乙。(合,1526)
④ 祷年大乙。(遗,668)
⑤ 己卯贞:祷禾于示壬三牢。兹用。(合,33314)

祭祀义谓语动词的双宾语有三种情况:一种是由人(祭祀对象)和物(祭品)构成双宾语,如例①至例③,直接宾语是物,间接宾语是人,两个宾语的词序不固定。第二种是由事(祈祷的事)和人构成双宾语,如例④,表事的直接宾语在前,表人的间接宾语在后。第三种是由事和物构成,如例⑤,表事的直接宾语在前,表物的间接宾语在后。

(二) 三宾语句

祭祀义动词作谓语往往涉及事、人、物三个对象,说明为什么事祭祀,向谁祭祀,用什么祭祀。三个被涉及的对象同时附在谓语动词的后面,就构成三宾语句[①]。例如:

① 壬子卜,祷禾示壬牢?(合,33333)
② 辛卯卜,甲午祷禾上甲三牛?用。(合,33309)
③ 癸酉卜,其祷田父甲一牛?(合,28276)
④ 其告秋上甲二牛?大吉。(合,28206)
⑤ 御臣父乙豚?(屯南,附1)
⑥ 乙丑卜,㱿贞:先酚子凡父乙三牢?(合,3216正)

三宾语句的谓语主要是"祷"、"告"、"御"、"酚"等祭祀义动词。例⑤的"臣"和例⑥的"子凡"表面上也是指人,实际上是为"臣"的事、为"子凡"的事向父乙举行御祭或酚祭,是指事。

祭祀义谓语动词涉及的人可以与介词"于"组成介宾结构插在表事、表物的宾语之间,变成双宾语夹补语的句式。例如:

①乙酉卜,御家艰于下乙五牢?鼎用。(合,22091)
②御子央于母己三小牢。(合,3009)

祭祀义谓语动词涉及的物也可以移在动词前成为状语。例如:

甲申卜,御妇鼠妣己三牝牡?十二月。一牛一羊御妇鼠妣己?一牛御妇鼠妣己?(合,19987)

这片甲骨占问同一事件的三条卜辞,情况不同。第一条卜辞是三宾语句式,后两条卜辞把涉及物的名词性成分移置动词"御"之前,成为状语,隐含一个介词"以"。因此,严格说来,三宾语句式中涉及物的名词的宾语性是不强的,它带有补语的性质。正是由于动词涉及的人和物的宾语性不牢固,三宾语句表达的内容也可用另一种表达方式。例如:

丁丑卜,宾贞:祷年于上甲,燎三牢,卯三牛。二月。(续,1·3·1)

由于介词"以""于"的发展,使用日益频繁,这种三宾语句式到西周以后就衰亡了。

六、疑问句

句子根据语气可以分为陈述句、疑问句、祈使句和感叹句,又可以分成肯定句和否定句。甲骨刻辞中有没有疑问句,本来是没有分歧的,甲骨学者长期以来把卜辞中的命辞一律看作问句。郭沫若说得最明确,他在《卜辞通纂·序》中说:"贞下辞语当付以问符。"但是七十年代以来,不少国外的甲骨学者提出了命辞不是问句的新看法,影响颇大,成了重大的学术争论问题。概括起来,他们的论点主要有二:一是对卜辞中的"贞"字作出新解。因为卜辞中的"贞"是假"鼎"为之,他们认为这个字不当释"贞"而当以"正"、"定"释之,是检验、校正的意思。二是认为命辞中的句子跟占辞、验辞没有区别,没有疑问句的形式标志,即没有用句尾疑问语气词。我们认为,这两方面的论据都是说服力不足的。首先必须对古人占卜的性质有个正确认识。《左传·桓公十一年》说:"卜以决疑,不疑何卜?"这是对古代文化现象的准确说明。《说文》:"贞,卜问也。"也是根据历史文化作出的正确解释。占卜是为了决疑,不是一般祷告,命辞按理应是疑问之辞。再说,"贞"、"鼎"二字在《诗经》音系中同在端母耕部,卜问的"贞"字无形可象,在假借甚多的甲骨文中借"鼎"为之,顺理成章。"正"、"定"等字虽然也可与"鼎"相通,但声母不同,通假已有扞格;而且甲骨文中本有"正"、"定"二字,何以卜辞中全不用本字,却用一个相当勉强的通假字,这是很奇怪的现象。可见新说不足为据是很明显的。至于命辞没有疑问句的标志,这是由于甲骨文时代汉语尚未产生语气词。谁都知道,疑问句与陈述句的区别并非一定要表现在语气词的使用上,即使周秦以后汉语有了专门表示疑问的语气词,也不是非用不可。因此命辞没有用疑问语气词,并不能肯定它就不是疑问句。我们认为,命辞中虽也有陈述句,但是绝大多数却应是疑问句。

疑问句可以分为特指问句、是非问句、选择问句和反复问句。特指问句是询问特定的内容,要用疑问词来称代询问的内容,甲骨文中没有疑问代词,自然不可能有特指问句。其他三种问句,在甲骨刻辞中都已具备。

（一）是非问句

是非问句是把一件事情全部说出来,要求对方作肯定或否定的答复。甲骨刻辞中是非问句的数量相当多。例如：

①癸巳卜,殼贞:旬亡祸？（合,6057）
②戊辰卜,狄贞:王其田,往来亡灾？（合,28466）
③癸未卜,殼贞:今日不风？（合,13344）
④己亥卜,其雨？庚子允雨。（合,32171）
⑤丙辰卜,丁巳其阴抑？允阴。（合,19780）
⑥庚戌卜,今日狩,不其禽抑？（合,20757）

有从正面问的,也有从反面否定角度问的。有带疑而不定的语气副词"其"的,也有句末带一个"抑"字的。李学勤和裘锡圭把这个"抑"字（李释作"叺"）和用在反复问句中的"执"字认为助词或句末疑问语气词,这是大可商量的,不过这种句式是疑问句却是被普遍承认的。

（二）选择问句

选择问句是并列多项询问内容,让回答的人选择其中的一项。例如：

癸卯卜:今日雨？其自西来雨？其自东来雨？其自北来雨？其自南来雨？（合,12870）

在甲骨刻辞中选择问句的用例很少,在后代也不很多。

（三）反复问句

反复问句其实也是一种选择问句,不过选择的项目是一件事情的肯定和否定两方面。陈梦家在《殷虚卜辞综述》中提出甲骨刻辞有"雨不"和"雨不雨"两种格式的反复问句,裘锡圭认为"这两种格式的反复问句,在殷代语言里都有可能存在",但是现在被人们认定的正反问句用例,大都是分属命辞和验辞的两个句子,没有确凿无疑的反复问句。②裘锡圭的说法是值得重视的。有些用例确实被误释了。

不过,李学勤、裘锡圭所提出的句末带"抑"、"执"的句子,也可看成一种反复问句。例如:

①癸酉卜,贞:方其正今二月抑?不执?(合,20411)
②壬□贞:□牛在□弗克以抑?其克以执?(合,19779)
③癸卯卜,王:岳蔑正戎执?弗其蔑抑?三日丙午遘方,不获。(合,20449)
④辛酉卜,贞:有至今日执?亡抑?亡。(合,20377)

七、复句

汉语单句和复句的划分是一个很困难的问题,一时尚难妥善解决。我们不准备全面讨论甲骨刻辞中复句的句式,只想说明,即使用从严的标准划分复句,甲骨刻辞中也已出现多种形式的复句。例如:

①己酉雨,辛亥亦雨。(丙,368)
②殻贞:我其巳(祀)宾,乍(则)帝降若?殻贞:我勿巳宾,乍帝降不若?(粹,1113)
③马硪,敝王车,子央亦队(坠)。(合,1040)
④土方巛于我东啚(鄙),灾二邑;邛方亦侵我西啚田。(合,6057)

复句一般都分成联合复句和主从复句两大类,这是从意义的偏正上划分的,甲骨刻辞中连词尚少,很难从关联词语的不同来考察分句之间的关系,这里不加区分。例①是并列式,有副词"亦"作关联词语。例②是正反对贞的卜辞,分别构成两个顺承式的复句,有连词乍(则)连接两个分句。例③是双重复句,有三个分句,"马硪"和后两个分句是连贯的关系,从意义上来说,又是因果关系,这是第一层。后两个分句又是并列关系,有副词"亦"作为关联词语。例④也是双重复句,第一层是并列式,有副词"亦"起连结作用。第二层由前两个分句组成,是连贯式复句。

八、非常规词序

汉语的词序,古今基本上是一致的,前面已提到。但是周代有些宾语前置的句式,跟后代不同,甲骨刻辞有更多跟后代词序不同的句式,我们把它叫做非常规词序。

(一) 定语后置

周秦以后,汉语的定语总是前置的,有些语言的定语却是后置的。甲骨刻辞中名词的一般定语(形容词或名词作定语)也是前置的,但是数词修饰名词却既可前置,又可后置。例如:

①乙酉卜,宾贞:使人于河,沉三羊,俎三牛。三月。(粹,126乙)
②壬申允狩,禽。获兕六,豕七十有六,麂一百有九十有九。(乙,764)
③王禽狐三十又七。(合,28314)
④侑于父丁犬百、羊百、卯十牛。(合,32968)

例①的数词都是前置,例②、例③数词都后置,"获兕六"即"获六兕",

例中的动物"兕、豕、麂"都是动词"获"的宾语,修饰的数词定语都在名词后面。例④作定语的数词有在前的,也有在后的。如果不承认这种后置的数词是定语,那么只好称作补语,即宾语的补语,简称宾补。这种表达方式后代是很少用的。它反映了甲骨刻辞时代数词同名词结合时,词序比较自由。

(二) 宾语前置

甲骨刻辞中宾语的后置也是常规;但是前置的现象比后代多,在多种句式中宾语是前置的。

(1) 在用"不"的否定句中,代词宾语前置

①河杀我,不我杀?(乙,5406)
②王亥不我祟。(丙,3)
③帝不我降堇。(乙,7743)
④贞:勿伐邛,帝不我其受又?(通,366)
⑤惠王不女媒。(乙,3429)

例③例④是双宾语句式中的间接宾语前置,句中有语气副词"其"时,宾语还在"其"之前。否定句中代词宾语前置,在甲骨刻辞中很少例外。

(2) 用语气副词"惠"或"唯"的句子,宾语前置

①王惠人正?(合,6475反)
②惠黑羊用,有大雨?(合,30022)
③贞:王惠龙方伐? 王勿唯龙方伐?(丙,24)
④贞:乙丑其雨,唯我忧?(丙,211)
⑤其唯白麋逐?(粹,958)

"惠"、"唯"是表肯定、加强语气的副词,宾语紧随其后,是起强调宾语的作用。"惠"、"唯"的位置很灵活,并非有"惠"、"唯"的句子,宾语就前置。例如:

①惠匕兕。(宁,1·283)
②庚申卜,唯河害禾? 庚申卜,唯夔害禾? (合,33337)

(3) 一般句中的宾语前置

①南禾受? (粹,905)对比:南受禾。(人,2890)
②王其兕获? (粹,937)对比:王其逐兕? (屯南,2095)

没有任何特殊语法成分的一般主谓句,宾语前置,这在后代是完全不允许的,在甲骨刻辞中也为数极少。这种情况,是词序的灵活呢? 还是语言的不规范? 有待进一步探讨。

(三) 主语后置

主语在谓语之前,这是古今汉语的通例,特别是在动词谓语句中,体现得最为严格。但是在甲骨刻辞中,有极个别的动词谓语句,似乎应看作主语后置。例如:

①受年王。(乙,98)
②受年商。(师友,2·47)
③己丑卜,贞:今出羌,亡祸? (粹,1300)
④己巳卜,出贞:钐王于上甲,十二月。(粹,100)

这是反映了甲骨文时代词序未完全固定呢? 还是可以另作解释呢?

(比如,"受年王"是否"授年于王")还值得研究。

总之,甲骨刻辞的句法结构已经相当复杂,句式已经相当丰富;但是比起后代来,无疑还比较简单,还有一些不完善的方面。一般来说,甲骨刻辞的句子结构都比较简短,附加成分多的句子和复杂谓语句较少,有关联词语的复句虽已出现,但为数不太多。

附　注

① 例句均采自陈初生《论上古汉语动词多对象语的表示法》。
② 参看裘锡圭《关于殷墟卜辞的命辞是否问句的考察》。

参考文献

管燮初:《殷虚甲骨刻辞的语法研究》(中国科学院出版,1953)。
陈梦家:《殷虚卜辞综述》(科学出版社,1956)。
裘锡圭:《关于殷墟卜辞的命辞是否问句的考察》(《中国语文》,1988.1)。
陈初生:《论上古汉语动词多对象语的表示法》(《中国语文》1991.2)。
沈培:《殷墟甲骨卜辞语序研究》(文津出版社,1992)。

(原载《古汉语研究》1994 年增刊)

关于建立古汉语教学语法系统的浅见

目前古汉语教学中语法系统存在显著分歧,对教学无疑带来某些不便,尤其是师范院校要面对"暂拟汉语教学语法系统",依违之间更难处置。"暂拟系统"是五十年代为了编写中学汉语课本和语文教学而建立的,它本来是以现代汉语为依据进行编写的;可是中学的语文教学不仅有现代文,还有相当分量的文言文,文言文的语法教学怎么办,"暂拟系统"的编著者没有交代。依照它的名称及其《简述》的行文来看,这个"暂拟系统"也是适用于文言文的。几十年来的中学语文教学实际,恐怕也就是这个情况。这样做,从理论上说是很不妥当的,古今语法有相当大的差异,怎能统括在一个语法系统中呢?这也许正是师范院校的同行强烈要求讨论、建立古汉语教学语法系统的原因之一吧。

要建立古汉语教学语法系统,我以为首先要解决两个认识问题:一是古汉语教学语法系统的性质;二是如何对待现代汉语教学语法系统。然后才能谈到其他语法系统中的具体问题。

一 古汉语教学语法系统的性质

古汉语是一个历时的概念,"五四"以前(或者鸦片战争以前)汉族祖先所使用的语言都应该是古汉语。从有文字记载的殷商时代算起,古汉语也已有三千多年的历史,它是以书面语的形式保存下来的。古汉语书面语一般分成两大系统：一是以先秦口语为基础进行加工的上古汉语书面语及后代模仿它写作而形成的文献语言，即通常所说的文言；一是六朝以后以北方话为基础进行加工而形成的古白话。汉代以前的书面语和六朝以后的古白话都同口语紧密相联，是随着口语的发展而发展的；唐代以后的文言文虽然日益脱离口语，成了仿古的僵化语言，但是也不是一成不变的。语言的共时系统和历时演变必须分清楚。既然几千年的书面古汉语是不断发展变化的，那么就不可能有一个统一的语法体系。因此，我们要建立的古汉语教学语法系统只能是一般所谓的文言语法系统，只能是一种共时性质的语法系统。汉语语法的历时演变只能留给汉语语法史去解决。上文已经指出，汉代以前的书面语是随着口语的发展而变化的，殷商甲骨文的语法、西周金文的语法、春秋战国的语法、汉代的语法，互相之间也有或多或少的差异，我们要建立的古汉语教学语法系统也不可能把它们都统括进来。留传至今的先秦文献以战国时代两百多年间的著作居多，比如《论语》、《孟子》、《庄子》等先秦诸子和《左传》、《国语》、《国策》等先秦史籍，它们都是古代文学语言的典范，我以为古汉语教学语法系统应该建立在这些语言材料的基础之上。战国时代已经衰亡的某些甲骨语法现象和某些金文语法现象，乃至《尚书》、《诗经》中某些不用于先秦其他典籍中的语法现象都不宜算作这个系统的语法规律，至于汉代以后新产生的语法现象更不应该包括进来。总之，我们需要建立的古汉语教学语法系统应该是一个先秦（严格说是战国时代）的文学语言的共时语法系统。

二 如何对待现代汉语教学语法系统

先秦汉语和现代汉语相隔两三千年，它们的语法结构有很大差异，是两个不同的语法体系。不同体系之间不能生搬硬套，因此建立古汉语教学语法系统不能随便套用现代汉语的语法系统,这是首先要明确的。但是古今汉语又是一脉相承的,现代汉语语法体系的基础早在先秦就已奠定,有许多基本语法规律古今是一致的,这也是不能忽视的。再说,古汉语语法研究状况落后于现代汉语语法研究,这也是难以否认的事实。因此,要建立古汉语教学语法系统理应充分吸收现代汉语语法研究的成果,借鉴其理论和方法。而且古汉语的语法教学同现代汉语的语法教学是分不开的,尤其是师范院校和中学的语法教学更要考虑如何同"暂拟汉语教学语法系统"接轨,这是建立古汉语教学语法系统无法回避的现实。

我们知道,五十年代人民教育出版社编写的《暂拟汉语教学语法系统》是一个博采众长的现代汉语语法的综合体系。它的特点是:词法与句法并重,分析语法现象强调形式和意义的统一,析句采取句子成分分析法。它以中学课本的面目通行全国,也被大多数高等院校所采用,是五十年代以来影响最深远的现代汉语语法体系。1984年又由人民教育出版社根据哈尔滨全国语法和语法教学讨论会确定的原则编写了《中学教学语法系统提要(试用)》。《提要》吸收了六十年代以来语法研究的新成果,对"暂拟系统"作了重大修改。最明显的是突出了短语在汉语语法体系中的地位,析句时改用层次分析法。实质上是从传统语法向结构主义语法的转变。这虽然还只是一个试用方案,编著者公开声明只"带有参考性质,没有绝对的强制性",但是我们认为它的方向是正确的,在建立古汉语教学语法系统时,必须以《提要》作为我们的参照系数,而不是《暂拟系统》。

三 具体问题的处理意见

明确了古汉语教学语法系统的性质以及它同现代汉语教学语法系

统的关系后,才好处理其中的具体问题。这大致可以分为词类系统和句法结构两方面的问题。

词类系统中首先一个问题是设不设一类助词,也就是"者"、"所"、"之"的归属问题。六十年代以来高校几部影响大的古代汉语教材大都没有设立助词一类,王力先生是不设助词的最坚决的主张者。他主编的《古代汉语》上册出版后,收到不少来信,要求把"者"、"所"、"之"改为结构助词,王力先生没有采纳这种意见,而是在下册《编后记》中用了相当多的篇幅申明了自己的主张。我们知道,从《马氏文通》起就把"者""所"看作代词,把"之"看作介词,黎锦熙先生、王力先生都沿用不改,并非没有道理。不过,"者""所"虽有指代作用,但是却不能独立用作句子成分,必须放在其他的词或词组后面或前面,构成"者"字结构或"所"字结构,然后才可以在句中自由运用,"者""所"本身只起辅助的作用,这同其他的代词是很不一样的。"之"字也同其他介词很不一样,它的作用是连接定语和中心语,或者插在主语和谓语之间使它变成偏正结构,还可以用作宾语前置的标志(一般把这种"之"字视作代词复指)。这与其叫介词,还不如叫连词,但也同一般的连词不一样。对这三个词,如果看重"者""所"的指代作用和"之"同连词相似之处,当然可以把它们分属代词和连词;如果看重它们主要是起组合作用,又与其他的代词或连词有很大区别,自然也可以设一类助词来统括它们。这是难分伯仲的处理方式。不过,由于现代汉语教学语法系统已立助词一类,古汉语教学语法系统似乎应该尽量照顾到二者的一致性,也以采用助词说为宜。在各家的古汉语语法著作中对介词、连词的处理,也是很不一致的,有的分开,有的不分,各有道理,同样可以因为现代汉语教学语法已分为介词、连词两类而取分开的处理方式。

但是古汉语教学语法系统中要不要设立一类量词,却是另一类性质的问题,因为古今汉语的称数法是区别很大的。先秦表示行为的数量根本不用单位词,也就是先秦没有动量词。至于称数事物一般也不用单位词,数词同名词直接结合是先秦常规的事物称数方式;即使用上单位词,组合的方式也同现代汉语不一样,大多是"数词+单位词"附在名词后面的格式("粟五秉"、"马三匹"),很少有"数词+单位词+名词"(三只老虎、两头牛)这种现代汉语的常规格式。这正是先秦语法同现代汉语不同的重要规律之一。因此,虽然有些现代汉语的名量词早在先秦典籍中就已出现,但是性质却不同。同是"个"字,在现代汉语中是量词,在先秦只是单位名词;同是"口"字,现在可以是量词,先秦只能是名词。如《孟子·梁惠王上》:"八口之家,可以无饥矣。"中的"口"字是名词表数量,不能误认为是量词。量词这一范畴是汉魏以后才形成的。古汉语教学语法系统既然是先秦汉语的共时语法系统,后起的一类量词也就不能进入这个系统。

此外,代词的体系如何处理? 即先秦有没有第三人称代词,指示代词是不是同现代汉语普通话一样也只分近指、远指两类。这是需要认真讨论和对待的。根据教育学的原则,教学内容既要考虑稳定性,即所持论点是否得到社会的普遍公认;又要重视科学性,即是否能反映科研新成果。抱残守缺对教学质量的提高是没有好处的。还有虚词如何讲,也是一个重要问题。《马氏文通》的基本态度是倾向于虚词句法功能的单一性,而《高等国文法》则正好相反,是从虚词句法多功能性的角度来进行分析的。杨树达先生的做法更接近传统虚词研究,具体分析不无精彩之处;但是从总的理论方法来看,应该肯定的却是马建忠。因此,古汉语教学语法系统讲虚词,既要重视马建忠的观点方法,又要参照近些年来现代汉语语法研究中提出的句法、语义、语用三个平面的观点,对古代的虚词采取句法功能的单一性和语义关系的多样性两个层面来分析。要不要讲词类活用以及如何讲,也是一个需要讨论解决的问题。从马建忠起,讲古汉语语法几乎没有不谈词类活用的,但是真能解决问题的佳作不多,而讹误之说却不少。归纳起来有四种情况:1)确为活用;2)把非活用说成活用(动词形容词在某些情况下可以作主语宾语,是本用,却被分析为活用);3)把兼类说成活用(例如"雨"、"鼓"本为名词、动词两属的兼类词,却被分析为活用);4)颠倒本用和活用的关系("树"、"履"在先秦90%以上的用例是动词用法,只有少数用例是名词用法,不说是动词活用为名词,却说是名词活用为动词)。古汉语教学语法系统应该对众多的活用说进行一次认真的清理,分清本用、活用、兼类等各种现象,要用历史发展的观点来考察词类活用问题。

至于句法结构方面,也有许多需要讨论的问题。前面已经指出,《中学教学语法系统提要》突出了短语在汉语语法体系中的地位,这是符合汉语特点的做法。古汉语教学语法系统无疑也应该充实这方面的内容。但是如何充实?是依照《提要》讲名词短语、动词短语、形容词短语等,还是依照一般的语法著作,讲主谓结构、动宾结构、动补结构、介宾结构、偏正结构、并列结构呢?这是需要讨论的。再如讲哪些句型,是依照《提要》讲动词谓语句、形容词谓语句、名词谓语句呢,还是依照大多数古代汉语教材讲判断句、叙述句、描写句呢?或者两套都讲,以一套为主,但是以哪套为主呢?从古汉语的特点来看,似乎应该以后一套为主。此外,省略和前置如何处理,复句和句群如何讲,都是需要讨论的,这里就不多啰嗦了。

以上只是一些不成熟的浅见,提出来也算是抛砖引玉吧!

(原载《中国语文》1995年第2期)

远古汉语的词类系统[*]

远古时期甲骨刻辞的语法体系已经发展到相当完善的程度,形成了与后代大致相同的词类系统。汉语词类的划分应该采取词汇·语法范畴作为标准。我们结合词义根据词的句法功能和结合关系的总和,把甲骨刻辞的词类分成名词、动词、形容词、数词、代词、副词、介词、连词和叹词等九类。[①]

一、名词

名词是表示人或事物名称的词类,它是甲骨刻辞中数量最大的一类词。

名词在甲骨刻辞中一般只用作主语、宾语和定语。时间词还常作状语,例如:

①癸亥卜,黄贞:王旬亡祸?才(在)九月正(征)人方,才(在)雇。[②](合,36487)
②邛方亦侵我西鄙田。(合,6057)
③庚申卜,贞:我受黍年。三月。(通,440)

---

[*] 俞敏先生80华诞,要出纪念文集,特将八十年代的讲稿《汉语语法史纲要》中的一节整理发表,作为我向俞先生祝寿的一点心意。

例①的"黄"、"王",例②的"邛方"作主语;例①的"月"、"人方"、"雇",例②的"田",例③的"年"作宾语;例②的"西"、"鄙",例③的"黍"作定语。例①的"癸亥"、"旬",例③的"庚申",作状语。

甲骨刻辞的名词又可分为专有名词和普通名词两大类。普通名词能同数词结合,专有名词一般不同数词结合,这是古今一致的。例如:

①燎三小牢,卯三牛,一月。(合,10109)
②辛酉卜,宾贞:求年于河?贞:求年于夒?九牛。(合,10085)

例②的"宾"、"河"、"夒"是专有名词,不与数词结合。甲骨刻辞中,专有名词是用得非常多的。据管燮初统计,郭沫若《卜辞通纂》一书,全书收卜辞2094条,使用人名288个,出现839次,用地名267个,出现580次,平均每三条卜辞就有两个专有名词[③]。专有名词包括人名、地名、方国名、部族名等等。

甲骨刻辞中的名词主要是表示生物和非生物的具体名词,也包括时间词和处所词,还有少数表示事物单位数量的单位名词。例如:

①惠贝十朋。(甲,777)
②马廿丙。(前,2·19·1)
③车二丙,弩一百八十三。(合,36481)

"朋"、"丙"是表示集体单位的。"朋"用来计算贝的单位,据王国维推测:"五贝一系,二系一朋。"[④]"丙"是用来计算车马的,几匹马构成一丙,尚待考定。在甲骨刻辞中表示事物的数量单位,一般是把数词直接加在名词的前面或附在名词的后面。例如:

①贞:元示五牛,蚕示三牛。(合,14354)
②王禽狐三十又七。(合,28314)
③俘人十㞢五人。(通,513)
④大乙伐十羌又五。(屯南,2293)

事物有可数的,也有不可数的。表示不可数的事物的名词不能直接同数词结合,需借用别的名词来表示它的数量。例如:

①其鼻新鬯二升二卣。(戬,25·10)
②鬯三卣。(甲,1139)

"鬯"是一种香酒,"升"、"卣"都是容器。这是借用容器名词来表示不可数事物的数量,"升"、"卣"都不是专用的单位词。在甲骨刻辞中,专用的单位词很少,还处在萌芽状态之中,它们的语法特点同一般的名词没有区别,因此我们不列量词一类。

二、动词

动词是表示人或事物的动作、行为、发展变化的一类词。在甲骨刻辞中,它的数量仅次于名词。其中表示祭祀和征伐的动词相当多。

动词在甲骨文中一般只作谓语,能受副词或形容词的修饰。根据能否带宾语,又可以分为及物动词和不及物动词两类。例如:

①丙辰卜,殻贞:我受黍年?
　丙辰卜,殻贞:我弗其受黍年?(丙,8)
②丁卯卜,王大获鱼。(通,749)

③王入于商。(续,3·14·1)

"受"、"获"是及物动词,"卜"、"入"是不及物动词。"受"被副词"弗"、"其"修饰,"获"被形容词"大"修饰。

甲骨文中已有表示分类、存现、使令等关系的动词。例如:

①帝于东方曰析,风曰劦。(合,14295)
②甲辰卜,永贞:西土其㞢(有)降堇?二月。(续存下,155)
③戊辰卜,狄贞:王其田,往来亡灾?(合,28466)
④贞:惠小臣令众黍?一月。(前,4·30·2)

在甲骨文中已有少数动词能用作定语。例如:

①王占曰:有祟,其有来嬉。(合,6057)
②八日庚戌有各(祸)云自东,宦母。昃,亦有出虹自北,饮于河。(合,10405)

三、形容词

形容词是表示人或事物的形状、性质或者动作、行为、发展变化的状态的。在甲骨刻辞中,形容词相当有限,主要是一些性质形容词,有表示颜色的"黄、赤、白、黑、幽(黝)",有表示性状的"大、小、多、新、旧、老、足、弘、高"等。形容词在甲骨文中主要作定语,也可以作状语或谓语。例如:

①惠幽牛有黄牛。(乙,7121)

②惠白羊又大雨。(粹,786)

③我家旧老臣亡㞢我。(前,4·15·4)

④丙戌卜,惠新豊用,惠旧豊用。(粹,232)

⑤辛未卜,古贞:黍年有足雨?(合,229)

⑥丁卯卜,王大获鱼。(通,749)

⑦王禽狐三十又七。弘吉。(合,28314)

⑧丙午亦雨多。(前,7·35·2)

⑨辛卯卜,殻贞:其黑?

辛卯卜,殻贞:不黑?(乙,6698)

①—⑤形容词"幽、黄、白、大、旧、老、新、足"等都作定语,例⑥"大"、例⑦"弘"作状语,例⑧"多"、例⑨"黑"作谓语。"黑"表示天色昏暗。

四、数词

数词是表示数目的。甲骨刻辞中已有基数和序数,但是二者之间没有形式上的区别。现存刻辞中基数最大的是三万,最小的是一。整数和零数之间常加连词"㞢"(有)或"又",也可以不加。例如:

①壬申允狩,禽,获兕六,豕七十有六,兔一百有九十有九。(乙,764)

②王禽狐三十又七。(合,28314)

③之日狩,允禽。获虎一,鹿四十,狐一百六十四,麑一百五十九。(合,10198)

④癸卯卜,引获……其三万不……(粹,1171)

在甲骨刻辞中,数词只同名词结合,称数事物的数量,未见同动词结合称数行为数量的。同名词结合,可以加在名词前作定语;也可以附在名词后,还可以在数词的前后重复出现名词。例如:

①癸卯,允焚,获……兕,十一豕,十五虎,罡廿。(合,194)
②八日辛亥,允戈伐二千六百五十六人。(通,19)
③获禽鹿五十有六。(通,17)
④获狐八十又六。(佚,547)
⑤俘人十有六人。(菁,6)
⑥十犬又五犬。(佚,194)

殷商时代的数词是十进制的,有"个、十、百、千、万"五个单位。整数和零数之间加连词,重复所称数的事物名称,显得有些冗余;但是,这正是反映了称数法的早期形式,而不加连词,不重复称数的名词应是改进的形式。看来,在甲骨刻辞中改进的新形式已逐渐占优势。

在甲骨刻辞中,数词直接加在名词前,不需要加单位名词,但是数词和名词的中间却可以有修饰名词的形容词。例如:

①丙午卜,宾贞:祐于祖乙十白羌。(通,165)
②惠五小牢用,又大雨。(屯南,2107)

甲骨刻辞中的序数一般只见表示年、月、日的。例如:

①癸未卜,争贞:旬亡祸?三日乙酉夕,月有食。闻。八月。(合,11485)
②才(在)九月正(征)人方。(合,36487)

③乞(迄)至七日己巳允有来嫭自西。(合,6057)

④癸酉王卜,贞:旬亡祸？王占曰:弘吉。在二月甲戌祭小甲。(合,41704)

⑤唯王六祀彡日。(佚,518)

甲骨刻辞中还有一种表序数的方式,即把天干(甲、乙、丙、丁、戊、己、庚、辛、壬、癸)和地支(子、丑、寅、卯、辰、巳、午、未、申、酉、戌、亥)配合成六十花甲,用来纪日。例如上举例句中的"癸未"、"己巳"、"癸酉"、"甲戌"等。有时也可以单用天干。例如:

①自今辛至于来辛又大雨？
  自今辛至于来辛亡大雨？(合,30048)

②王占曰:丁雨,不惠辛？旬丁酉,允雨。(合,14138)

古人以十天作为一个计算单位,叫做"旬",正好与十天干是相符的。干支纪日一直沿用到后代,汉代又开始用它纪年。

五、代词

代词是有指示或称代作用的一类词,它比名词、动词、形容词更虚化、更抽象。在语言的发展过程中,代词应该是一种比较晚起的词类。殷商时代汉语已经有了很长的发展历史,因此甲骨刻辞中已经有了人称代词和指示代词。

(1) 人称代词

甲骨刻辞中有第一人称和第二人称两类人称代词。第一人称有"我"、"余"、"朕"三个,它们都可以作主语。例如:

①甲辰卜,争贞:我伐马方,帝受我又?(乙,5408)
②我受年。(粹,869)
③余一人亡祸?(金,124)
④余步从侯喜正人方,告于大邑商。(通,592)
⑤戊寅卜,朕出今夕。(录,572)
⑥朕刍于门斗。(乙,6988)

"我"和"余"又可以作宾语。例如:

①己未卜,争贞:王亥杀我?(乙,5403)
②帝不我莫。(燕,785)
③受余又。(乙,562)

"我"和"朕"还可以作定语。例如:

①邛方亦侵我西鄙田。(合,6057)
②㞢(祐)于我祖。(粹,878)
③甲戌卜,王:余令角帚载朕事?(粹,1244)
④甲辰卜,王:羌弗载朕事?(前,4·4·7)

在甲骨刻辞中,"我"的功能最全,主语、宾语、定语都可以用"我";"余"只作主语和宾语,而且只作双宾语中的近宾语(间接宾语);"朕"只用作主语和定语。三个第一人称代词,是否只有功能上的差别呢?这是值得进一步探讨的。从有限的材料来看,"余"只用于单数,多是王自称;"我"不限于单数,往往指称多数。"帝受我又"等于"帝受商又","受余又"等于"受王又"。"朕"也指称单数,那么"余"和"朕"都用作主语时又有什么区别呢?很可能是在感情色彩上"朕"更庄重一些。

在甲骨刻辞中第二人称代词有"女"、"乃"两个,用例不多。"女"可作主语、宾语、定语,"乃"只作定语。例如:

①珏,女其入乎从又司,女我克孥二人。(甲,3933)
②惠王不女娸?(乙,3429)
③王曰:侯虎,余其败女使,受。(菁,7)
④戊戌卜,㱿贞:王曰:侯虎往,余不束,其合以乃史归。(菁,7)
⑤乙卯卜,宾贞:曰氏乃邑。(燕,178)

"女"和"乃"的句法功能区别,周秦时代仍然如此,很少例外。

(2)指示代词

在甲骨刻辞中指示代词只发现"兹"、"之"两个。"兹"可作主语、宾语、定语。例如:

①从盂。大吉。兹用。(甲,537)
②兹夕又大雨。兹御。夕雨。(后下,18·13)
③今日戊王其田,不冓雨?兹允不雨。(粹,995)
④贞:帝弗冬兹邑。(丙,66)
⑤兹月至生月又大雨。(库,998)
⑥乍邑才(在)兹。(丙,86)

"之"只作宾语和定语,与周代一致。例如:

①王夕入于之,不雨。(粹,697)
②乍邑于之。(乙,3212)

③御之兄丁。（林,2·2·3）
④辛酉卜,㱿:翌壬戌不雨?之日夕雨。（乙,5278）
⑤之夕允不雨。（前,7·14·3）
⑥余弗及之月出自卜。（侯,29）

"兹"作主语,一般多出现"兹用"、"兹御"等说明该条卜辞用与不用的句式中。"兹"、"之"作宾语时,多指处所。作定语时,多修饰时间、处所名词,也修饰事物名词。据陈梦家说:作时间词的定语时,"之"只出现在"月"、"日"、"夕"之前,"兹"出现在"月"、"旬"、"夕"之前;"之"表过去时,相当于"昔","兹"表现在时,相当于"今"。⑤"之"本训"往",无妨引申为"昔";"兹"本"草木滋益"之称,与"今"也不无关系。在这个意义上,"之"、"兹"应该说尚未完全脱离时间名词的范畴。但是,从"兹"、"之"的全部用例来看,确已向指示代词转化。有人认为"兹"表近指,"之"表远指,⑥这是与传统说法有抵触的,也不符合后代的语言事实。在甲骨文中,"兹"、"之"反映了指示代词初起的特征,很可能是不分远近的,只是一种泛指。

甲骨刻辞中不但没有第三人称代词和远指代词,也没有疑问代词,反映出汉语代词系统形成的初期阶段的面貌。

六、副词

副词是只能作状语的一类虚词。它修饰谓语或者整个句子,表示时间、范围、程度、情态、语气等方面的意义。甲骨刻辞中的副词有三类:

（1）否定副词

甲骨刻辞中的否定副词有"不"、"弗"、"毋"、"勿"、"弜"等五个。

"不"、"弗"是一组,表示一般性的否定。例如:

①庚戌卜,辛亥王出狩?不出。(粹,1009)

②不遘大雨,不遘小雨。(粹,997)

③生八月帝令多雨?生八月帝不其令多雨?(乙,5329)

④勿正邛方,上下弗若,不我其受又。(粹,1084)

⑤弗受禾。(粹,900)

⑥我弗其受黍年。(粹,891)

"不"、"弗"的区别何在?从甲骨刻辞来看,"不"的用途最广,可以否定任何谓语动词,"弗"否定的范围小些,只同部分谓语动词结合。"不"不仅可以否定任何谓语动词,还可以放在主语前面,对全句命题进行否定,如例④的"不我其受又"。"不"还可以单独用,构成独词句。例如:

①癸酉卜:自今至丁丑其雨?不。
自今至丁丑不其雨?允不。(合,21052)

②庚申卜:辛酉雨?允雨。壬戌雨?不。癸亥雨?允雨,小。(合,12909)

③乙巳卜:今日方其至?不。(合,20410)

例句中的"不"都是验词,单独成句,这是其他否定副词不具备的功能。还有在和"若"结合后,"弗若"总是作谓语,而"不若"既可以是谓语,也可以作宾语,例如:

①帝弗若。(后下,14·4)

②下乙弗若。(续,1·46·3)

③我勿已(祀)宾,不若。(续,4·34·5)

④帝降若—帝降不若。(前,7·38·1)

⑤今夕亡(无)不若。(前,5·20·6)

例④、例⑤的"不若"作宾语。"不、弗"的区别是否限于这些,还需要研究。何休说:"弗者,不之深也。"⑦段玉裁也赞成他的说法。⑧这是说,"弗"的否定语气比"不"重,很可能是有道理的。今人丁声树考证周秦古语,认为"弗"修饰的外动词一般不带宾语,似乎"弗"是一个含有代词性宾语的否定词,略与"不之"二字相当。⑨考察甲骨刻辞,没有这种分别。前举例句中的"弗受禾"、"我弗其受黍年"就都带宾语。

"毋"、"勿"(裘锡圭隶定为"弜")又是一组,一般是表示禁止性的否定。例如:

①乙保黍年,乙毋保黍年。(乙,7781)
②毋射。(佚,774)
③羽戊申毋其星。(柏,43)
④贞:勿正邛方,下上弗若,不我其受又?(合,6322)
⑤邛方其来,王勿逆伐。(前,4·24·1)
⑥王其勿告于且乙。(续,3·4·1)

"毋"和"勿"的区别,陈梦家认为"勿"的祈望对象只限于王。⑩

这当然是一种可能,有待深入研究。吕叔湘据先秦典籍考证,认为"晚周之勿等于毋之"。⑪甲骨刻辞的用例与此结论是不合的。

"弜",据王国维考证,应是保护、调正弓的工具,本义写为繁,又写作"柲"⑫。甲骨刻辞中借作否定副词,用法与"勿"相近,也是一个表禁止的否定副词。例如:

①弜田,其冓大雨。(屯南,42)
②庚寅卜,王弜入戠。(粹,626)
③丁亥卜:弜又大庚。(京,3994)

④王弜征召方。(宁,1·423)
⑤贞:于父御。贞:弜御。(粹,484)

据裘锡圭考证,在甲骨刻辞中"勿"(冎)、"弜"的出现有互补现象,一、二期卜辞只用"勿",二期以后多用"弜",他认为"二字字音相近,用法相似,二者是同一个词的不同假借字的可能性显然是非常大的"⑬。这一推测是有道理的,特别是周代以后"弜"不再用作否定副词,突然消逝,只保留"勿",要解释这一现象,也只有不同书写形式最有说服力。

"不、弗、毋、勿、弜"五个否定副词在语音上是相近的,由于远古音系尚处在探索阶段,这里只举它们的上古拟音作为参考:

不　　帮之＊pǐwə　　弗　　帮物＊pǐwət
毋　　明鱼＊mǐwɑ　　勿　　明物＊mǐwət
　　　　　　　　　　弜　　帮质＊pǐēt

语音上的联系和对应,说明它们在语法上的同异远近绝非偶然,这里存在着族源关系。

(2) 情态副词

甲骨刻辞中的情态副词有"亦"、"乃(迺)"、"允"三个。"亦"是表示动作、行为的类同;"乃"表示在某种情况之后,紧接着出现了另外的情况;"允"表示事实确凿无疑。例如:

①旬壬寅雨,甲辰亦雨。(乙,2691)
②土方㞢于我东鄙,灾二邑,邛方亦侵我西鄙田。(合,6057)
③翊日庚其旱,乃雩。(粹,845)
④王占曰:乃兹亦有祟。(合,10405)
⑤从向归,迺先于盂。吉。(粹,1067)
⑥壬不雨……不雨,于癸迺雨。(甲,3638)

⑦乞至七日己巳,允有来艰自西。(合,6057)
⑧占曰:其获?己酉王逐,允获二。(前,7·34·1)

情态副词是表示动作行为的状态方式的,一般都用在谓语动词之前作状语,它的意义比较具体实在,不像语气副词那样空灵。

(3)语气副词

甲骨刻辞中的语气副词有"其"、"唯(隹)"、"惠(叀)"三个。或表拟测语气,或表强调、肯定语气。

"其"是甲骨刻辞中大量使用的一个虚词,一般用在谓语动词之前作状语,表示拟测语气。

例如:

①戊戌卜,永贞:今日其夕风?(合,13338)
②甲寅卜,行贞:王其田,亡灾?(佚,271)
③甲午贞:其令多尹乍(作)王寝?(合,32980)
④贞:翌庚寅帚好不其冥(娩)?(簠,116)
⑤帝令雨弗其足年?(前,1·50·1)

"其"虽然可以用在句法成分和语义关系不同的各类句子中,却始终是表示一种疑而未定、推测可能的语气。那种认为"其"可以表示多种语气的看法是不妥的。比如例①的"其夕风"既不是表疑问语气,也不是表该当的语气;例②的"其田"更不是表决定的语气;例④的"其冥"、例⑤的"其足年"都不是表将要的语气。它们都是表拟测的语气。

"唯"在甲骨刻辞中作"隹","惠"作"叀",它们都表示强调、肯定的语气。有时用在谓语之前,对谓语进行肯定或强调。在更多情况下是用在句首(主语之前),对整句的命题进行肯定或强调。例如:

①贞:有疾自(鼻),唯有壱?

　贞:不唯有壱?(合,11506)

②其有设,其唯庚?吉。(前,7·32·3)

③贞:王惠龙方伐?王勿唯龙方伐?(丙,23)

④庚午贞:惠岁于小祖乙?(粹,75)(以上用在谓语前)

⑤唯王来征人方?(前,2·15·3)

⑥唯王来征盂方白炎?(后上,18·6)

⑦惠王往伐邛?勿唯王往伐邛?(前,4·31·3)

⑧惠王往?勿唯王往?(合,7352)(以上用在主语前)

"唯"、"惠"在甲骨刻辞中用例很多,并且出现在多种句型、句法结构中。可以在谓语动词之前,如例①、例④;可以在前置宾语之前,如例③;也可出现在主语前面,如例⑤—⑧;还可以出现在有省略成分的名词前,如例②的"其唯庚"(应是"其唯庚有设"的省略)。早期的甲骨语法论者曾把这两个词的不同用例分属副词、介词、连词、系词四类,这是不妥的。不管它们出现在哪种句型中都是语气副词,表示肯定、加强的语气。"唯"的上古音是余母微部〔$^{*}\Lambda iw\partial i$〕,"惠"是匣母质部〔$\gamma iw\bar{e}t$〕,两者的古音是相通的,用法相似,有同源关系。虽然两者都表示肯定、强调的语气,但又有细微差别;正如张玉金指出的:"'惠'字一般强调主观意愿,而'唯'字一般强调客观事实。"[14]

七、介词

介词是介绍名词或者代词给动词或者形容词,表示时间、处所、方式、因果等关系的。它只能带上宾语在句中作状语或补语,一般不能单独作谓语。甲骨刻辞中"于"、"自"、"从"等已虚化为介词。

(1) 于

甲骨刻辞中"于"字主要用作介词,与名词或代词组成介宾结构用作状语或补语,表示行为发生的处所、时间或涉及的对象。

(甲)表示动作行为发生的处所

①土方忧于我东鄙。(合,6057)
②辛酉,王田于鸡录(麓),获文霖虎。(合,37848)
③贞:今七月王入于商。(通,752)
④丙午卜,在商贞:今日步于乐,亡灾?(合,36501)

例①、例②表示动作行为进行的范围,例③、例④表示动作行为的趋向。都处在动词之后作补语。

(乙)表示动作行为发生的时间

①辛丑卜:于一月辛酉酚黍登?十二月。(合,21221)
②壬戌卜,今日王省。于癸亥省象,易日。(合,32954)
③壬辰卜,争贞:王于八月入。(合,5165)
④自今至于戊寅雨?(乙,1161)

表示动作行为发生时间的于字结构一般用在动词之前作状语。

(丙)表示动作行为涉及的对象

①又(祐)白麟于大乙。(合,36481)
②辛酉卜,宾贞:桒年于河?
　贞:桒年于夒九牛?(合,10085)

③丁未卜,争贞:王告于且乙。(合,1583)

④贞:于唐告。(合,39857)

甲骨刻辞中"于"字引进动作行为涉及的对象主要是祭祀的对象,一般为王名、庙号或自然神(例②的"河")。多用在动词之后作补语,也有少数用在动词前作状语的(例④)。

介词"于"应是由动词虚化而来的,甲骨刻辞中"于"有用作动词的。例如:

从向归,迺先于盂。吉。(合,29117)

句中的"于"是往的意思,用作谓语。但卜辞中"于"作动词的用例少,它已经虚化为一个相当典型的介词。

(2) 自

甲骨刻辞中的"自"字主要是用作介词,由"自"组成的介宾词组在句中作状语或补语,表示动作行为进行的处所起点、时间起点或涉及对象中的起始者。例如:

①八日庚戌有各(佫)云自东。(合,10405)

②癸卯卜:今日雨?其自西来雨?(通,375)

③自今辛至于来辛又大雨?自今辛至于来辛亡大雨?(合,30048)

④自旦至食日不雨?(屯南,42)

⑤王宾自武丁至于武乙衣,亡尤?(后上,20·6)

⑥自上甲衣至于多后。(粹,856)

例①、例②表示事物运动的起点,例③、例④表示天象变化的起始时间,例⑤、例⑥表示行为涉及对象的起始者,即祭祀多位祖先中最早的一位祖先。由"自"组成的介宾结构多作状语,只有引进处所时可作补语,如例①。

"自"在甲骨文中象鼻形,本义是鼻子。例如:

贞:有疾自(鼻),唯有壱?
贞:有疾自,不唯有壱?(合,11506)

由鼻子引申为自己、亲自,用作副词。例如:

邛方出,王自正(征)。(邺,1·41·7)

介词"自"也许是从副词"自"虚化而来的。

(3)从

甲骨刻辞中的"从"字已用作介词。它与处所、方位名词结合,表示行为发生的方位或起点。例如:

①贞:王其往出从酉,告于祖丁。(乙,558)
②之日王往于田从东,允获豕三。十月。(林,2·22·11)
③从向归,遘先于盂。吉。(合,29117)

从字结构在句中用作补语,也用作状语。甲骨文"从"字的字形象两人随行,本义当为"跟从",是动词。例如:

癸亥卜,王贞:余从侯专,八月。(前5·9·2)

介词"从"的意义已经虚化,虚化的介词"从"不再单独作谓语。
(4)"以"和"才"(在)
周秦时代的"以"意义相当虚化,是一个典型的介词。但是在甲骨刻辞中情况大不相同,"以"的用例不多,还带有很强的动词性。例如:

①㠱以众龟伐召方。(人,2523)
②壬戌贞:王逆龟以羌。(甲,896)
③戊寅卜,宾贞:王往以众黍于囧。(通,473)

例句中的"以"所带宾语都是表人的名词,在句中不是作为工具语出现,"以"的意义还存在,是"率领"或"使用"的意思。因此,应该认为"以"在甲骨文时代还没有虚化成介词。

"在"字是常被人们看作介词的。在甲骨文中一般借用"才"字,是一个常用词,经常独立作谓语,也用在连谓结构中。例如:

①彝在中丁宗,在三月。(合,38223)
②旬有祟,之日曷,沚夕,有兇在休。(合,24358)
③在六月甲申工(贡)典。(后上,10·9)
④庚辰贞:其菜生于妣庚、妣丙,在祖乙宗卜。(合,34082)

例①、例②的"在"独立作谓语,无疑是动词;例③、例④的"在"带宾语用在另一谓语之前,或表行为发生的时间,或表行为发生的处所,有的论著据此把"在"定作介词。表面上看,甲骨文中的"在"同现代汉语中的介词"在"是没有区别;但是从整个语言系统来看却应是不同的语法成分。因为甲骨文中有个"于"字结构相当于现代汉语的"在"字结构,是介宾性质的;至于甲骨文中的"在"字结构却应是动宾性质的。

试比较:

①壬戌卜,今日王省,于癸亥省象,易日?(合,32954)
②辛酉,王田于鸡录,获文霽虎,在十月,唯王三祀肜日。(合,37848)
③癸亥卜,黄贞:王旬亡祸?在九月征人方,在雇。(合,36487)

从例句中可发现,无论是表处所或时间,也无论是在动词前或在动词后,"于"字结构都是紧连动词的,分断不开;"在"字结构却不一样,动词后面的"在"字结构必定同动词分离,只有动词前面的"在"字结构似乎是同动词紧密联系的,实际上恐怕仍应断开。即应作:

在九月,征人方。
在六月甲申,贡典。
在祖乙宗,卜。

这就是说:"于癸亥省象"、"王田于鸡录"的表述重点是动作行为"省"或"田",而"于癸亥"、"于鸡录"只是以次要的形式介绍了动作行为发生的时间或处所;至于"在九月征人方"、"在祖乙宗卜"的表述重点却有两个,一个是"征"、"卜"行为本身,另一个表述重点是行为发生的时间或处所——"在九月"、"在祖乙宗"。换一个角度看:说话人如果要强调行为动作发生的地点、时间或涉及的对象时,用"在"字结构,如果不需要强调时就用"于"字结构。正因为有这个区别,"于"字结构和"在"字结构才得以长期并存;直到六朝以后,"于"字在口语中衰亡了,"在"字结构才取代了"于"字结构,"在"字才虚化成介词。但是它始终没有完全脱离动词范畴。

八、连词

连词是连接词、词组或句子以表示种种不同关系的虚词,它是语言发展到一定阶段的产物。据管燮初、陈梦家的意见,甲骨刻辞中已有"又、有(㞢)、眔、及、则(乍)、若"等连词。

(1)"又"和"有"(㞢)

连词"又"和"有"主要连接整数和零数,也连接并列的名词性成分。例如:

①贞:羌十又五,卯五牢。(粹,540)
②壬申允狩,禽,获兕六,豕七十有六,麇一百有九十有九。(乙,764)
③十犬又五犬。(佚,194)
④惠幽牛有黄牛。(丙,129)

连词"又"可能与副词"又"有关,连词"有"大概来源于动词"有"。在甲骨文中"有"写作"㞢"。

(2)"眔"和"及"

《说文》:"眔,目相及也。"是"及与、重沓"的意思。在甲骨刻辞中用例很多,主要连接并列的名词。例如:

①贞:遘眔永获鹿?
　贞:遘眔永不其获鹿?(合,1076)
②其又(侑)兄丙眔子癸?(合,27501)
③癸未卜,㱿贞:告于妣已眔妣庚?(合,1248)

④镛鼓其眔熹鼓尊(设置)？(合,31017)

连接的并列成分在句中作主语或宾语。"眔"的语法作用同后代的"与"相似,不易区分是连词还是介词,如例④"眔"前有语气副词"其",似乎应划归介词,这里不再区分。"眔"的连词用法沿用到西周金文中,春秋战国以后即已衰亡。

"及"的本义是追及,在甲骨刻辞中多用它的本义和引申的动词义,但是也有个别用例已虚化为连词。例如：

雀及子䗬徒基方,克。(乙,5582)

(3)"则"(乍)和"若"

"则"和"若"在周代以后都是使用广泛的连词,"则"既可以表顺承关系,又可以是转折关系,"若"则表假设关系。在甲骨刻辞中已有个别用例,"则"写作"乍"。例如：

①我其已宾,乍(则)帝降若；我勿已宾,乍帝降不若。(前,7·38·1)

②壬寅卜,宾贞：若兹不雨,帝唯兹邑宠,不若。(通,别二·中村)

例①"则"连接两个分句,是一种顺承关系。例②"若"用在从句之首,表示假设关系。

总的来看,甲骨刻辞中虽然已经有了连词,但是数量少,使用频率也比后代低得多。

(附记：杨逢彬在《古汉语研究》2003年第3期发表《论殷墟甲骨刻辞不能肯定存在连词》,颇具参考价值。2005年8月看校样时补。)

九、叹词和语气词

叹词是一种自然声音的习俗定型,被用来表示说话的各种感情。它虽然是词类系统中最不重要的部分,却可能是起源最早的词类之一。管燮初在《殷虚甲骨刻辞的语法研究》(49 页)中曾举了一个甲骨文中的叹词用例:

癸酉卜,殻贞:旬亡祸?王二曰:匄!
王占曰:舲!有杀有梦。(通,735)

"匄"、"舲"是否叹词,虽然尚可讨论,但是甲骨文时代已有叹词应该是不成问题的。

语气词是用在句末表示说话的口气的。这是现在汉藏语系各语言所特有的一类词。远古汉语是否也有语气词呢?我们是持否定意见的。[15]但是也有一些学者是认为甲骨文中就有语气词的。例如:

①丁未卜,扶:又咸戊,幽戊乎?
 丁未卜,扶:又咸戊牛不?(粹,425)
②贞:乎伐邛,尸才。
 贞:勿尸才。(粹,1089)
③其曰徸人旨,其曰毋搜旨。(粹,1160)

郭沫若认为例①的"乎"、例②的"才"是语气词,管燮初认为例③的"旨""相当于古文中的矣字"[16]。他们的看法是难以作为定论的,正如裘锡圭所指出的:"乎"可能"指跟祭祀有关的某件事","才"后可能有未刻出的字,应读作"在"。⑰至于例③的"目",由于句意不明,更难认定为语气词"矣"。还有人举"大风自北以"(京,2915)的"以"为语气词,更是明显的误释。从现有资料来看,我们以为语气词是西周以后才逐渐产生的。

十、词的兼类现象

如上所述,远古时期汉语已形成自己的词类系统,不同词类的句法功能比后代单纯,词类的区分也是明确的,甚至比周秦时代明确一些;但是又必须看到,也有不少词存在兼类或活用现象。

客观的事物是十分复杂的,有些处于动态的事物,从事物的角度来抽象就是名词,从动态的角度来抽象就是动词。如果从不同角度抽象成不同的词,或者像印欧语那样用形态来区分它们,就不存在兼类问题。否则必然产生兼类,远古时期的某些兼类词就是由于这一原因而形成的。例如:

① 弜田,其遘大雨? 自旦至食日不雨? (屯南,42)
② 乙卯卜,贞:今日王田憲,不遘大风? 其遘大风? (通,409)
③ 癸酉卜:乙亥不风? 乙亥其风? (甲,2999)
④ 王無(舞)。(乙,2592)
⑤ 庚寅卜:辛卯奏無(舞),雨? (甲,3069)

"雨"、"风"、"舞"都是动态的事物,在上举例句中它们都分属名词和动词两类。

还有,远古时代人们对某些事物的认识必然要比后代含混模糊一

些,这也是造成词的兼类现象的原因之一。例如:

①丁卯卜,王大获鱼。(通,749)
②王鱼。(乙,7015)
③癸巳卜,殼贞:子渔疾目,福告于父乙。(佚,524)
④贞:乎目邛方。(前,4·32·6)
⑤甲午卜:登黍高祖乙。(粹,166)
⑥王其黍?(存,2·168)
⑦于宗登秾。(佚,563)
⑧王其秾?(摭续,106)
⑨辛卯卜,殼贞:基方作郭。(合,121)
⑩甲申卜,我郭于西。(缀,136)

例②的"鱼"是捕鱼的意思,例④的"目"是用眼睛看(伺察),例⑥的"黍"是种黍,例⑧的"秾"是种秾(小麦),例⑩的"郭"是建筑城郭。它们都用作动词。这些兼有两种词类功能的词,自然也可以根据使用频率的高低,把它们分成兼类和活用两种情况。

总的来看,远古虽然也存在词的兼类和活用现象,但是却比上古时期要少一些。

* * *

远古时期的词类系统不仅有了各类实词,而且有了专表语法关系的虚词,除语气词外后代的各类词已经基本完备。但是各类词的发展并不平衡,同后代相比许多大类下的小类多有未具。如天然单位名词、状态形容词、疑问代词、程度副词等都未发现,专表语法关系的介词、连词还处在初期的发展阶段之中。

附 注

① 这里的分类同管燮初《殷虚甲骨刻辞的语法研究》、陈梦家《殷虚卜辞综述·文法》、向熹《简明汉语史》下编第一节的分类都有所不同,不准备讨论相互之间的同异。

② 为了排版印刷的方便,本文引用卜辞,一律采宽式,冷僻字用后起字或通假字代替。

③ 管燮初(1953)30页。

④ 王国维《观堂集林》163页。(中华书局,1959)

⑤ 陈梦家(1956)《殷虚卜辞综述》114页。

⑥ 赵诚《甲骨文简明词典》308—309页。(中华书局,1988)

⑦ 何休《公羊传解诂·桓公十年》。

⑧ 段玉裁《说文解字注》卷12上。

⑨ 丁声树《释否定词"弗""不"》(载《庆祝蔡元培先生六十五岁论文集》,1935)。

⑩ 陈梦家(1956)《殷虚卜词综述》127页。

⑪ 吕叔湘《论毋与勿》(《汉语语法论文集》增订本83页)。(商务印书馆,1984)

⑫ 王国维《释弜》(《观堂集林》卷6)。

⑬ 裘锡圭《说弜》(《古文字论集》119页)。(中华书局,1992)

⑭ 张玉金《甲骨刻辞中"惠"和"唯"的研究》(《古汉语研究》1988.1)。

⑮ 参考拙作《先秦语气词新探》(一)(《古汉语研究》1988.1)。

⑯ 见郭沫若《殷契粹编》、管燮初《殷虚甲骨刻辞的语法研究》。

⑰ 见裘锡圭《殷虚卜辞的命辞是否问句的考察》(《中国语文》1988.1)。

参考文献

管燮初:《殷虚甲骨刻辞的语法研究》(中国科学院出版,1953)。

陈梦家:《殷虚卜辞综述》(科学出版社,1956)。

郭沫若:《殷契粹编》(日本文求堂书店,1937)。

裘锡圭:《殷虚卜辞的命辞是否问句的考察》(《中国语文》1988.1)。

张玉金:《甲骨卜辞中"惠"和"唯"的研究》(《古汉语研究》,1988.1)。

(原载《薪火编》,山西高校联合出版社,1996)

介词"于"的起源和发展

提要 从考证甲骨文中"于"字用作动词出发,肯定介词"于"来源于"去到"义的动词"于"。它最先是介绍行为的处所,扩展介绍行动的时间,再扩展介绍祭祀的对象。到了西周金文中,更扩大为介绍动作涉及的各种对象,所搭配的动词也更广泛,语义关系也更复杂。春秋战国时期产生了多个变体,它们只是先后不同的假借字或"之于"的合音。语法作用方面的变化主要是所带宾语有了谓词性结构,它可以用在形容词的后面引进比较的对象。还进一步虚化,成为构成复音连词的语素。汉代以后介词"于"开始衰亡,逐渐被"在"等多个介词所取代。最后从方法论的角度批评了《古书虚字集释》和《汉语大字典》对介词"于"的训释。

虚词是汉语表现语法关系、语法范畴的主要手段。先秦的不少虚词在甲骨文中就已产生或萌芽。它们大都是由实词虚化而来的,但是这些虚词的来源和语法作用的发展变化还很少有弄清楚的。介词"于"是先秦很重要的一个虚词,它的产生前人虽然有所论及,但语焉不详;至于它们的语法作用的发展变化,讨论的人也不多,不少问题还有待深入研究。本文试图弄清介词"于"的来源及其语法作用的发展变化,以补前人论述之不足。

一　甲骨文"于"字的用法

"于"字在甲骨文中使用频繁,胡小石先生早就肯定它是介词,指出:"卜辞用'于'有三例,一以示地,二以示时,三以示人。"[①]杨树达先生在《释于》中举了"贞卿事于燎北宗,不遘大雨?"等三个例子,指出:"卿事于燎北宗"即卿士往燎祭北宗,认为"于当训往","于"是动词;又引《诗经》"之子于归"的《毛传》:"于,往也。"作为自己的佐证。[②]胡小石先生没有谈介词"于"的来源,杨树达先生没有谈"于"字的介词用法。但是自从马瑞辰《毛诗传笺通释》引《尔雅》"于,曰也",把这种动词前的"于"字解释为助词后,许多学者都以《毛传》为非,似乎杨树达先生的意见不足为据。我们考察了《甲骨文摹释总集》"于"字的全部用例,认为胡小石先生的意见是对的,甲骨文中"于"字确已用作介词;而杨树达先生的意见也对,甲骨文中是还有不少"于"字用作动词。甲骨文中用作动词的"于"字,有多种类型,现在分述如下:

(一) 名词+于+处所名词

(1) 壬寅卜,王于商。(合,33124)[③] 对比:辛卯卜,王入商。(合,33125)

(2) □午卜,在商贞:今日于亳,无灾?(合,36567)

"王于商"即王去到商邑,句中没有别的动词,"于商"与"入商"的格式相同,"于"是动词。"于"和"往"义近,都表示从甲地到乙地的行为,"往"重在表明离开甲地要去乙地的意向,"于"重在表明从甲地到达乙地的进程。"往"一般不带宾语,也就是不要说明到达的地点;"于"必须带宾语,表明到达的地点。"于"和"至"意义也相近,

"于"是从甲地着眼,是"去到","至"是从乙地着眼,是"来到"。有人认为这种"于"字也是介词,前面的动词省略了,这种看法是不妥的,语法分析不宜轻易谈省略;而且这种省略说也无法解释下面(二)(三)两项的句子。

(二) 自+处所名词+于+处所名词

(3) 乙酉卜,行贞:王步,自遘于大,无灾?在十二月。(合,24238)

(4) 癸卯卜,行贞:王步,自雇于嘉,亡灾?在八月。在雇。(合,24347)

(5) 乙丑贞:今日王步,自䜌于㫑?(合,33147)

(6) 丁巳卜,王步,自䒑于䜌,若?(合,33147)

"王步"是王出行,"自遘于大"是从"遘"这个地方去到"大"这个地方,这种格式中的"于"只能是动词,不可能再说它前面省略了别的动词。

(三) 先+于+处所名词

(7) 从向归,乃先于盂。(合,29117)

(8) □未卜,令雀先于□。(甲编,218)④

"先于盂"即先去到盂地,这种格式也不能说省略了别的动词。

(四) 使/令/呼+名词+于+处所名词

(9) 庚申卜,古贞:王使人于陕,若?(合,376 正)

(10) 贞:呼去伯于冥。(合,635 正)

(11) 丙戌卜,贞:令犬延于京。(合,4630)

这种兼语式的"于"字句,在甲骨文中用例很多,"于"字前都没有别的动词,"于"是"去到"义的动词。

(五)迓+于+处所名词+无灾

(12)丁丑卜,翌日戊王其迓,于囚无灾?于栎无灾?于丧无灾?于盂无灾?于官无灾?(合,28905)

(13)甲申卜,翌日乙王其迓,于栎无灾?(英,2316)

一般把"其迓"同"于"某连读,认为"于"是介词表示处所。但是紧接着几个"于某无灾"怎么办?这就只有认为是省略了动词"迓"了。这样解释是很勉强的。在甲骨文中单独的"于某无灾"的用例非常多,汉语的句子一般是不省略谓语动词的,脱离谓语动词的介词结构也很少能独立成句。因此,这种"于"字也应是动词,而不是介词。

(六)步/往+于+处所名词/动词"田"

(14)辛酉卜,争贞:今日王步,于敦,亡𡆥?(合,7957)

(15)丁卯卜,争贞:王往,于敦,不左?(合7945)

(16)贞:王往,出,于敦?贞:王弗往,出,于敦?(合,7943)

(17)丁未贞:王往,于田,无灾?(合,557)

"步"是出行,"往"是去往,都只表示外出的行动,而不表示要去向哪里,一般不带处所宾语;"于"是去到,表示要到某地去,必须带处所宾语。"于"和"步"、"往"连用,是连动格式;"于田"是"于"带处所名词格式的类推,"于"的意义抽象化,是"去进行"、"去做"的意思,也是动词。"于田"即去进行田猎。

在甲骨文中,"于"字用作介词的类型也有多种,它是由"去到"义

动词虚化而成的。它应该是先用来介绍行为的处所,再扩展介绍行动的时间和动作涉及的对象。分述如下:

(一)动词/动宾+于+处所名词

(18)辛酉卜,殻贞:今二月王入于商?(合,7774)
(19)贞:方其来于沚?(合,6728)
(20)自瀍至于膏,亡灾?(合,28188)
(21)土方征于我东鄙。(合,6507)
(22)贞:作大邑于唐土。(合,1105)
(23)甲子卜,其求雨于东方。(合,20173)

"于"和"往"义动词的运动方向一致,用在往义动词之后,意义不变,是动词;用在"入"、"来"、"至"等"来"义动词之后,运动方向相反,"于"的意义起了变化,抽象化,只表示引进"来至"这一行为的处所,开始向介词转化。同时也用于非往来义动词之后,也常常发生运动方向的不一致,如"土方征于我东鄙","于"也只表示行为的处所。这种用例的大量出现,"于"的意义虚化,也就是语法化成为表示行为处所的标志,由动词转化为介词。在甲骨文中引进处所的"于"字结构,一般都是在动词之后。

(二)于+时间词+动词//动词+于+时间词

(24)贞:其于六月娩。(合,116正)
(25)乙酉卜,殻贞:王于八月入?(合,5167)
(26)贞:于庚申出,于敦?勿于庚申出?(合,7942)
(27)自今辛至于来辛又大雨?(合,30048)
(28)丁亥卜,酒升岁于庚寅。(屯,4318)

"于"字由表示空间扩展为表示时间,意义虚化,它的作用是引进动作进行的时间,由动词转化为介词。引进时间的"于"字结构大多是用在动词的前面。

(三) 祭祀动词(+祷告事情)+于+祭祀对象∥于+祭祀对象+祭祀动词(+祷告事情)

(29) 贞:燎于王亥母豚。(合,1186 正)
(30) 贞:燎于上甲于河十牛。(合,1186)
(31) 丁未卜,争贞:王告于祖乙。(合,1583)
(32) 丁酉卜,其祷年于岳。(合,27465)
(33) 丁未卜,其祷年于河,惠辛亥酒。(合,28262)
(34) 于小乙祷,于祖丁祷。(合,27348)
(35) 于示壬告三牛。(屯,783)

"于"字引进祭祀对象,也是由引进行为处所的用法扩展而来的。祭祀对象一般是人名、庙号或自然神名。其实祭祀对象也是一种广义的行为处所。这里要附带讨论一个问题,例(30)动词"燎"后面带了两个"于"字结构,有人把第二个"于"字认作连词,那是不妥的。春秋战国以后,认为"于"借作"与",也许还说得过去;但是甲骨文中没有"与"字,更没有虚化为介词的"与",再说通借,难免成为无稽之谈。至于"于"字本身,在甲骨文中没有进一步语法化成为连词的任何根据。

"于"字扩展引进祭祀对象,是有着深刻的语言表达需要的。因为祭祀常常涉及四个对象:谁祭祀;祭祀谁(人);为什么祭祀(事);用什么祭祀(物)。在甲骨文中构成一种动词后面带三个名词语(人、事、物)的句式。⑤例如:

(36) 壬子卜,祷禾示壬牢。(合,33333)

(37) 其告秋上甲二牛。(合,28206)

一个动词后面可以带三个名词或其中的一到两个,没有标志,语义关系就有欠明确,介词"于"成了把祭祀对象区分出来的标志。祭祀对象其实是一种广义的行为处所,可以算作句中的处所格名词;祭祀物是工具的性质,可以算作工具格名词,西周以后,"以"虚化成介词,于是用"以"作为祭祀物的标志。这样一来,句子的语义关系自然就明确起来了。这种引进祭祀对象的"于"字结构大多是用在动词后面。

(四) 受事名词+动词+于+名词

(38) 三百羌用于丁。(合,295)

(39) 丙寅卜,亘贞:王敉多屯,若于下上?(合,808 正)

(40) 贞:王敉[多]屯,不若?左于下上?(丙,528)⑥

这是被看成表被动的于字句。例(38)的"于丁"虽然介绍的不是施事,但是也不是简单的祭祀对象,而是普通动词"用"涉及的对象,是动作的受益者。例(39)、例(40)的"下上"可以认为是引进的施事,只是"若"、"左"还不是典型的及物动词。其实"于"字句不能算真正的被动式,"于"引进的是动作适应的范围,是一种广义的处所。在甲骨文中这种表被动的于字句用例不多。

我们考察了《殷墟甲骨刻辞摹释总集》,"于"字共用了九千多次,残缺和难以诠释的用例三千多次,可以辨识的用例为五千多次,其中动词用例占5%左右,引进处所的介词用例占18%左右,引进时间的介词用例占9%左右,引进祭祀对象的介词用例占68%左右。引进祭祀对象的比例大,是由卜辞的性质决定的。"于"字结构绝大多数是紧接动词之后,动词还带有宾语的用例极少。

二 西周金文的"于"字用法

西周金文中"于"字仍有用作动词的。例如：

(41) 隹周公于征伐东尸。(塱方鼎)
(42) 榃伯于遘王。(献簋)

只是比例更小,在整个《商周青铜器铭文选》中只出现三次,占全部用例的1%不到。

至于介词的用法则有了很大变化。首先"于"所带的词语,可以不是表示具体事物或地点的名词,而是表示抽象事物的名词或形容词。例如：

(43) 曰古文王,初盩和于政。(墙盘)
(44) 欲汝弗以乃辟陷于艰。(师询簋)
(45) 乐于永命。(癲钟)
(46) 永终于吉。(井人妄钟)
(47) 克成绥吾考以于晏晏受令。(沈子也簋盖)
(48) 其于之朝夕监。(史䚄簋)

"盩和于政"是说在政治中施行安定和协的方针,并使得政局安定团结,"于政"是在政治事物方面,表示动作的适应范围;"陷于艰"是说陷入困难境地,"艰"本是形容词,在这里表示动作的状态;"于永命"、"于吉"、"于晏晏"也都是表示动作的适应范围或进行状态。这是表示行为处所的扩展,可以算是广义的行为处所介绍,也可以另外概括为行为背景的介绍，或者叫做引进动作范围。

其次，"于"字用作介绍行为涉及的对象时，搭配的动词比甲骨文广泛得多，不限于祭祀动词，因而构成的语义关系必然更加复杂。有的是引进受事或当事（非动作的直接接受者）。例如：

(49) 王乘于舟,为大礼。(麦方尊)
(50) □御于天子。(虢叔旅钟)
(51) 敢追明公赏于父丁。(作册令方彝)
(52) 用享孝于文申。(此鼎)

有的是引进取予的对象。例如：

(53) 格伯取良马乘于朋生。(朋生簋)
(54) 其又内于师旗。(师旗鼎)
(55) 史兽献工于尹。(史兽鼎)
(56) 令作册旗兄望土于相侯。(作册旗尊)

有的是引进告语的对象。例如：

(57) 告追于王。(多友鼎)
(58) 公告厥事于上。(班簋)

有的是引进动作的施事。例如：

(59) 作册麦易金于辟侯。(麦方尊)
(60) 中乎归生凤于王。(中方鼎)

总之,从语义方面来分析,情况是相当复杂的,后代于字结构的多种语义关系在西周金文中大多已经产生,不再像甲骨文中那样单纯。根据语义分类,不易截然划开,比如上面所举的取予对象、告语对象,其实也是当事的一种。在这方面,不宜过细推敲。

《商周青铜器铭文选》所选西周铜器 511 件。"于"字共出现 327 次,除 3 次残缺的和 3 次用作动词的以外,其他 321 次都用作介词。其中引进行为处所的 174 次(介所在处的 109 次,介到达处的 65 次);引进行为发生时间的仅有一次;引进动作适应范围的 14 次,引进动作涉及对象的 132 次(其中祭祀对象仅 6 次)。从句子的结构来看,大多数是"于"字结构紧接在动词后面,共 256 次;"于"字结构接在宾语之后的共 68 次;用作状语的 6 次,其中表示处所的 4 次,表示时间的 1 次,表示对象的 1 次。

三 先秦典籍中的"于"字用法及介词"于"的变体

先秦典籍,一般只能看作春秋战国时代的作品。其中的"于"字仍可用作动词,《诗经》的"于归"(《周南·桃夭》),"于茅"(《豳风·七月》)等,毛传、郑笺释"于"为"往"、"往取",这是正确的,它们是甲骨文中"于"字动词用法的沿袭。据向熹同志考察,《诗经》中"于"字用作"往"义的有 22 次,⑦占全部"于"字(305 次)用例的 7%。"于"字用作"往"义在其他典籍中很少出现,一般多用作介词。先秦典籍中的介词"于"在书写上有几种变体,即又作"於"、"乎"、"诸"。这是春秋时代以后介词"于"最明显的变化。"于"、"於"古音并不完全相同,"于"是匣母鱼部,"於"是影母鱼部。"乎"也是匣母鱼部,它同"于"的区别是开合口的不同。三个字是这个介词先后不同的假借字。"诸"是"之于"的合音。高本汉在《左传真伪考》中对《左传》的介词"于"和"於"

作了全面的分析和统计,他认为"于"、"於"的用法有别;其实不然,从古文字的资料来看,甲骨文里只有"于"字,没有"於"字,春秋时期的金文里才有"於"字,先是用作叹词"乌呼"的"乌",后来才用作介词。我们同意加拿大蒲立本教授和闻宥先生的意见,⑧"于"、"於"的区别是时间的先后,而不是语法作用的不同。也许春秋晚期"於"已开始用来替代"于",《尚书》《诗经》中用作介词的"于"都有几百例,而作"於"的也已分别有十几例,可能这并非都是后来传抄中改写成"於"的,"于"、"於"并用的《齐镈》有可能是春秋时代的器物,⑨"于"、"於"混用,在春秋时代多作"于",战国以后,"於"字的比例越来越大,以致最后取代了"于"。《论语》中"于"用作介词的有8次,"於"却有162次;《孟子》中"于"28次(其中18次引自《诗》、《书》),"於"有436次。两者的使用比例同《尚书》、《诗经》中的比例正好颠倒过来了。这虽然不排除后来传抄改写的可能,但是也许是真实地反映了"於"替代"于"的过程。我们考察了出土的战国中晚期的文献《包山楚简》,全文用介词"於"119次,一次写作"于"的都没有。"于"字出现了一次,但不是用作介词。长沙马王堆汉墓出土的帛书《战国纵横家书》用介词"於"162次,文物出版社1976年本全作"於",据裘锡圭同志对照图版考证,实有三处作"于"。⑩根据这些资料,我们可以肯定,战国中晚期以后"於"已基本上取代了"于",此后的典籍,大多只在引用古籍时才用"于"字,或者是方音或仿古的影响,仍有用"于"的。"乎"字用作介词未见于甲骨文和西周金文,《包山楚简》中也没有,《战国纵横家书》中"乎"字用作介词的有两次;传世典籍中大多都用"乎"字作介词,《尚书》3次,《诗经》22次,《论语》21次,《孟子》43次,《诗经》、《论语》用于引进处所,《尚书》却用于引进动作涉及的对象,《孟子》则用于各种情况。总之,"乎"和"於"用作介词时,看不出在作用上有什么区别,只是数量上"乎"比"於"要少得多。这只应看作文字的书写问题,不宜在语法上强求分别。至于"诸"则是"之于"的合音,它包含了前面动词的代词宾语,是"之于"急读的书写形式,也是一个文字书写问题。

春秋战国时期介词"于"(包括它的各种写法)在语法作用方面的发展变化主要有四点:

(一) 介词"于"的后面不再是只带体词性结构,间或也能带谓词性结构(有带形容词的个别用例)。例如:

(61) 出怒不怒,则怒出於不怒矣。(《庄子·庚桑楚》)

(62) 行政不免於率兽而食人,恶在其为民父母也。(《孟子·梁惠王上》)

(63) 以一服八,何以异於邹敌楚哉?(同上)

(64) 神莫大於化道,福莫长於无祸。(《荀子·劝学》)

(二) 用在形容词后面,产生了引进比较对象的句式。例如:

(65) 季氏富於周公。(《论语·先进》)

(66) 聚其族焉而居之,富於其旧。(《左传·襄公二十八年》)

(67) 天下莫大於秋毫之末,而大山为小。(《庄子·齐物论》)

(68) 王如知此,则无望民之多於邻国也。(《孟子·梁惠王上》)

(三) 出现了一种甲骨文中没有的对于义的"於"字。例如:

(69) 今吾於人也,听其言而观其行。(《论语·公冶长》)

(70) 许於郑,仇敌也。(《左传·昭公十八年》)

(71) 吾於子思则师之矣。(《孟子·万章下》)

(72) 寡人之於国也,尽心焉耳矣。(《孟子·梁惠王上》)

这种"於"字,一般也把它看作介词。但是它带上宾语,从不出现在别的动词的后面,经常不需要别的动词,就可单独成句,虽然只能作从句,如(69)(70)(71)三例;例(72)是所谓的"主+之+谓"的格式,把它认作介词,正是使人疑惑不解之处,认定为动词,涣然冰释。因此,我们认为它是由"去到"义动词"于"虚化而来的动词。

(四)介词"於"进一步虚化,开始同别的词构成固定结构。例如:

(73)自上观之,至於子胥、比干,皆不足贵也。(《庄子·盗跖》)

(74)至於子都,天下莫不知其姣也。(《孟子·告子上》)

(75)王不听,於是国人莫敢言。(《国语·周语上》)

(76)尽羿之道,思天下惟羿为愈己,於是杀羿。(《孟子·离娄下》)

"至於"是由动词"至"加介词"於"构成的,置于句首,"於"的意义更加虚化,例(73)表示范围,"至"和"於"本来的词性还未完全消失,但是"於"已处于"至"的从属地位,例(74)的"至於"更是已经转变成表示轻微转折作用的连词。例(75)、例(76)的"於是"本是介词"於"加代词"是"的介宾结构,可以表示处所、时间、对象、范围等各个方面,现在置于句首,变成了表承接、因果关系的连词。这说明,到了春秋战国时期,介词"於"已经向语素的方向虚化。

纵观春秋战国时期的典籍,介词"于"(包括它的各种写法)的使用频率很高,根据我们的粗略统计:《诗经》267次,《论语》213次,《孟子》534次,《韩非子》1309次,《包山楚简》119次,《战国纵横家书》164次。分别占全书总字数的1%或2%左右。使用频率既高,功能又十分广泛,可以说,这是介词"于"的全盛时期。

四　汉代以后介词"于"的衰落

汉代以后,"在"字开始虚化成介词,它是介词"于"的主要替代者。一般认为"在"字在先秦就是介词,甚至把甲骨文中的"在"字也看作介词,这是以今律古的做法,很不妥当。论证先秦的"在"字是介词最典型的资料有下面几个例子:

(77) 鱼在在藻。(《诗经·小雅·鱼藻》)
(78) 子在齐闻韶,三月不知肉味。(《论语·述而》)
(79) 子在川上曰。(《论语·子罕》)

其实,它们都是连动结构,也可以将它们点断作:"鱼在,在藻。"、"子在齐,闻韶。"、"子在川上,曰。"真正的介词"在"到汉代才产生,《史记》中有少数例子,例如:

(80) 周鼎亡在泗水中。(《封禅书》)
(81) 子亡在外十余年。(《晋世家》)
(82) 献公亡在外十二年而入。(《卫康叔世家》)
(83) 李斯以为上在外崩。(《李斯列传》)

这些用例必须承认已经虚化为介词,虽然在《史记》中只有十几例,仅占"在"字八百多用例的1%;但是它的意义是重要的,这标志着处所介词"于"和"在"的词汇交替过程从此开始了。到了六朝,在《世说新语》中用作处所介词的:"于"8次,"於"214次,"乎"2次,"诸"4次,"在"77次;⑪"在"已将近占了全部"于"系处所介词用例的四分之一,也将近占了"在"字全部用例的四分之一。还有"向"、"对"、"从"等介词也取代了介词"于"的部分功能，而且魏晋以后书面语至少也是文白夹杂的，因此，口语中也许"在"已占了优势。唐宋时期，"于"、"在"的词汇交替过程也许已经基本完成，此后"于"只是作为古语的残留保存在书面语中，一直到现在也没有完全消亡。这是因为"于"从甲骨文时代到春秋战国已发展成为一个功能广泛的介词，能适用于非常广泛的语义系统，这是它的优点；但是这同时又是它的缺点，因为适应性广就必然带有模糊性，语言既有模糊度的要求，又往往要求明确。这大概就是介词"于"既被取代，又长期残留，死而不葬的原因吧。

五 馀论

古汉语虚词的研究，清人刘淇、王引之等作出了超越古人的巨大贡献，这是毫无疑问的；但是他们毕竟没有现代语法学的观念和方法，所使用的训诂方法自然带有时代的局限。今天研究虚词，再简单地沿用传统的训释方法，难免捉襟见肘，运用不当，还会误入歧途。就拿《古书虚字集释》有关"于"、"於"的训释来看，除了"于"、"於"互训外，同训的有："在也"、"犹为也"、"犹以也"、"犹如也"、"犹与也"、"犹而也"、"犹其也"、"犹是也"、"犹有也"、"犹之也"；"於"字还另训"犹则也"、"犹即也"、"犹比也"、"犹从也"等，"于"字也另训"犹及也"、"犹乃也"、"犹焉也"等。照这样训释，"于"、"於"既有多个介词(在、为、以、比、从)连词(而、则、与、及)和助词(之)的语法功能，又有多个动词(如、有)副词(即、乃)和代词(其、是)的义项，像这样兼属多种词类语法功能和义项众多而又零乱无序的语词，恐怕在任何语言中也找不到。这实际上是《古书虚字集释》采取传统训释方法、随文释义、类推比附的结果，极不可信。《汉语大字典》对"于"、"於"的训释分出了介词、连词、助词，再分义项，说"相当于"什么，义项下面再分小项，又说"表示"

什么，训释当然比《古书虚字集释》强一些，但是，"于"、"於"本身既不能相当于"对"、"对于"、"以"、"用"、"拿"、"为"、"替"等，也不能"表方面，原因"、"表范围"、"表动作对象"等，那只是"于"字结构同谓语构成的多种语义关系，是句子语义层面的问题，不是介词"于"本身具有的意义。我们认为，研究古汉语虚词，首先，必须有历史发展观点，要考察每个虚词的来源和历史发展。其次，要特别重视语言的系统性，把每个虚词都摆在一定时期的语言系统中去考察，一个虚词的各个语法意义、语法功能之间都是有联系的，自身形成一个系统，不要孤立地看问题，随文释义，把一个虚词的语法意义系统搞得支离破碎，强给它设立一些非固有的义项。我们希望古汉语虚词的研究有一个飞跃发展，每个虚词的历史发展都能尽快弄清楚。

附　　注

① 《胡小石论文集三编》58页。（上海古籍出版社，1995）
② 《杨树达文集》之五，22页。（上海古籍出版社，1986）
③ 本文所引卜辞的释文采用宽式。
④ 转引自杨树达《积微居甲文说·释于》。
⑤ 参看陈初生《论上古汉语动词多对象的表示法》。（《中国语文》1991.2）
⑥ 转引自唐钰明、周锡䪖《论上古汉语被动式的起源》。（《学术研究》1985.5）
⑦ 向熹《诗经词典》595页。（四川人民出版社，1986）
⑧ 参看闻宥《"于""於"新论》。（《中国语言学报》第2期）
⑨ 参看杨树达《积微居金文说》100页至103页。（科学出版社，1959）
⑩ 裘锡圭《古代文史研究新探》89页至90页。（江苏古籍出版社，1992）
⑪ 据张万起《世说新语词典》。（商务印书馆，1993）

（本文在第二届国际古汉语语法研讨会（北京，1996.8.19—22）宣讲，发表在《中国语文》1997年第2期，又收入研讨会论文选编《古汉语语法论集》，语文出版社，1998）

介词"以"的起源和发展

提要 "以"在甲骨文中是一个动词;在西周金文中已虚化为非常活跃的介词,并有了连词的用法;春秋战国时期变化更大,主要用作介词、连词,并进一步构成固定结构,转化成构词语素。中古以后介词"以"逐渐衰落。

一

"以"字在甲骨文中作⟡和⟡。郭沫若先生把⟡释作"以"是对的,我们赞同李亚农、金祥恒和裘锡圭同志的看法,⟡和⟡是繁简体的关系,⟡像人手提一物[①]。"以"的本义应是提携、携带,用作具体"提携"义的例证在卜辞中很难找到,用作抽象的"携带""带领"义的用例却是很多的。例如:

(1) 丁未卜,争贞:勿令臯以众伐邛?(合,26)
(2) 丁未卜,贞:惟亚以众人步?十二月。(合,35)
(3) 丁卯卜,令执以人田于叒?十一月。(合,1022乙)
(4) 辛酉贞:王令⟡以子方奠于并。(存,1·1916)[②]
(5) 㠯以众命伐召方。(人,2523)

有的人把这种"以"字认作介词,甚至连词,那是以今律古,显然是不妥当的。这里的"以"很实在,是动词;"以众"是带领众人,它同后面的动词构成连动结构,而不是介宾结构作状语。"以"的使用范围扩大,用于表示向上送缴物品或向祭祀对象供奉物品,引申出"致送"义,"致送"也就是带来或带去的意思,它相当于后代的"贡纳"或"进献",卜辞中"以"的这种用例更多。例如:

(6) 辛未卜,永贞:追以牛。(合,8970)
(7) 戊辰卜,雀以象?
　　 戊辰卜,雀不其以象?十二月。(合,8984)
(8) 癸亥贞:危方以牛,其蒸于来甲申?(合,33191)
(9) 壬申贞:蒸,多宁以鬯于大乙?
　　 壬申贞:多宁以鬯蒸于丁卯,惟……(屯南,2567)
(10) 甲辰贞:射岙以羌一于父于……(合,32025)

前三例一般都释作贡纳,后两例一般释作进献。这种"以"后面的宾语一般都是贡纳或进献的物品,如上举各例,但是也可以是进献的对象,例如:

(11) 庚寅贞:王米于囧以祖乙。(粹,227)[③]
(12) 丙申贞:其告高祖燊以祖辛?/弜以?(合,32314)

徐中舒主编的《甲骨文字典》把这种"以"字释作祭祀动词,这同许多古文字研究者的看法是不一致的,我们也不赞同。"以祖乙"即向祖乙进献物品,进献何种物品没有说明。例(12)的前一个"以",也有人释作"及",我们认为还是"进献"的意思。这种"以"字带宾语的结构,可以用在别的动词之前,也可以用在别的动词之后,都还是"致送"义动词,

不过这种"以"字结构用在别的动词之后,理解时受后代的影响,可能把"以"字看作介词,例如:

(13) 王其田,以万,弗悔,吉?
以万,吉?(小屯南,2256)
(14) 乙未卜,旅贞:侑,以牛,其用于妣?惟今日?(合,23403)
(15) 庚辰卜,其蒸方,以羌,在必,王受有佑?(小屯南,606)

上举三例,一般都把"以"字结构连前读,自然容易看作介宾结构作补语。我们认为,在甲骨文时代,这些"以"字仍是动词,仍是带领或进献的意思,应该点断。不过,这也许正是"以"字由动词虚化为介词的契机之一。据我们的粗略统计,《殷墟甲骨刻辞摹释总集》共出现"以"字946次,残缺难释的条目占一半以上,在可以通读的近五百次的用例中,90%以上是单独用作谓语,只有10%的用例另有动词。一般都是用作上面两种意思,在全部用例中,我们找不到任何一例是真正用作介词的。

二

西周金文中"以"字单独作谓语的已经非常少。马承源《商周青铜器铭文选》选有西周青铜器511件,"以"字出现64次,单独作谓语的仅一次,在连动结构中,"以"的意义也起了变化,未见"致送"义的用例,一般是用作"带领"义。例如:

(16) 伯懋父以殷八师征东尸。(小臣謎簋)
(17) 王以侯内于寝。(麦方尊)

(18) 以乃师左比毛父。(班簋)

上举各例的"以"肯定还是带领义动词,但是已经有了虚化的倾向。"以殷八师"可以是带领殷的八支部队,也可以理解为使用殷的八支部队。

"以"的使用范围进一步扩大,宾语是不能带领的事物,"以"的意义自然虚化;加上"以"字结构有时用在另一动词的后面,也是促使"以"的意义虚化的条件。在这种语境中,动词"以"于是语法化成为介词。例如:

(19) 虢仲以王南征。(虢仲盨盖)
(20) 汝以我车宕伐玁狁于高陵。(不其簋盖)
(21) 余献妇氏以壶。(五年琱生簋)
(22) 王令东宫追以六师之年。(敔贮簋)

带领往往是大带小、上领下。例(19)不可能是虢仲带领王南征,而只能是虢仲凭藉王命南征。"以王"是南征的依据,是介宾结构作状语。例(20)"车"是宕伐玁狁的武力,也可以说是完成"宕伐"这一动作的工具,"以我车"是引进行为工具的介宾结构。例(21)"以壶"如果用在动词"献"之前,还可能理解成"拿壶";现在用在后面,"以"的意义就很空灵了,只能是介绍动作涉及的对象的介词。例(22)"以六师"如果用在动词"追"之前,"以"就保留了它原来的意义(带领),现在用在后面,再也无法理解为"带领"了,只能是引进动作涉及对象的介词。

综观西周金文中的介词"以",可以引进动作行为赖以进行的工具或凭藉,如例(20);也可以引进动作直接涉及的对象,表示行为的方式,如例(21)(22);还可以引进动作行为实施的原因,如例(19)。偶尔也引进行为动作进行的时间,例如:

(23) 王四月,郼孝子𠚏(以)庚寅之日命铸饲鼎鬲。(郼孝子鼎)

"以"虚化为介词以后,还可以用在方位词、处所词的前面,表示空间、时间、数量的界限,西周金文中也有了这种用法。例如:

(24) 履,自瀍涉,以南,至于大沽,一封。(散盘)

介词"以"有一个特性,宾语前置和省略的情况比较多,西周金文中也有反映。例如:

(25) 折首五百,执讯五十,是以先行。(虢季子白盘)
(26) 受令册,佩以出,返纳瑾璋。(颂鼎)

例(25),"是以"是宾语前置,后来形成固定结构。例(26)的"以"是由于介词"以"的宾语省略而进一步虚化成连词的(详情下面再谈)。根据我们的考察,"以"的语法化速度比"于"快④,金文中"以"字的介词用法已经基本上齐全,并有了连词的用法,只是使用频率比后代低一些。在《商周青铜器铭文选》的所有"以"字中,可以肯定为动词的有19次,介词有31次,连词3次。

三

春秋战国时期"以"字变化极大,用作动词的已经很少,主要是用作介词和连词。我们以《论语》、《孟子》作为考察的对象来讨论问题。据杨伯峻《论语译注》所附《论语词典》统计,"以"字单用152次,其中用作动词的10次,用作介词的96次,用作连词的41次,其他5次;作为连用的固定结构50次,其中"可以"33次,"何以"8次,"足以"3次,"所以"3次,"是以"3次。杨伯峻先生的统计有些误差,但是总的使用状况还是反映出来了。根据我们的考察分析,《论语》共使用"以"字207次,其中动词11次,介词156次,连词31次,连用的固定结构中的"以"字大多仍是介词的性质,只有"可以"的用例中,有的已经凝固成词,"以"成了构词语素。

《论语》中的动词"以",与西周金文相比,意义也起了变化,不再是"带领"义,已经是"用"、"使用"这种抽象的意义。例如:

(27)夏后氏以松,殷人以柏,周人以栗。(八佾)
(28)桓公九合诸侯,不以兵车,管仲之力也。(宪问)

《论语》中"以"字的介词用法非常灵活,它带上宾语可以用在谓语动词的前面,也可以用在后面。例如:

(29)君子以文会友,以友辅仁。(颜渊)
(30)孺悲欲见孔子,孔子辞以疾。(阳货)
(31)博我以文,约我以礼。(子罕)

《论语》中,"以+宾"前置的31次,后置的26次。

"以"字的宾语大都是体词性的,但是有时也可以是谓词性的,出现3次。例如:

(32)以能问於不能,以多问於寡。(泰伯)

一般来说,介词都要带宾语,宾语又多是处在介词的后面;但是介

词"以"的宾语却常常出现在它的前面,同时还常常省略宾语。这一特点在《论语》中反映得十分明显。例如:

(33) 君子义以为质,礼以行之,孙以出之,信以成之。(卫灵公)
(34) 吾道一以贯之。(里仁)
(35) 明日,子路行,以告。(微子)
(36) 事君尽礼,人以为诌也。(八佾)
(37) 舜亦以命禹。(尧曰)

前两例是宾语前置,可以移置"以"字后面;后三例是省略了宾语,"以"后都可以补上一个"之"字作宾语。有时是前置,还是省略,难以划清。例如:

(38) 素以为绚兮。(八佾)
(39) 羔裘玄冠不以吊。(乡党)

例(38)可以变换词序为"以素为绚兮",也可以给介词"以"增补宾语成为"素以之为绚兮"。同样例(39)也可以既变换为"不以羔裘玄冠吊",又变换为"羔裘玄冠不以之吊"。

介词"以"在《论语》中的语法意义、语法作用,杨伯峻先生把它分成了五类(列在"以"的全部释义的(六)至(十)):"(六)介词,依,按;(七)介词,用;(八)介词,因;(九)介词,表凭藉;(十)介词,与。"这是采取传统训诂的方式,实际上是从随文释义、翻译的角度来分立义项的,很不妥当。⑤根据我们的考察分析,《论语》中介词"以"的语法作用、语法意义可以概括为四项:

(一)引进动作行为赖以进行的工具、手段、前提等,即广义的工具。整个介词结构表示动作的凭藉。例如：

（40）遇丈人，以杖荷蓧。（微子）
（41）不以礼节之，亦不可行也。（学而）
（42）君使臣以礼，臣事君以忠。（八佾）

（二）引进动作行为直接涉及的对象，表示动作进行的方式。方式其实就是凭藉的扩展，只是意思抽象一些。例如：

（43）生，事之以礼；死，葬之以礼。（为政）
（44）以直报怨，以德报德。（宪问）

（三）引进动作行为发生的原因，原因也是一种凭藉，它也是表示动作凭藉的引申。例如：

（45）以约失之者鲜矣。（里仁）
（46）孔文子何以谓之文也？（公冶长）
（47）君子不以言举人，不以人废言。（卫灵公）

（四）引进动作进行或发生的时间，《论语》中没有典型的例证，勉强可以算上的是：

（48）节用而爱人，使民以时。（学而）

时间也是动作进行方式的诸要素之一，是由表示动作进行方式扩展来的。如例(48)其实也可以看作表示动作进行的方式。

《论语》中介词"以"的语法作用大多数是第一类,其次是第二类,第三类较少。三类的界限不是很清楚的,这里就不作统计了。其他典籍的情况也大致相似,引进时间更是很个别的。

由于介词"以"的宾语既可以前置,又可以省略,加上也可以用谓词充当;因而使它具备了进一步虚化为连词的条件。分析《论语》中连词"以"的用例,就可以说明这一问题。例如:

(49)隐居以求其志,行义以达其道。(季氏)

(50)修己以安百姓。(宪问)

(51)人洁己以进。(述而)

例(49)可以变换为"以隐居求其志,以行义达其道",也可以变换为"隐居以之求其志,行义以之达其道"。变换以后,"以"是表示凭藉的介词。现在"以"处在两个谓词性结构之间,不是介词的典型语境,意义进一步虚化,由介词语法化成为连词,连接的两部分,后一部分表示动作行为的目的。例(50)同样可以作两种变换,例(51)由于后一成分太短,"以"后如果加"之",音节搭配上似乎有些别扭,但是实质上是一样的。这种连接目的语的连词"以"产生后,类推扩展,又可以连接两个并列的谓词性成分,意义更虚,作用跟连词"而"有些相似。例如:

(52)使民敬、忠以劝,如之何?(为政)

"以"的这种用法是比较少的,人们常常举的典型例子还有:

(53)治世之音安以乐,乱世之音怨以怒,亡国之音哀以思。(礼记·乐记)

在《论语》中连词"以"还有连接原因分句的。例如:

(54) 以吾从大夫之后,不敢不告也。(宪问)
(55) 以吾一日长乎尔,毋吾以也。(先进)

这实际上是引进原因的介词"以"用在分句中,只好把它算作连词。

《论语》中"以"字的连用结构可以分成两类:一类是"可以""足以""无以""以为",这是牵涉省略不省略宾语的结构。在《论语》中大多还是省略宾语的连用结构。例如:

(56) 诗,可以兴,可以观,可以群,可以怨。(阳货)
(57) 退而省其私,亦足以发,回也不愚。(为政)
(58) 不学诗,无以言。(季氏)
(59) 夫颛臾,昔者先王以为东蒙主。(季氏)
(60) 君子一言以为知,一言以为不知,言不可不慎也。(子张)

"可以"连用32次,应认为省略宾语的有27次以上;"足以"连用4次,"无以"连用6次,"以为"连用18次,全应认为是省略。"以为"还大多既可以认为省略,又可以认为是宾语前置,如例(59)。"可以"有3—5次已经不能认为省略了宾语。例如:

(61) 不仁者不可以久处约,不可以长处乐。(里仁)
(62) 士不可以不弘毅。(泰伯)

"可以"经常连用,"以"后的宾语又大多省略,意义越来越虚,在没有什么可以省略的情况下,也能用上它,于是凝固成词,"以"也就成了后补的构词语素。"可以"与"可"意义完全相同。

第二类是"何以""所以""是以",这都是宾语前置的介词结构。《论语》中出现"何以"8次,"所以"4次,"是以"4次。例如:

(63) 吾何以观之哉?(八佾)
(64) 不患无位,患所以立。(里仁)
(65) 三代之所以直道而行也。(卫灵公)
(66) 敏而好学,不耻下问,是以谓之文也。(公冶长)
(67) 曾是以为孝乎?(为政)

"何以"常常用在动词的前面作状语,询问动作的凭藉;"所以"常常表示动作的凭藉,如例(64),也可以表示动作的原因,如例(65);"是以"一般是用作因果句的连接成分,如例(66),它比"以是"的意义空灵一些,作用也不一样[7],但是《论语》中也有用作状语、表示动作凭藉的,跟"以是"的作用相同,如例(67)。

《孟子》中"以"字共出现614次,主要是用作介词,大约460次左右;其他用作连词的有66次,勉强可以算作动词的不超过20次;通"已",用作程度副词的4次;用作构词语素的62次。"以"的介词用法基本上与《论语》相同,带上宾语用在动词前作状语的168次,用在动词后作补语的63次,省略宾语或宾语前置的229次。经分析,它跟《论语》差别比较明显的,一是连用结构凝固得更紧。不但"可以"凝固成词的比率大大提高,"以为"也有不少已经凝固成词。例如:

(68) 可以仕则仕,可以止则止。(公孙丑上)
(69) 可以取,可以无取。(离娄下)
(70) 之则以为爱无差等。(滕文公上)

(71) 子以为有王者作,将比今之诸侯而诛之乎?(万章下)

"可以"凝固成词的有 50 次,没有凝固成词的 24 次。"以为"凝固成词的 12 次,是"认为"的意思;应该拆开理解的有 36 次,"以"后都隐含着一个宾语。第二点是,"以"带谓词性宾语的比率也有提高,共 21 次,而且不限于单个的动词或形容词,宾语的内部结构也比《论语》中的复杂得多。例如:

(72) 尧以不得舜为己忧。(滕文公上)
(73) 故就汤而说之以伐夏救民。(万章上)

通观先秦典籍,"以"字用作动词的都已经很少,这说明春秋战国时期"以"字已经完成其虚化过程。同西周相比,它的语法作用的重要变化有二:一是经常用作连词[8],可以连接表因果关系的词语或句子,也可以连接并列关系的词语或句子。二是介词"以"同许多别的词组成固定结构用作修饰成分或连接成分,并且有的已经开始凝固成词,"以"进一步虚化成构词语素,如"可以""以为"。其他的固定结构后代也大多凝固成为词,"所以"在魏晋以后转化成连词,即其一例。

总之,"以"字在甲骨文中是一个动词,西周以后是一个非常活跃的虚词,先由动词虚化成介词,再由介词虚化成连词,或构成固定结构,再凝固成词,转化成构词语素。中古以后"以"逐渐衰落,被新的介词所取代,但是仍作为古语成分保留至今。它的衰落过程,有待另行研究了。

附 注

① 参看裘锡圭《说"以"》,载《古文字论集》。(中华书局,1992)
② 本例和下例转引自赵诚《甲骨文简明词典》300 页、305 页,被分别视作

连词和介词。(中华书局,1988)

　　③　转引自徐中舒主编的《甲骨文字典》。(四川辞书出版社,1990)

　　④　参看拙作《介词"于"的起源和发展》。(《中国语文》1997.2)

　　⑤　《汉语大字典》对"以"的释义更加混乱。(参看第一册105页至107页)。

　　⑥　《尧曰》:"朕躬有罪,无以万方。"这里的"以"是动词带宾语,不计。

　　⑦　参看麦梅翘《古汉语中的"是以"和"以是"》。(《语言文字学术论文集》,知识出版社,1989)

　　⑧　西周金文中虽然有个别连词用例(三次是同一个人所作不同器物上的同一句话),仔细分析,还带有介词的意味,应是"以"用作连词的初始阶段。

　　　　　　　　　　　　　　(原载《古汉语研究》1998年第1期)

再谈马建忠和《马氏文通》

十年前写过一篇短文——《马建忠和〈马氏文通〉》,今年是《马氏文通》出版一百周年,再来做这个题目,我只能是老生常谈,但是也可能并非毫无意义。

一、马建忠是什么样的人?

十年来我们对马建忠知道得越来越多,认识也越来越深入。马建忠是一个为了中国的繁荣富强、站在时代前列、向西方寻求真理的先进人物。他虽然生活在洋务派的圈子里,思想却达到了维新派的高度,是同时代最激进的社会改革家之一。他办过外交,虽然失利,却不愧为一个机敏的外交家。他搞过航运、纺织,是颇有才干的企业家。他写过经济方面的论文,提出过不少富国利民的经济建设的主张,是颇具远见的经济学家。梁启超在《适可斋记言记行·序》中称赞马建忠:"每发一论,动为数十年以前谈洋务者所不能言;每建一议,皆为数十年以后治中国者所不能易。嗟夫!使向者而用其言,宁有今日,使今日而用其言,宁有将来。"这并非谀词,而是出自深有了解的朋友之口的惋惜。但是,作为社会活动家的马建忠是失败的。

作为学者的马建忠,他至少懂得希腊、拉丁、英文、法文、俄文五种语言文字,有一定的西方语言学理论修养,在仕途失意的情况下,退居家园,本着开发民智、教育救国的理想,创作了中国第一部系统的汉语语法著作《马氏文通》,开创了中国现代的语法学。百年后的今天还被人们当作汉语语法学的创始人来纪念,这大概是他自己没有料到的。

二、怎样评价《马氏文通》?

《马氏文通》出版后,风行一时,早期评价颇高,渐有质疑、刊误。二十年代对它就有了模仿外国文法的批评;三十年代在文法革新的大潮中,对《马氏文通》"机械模仿"的批评声浪更高。这是可以理解的,是学术发展过程中不可避免的现象。因为引进一门学科,开始模仿的成分多一些是难免的;研究深入以后,人们对此不满,要求更注重汉语自己的语法特点,批评过头一些,只是矫枉过正罢了。但是,八十年代又冒出一种彻底否定《马氏文通》,甚至彻底否定自《马氏文通》以来的整个汉语语法研究的噪音,这是难以令人首肯的。梁启超在《中国近三百年学术史》中说:"眉叔是深通西文的人。这部书(指《文通》)是把王、俞之学融会贯通之后,仿欧人的文法书把语词详密分类组织而成的。"在《论中国学术思想变迁之大势》中说:"近世俞荫甫为《古书疑义举例》,禀高邮学,而分别部居之。而最近则马眉叔建忠著《文通》,亦凭借高邮(眉叔著书时,余在上海、居相邻,往往有所商榷,知其取材于《经传释词》、《古书疑义举例》者独多也。),创前古未有之业。中国之有文典,自马氏始。推其所自出,则亦戴学之赐也。"梁启超指出了《马氏文通》的两个来源,这是符合实际的评价。王力先生在《中国语言学史》中说:"《马氏文通》可以说是富于创造性的一部语法书。"这个评语一点也不过分。

我们今天应该明确,《马氏文通》绝不是机械模仿、一律照搬,而是"以西方语法作为模特儿来研究语法"(王力语)。马建忠在《后序》中明确说:"斯书也,因西文已有之规矩,於经籍中求其所同所不同者,曲证繁引以确知华文义例之所在。"他是这样说的,也是这样做的。他相信中西语法的相同规律,也注意了它们的差异。因而作出了多方面的创新和成绩:

(1) 西方语言有形态变化,讲语法主要是讲形态;马建忠认识到"中国文字无变也",完全不讲形态。他在《例言》中说:"是书本旨,专论句读。"指出讲字类也是为了讲句读。实际上他在分卷讲字类时是在讲各类词的句法功能,把句法和词法结合起来讲。这同讲形态的西方语法有很大的不同,怎么能说是机械模仿呢?德国汉学家加贝伦兹1881年所写的汉语语法,在西方一直受到推崇;但是它模仿拉丁语、德语给汉语立五个格,大讲"格论"①,对比之下,更说明马建忠不是机械模仿。

(2) 马建忠说:"助字者,华文所独,所以济夫动字不变之穷。"在词类中专设助字一类,这是明显的创造。

(3) 马建忠看到了汉语句子不一定要有主语的特点,总结出几种没有主语的句式,比如他说:"大抵议论句读皆泛指,故无起词,此则华文所独也。"这也是很大的创造。

(4) 马建忠继承训诂学研究虚词的传统,重视虚词和词序的分析研究,结合西方的语法学,把汉语的虚词研究推向了一个新的高度,更是他的重要贡献。

正如王力先生在《中国语言学史》中说的:"有许多人都批评他照抄西洋语法,这其实是没有细读他的书。"应该说,《文通》的写作,是一种融会中西的做法,这是中国近代学术发展的必由之路。

由于马建忠中西学术根底都很深厚,把传统小学的虚词研究和西方的语法学结合起来,做得比较出色,因而《马氏文通》才经得起时间的考验。它比后来的许多汉语语法著作,包括今天的许多古汉语语法论著都高明。王力先生说:"马氏精通拉丁语和法语,他拿西洋语言来跟汉语比较,是全面而精到的,与后来那些一知半解、仅凭一部《纳氏文法》来比附的相比较,有上下床之别。"②朱德熙先生说:"只要看《文通》问世二十余年以后出版的一批语法著作,无论就内容的充实程度论,还是就发掘的深度论,较之《文通》多有逊色,对比之下,就可以看出《文通》的价值了。"③他们的评论是中肯的。

我们只拿《汉语大字典》来作个比较,有关虚词的训释就大多不如《马氏文通》。例如"而"字:《马氏文通》指出:"'而'字之为连字,不惟用以承接,而且为推转者亦习见焉。然此皆上下文义为之。不知'而'字不变之例,惟用以为动静诸字之过递耳,是犹'与''及'等字之用以联名代诸字也。"这就是说,"而"字的根本作用是连接两个谓词性成分。马建忠的分析论述是非常高明而精确的。《汉语大字典》却把这种"而"字分立为13个义项:副词义3个:"相当于'才'","相当于'只''惟独'","相当于'犹''还'"。连词义7个(略)。助词义2个:"相当于'之''的'","相当于'以'"。语气词义1个:"相当于'岂''难道'"。这是杂采传统训诂学的释义而成的,是虚词训释中最庞杂不可取的典型。《马氏文通》关于介词、连词、助词(语气词)的分析论述都相当精彩,往往胜过某些后出的语法论著。五十年代以来,《马氏文通》的影响越来越大,正是由于他的内容充实,发掘有深度,直到今天还有重要参考价值所致。

三、怎样看待百年来的汉语语法研究?

汉语语法的研究原是训诂学的附庸,《马氏文通》的出版开创了汉语语法学的领域,并日益壮大,已经成为显学。把百年来的汉语语法研究都归作机械模仿西方语法的历史,固然是荒谬的;许多语法学史的论著对百年来汉语语法研究的论述也很片面,往往是从研究现代汉语法的角度来立论的。

我们知道,《马氏文通》研究的对象是古汉语语法,它引用的资料,上起周秦,下迄韩文,跨越一千多年。这是一种泛时的语法研究。《马氏文通》出版后二十多年之间出版的一批语法著作,大都是沿袭《文通》的模式写成的国文法,也就是所谓的文言文法。这是汉语语法学的泛时语法研究阶段。

"五四"前后提倡白话,语法研究转向研究国语文法,这是一种共时的语法研究。黎锦熙的《新著国语文法》是最早的代表作。三十年代末有文法革新的讨论,四十年代有王力的《中国语法理论》《中国现代语法》、吕叔湘的《中国文法要略》、高名凯的《汉语语法论》。三四十年代虽然也有一些古代的专书语法研究和古代的专题语法研究,如黎锦熙的《三百篇之"之"》、王力的《中国文法中的系词》、丁声树的《释否定词"弗""不"》、吕叔湘的《释您、俺、咱、喒,附论们字》等。这还只能算是汉语历时语法研究的开始阶段。总的来看,三四十年代是以研究现代语法为主的时期,成果主要表现在现代汉语语法方面。这是汉语语法学共时语法研究为主的阶段。

五十年代以来,现代汉语语法研究从原来的一统天下的传统语法到结构主义语法的兴起,再到转化生成语法、格语法、系统功能语法的多头引进;分析方法也从一统的成分分析法到层次分析法转为主流,再到变换分析法、语义特征分析法、语义格分析、语义指向分析的运用。现代汉语语法研究的理论方法在不断改进,研究的广度、深度都有长足的进展。丁声树等的《现代汉语语法讲话》、陆志伟等的《汉语构词法》、张志公等的《暂拟汉语语法教学系统》、朱德熙的《语法讲义》、吕叔湘的《汉语语法分析问题》等是这个时期影响最大、最具代表性的现代汉语语法著作。这无疑是快半个世纪汉语语法研究的最重要的成果。但是,我们却不能不看到,五十年代以来汉语历史语法的研究也是发展非常迅速的。王力的《汉语史稿》中册1958年出版,第一次给汉语语法的历史发展勾画了一个轮廓,大大推动了汉语历史语法的研究。八十年代汉语历史语法研究形成了全面开花的局面,既有古代汉语专题语法研究,也有古代专书语法研究,还有断代语法研究。研究方法也更重视语言的历时性、系统性和定量分析。王力的《汉语史稿》中册和八十年代改写而成的《汉语语法史》、刘世儒的《魏晋南北朝量词研究》、管燮初的《西周金文语法研究》、吕叔湘的《近代汉语指代词》等是这方面的代表作。还应该说,已经形成了汉语古今语法研究平分秋色的局面,是共时语法研究和历史语法研究并驾齐驱的第三阶段。

总之,《马氏文通》开创的研究汉语语法的道路越来越宽广,现代汉语语法的研究和汉语历史语法的研究都在中国语言学研究领域中占有非常显著的地位。它在二十世纪已经形成为一个成绩斐然的新学科,这是谁也无法否认的。在走向二十一世纪的时候,我们可以满怀信心地说,由马建忠创建的汉语语法学必将获得新的发展,更加成熟起来。

附 注

① 参看王力《中国语法理论·导言》。(见《王力文集》一卷10页)
② 《中国语言学史》175页。(山西人民出版社,1981)
③ 《汉语语法丛书》序。(见《马氏文通》,商务印书馆,1983)

(原载《中国语文》1998年第6期;又收入《马氏文通》出版百年纪念文集《〈马氏文通〉与汉语语法学》,商务印书馆,2000)

汉语的同源词和构词法

提要 汉语的同源词是指有共同语源、音义都有一定联系的词。由词义构词形成同音的同源词,由音变构词形成异音的同源词;由结构构词只能形成同素词。

同源词顾名思义是有共同语源的词。它属于词源学的范畴。关于词的来源问题早在公元前就被中外的哲人所议论和探讨,但是西方现代词源学却到十八、十九世纪才随着历史比较语言学的产生而产生,是历史比较语言学的分支。它的基本方法是通过亲属语言的比较,构拟出词的最古的音义相同的词。另外,在同一语言中由词根相同而派生出来的词,一般叫做同根词,也有称作同源词的。汉语词源的探讨早在先秦就已萌芽,《荀子》的"约定俗成"说是最著名的论点。汉代刘熙的《释名》用声训来推求词义的由来,也就是探讨词源,尽管具体论说大多是不成功的,但是仍不失为一部探讨词源的专著。以后的右文说和"因声求义"说直到章太炎的《文始》、王力先生的《同源字典》都是在探讨汉字的字源,也就是汉语的词源。汉语的同源词是指有共同语源、音义都有一定联系的词;它的产生同汉语的构词法有密切的联系。它同西方语言学中不同语言中的同源词不是一回事,而是相当于西方一个语言中由相同词根派生出来的词。

一、词义构词法形成同音的同源词

汉语的同源词可以分为音同和音近两类,同音的同源词是由词义引申形成的。词义引申产生新义,近引申义是属于一词多义现象,远引申义就分化为同源词。例如"道":

(1) 路,道路。《论语·泰伯》:"任重而道远"。
(2) 流水通行的途径。《左传》昭公十三年:"晋侯会吴子于良,水道不可。"
(3) 道理,规律。《论语·里仁》:"朝闻道,夕死可矣。"
(4) 述说。《孟子·梁惠王上》:"仲尼之徒,无道桓文之事者。"

(1)义和(2)义是近引申,应该算一词多义;(3)义、(4)义是远引申分化出来的两个同源词。这是字形不变的同音同源词。字形不变,一词多义和同源词的界限不易分清。因此在文字的使用过程中,有的就会产生分化字。例如"尊":

(1) 盛酒的器具。《礼记·乡饮酒义》:"尊有玄酒,贵其质也。"《左传》襄公二十三年:"新樽洁之。"
《晏子春秋·内篇杂上》:"酌寡人之罇,进之于客。"
(2) 尊崇,高贵。《易经·系辞上》:"天尊地卑,乾坤定矣。"
(3) 尊重,敬重。《孟子·公孙丑上》:"尊贤使能,俊杰在位。"

《说文·酋部》:"尊,酒器也。"(2)义、(3)义是由(1)义引申出来的,使用既久,加上社会生活的变化,人们对(1)义和(2)(3)义之间的关系,已经不甚了了,于是为本义造了分化字。分化字的产生标志着不

同意义之间,已分化为同源词。(2)(3)两义字形未变,义亦相近,但词性不同,也以看作同源词为妥。再如"右":

(1) 右手。《左传》成公二年:"左并辔,右援枹而鼓。"
(2) 右边。《孟子·梁惠王下》:"王顾左右而言他。"
(3) 帮助。《左传》襄公十年:"王右伯舆。"杜预注:"右,助。"
(4) 保佑。《汉书·翟义传》:"是天反复右我汉国也。"颜师古注:"右读曰祐。"

(1)义本作"又",《说文》:"又,手也。象形"。(2)义是(1)义的近引申,(3)(4)义是由(1)义分化出来的同源词。在甲骨文中有(2)(4)两义,都写作"又"[①]。"右"本是为(3)义所造的分化字,《说文·口部》:"右,助也。从口,从又。""又"字借作表重复的副词以后,于是用"右"表示这几个意义。(3)义又有后起字"佑"。(4)义又有后起字"祐"。可见古人已经认识到(1)(2)义与(3)(4)义有了较大的距离,也就是说,已经把它们看成不同的词。"右"字古有上、去两读,(1)(2)义读上声,(3)(4)义读去声。去声后起,"佑""祐"很可能是声音分化后才产生的分化字;在上古四个义项应该都是上声,是词义构词现象。

另外有一种情况是几个同音字,似乎没有关系,其实也是音同义近的同源词。例如"才"、"材"、"财":

(1) 既竭吾才。(《论语·子罕》)
(2) 人见其濯濯也,以为未尝有材焉。(《孟子·告子上》)
(3) 暮而果大亡其财。(《韩非子·说难》)

先看三个字的训释:《说文·才部》:"才,草木之初也。"段玉裁注:

"草木之初,而枝叶毕寓焉。生人之初,而万善毕具焉。故人之能曰才,言人之所蕴也。"又《说文·木部》:"材,木挺也。"段玉裁注:"材谓可用也。"又《说文·贝部》:"财,人所宝也。"三个字《说文》的训释差异相当大,段玉裁的注触及了三个字的意义联系;其实它们是音同字异的同源词。人有用叫做"才",木有用叫做"材",物有用叫做"财"。它们的共同义素是"有用"。人才的"才"也常写作"材"。再如"狩"、"兽":

(1) 不狩不猎,胡瞻尔庭有悬特兮?(《诗经·魏风·伐檀》)
(2) 困兽犹斗,况国相乎?(《左传》宣公十二年)

《说文·犬部》:"狩,火田也。"(从段注)《尔雅·释天》:"冬猎为狩",又:"火田为狩。""兽"是"狩"的对象,二者是动词和名词的区别。甲骨文中只有"狩"字,后世产生"兽"字,本指猎获物,转指"四足而毛"的动物。"才"、"材"和"财","狩"和"兽",它们是异形的同音同源词。

二、音变构词法形成音近同源词

音近同源词是由音变构词法形成的。在单音的格局中,要创造新词,除了通过词义引申分化出新词外,还可以通过音节中的音素变化构造意义有联系的新词,也就是音近同源词。例如:

(1) 渴[*khat]②:竭[*giat]歇[*xiat](溪群晓旁组,月部叠韵)

君子于役,苟无饥渴。(《诗经·小雅·采薇》)
昔伊洛竭而夏亡。(《国语·周语上》)
得臣犹在,忧未歇也。(《左传》宣公十二年)

人缺水欲饮为渴,江河缺水为竭、为歇。水竭则尽,水歇则止,用于抽象事物为尽、为止。

（2）创[*tsiang]：伤[*sjang]（初审邻纽,阳部叠韵）

创巨者其日久。（《荀子·礼论》）
匠石运斤成风,听而斫之,尽垩而鼻不伤。（《庄子·徐无鬼》）

《说文刃部》："创(刅),伤也。"又《人部》："伤,创也。"
（3）斯[*sie]：析[*syek]（心母双声,支锡对转）

墓门有棘,斧以斯之。（《诗经·陈风·墓门》）
析薪如之何,匪斧不克。（《诗经·齐风·南山》）

《说文·斤部》："斯,析也。"又《木部》："析,破木也。"
（4）象[*ziang]：豫[*jia]（邪喻邻纽,阳鱼对转）

象有齿以焚其身。（《左传》襄公二十四年）
豫焉若冬涉川,犹兮若畏四邻。（《老子》十五章）

《说文·象部》："豫,象之大者。"段玉裁注："此豫之本义,故其字从象也。引申之,凡大皆称豫。"

以上一、二两例,韵母同部,声母相近,例一同是喉牙音,例二同是舌齿音。例三声母相同,韵母也相近,是阴入对转,区别在有无韵尾。例四韵部是阴阳对转,也是有无韵尾的区别,声母也相近。一般来说,音变构词必须是韵相同,声母也要相近；声相同,韵也要相近；或者声韵俱近。因此同源词的考察,也必须声韵兼顾；声同韵远,或者韵同声远,

是不能随意定为同源词的。例如:

(1) 屏[*byeng]:藩[*biuan](声母同为并母,耕元韵远)

> 价人维藩,大师维垣。(《诗经·大雅·板》)毛传:"藩,屏也。"
> 君子乐胥,万邦之屏。(《诗经·小雅·桑扈》)

(2) 间[*kean]:隔[*kek](声母同为见母,元锡韵远)

> 彼节者有间,而刀刃者无厚。(《庄子·养生主》)
> 秦无韩魏之隔,祸中于赵矣。(《战国策·赵策二》)

(3) 欺[*khi]:谲[*kiuet](溪见旁纽,之质韵远)

> 吾谁欺?欺天乎?(《论语·子罕》)

> 晋文公谲而不正,齐恒公正而不谲。(《论语·宪问》)郑玄注:"谲者,诈也。"

"屏"和"藩"、"间"和"隔"、"欺"和"谲"意义相通,从意义方面来看,可以构成同源关系,这是没有问题的。从语音方面看,"屏"和"藩"、"间"和"隔"声母相同,"欺"和"谲"同属牙音,是相近的旁纽声母,声母也都具备了构成同源词的条件。但是三对字不但韵尾不同,主要元音也有别,韵部相差太远;这只能是同义词,不能定为同源词。因为作为音变构词,没有必要变化如此巨大,更重要的是变化过大,音变就失去了可循的规律。如果把语音转化的条件放得过宽,什么情况都可以是旁转、旁对转,那将必然是无所不转。只要义相关,不管音的远近,都把它视作同源,这正是讨论同源词的论著中一种不良的倾向。

在讨论同源词的文章中,还有一种说法,是所谓的声韵各有不同来源的"声韵同源"词。例如:

(1) 莫[*mak]——莽[*mang]+夕[*zyak]
(2) 莅[*liet]——临[*liəm]+位[*ɣîwət]

按这种说法,"莫(莫)"是由"莽""夕"拼切而成的单音节复合词。"莽"是"莫"的声母同源词,"夕"是"莫"的韵母同源词。"莅"是由"临""位"拼切而成的,"临"是"莅"的声母同源词,"位"是"莅"的韵母同源词。这当然是经不起推敲的新奇说法,别的先不说,只从同源词的语音条件来看,"莫"和"夕"韵同声远,"莅"和"临"声同韵远,"莅"和"位"韵近声远,都不符合音近的标准,也就是不符合音变构词的规律。至于所谓拼切而成的单音节复合词,恐怕更只能是想当然了。古人能将音节切分成两部分,绝不会早于汉代反切产生之前。文献中记载六朝许多文化修养很高的人还弄不清反切为何物,今人要把一个音节切分成两部分,也需要经过语音训练。可是按这种说法,居然在先秦人们就能利用声韵拼切的办法来构造新词,这当然难以令人信服。可是却有人找出个别例证,说明这种说法的合理性,赞誉作者"见解新鲜","是有理有据的一家之言"。这恐怕是喜新而不求真的学风的表现,影响是不好的。

三、由结构构词形成的是同素词

汉语词汇是由单音走向复音,构词方式也由单音构词向复音构词转变,这是公认的事实。西周已经开始向复音化过渡,春秋战国是汉语复音化迅速发展的第一个时期。但是词义构词和单音节的音变构词始终是先秦重要的构词方式,同源词也大都产生在这个时期。汉代以后单音构词方式明显衰落,结构构词法逐渐成为造词法的主流,新的同源词日益稀少。

结构构词法造出的都是复合词,复合词总是由两个词素构成。它只存在一个词素相同的同素词,不形成传统意义的同源词。例如:

学生　"(光和元年)始置鸿都门学生。"(《后汉书·灵帝纪》)
学究　"衣冠辟学究,毛骨病维摩"。(陆游《自咏》诗)
学舍　"学舍敝,鞠为园蔬。"(《后汉书·儒林传·序》)
学校　"建立学校,导之经义。"(《三国志·吴书·薛综传》)
学问　"南人学问清通简要。"(《世说新语·文学》)
后生　"后生可畏,焉知来者不如今也。"(《论语·子罕》)
浮生　"浮生若梦,为欢几何?"(李白《春夜宴桃李园序》)
儒生　"叔孙通之降汉,从儒生弟子百余人。"(《史记·刘敬叔孙通列传》)
书生　"阁下书生也,诗书礼乐是习。"(韩愈《与鄂州李中丞书》)

前面五个词有共同语素"学",后面四个词和"学生"有共同语素"生"。它们没有任何一对词可以构成音义都有一定联系的同源词。即使像"学舍"和"学校"、"学生"和"书生"两对词,意义方面有某些近似,但是不能说它们是音同或音近。也就是说,它们不具备构成同源词的语音条件。

附　注

① 参看拙作《先秦汉语构词法的发展》,见本书143页。
② 为了排印方便,拟音采王力先生《同源字典》的办法,声母以罗马字代号代替国际音标。下同。

(1998年12月在台湾师大训诂学研讨会上宣讲,
并载研讨会论文集;又载《湖北大学学报》2000年5期)

先秦汉语名词、动词、形容词的发展*

提要 从殷商到秦的一千多年里,汉语的名词、动词、形容词的变化很大。最明显的是数量增加很大,产生了一些新的小类。突出的有:表示度量衡单位的名词形成了完整的系统,表示天然单位的名词也已产生,并日益丰富;增加了大量意义比较抽象的单音形容词,新产生了大量双音形容词。然而,从语法方面来看,更重要的是三类词的句法功能的多样化、复杂化和结合关系的变化发展,形成了多功能交错的局面,带来了词类活用、词的兼类现象的发展。

关键词 语法　单位名词　动词　形容词　句法功能　词类活用　兼类

从殷商到春秋战国时代,时经千年,社会发生极大变化,汉语的名词、动词、形容词也随着社会的发展而发生了很大的变化。不仅数量有极大的增加,产生了一些新的小类,更重要的是三类词的句法功能的多样化、复杂化和结合关系的变化发展,使汉语形成了一个更丰富、复杂的语言系统。

---

* 此文是1998年在法国巴黎召开第三届国际古汉语语法研讨会时,本人与会的论文。

一　单位名词的发展和丰富

在甲骨文中只有少数几个表示容量和集体单位的单位名词。例如：①

(1) 其登新鬯二升一卣。(戬,25·10) | 惠贝十朋。(甲,777) | 燎于王亥其珏(丙,112) | 马廿丙。(前,2·19·1) | 车二丙。(合,36481)

"升"、"卣"本是表示容器的名词，"朋"、"珏"、"丙"本是表示集体事物的名称；不过又可以表示事物的数量，于是成了早期的单位名词。

度量衡是社会发展到一定阶段才产生的制度。在商代的出土文物中已经有了骨尺、牙尺，但是在甲骨文中却没有发现度量衡单位名词。也许当时度量衡制度还处在萌芽阶段，只在一定的范围中使用，反映在语言中也很罕用，未在现已出土的甲骨刻辞中出现。到了西周金文中，就有了表示度量衡的单位名词。例如：

(2) 王易金百锊，禽用作宝彝。(禽簋) | 休王自敷使赏毕土方五十里。(召卣)

《尚书》和《诗经》中也都有度量衡单位名词的用例。例如：

(3) 五百里甸服。(《尚书·禹贡》) | 十亩之外兮，桑者泄泄兮。(《诗经·魏风·十亩之间》)

到了春秋战国时代，为了适应生产和社会商品经济发展的需要，度量衡制度日益完善,整套的度量衡单位名词都出现在典籍中。

（一）表示长度的单位名词有分、寸、尺、丈等。例如：

(4) 木桥长三丈(《墨子·备城门》)｜以木大围,长二尺四分。(同上)｜径长四寸。(《荀子·劝学》)｜其长尺有咫。(《国语·鲁语下》)｜而临百仞之渊。(《荀子·劝学》)｜布帛寻常,庸人不释。(《韩非子·五蠹》)｜夫目之察度也,不过步武尺寸之间。(《国语·周语下》)｜晋楚治兵,遇於中原,其辟君三舍。(《左传·僖公二十三年》)

分是表示微小的长度单位,十分为一寸,十寸为一尺,十尺为一丈。八寸为咫,八尺为仞;一寻八尺,两寻为常。六尺一步,三尺一武;三百步一里,三十里一舍。

（二）表示面积的单位名词有亩、畹、顷等。例如：

(5) 余既滋兰之九畹兮,又树蕙之百亩。(《楚辞·离骚》)｜凡为田一顷十二亩半。(《公羊传·宣公十五年》)｜有田一成。(《左传·哀公元年》)｜且昔天子之地一圻,列国一同。(《左传·襄公二十五年》)

一畹三十亩,一顷百亩;方十里一成,方百里一同,方千里一圻。

（三）表示体积的单位名词有板、堵、雉等。例如：

(6) 筑十板之墙。(《韩非子·外储说左上》)｜筑室百堵,西南其户。(《诗经·小雅·斯干》)｜都城过百雉,国之害也。(《左传·隐公元年》)

板本为筑土墙的夹板,长一丈(一说八尺或六尺)宽二尺(一说三尺)为一板,高五板为一堵。长三丈、高一丈为一雉。

(四)表示容量的单位名词有升、斗、斛、石等。例如:

(7)不能人得一升粟。(《墨子·鲁问》)|为之斗斛以量之。(《庄子·胠箧》)|其有亲戚者,必遗之酒四石,肉四鼎。(《管子·轻重》)|齐旧四量:豆、区、釜、钟。四升为豆,各自其四,以登于釜,釜十则钟。(《左传·昭公三年》)|冉子与之粟五秉。(《论语·雍也》)

先秦以前,升是常用的微小容量单位,十升为一斗,十斗为一斛,又为一石。南宋末年改五斗为一斛,后代某些地方(如湖南)更有以二斗五为一斛的。四升为豆;四豆为区,合一斗六升;四区为釜,合六斗四升;十釜为钟,钟是六斛四斗。秉是十六斛。汉代以后才出现比升更小的容量单位"合"、"勺"等。

(五)表示重量的单位名词有两、斤、镒、钧、石等。例如:

(8)金一两生於竟内。(《商君书·去强》)|孟尝君予车五十乘,金五百斤。(《战国策·齐策四》)|於宋,馈七十镒而受;於薛,馈五十镒而受。(《孟子·公孙丑下》)|吾力足以举百钧,而不足以举一羽。(《孟子·梁惠王上》)|须臾刘三寸之木,而任五十石之重。(《墨子·鲁问》)|遂赋晋国一鼓铁,以铸刑鼎。(《左传·昭公二十九年》)|王易金百孚,禽用乍宝彝。(禽簋)|墨辟疑赦,其罚百锾。(《尚书·吕刑》)|千钧得船则浮,锱铢失船则沉,非千钧轻锱铢重也。(《韩非子·功名》)

两是常用的重量单位,十六两为一斤,二十两(一说二十四两)为一镒,三十斤为一钧,四钧为一石(合一百二十斤),四石为一鼓。锱铢是轻微的重量单位,一两的四分之一为一锱,一锱的六分之一为一铢。锊、锾一般是称量金属、钱币的,六两又大半两为一锊,六两为一锾。

度量衡单位是人为规定的,它表现了明显的时间、地域的差异。先秦古尺就比今尺短,商代骨尺只合今 17 厘米,战国时秦国一尺约合今 23.2 厘米;②先秦古升也比今升小,战国时秦国一升约合今 200 毫升,楚国约合今 225 毫升;③先秦古斤也比今斤轻,春秋时楚国的一斤只合今 251.3 克,战国时燕国的一斤只合今 248 克。④先秦的度量衡单位名词有的沿用至今,有的消亡了。

西周金文中不但出现了表示度量衡单位的名词,同时也有了表示天然单位的名词的用例。例如:

(9) 王易兮甲马四匹。(兮甲盘)丨孚车十两。(小孟鼎)

春秋战国时代天然单位名词发展较快,数量增加不少。例如:

(10) 枪二十枚。(《墨子·备城门》)丨石重千斤以上者九枚。(同上)丨负服矢五十个。(《荀子·议兵》)丨鹿皮四个。(《国语·齐语》)丨子产以幄幕九张行。(《左传·昭公十三年》)丨棺厚三寸,衣衾三领。(《荀子·正论》)丨数口之家,可以无饥矣。(《孟子·梁惠王上》)

据《释名》:"竹曰个,木曰枚。"但是个和枚在先秦已不限于指竹木器物,适用范围开始扩大,这是专用天然单位名词发展的特点之一。张指能张开的东西,领指衣服,口在先秦只指人。天然单位名词实际上并不表示事物的数量单位,而是表示事物所属的范畴意义。不同语言群体根据不同心理、认识把事物归属不同范畴,选用不同的表示个体的单位词,因此同一事物在不同时代或不同方言中可以用不同的单位词。例如:"枪"在先秦称枚,现在称枝。人在北京话中称"个",在湖南衡山称"只",在湖南溆浦称"条"。这是汉藏语系特有的一类词。汉代以后,天然单位名词有了更大的发展。

二 性质形容词的增加和状态形容词的产生

形容词可以分为两大类:一是性质形容词,它是表示事物的形状、性质的;一是状态形容词,它带有明显的描写性。甲骨文中只有十几个单音的性质形容词。例如:

(11) 惠幽牛有黄牛。(乙,7121)|我家旧老臣亡它我。(前,4·15·4)|其登新邕,二牛,用。(粹,910)|丁卯卜,王大获鱼。(通,749)|贞:其有大雨?(合,12704)|丙午亦雨多。(前,7·35·2)

这些形容词主要用作定语,其次是用作状语,也有少数作谓语的用例。⑤

到了周代,不但性质形容词有了大量增加,而且产生了一类新的状态形容词。

(一) 性质形容词的增加

从西周到春秋战国,既增加了大量意义比较抽象的单音性质形容词;又产生了大量的双音性质形容词。例如:

(12) 巧笑倩兮,美目盼兮。(《诗经·卫风·硕人》)|子温而厉,威而不猛,恭而安。(《论语·述而》)|故与人善言,煖於布帛,伤人以言,深於矛戟。(《荀子·荣辱》)|水懦弱,民狎而玩之,则多死焉。(《左传·昭公二十年》)|形容枯槁,面目黧黑。(《战国策·秦策一》)|微妙之言,上智之所难知也。(《韩非子·五蠹》)

前三例的性质形容词意义都比较抽象;"美"字虽然见于甲骨文,但只用作人名、地名。后三例是双音形容词,更是西周以后才可能有的。

(二) 状态形容词的产生

状态形容词是用来描摹事物的某种状态的,或绘景,或拟声,虽然是对客观事物的描绘,但是总含有人们主观感受的因素。它的意义比名词、动词和性质形容词要空灵,因此,它产生较后,这是可以理解的。相当多的状态形容词是由音变构词所产生的重言词和双声叠韵联绵词,也有的是单音词或带词尾的复音词。

甲、重言式。重言式状态形容词主要用作谓语、状语。例如:

(13) 不显皇且考穆穆,宎誓叴德。(番生簋)|淇水湯湯,渐车帷裳。(《诗经·卫风·氓》)|风飒飒兮木萧萧,思公子兮徒离忧。(《楚辞·九歌·山鬼》)(以上用作谓语)

(14) 耿耿不寐,如有隐忧。(《诗经·邶风·柏舟》)|施施从外来,骄其妻妾。(《孟子·离娄下》)(以上用作状语)

也有用作定语的,在散文中还可以直接用作宾语。例如:

(15) 喓喓草虫,趯趯阜螽。(《诗经·召南·草虫》)|嗛嗛之德,不足就也。(《国语·晋语》)|是故无冥冥之志者,无昭昭之明;无昏昏之事者,无赫赫之功。(《荀子·劝学》)(以上用作定语)

(16) 所谓庸人者,口不道善言,心不知邑邑。(《荀子·哀公》)|孰能去剌剌而为咢咢乎?(《管子·白心》)(以上用作宾语)

还可以和"者"、"之"组成名词性结构,用作主语或宾语。例如:

（17）蓼蓼者莪，匪莪伊蒿。(《诗经·小雅·蓼莪》)｜浩浩者，水；育育者，鱼。(《管子·小问》)｜恶用是鶃鶃者为哉？(《孟子·滕文公上》)（以上者字结构）

（18）桃之夭夭，灼灼其华。(《诗经·周南·桃夭》)｜天之苍苍，其正色也。(《庄子·逍遥游》)｜故虽有珉之雕雕，不若玉之章章。(《荀子·法行》)（以上之字结构）

乙、双声叠韵式。双声叠韵状态形容词也主要用作谓语、状语和定语。例如：

（19）一之日觱發，二之日栗烈。(《诗经·豳风·七月》)｜心犹豫而狐疑兮，欲自适而不可。(《楚辞·离骚》)｜大德不同，而性命烂漫矣。(《庄子·在宥》)（以上用作谓语）

（20）黾勉同心，不宜有怒。(《诗经·邶风·谷风》)｜荒忽兮远望，观流水兮潺湲。(《楚辞·九歌·湘夫人》)｜晏子朝，杜扃望羊待于朝。(《晏子·内篇·谏上》)（以上作状语）

（21）窈窕淑女，君子好逑。(《诗经·周南·关雎》)｜绵蛮黄鸟，止于丘隅。(《诗经·小雅·绵蛮》)｜又乘夫莽眇之鸟以出六极之外。(《庄子·应帝王》)（以上作定语）

丙、单音。单音节状态形容词，在先秦主要出现在《诗经》中，可作谓语、状语和定语，其他典籍中用得很少，例如：

（22）野有蔓草，零露漙兮。(《诗经·郑风·野有蔓草》)｜河水清且涟漪。(《诗经·魏风·伐檀》)｜胸中不正，则眸子眊焉。(《孟子·离娄上》)（以上用作谓语）

(23) 溯游从之,宛在水中央。(《诗经·秦风·蒹葭》)｜心婵媛而伤怀兮,眇不知其所蹠。(《楚辞·九章·哀郢》)(以上用作状语)

(24) 雝雝鸣雁,旭日始旦。(《诗经·邶风·匏有苦叶》)(用作定语)

丁、带"然"、"如"、"若"、"尔"等词缀的复音词。"然"和"如"是状态形容词词尾,常和单音或重言组合成状态形容词,用作谓语或状语。例如:

(25) 昔者吾昭然,今日吾昧然,敢问何谓也。(《庄子·知北游》)｜始作,翕如也;从之,纯如也,皦如也,绎如也;以成。(《论语·八佾》)｜桑之未落,其叶沃若。(《诗经·卫风·氓》)｜鼓瑟希,铿尔,舍瑟而作。(《论语·先进》)｜其志嘐嘐然。(《孟子·尽心下》)｜子之燕居,申申如也,夭夭如也。(《论语·述而》)(以上用作谓语)

(26) 天油然作云,沛然下雨,则苗浡然兴之矣。(《孟子·梁惠王上》)｜子路率尔而对。(《论语·先进》)｜夫子循循然善诱人。(《论语·子罕》)(以上用作状语)

此外,还有一些 AABB 式的状态形容词,一般用作谓语。例如:

(27) 战战兢兢,如临深渊,如履薄冰。(《诗经·小雅·小旻》)｜朋友切切偲偲,兄弟怡怡。(《论语·子路》)｜至道之精,窈窈冥冥;至道之极,昏昏默默。(《庄子·在宥》)

三　名词、动词、形容词句法功能的多样化和复杂化

社会发展,事物日益纷繁,人们的思想也日益复杂,作为外界事物、

人类思想的载体,语言也必须适应社会和人类思维的发展而日益复杂化。汉语是没有形态变化的语言,功能的变化在词形上没有变化;因此,到了周代,汉语的名词、动词、形容词的语法功能日益复杂化、多样化,从而形成了三类词多功能交错的局面。

(一) 名词功能的多样化

甲骨文中名词一般只作主语、宾语和定语,[6]到了周代,名词可以单独作谓语,构成判断句。例如:

(28) 淮尸旧我帛亩人,毋敢不出其帛其积。(兮甲盘)|予惟小子。(《尚书·大诰》)|子曰:"女,器也。"曰:"何器也?"曰:"瑚琏也。"(《论语·公冶长》)|射其御者,君子也。(《左传·成公二年》)|南冥者,天池也。(《庄子·逍遥游》)|君子之德,风;小人之德,草。草上之风,必偃。(《论语·颜渊》)

这同甲骨文中只有少数的数名结构作谓语,构成描写句的情况是不同的。名词作谓语已是很自由的,它的前面可以带修饰成分,又可以带帮助表示判断的语气词"也",也可以不带。

在甲骨文中,只有时间名词、地点名词可以用作状语,这是古今一致的。到了周代,一般名词在一定情况下,也可以临时用作状语。一般名词用作状语时,可以表示多种语法意义。一是表示动作行为发生的处所。例如:

(29) 舜勤民事而野死。(《国语·鲁语上》)|童子隅坐而执烛。(《礼记·檀弓上》)|范雎至秦,秦王庭迎。(《战国策·秦策三》)|山居而谷汲者,膢腊而相遗以水;泽居苦水者,买庸而决窦。(《韩非子·五蠹》)

二是表示动作行为进行的工具或依据。例如：

(30) 楚不务德而兵争,与其来者可也。(《左传·宣公十一年》)｜公输盘曰:"吾义固不杀人。"(《墨子·公输》)｜伍子胥橐载而出昭关。(《战国策·秦策三》)

三是表动作行为的方式状态。例如：

(31) 庶民子来。(《诗经·大雅·灵台》)｜豕人立而啼。(《左传·庄公八年》)｜今而后知吾君犬马畜伋。(《孟子·万章上》)｜嫂蛇行匍伏。(《战国策·秦策一》)

这是把名词所代表的事物的某些特征做比喻来修饰动词。

(二) 动词功能的多样化

甲骨文中动词一般是作谓语,[⑦]到了周代虽然主要仍是作谓语,但是作定语的用例大量增加,有时也可以作状语。例如：

(32) 九五,飞龙在天,利见大人。(《周易·乾卦》)｜不狩不猎,胡瞻尔庭有悬貆兮?(《诗经·魏风·伐檀》)｜心如涌泉,意如飘风。(《庄子·盗跖》)｜民有饥色,野有饿莩。(《孟子·梁惠王上》)｜若夫穷辱之事,死亡之患,臣弗敢畏也。(《战国策·秦策三》)(以上作定语)

(33) 生拘白乞而问白公之死焉。(《左传·哀公十六年》)｜妇人不立乘。(《礼记·曲礼上》)｜剧辛自赵往,士争凑燕。(《战国策·燕策一》)(以上作状语)

动词作定语、状语的频率是低的,只能算动词的临时职务。作状语的用例必须与连动区分开来。例如：

(34) 子路拱而立。(《论语·微子》)｜孔子趋而进,避席反走。(《庄子·盗跖》)

这种情况应算作连动,而不宜把前一动词看作状语。连动式两个动词之间的语义关系是可以有偏正之分的。

更值得重视的是,动词在一定条件下,还可以用作主语或宾语。例如：

(35) 克、伐、怨、欲不行焉,可以为仁矣。(《论语·宪问》)｜庆、赏、赐、予,民之所喜也。(《韩非子·外储说右下》)(以上用作主语)

(36) 子之爱人,伤之而已,其谁敢求爱于子。(《左传·襄公三十一年》)｜群臣惧死,不敢自也。(《左传·昭公五年》)｜乐民之乐者,民亦乐其乐;忧民之忧者,民亦忧其忧。(《孟子·梁惠王下》)｜曷为或言侵？或言伐？觕者曰侵,精者曰伐。(《公羊传·庄公十年》)(以上用作宾语)

这些动词作主语、宾语时,词义未起任何变化,不是临时活用。动词作宾语不改变词性,是由于它前面的谓语是谓宾动词。谓宾动词既可带体词性宾语,又可带谓词性宾语。又如：

(37) 君子食无求饱,居无求安。(《论语·学而》)｜公赐之食。食舍肉。(《左传·隐公元年》)｜伐不踰时,战不逐奔,诛不填服。(《穀梁传·隐公五年》)

有的语法著作也把这些用例中的"食"、"伐"等看作主语,认为是陈述的对象;我们还是把它看作谓语,认为是一种连谓结构。

(三) 形容词功能的多样化

在上面我们已经说过,甲骨文中形容词主要用作定语,也用作状语和谓语。到了周代,状语和谓语也成了形容词的主要功能,同时形容词作谓语的形式还多样化了。例如:

(38) 坎坎伐檀兮,置之河之干兮。(《诗经·魏风·伐檀》)|子路率尔而对。(《论语·先进》)|不如早为之所,无使滋蔓,蔓难图也。(《左传·隐公元年》)|老臣病足,曾不能疾走。(《战国策·赵策》)(以上用作状语)

(39) 子温而厉,威而不猛,恭而安。(《论语·述而》)|风飒飒兮木萧萧,思公子兮徒离忧。(《楚辞·九歌·山鬼》)|子之燕居,申申如也,夭夭如也。(《论语·述而》)|青取之于蓝,而青于蓝;冰水为之,而寒于水。(《荀子·劝学》)(以上用作谓语)

一方面作状语或谓语的形容词本身多样化,另一方面是所能出现的句式也多样化。

更值得重视的是形容词在某些句式中,也可以临时用作主语或宾语。例如:

(40) 礼之用,和为贵。(《论语·学而》)|天之苍苍,其正色也。(《庄子·逍遥游》)|君退臣犯,曲在彼矣。(《左传·僖公二十八年》)|白马之白也,无以异于白人之白也。(《孟子·告子上》)(以上用作主语)

(41) 马未与白为马,白未与马为白。(《公孙龙子·白马论》)|天不为人之恶寒也辍冬,地不为人之恶远也辍广。(《荀子·天论》)|

故弓调而后求劲焉,马服而后求良焉。(《荀子·哀公》)|今楚国虽小,绝长续短,犹以数千里,岂特百里哉?(《战国策·楚策四》)(以上用作宾语)

以上各例的形容词用作主语或宾语,意义未起任何变化,不宜视为活用作名词,而是形容词的临时职务。形容词作宾语不改变词性,是由于前面用的是谓宾动词。

(四)词类活用和词的兼类现象

周代以后,名词、动词、形容词三类词的语法功能都多样化了,带来了三类词语法功能的交叉复杂化。因而词类活用的现象也比甲骨文时代普遍得多,严重得多。最突出的是使动用法和意动用法的大量使用,也有名词、形容词用作一般动词的,还有动词、形容词用作名词的。

甲、形容词的使动用法和意动用法。形容词的使动用法是使宾语所代表的人或事物具有这个形容词的性质或状态。例如:

(42)圣人治:虚其心,实其腹,弱其志,强其骨。(《老子·三章》)|强本而节用,则天不能贫。(《荀子·天论》)|匠人斲而小之。(《孟子·梁惠王下》)|以正君臣,以笃父子,以睦兄弟,以和夫妇。(《礼记·礼运》)

形容词的意动用法是主观上认为后面宾语具有这个形容词的性质或状态。例如:

(43)甘其食,美其服,安其居,乐其俗。(《老子·八十章》)|登东山而小鲁,登泰山而小天下。(《孟子·尽心上》)|人主自智而愚人,自巧而拙人。(《吕氏春秋·知度》)

乙、名词的使动用法和意动用法。名词的使动用法是使宾语所代表的人或事物成为这个名词所代表的人或事物。例如：

（44）吾见申叔，夫子所谓生死而肉骨也。(《左传·襄公二十二年》)｜公若曰："尔欲吴王我乎？"(《左传·定公十年》)｜吾请去，不敢复言帝秦。(《战国策·赵策》)

名词的意动用法是把宾语所代表的人或事物看成这个名词所代表的人或事物。例如：

（45）毋金玉尔音，而有遐心。(《诗经·小雅·白驹》)｜不如小决使道，不如吾闻而药之也。(《左传·襄公三十一年》)｜夫人之，我可以不夫人之乎？(《穀梁传·僖公八年》)｜其谓之秦何？夷狄之也。(《公羊传·僖公三十三年》)

丙、名词、形容词用如一般动词。名词用作使动的比较少，用作意动的也不多，用如一般动词的则比较普遍。名词用如一般动词，往往是把该名词所具有的某一突出动作特征临时赋予该名词，或者是赋予该名词以相关的动词意义。例如：

（46）士兵之。(《左传·定公十年》)｜曹子手剑而从之。(《公羊传·庄公十三年》)｜鹪鹩巢于深林。(《庄子·逍遥游》)｜赵主之子孙侯者，其继有在者乎？(《战国策·赵策四》)

例子中"兵"的动作特征是搏击，"手"的动作特征是持拿，在句中它们临时具有了动作特征的意义。"巢"具有了它的相关动词义"筑巢"，

"侯"具有它的相关动词义"作诸侯"。

形容词本来不能带宾语,也不能被助动词修饰的;如果在句中带有宾语,或被助动词修饰时就临时用如动词。例如:

（47）老吾老,以及人之老;幼吾幼,以及人之幼。(《孟子·梁惠王上》)｜可贵可贱也,可富可贫也(《荀子·仲尼》)｜夫慈,故能勇;俭,故能广。(《老子·六十七章》)

形容词用作谓语,一般是构成描写句;带宾语或用助动词修饰后,活用作动词,构成的句子是叙述句。描写句是表静态的,而叙述句是表动态的。还应该看到,它与形容词的使动用法、意动用法也有区别,因为它不表示使宾语怎样,也不表示主观上认为宾语怎么样。

丁、动词、形容词活用作名词。动词本是表示行为动作的,如果转为表示进行这种动作或具有这种行为状况的人或物,该动词就临时活用为名词。它的意义相当于"动词+者"。例如:

（48）子钓而不纲,弋不射宿。(《论语·述而》)｜君子胜不逐奔。(《墨子·非儒》)｜事死如事生,事亡如事存。(《荀子·礼论》)

形容词本是表示性质状态的,如果转为表示具有这种性质状态的人或物,该形容词就活用为名词。它的意义相当于"形容词+者"。例如:

（49）且夫贱妨贵,少陵长,远间亲,新间旧,小加大,淫破义,所谓六逆也。(《左传·隐公三年》)｜温故而知新,可以为师矣。(《论语·为政》)｜小固不可以敌大,寡固不可以敌众,弱固不可以敌

强。(《孟子·梁惠王上》)施薪若一,火就燥也。(《荀子·劝学》)

动词、形容词处在主语或宾语的位置,有两种可能,一是活用作名词,一是保持原有词性。总的看来是活用比不活用少,在主语位置比在宾语位置活用少,动词活用比形容词活用少,特别是动词在主语位置时活用的情况是很少的。

戊、名词、动词的兼类现象。名词和动词除了活用和担任临时职务外,还有一个兼类现象问题。正如在甲骨文中一样,有些词兼有动词、名词两类词的语法功能和意义。例如:

(50) 树吾墓槚,槚可材也,吴其沼乎?(《左传·哀公十一年》)|有嘉树焉,宣子誉之。(《左传·昭公二年》)|出入相友,守望相助。(《孟子·滕文公上》)|不信于友弗获于上矣。(《孟子·离娄上》)|衣之不可衣也,食之不可食也。(《荀子·儒效》)|故新浴者振其衣,新沐者弹其冠,人之情也。(《荀子·不苟》)

以上"树"、"友"、"衣"三个词,都分别用作动词和名词。前人往往把动词用例看作名词活用为动词,这是不妥当的。因为在先秦典籍中它们的动词用例都不是个别的临时用法。我们统计了《诗经》、《尚书》、《左传》、《公羊传》、《穀梁传》、《论语》、《墨子》、《庄子》、《孟子》、《荀子》、《韩非子》等 11 部书:"树"字的动词用例高达 76% 强,名词用例不到 24%;"友"字的动词用例超过 43%,名词用例不到 57%;"衣"的动词用例超过 39%,名词用例不到 61%(布衣、衣服等固定词组不在统计之内)。⑧金文的"树"字像以手植树之形,《说文解字》说:"树,木生植之总名也。"这就是说,"树"的本义是植树、种植。许慎的意见是对的。"树"与"木"相对,"木"是名词,"树"是动词。古音"木"是明母侯部,

"树"是禅母屋部,两者是阴入对转,"树"很可能是西周通过音变构词手段造出的新词,战国时代才用作名词。在先秦说它是名词活用作动词,还不如说是动词活用作名词。"友"字在甲骨金文中是画的两只手,"以手相助"是它的本义,这是动词。《说文解字》说:"衣,依也。上曰衣,下曰裳,象覆二人之形。"许慎解说"衣"的字形虽然不当,但是他用声训解释:"衣,依也",却透露了名词"衣"和动词"依"的内在联系。在遥远的原始社会,是没有衣服的,人类只是用树叶、兽皮遮蔽着身体,以此来保暖御寒。"依"是依附,遮蔽身体的东西也就是依附在身体上面,所以叫"衣"。依附依蔽的东西和依附、依蔽这一动作同用一个词,自然就造成了一词兼两类的现象。分化出用"著"或"穿"来表示这一动作时,"衣"才专用作名词,消除了这一兼类现象。其实"著"原本也是附著的意思。因此先秦时期"衣"应算兼类词,而不能看为名词活用作动词。从殷商到春秋战国时代,兼类词在不断发展变化,甲骨文时代的兼类词有些分化消失了,但是也会产生一些新的兼类词。

总之,句法功能的多样化,是上古时期名词、动词、形容词变化发展的主要事实。有词性不变的临时职务,有活用,有兼类,情况复杂,成为上古汉语语法系统的一个特色。

四 名词、动词、形容词结合关系的发展

由于介词、连词、副词等的发展丰富,上古时期名词、动词、形容词在结合关系方面也有了发展,这里只准备择要谈几点。

(一)连词"与"和"而"连接的词类不同

名词与名词(包括体词性词组)并列用连词"与",动词、形容词(包括谓词性词组)并列用连词"而"。"与"和"而"是周代以后才产生的

连词。例如:

(51) 子罕言利与命与仁。(《论语·子罕》)|句践载稻与脂于舟以行。(《国语·越语上》)|蜩与学鸠笑之。(《庄子·逍遥游》)|杀人以挺与刃有以异乎?(《孟子·梁惠王上》)(以上名词与名词结合)

(52) 万物作而不辞,生而不有,为而不恃。(《老子·二章》)|微子去之,箕子为之奴,比干谏而死。(《论语·微子》)|彼陷溺其民,王往而征之,夫谁与王敌?(《孟子·梁惠王上》)|吾尝跂而望矣,不如登高之博见也。(《荀子·劝学》)(以上动词与动词或动词性词组结合)

(53) 直而温,宽而栗,刚而无虐,简而无傲。(《尚书·舜典》)|子贡曰:"贫而无谄,富而不骄,何如?"(《论语·学而》)|目逆而送之,曰:"美而艳。"(《左传·桓公元年》)(以上形容词与形容词相结合)

(二) 不同词类作定语时结合关系有别

名词作定语时,往往可以用"之"连接,形容词、动词作定语时一般不能用"之"。"之"是周代以后才产生的连词。例如:

(54) 逖矣,西土之人。(《尚书·牧誓》)|行夏之时,乘周之辂,服周之冕。(《论语·卫灵公》)|是子也,熊虎之状而豺狼之声。(《左传·宣公四年》)|使天下仕者皆欲立于王之朝,耕者皆欲耕于王之野。(《孟子·梁惠王上》)(名词作定语)

(55) 有朋自远方来,不亦乐乎?(《论语·学而》)|掘井九轫而不及泉,犹为弃井。(《孟子·尽心上》)|白石皓皓,素衣朱绣。(《诗经·唐风·扬之水》)|不临深溪,不知地之厚也。(《荀子·劝学》)(动词、形容词作定语)

这是因为名词作定语时,既可表领有,又可表修饰;形容词、动词作定语时只表修饰,不能表领有。表领有时,往往可以用"之"连接。

(三)介词的宾语

介词的宾语一般是名词,甲骨文中就是如此,但是殷商时代介词还很少,这个结合关系对词类划分的作用还不大。周代增加了许多介词。例如:

(56)古人有言曰:"人无于水监,当于民监。"(《尚书·酒诰》)|虎兕出于柙,龟玉毁于椟中,是谁之过与?(《论语·季氏》)|宫之奇以其族行。(《左传·僖公五年》)|以羽为巢,而编之以发。(《荀子·劝学》)|秦伯素服郊次,向师而哭。(《左传·僖公三十三年》)|客有为齐王画者。(《韩非子·外储说》)

"于"在甲骨文中早已虚化成介词,"以"、"向"、"为"到周代以后才用作介词。介词在某些句式中也可以带谓词作宾语,但是用例不多,一般不会超过十分之一。以"于"、"於"为例。考察它们在《论语》、《孟子》中的使用情况:

		名词	代词	动词	形容词	数词
《论语》	于	7		1		
	於	143	16	8	1	
《孟子》	于	26	1	1	1	1
	於	431	30	29	6	

动词、形容词用作介词宾语时,还往往指称化了。

(四)动词和名词特有的修饰成分

助动词只作动词的修饰成分,程度副词只作形容词的修饰成分。

这些助动词和程度副词都是西周以后才产生的。例如：

(57) 其君能下人，必能信用其民矣。(《左传·宣公十二年》)｜四十五十无闻焉。斯亦不足畏也矣。(《论语·子罕》)｜不违农时，谷不可胜食也。(《孟子·梁惠王上》)｜邹鲁之臣，生则不得事养，死则不得饭含。(《战国策·赵策》)(以上助动词修饰动词)

(58) 谋夫孔多，是用不集。(《诗经·小雅·小旻》)｜苟亏人愈多，其不仁兹甚，罪益厚。(《墨子·非攻》)｜老臣贱息舒祺，最少，不肖。(《战国策·赵策》)(以上程度副词修饰形容词)

(五) 数词与名词、动词的结合形式

在甲骨文中数词只同名词结合，没有发现数词和动词结合的用例。例如：

(59) 十五犬。(合，29537)｜人十又六人。(合，137 反)｜啚五卣。(合，30815)｜获狼四十，麇八，兕一。(合，37380)

数词和名词结合的形式可以是："数+名"，"名+数+名"，"名+数+单位名词"；也可以是"名+数"。在甲骨文中以第一种形式居多，第四种次之，二、三两种罕见。西周以后第三种形式日益增多，更大的变化是数词也可以和动词结合，产生了行为称数法。例如：

(60) 不愆于四伐、五伐、六伐、七伐，乃止齐焉。(《尚书·牧誓》)｜跂彼织女，终日七襄。(《诗经·小雅·大东》)｜季文子三思而后行。(《论语·公冶长》)｜三进及溜，而后视之。(《左传·宣公二年》)

先秦数词同动词结合只有"数+动"这一种形式。

附 注

① 本文引用卜辞、铭文时，一律采用宽式释读。

② 参考《中国古代度量衡图集》。

③ 丘光明《试论战国容量制度》。(《文物》1981.10)

④ 同②。

⑤ 据杨逢彬的博士学位论文《殷墟甲骨刻辞动词研究》统计，甲骨文中有16个形容词，在《殷墟甲骨刻辞摹释总集》中用作定语的2266次，用作状语的89次，用作谓语的6次。"吉""宁""嘉"只作谓语，是不及物状态动词，不是形容词。按：杨逢彬《殷墟甲骨刻辞词类研究》(花城出版社，2003.9)的观点有些发展变化，认定的形容词只有11个，统计数字也有变化。(2005年8月看校样时补记)

⑥ 参看拙作《远古汉语的词类系统》，载《薪火编》(山西高校联合出版社，1996)。见本书192页。

⑦ 参看拙作《远古汉语的词类系统》和杨逢彬的博士论文《殷墟甲骨刻辞动词研究》。见本书192页。

⑧ 参看拙作《讲词类活用的两要》，载《湖北电大学刊》1987年第1期。见本书《古汉语词类活用浅谈》，47–52页。

(原载《中国语文》2000年第3期)

古汉语虚词研究评议*

提要 中国古代的虚词研究有其不可抹煞的成绩,但是它始终只是训诂学、辞章学的附庸,没有进入语法学的范畴。《经传释词》虽是古代虚词研究成就最高的代表作,却也不免给训诂式的虚词研究开了失误的先河。《马氏文通》能从语法系统的角度来考虑问题,某些论述比现在许多语法论著还要高明,但是《文通》是一部泛时的语法著作,缺乏明确的历史发展观点,难免带来某些不足或失误。二十世纪五十年代以后的古汉语虚词专著仍不免杂有传统训诂的影响,但已有某些论文开始把虚词的历时的追本溯源和共时的系统分析结合起来,既关注每个虚词的历史变化,又重视各个时期虚词系统的发展,预示了虚词研究又一个新阶段的到来。

关键词 虚词 训诂 辞章学 语法系统 现代语法学

古汉语虚词研究已经有了二千多年的历史。十九世纪以前所作的研究都是属于语文学范围的,直到《马氏文通》问世,这种研究才进入现代语言学研究的新时期。《马氏文通》之前的研究又可分为两个阶段:从先秦到唐宋是汉语虚词零散探讨的阶段;元代开始了虚词的专门研究,清代发展到了传统虚词研究的顶峰。传统虚词研究的渊源大致可

---

* 本文于1999年12月5日在香港科技大学人文社会科学学院完成初稿,并于2000年在台北中研院第三届国际汉学会议上宣讲。

以分为两个方面,首先是作为训诂的重要内容而存在和发展的,其次是作为文论中的修辞、文章作法而被探讨的。尽管在二十世纪汉语语法学发展迅速,现代汉语语法的研究不断吸收西方的新理论、新方法,更新体系,拓展研究的深度和广度,汉语历史语法、方言语法也有长足的进步,但是古汉语虚词研究却仍然受到传统训诂学的严重影响,亟须用现代语言学的理论、方法来改变这种状况。本文试图对二千多年的古汉语虚词研究作一扼要的评议,一己之见,难免谬误,切望方家和读者多所指正。

一、元以前的虚词研究

古汉语虚词的探讨从先秦就已经开始。经传诸子中保存了一些资料,对今天仍有一定启发意义。例如:

且:自前曰且,自后曰已,方然亦且。(《墨子·经说上》)
曷为或言而,或言乃?乃难乎而也。(《公羊传·宣公八年》)
秋七月上辛大雩,季辛又雩。传云:又,有继之辞也。(《穀梁传·昭公二十五年》)

汉代的注释和文字训诂著作中研讨虚词的资料相当不少。首先,人们已经很重视虚实的分别,把虚词和实词对立,称作"辞"或者"词"。例如:

於,叹辞。(《诗·大雅·文王》毛传)
猗与,叹美之言也。(《诗·周颂·潜》郑笺)
謇,辞也。(《楚辞·离骚》王逸注)
弗者,不之深也。(《公羊传·桓公十年》何休解诂)

许慎的《说文解字》更对某些虚词的语法作用有了相当细致的分别。例如：

> 者,别事词也。　　皆,俱词也。
> 宁,愿词也。　　　尔,词之必然也。
> 矣,语已词也。　　乎,语之余也。
> 哉,言之间也。　　兮,语所稽也。

汉代虽然积累了不少有关虚词的资料,也涉及一些句法问题,但都还只是一些零散的训释,反映了汉代人的某些语法观念,对此不能估价过高。

魏晋以后,注疏和文字训诂著作中解释虚词的材料不断增加,郭璞、颜师古、孔颖达等是其中最有代表性的作者。同时修辞、文论方面的著作中,也不乏对虚词用法的讨论。例如：

> 至于夫、惟、盖、故者,发端之首唱;之、而、于、以者,乃札句之旧体;乎、哉、矣、也,亦送末之常科。(刘勰《文心雕龙·章句》)
> 　　但见生用助字不当律令,唯以此奉答。所谓乎、欤、耶、哉、夫者,疑辞也;矣、且、焉、也者,决辞也。今生则一之,宜考前闻人所使用与吾言类且异,慎思之,则一益也。(柳宗元《复杜温夫书》)

刘勰把虚词分成了三类,这是最早的虚词分类,柳宗元又进一步把"送末之常科"的语气词分成了两类,这也是很有见地的。

二、元至清的虚词研究

到了元代产生了研究虚词的专著,这就是卢以纬的《语助》(明以后改叫《助语辞》)。《语助》把意义相近或相关的虚词(包括一些固定结构)归在一起论述,分成66个条目,讨论了136个词语的用法。它开创了汇解虚词的先例,着重从修辞、文章作法的角度比较同一条目所收词语在用法、语意、声情方面的差别。这在虚词研究的历史上是有重要意义的。清代更有多种虚词专著出现,如刘淇的《助字辨略》、袁仁林的《虚字说》、王引之的《经传释词》等。

《语助》和《虚字说》从词章学角度来分析虚词,因而重视虚词在句中所表现的神情声气。有人高度肯定袁仁林的《虚字说》,认为它是通过虚字来讲句法,这是误把文章作法当作语法分析了。例如:

"也""矣""焉"是句意结绝处。"也"意平,"矣"意直,"焉"意扬。发声不同,意亦自别。(《助语辞集注》1页)

"而"是句中转折,带此声以成文见意。句首有"而"字,亦是承上文转说下意。句末有"而"字,却是咏歌之助声,与"兮"字相类。(《助语辞集注》13页)

"其"字指物之辞,用凡有三:一则承上正指,一是向下直指,一是口头虚指。凡前文业已提清名目,后文不须复出,只用其字指之,此为承上正指,与俗语渠字相类("尔爱其羊,我爱其礼。"两其字指上告朔)。凡意中专主一边,开口便用其字,指出下联实字,此为向下直指("其为人也孝弟"、"其言之不怍")。凡口头虚指("其为人之本与"、"其诸异乎人之求之与"),虽虚活轻婉,亦指着而言也;此等句尾,必用疑辞接之,使头脚相应。(《虚字说》43页)

"毋""勿"二字,着力禁止,"不""弗"二字,随字轻重。"毋"之气严肃,"勿"之气决绝,"不"之气收缩,"弗"之气轻缓。(《虚字说》119页)

所谓"以成文见意"、"承上文转说下意"、"却是咏歌之助声"、"承上正指"、"向下直指"、"口头虚指"、"虚活轻婉"、"使头脚相应"等说法,都是从文章作法着眼的,绝不是讲的语法学上的句法结构。这同对"也""矣""焉"等三个语气词和对"毋""勿""不""非"四个否定副词的分析是一致的,都是从口吻声情方面来分析的。袁仁林自己就说得很清楚,他说:"凡书文、发语、语助等字,皆属口吻。口吻者,神情声气也。当其言事言理,事理实处,自有本字写之。其随本字而运以长短疾徐、死活轻重之声,此无从以实字见也,则有虚字托之,而其声如闻,其意自见。故虚字者,所以传其声,声传而情见焉。"可见《虚字说》的主旨就是要从口吻声情方面来论述虚词的。这种分析,在词章学上应该如何评价,不在我们讨论的范围之内;至于从语法学来看,恐怕同揭示句法规律并非一回事。

三、古代研究虚词的代表作《经传释词》

刘淇编写《助字辨略》,虽然也是为了"构文之道",但是它把助字分为30类,基本方法是偏重在训诂方面。讨论的虚词,上到先秦的经传、诸子,下及唐宋的诗词、散文。在古代研究虚词的专书中,它是收字最多、涉及范围最广的一部著作。虽然有的分析欠精当,但仍不失为古代富有创新意义的虚词专著。《经传释词》更是古代研究虚词成就最高的代表作。作者王引之继承家学,把父亲和他自己研究虚词的心得编成专书,确有不少十分精到的论述。如释"终"为"既",批驳了毛传、郑笺和《韩诗》等缘词生训、增字解经的错误,议论透彻,例证很多,一直受到学人的推崇,确为不刊之论。又如:释"能"为"而"、为"乃",证"唯"、"惟"借作"虽",也都是令人冰释之论,无可移易。王引之在这里的功绩,归结起来有两点:一是他用比较互证的方法,纠正了前人把语词解以实义的错误;二是他能突破字形,贯彻因声求义的方法,解决虚

词运用中的一些假借问题。但是,《经传释词》也有不少结论是大可商榷的。例如卷八释"将"为"其"、为"乃":

> 将,犹"其"也。隐元年《左传》曰:"君将若之何?"庄十四年《传》曰:"君其若之何?"成二年《传》曰:"国将若之何?"昭十二年《传》曰:"国其若之何?"其义一也。"将"与"其"同义,故二字可以互用。(176页)
>
> 将,犹"乃"也。宣六年《左传》曰:"使疾其民以盈其贯,将可殪也。"(177页)

"将"、"其"、"乃"虽然都是情态副词,但是所表示的语法意义各不相同。"将"表未然,"其"表拟测,"乃"表肯定,怎能混而一之呢?又如卷五释"固"、"顾"、"故"为"乃":

> 固,犹"乃"也。《孟子·万章》篇曰:"仁人固如是乎?"或作故,又作顾。《赵策》曰:"虽强大不能得之于小弱,而小弱顾能得之于强大乎?"《吕氏春秋·制乐》篇曰:"我必有罪,故天以此罚我也。今故兴师动众,以增国城,是重吾罪也。"下"故"字与"乃"同义。(123页)

"固"是原本义,"顾"是反而义,"故"是特地(故意)义,都不宜用表肯定义的"乃"来训释。再如卷九释"所"为"可",释"所以"为"可以":

> 所,犹"可"也。《晏子春秋·杂篇》曰:"圣人非所与嬉也。"非,犹"不"也。言圣人不可与戏也。《墨子·天志》篇曰:"今人处若家得罪,将犹有异家,所以避逃之者矣……"所以,可以也。

……《史记·淮阴侯列传》曰:"非信无所与计事者。"言无可与计事者也。《汉书》"所"作"可",是其证矣。(210页)

"所"字是个辅助性的代词,放在动词或动词性词组的前面,表示与该动作有关的人或物。"可"是助动词。两者性质完全不同。"圣人非所与嬉也"是说"圣人不是共嬉戏的人"。"所以"是一种常见的凝固结构,表示用来实现某种行为的方法或凭借;它同表示可能性的凝固结构"可以",也完全不同。"所以避逃之者"是说有"用来逃避受罚的凭借"。王引之强把"所"释作"可",完全扭曲了原文的意思。

章炳麟曾批评《经传释词》说,"卤莽灭裂处亦多,肆意造词,视为习贯,且有旧解非误而以强词夺之者,亦有本非臆造,而不能援古训比声音以自证者"。[①] 我们认为,这种批评也许并不算太过分;不过,其实不是作者卤莽所致,而是用传统训诂方法研究虚词难免的结果。我们不能不看到,由于《经传释词》的长期被推崇,它的一些做法,也就开了用训诂方法研究虚词而形成失误的先河。

四、清末《经传释词》之后的虚词研究

《经传释词》之后,清末有孙经世的《经传释词补》、《再补》[②] 和吴昌莹的《经词衍释》。孙氏的书只是选择了十几个字大量增补用例,也增加了少数训释。《衍释》规模大,但仍然只是《经传释词》的推衍;吴氏大量增例补训,而可信者甚少。例如:

以,犹"为"(去声)也。此义《释词》不载,今补。《孟子》:"君子不以天下俭其亲。"言不为也。哭死而哀,非为生者也;经德不回,非以干禄也;言语必信,非以正行也。"以"与"为"对文,"以"实

"为"义。(卷一6页)

　　以,犹"之"也。此义《释词》不载,今补。《论语》:"君子义以为上。"《史记·子路传》作"义之为上"。《报任少卿书》:"而仆又佴之蚕室。"《汉书》作"茸以"。《左传》闵二年:"佩以金玦。"《晋语》作"佩之"。是"以"犹"之"也。(卷一11页)

"不以天下俭其亲"即"不以天下之故俭其亲",这是介词"以"最常见的引进原因的用法。正如《经传释词》所指出的:"以,亦由也。此亦常语。""非以干禄"、"非以正行"即"非以之干禄"、"非以之正行",这是介词"以"引介凭借的常见用法,只不过"以"的宾语是它前面所说的行为,这里省略了复指它的"之"。"义以为上"即"以义为上","佴之蚕室"即"佴之于蚕室"。用"以"和用"为",用"以"和用"之",都是不同的句式,不能混为一谈。《经传释词》关于"以"字的训释列了7项,《经词衍释》又增补了7项训释,无一项可取者。《经传释词》关于"而"字的训释列了9项,《经词衍释》也增补了7项:"而,犹'其'也"、"犹'岂'也"、"犹'且'也"、"犹'犹'也"、"犹'故'也"、"犹'此'也"、"犹'唯'也"也是无一项可取者。补释了23字,大都是王引之所谓"其易晓者则略而不论"的。

　　近人裴学海1932年成《古书虚字集释》。它虽然成书在现代语法学已经盛行的二十世纪,比杨树达的《词诠》还晚出;但是它的性质同《经词衍释》相似,是推衍、增广《经传释词》的传统虚词著作。作者是以《经传释词》为基础编写的,兼采《助字辨略》、《古书疑义举例》、《词诠》等书,企图超越"刘(淇)王(引之)俞(樾)杨(树达)"四家。他把注意力集中在增补"前修及时贤之未及者",因而主要是大量增字、补例、增训。拿它同《经词衍释》相比,它对《经传释词》所增加的训释项,要比《经词衍释》多得多。例如:关于"以"字,它增加了25项训释,比《经词衍释》多增加19项;关于"而"字它增加了18项训释,比《经词衍释》多增加11项。《经词衍释》增补的训释不可取,它增加的训释更不可信。例如:

"以"犹"可"也。"以"训"可",犹"能"训"可"也。《孟子·滕文》篇:"今一见之,大则以王,小则以霸。"《论语·雍也》篇:"原思为之宰,与之粟九百,辞,子曰:毋!以与尔邻里乡党乎。"《诗·猗嗟》篇:"以御乱兮。"(卷一24页)

"而"犹"抑"也。《列子·仲尼》篇:"壶邱子曰:'御寇之游,固与人同欤?而曰固与人异欤?'""而曰"犹言"抑亦"。(卷七544页)

"於","居"也。见《广雅》《荀子·儒效》篇:"隐於穷阎陋室。"《韩诗外传》"於"作"居"。(卷一58页)

"以"字训"可"的三个例句,其实是介词"以"最常见的引介凭借的用法,只不过省略了复指前文的代词宾语"之"。"而"字训"抑"的例句,也是连词"而"在句首用于逆接的常见用法。"於"字训"居",更加无理,此例是介词"於"引介行为处所的最一般的用法。总之,作者凭两三个,甚至是一个不可靠的例句就增补一个训释,确实"虽不无迹近好奇,流于武断之处"(作者《自叙》用语)。有人赞赏裴书能解决古书中那些别人没有解决的疑难虚字问题,这无疑是过誉。我们认为,作者固守传统的训诂方法,训释求分求细,因而错误极多,成绩甚微,在古汉语虚词研究的过程中,很难说不是一种倒退的现象。

《汉语大字典》虽然不是研究虚词的专著,但是它关于古代虚词的训释,有一定的典型性,影响巨大,不能不加以评议。《汉语大字典》关于虚词的训释是求义项完备、分项细密。它一方面极力搜罗传统训诂的资料,在训释中努力"让古训各就各位",依从无违;另一方面又采取了一些现代语法学的观念和成果,杂糅在一起。因而造成训释纷繁,内部自相抵牾的局面。例如关于虚词"而"的训释分:副词义3项,连词义7项,助词义2项,语气词义2项。三项副词义都是采用前人虚词研究的成说。摘抄如下:

[5]副词。1.表示时间,相当于"才"。《玉篇·而部》:"而,乃也。"杨树达《词诠》卷十:"而,副词,与乃同,始也。"《左传·襄公九年》:"有四德者,随而无咎。"……2.表示范围,相当于"只"、"唯独"。清吴昌莹《经词衍释》卷七:"而,犹唯也。"《论语·季氏》:"不患寡而患不均,不患贫而患不安。"……3.表示继续,相当于"犹"、"还"。清吴昌莹《经词衍释》卷七:"而,犹犹也。"《论语·阳货》:"年四十而见恶焉,其终也已。"邢昺疏:"言人年四十犹为恶行而见憎于人者,则是其终无善行也已。"……(2810页)

"而"字根本没有副词义,《汉语大字典》所列三个副词义的全部引例都是连词"而"顺接两个谓词性成分的常见用法。传统训诂资料根据引例所处语境的语意作出的三种训释,其实都是从串讲、翻译的角度作出的;古人注疏典籍,便利读者,未始不可,定作一个虚词的义项,就是很不科学了。

三项助词义有两项是编者采取训诂学的方法根据注释资料设立的,抄录如下:

[7]助词。1.表示偏正关系,相当于"之"、"的"。《论语·宪问》:"君子耻其言而过其行。"《淮南子·人间》:"虞之与虢,相恃而势。"《说苑·建本》引《诗》:"人而无良,相怨一方。"按:《诗·小雅·角弓》"而"作"之"。又相当于"着"、"地"。《左传·哀公

七年》:"不乐而出。"《史记·陈涉世家》:"庸者笑而应曰:'若为庸耕,何富贵也?'"《礼记·曾子问》:"揖让而入。"(2811页)

"而"训"之",本来是杨树达(1984)在《高等国文法》中提出来的,第一个例子也是他首先引用的。在《词诠》中他说:"陪从连词,与'之'字同用。"裴学海在《古书虚字集释》中引了大量用例论证"而"训"之",包括这里所引的三个用例。他说:"'而',犹'之'也。训见《高等国文法》一为口语之'的'。"在第一个引例后面加按语说:"按皇侃《论语义疏》'而'作'之',是以意改。"在第二个引例后面加按语说:"《诸子平议》谓'势'字义不可通,疑本作'相恃而存也'。失之。"第三例两书相同。杨树达正像俞樾一样,从三个用例看到,依"而"的一般用法理解,"义不可通",从而作出了有失稳妥的结论。裴学海更用训诂学的互文见义、异文相证的办法把许多不同类型例句中的"而"字断作"口语中之'的'"。比如,这里的第三例"人而无良"就和"子产而死"是一个类型的,按《经传释词》就应释作"若"或"如"。(当然,释作"若"或"如",也不对。)《汉语大字典》不仅采用了这种不正确的训释,还提出"而""又相当于'着'、'地'",这是很突出的失误。这一训释,既无说明,我们也找不出它的所本。所举的三个例子,就与该字典提出的连词的第二项"表示承接"或者第七项"连接修饰语与动词"的用例相同,编者在此完全是从翻译的角度把这些"而"字释作"着"、"地"的。

语气词的第一项训释也是大有问题的,抄录如下:

[8]语气词。《广雅·释诂四》:"而,词也。"王念孙疏证:"若、而一声之转,皆语词也。"《玉篇·而部》:"而,语助也。"1.用在句中,表示反问,相当于"岂"、"难道"。《论语·颜渊》:"为仁由己,而由人乎哉?"邢昺疏:"言行善由己,岂由他人乎哉,言不在

人也。"《左传·昭公十三年》:"诸侯事晋,未敢携贰,况卫在君之宇下,而敢有异志?"《孟子·万章上》:"相秦而显其君于天下,可传于后世,不贤而能之乎?"赵岐注:"不贤之人岂能如是,言其实贤也。"(2811页)

三个例句都是连词"而"最常见的反接用法,引《广雅》《玉篇》说明不了"而"一定是语气词,邢昺、赵岐的注也只是串讲,不能作为"而"有"岂"义的证据。编者在这里又是按训诂的方法从翻译的角度推断出来的。再说,即使"而""相当于'岂'、'难道'",也只能说是语气副词,不能定为语气词。

以上我们评议《汉语大字典》把"而"训释作副词义、助词义、语气词义大都是错误的,至于它把"而"的连词义分为7个,是否就没有问题呢?我们说也有问题。例如它采用《经词衍释》的说法,把连词"而"说成"表示因果,相当于'因而'、'所以'";采用《词诠》沿袭《经传释词》的说法,又把连词"而"说成"表示假设,相当于'如果'",都是不正确的。好在它没有全部吸收《古书虚字集释》的训释,得以免掉不少错误。但是,总的来看,《汉语大字典》关于虚词的训释表现出缺乏正确的现代语法学观念,是立足在传统训诂学基础上的,因而错误甚多,造成的影响将是很不好的。

五、训诂学对古汉语虚词研究的消极影响

汉语虚词的研究曾是训诂学的内容之一,历代训诂工作者对古汉语虚词作过许多研究、探讨,取得了不少成果,作出了历史贡献,为我们提供了许多有关古汉语虚词的宝贵资料,我们是应该充分利用的。但是,我们必须认识到,传统的训诂方法有许多是不科学的,它对作为现

代语法学的古汉语虚词研究,可以说是从根本上不适用的。我们知道,训诂原是经学的附庸,它是为读经服务的。它研究的对象是经书典籍,为这些言语作品释词解句,要解决的是言语范围的问题。因而它研究虚词时,着眼于一个个虚词在具体语句中表达什么意思,然后采取翻译、互训的方式作出解释。解句要串讲,串讲即翻译,翻译是只能存其意而不能存其词的,通过翻译来理解虚词的语法意义、语法作用,是没有不失真的。互训是用义近词来训释的,所谓义近只是说明在某种语境下双方所表示的意义有某些相近相似罢了。现在已经是《尔雅》问世二千多年之后了,把《尔雅》创立的释词方式用在实词的训释上,已经有欠精确,过于保守了,用来训释虚词,更不可能表达不同虚词之间的不同语法意义和语法作用。再考察一下这些训诂式虚词训释得出的方法,大都离不开引古注、考异文、据互文。上文谈到《汉语大字典》将"而"训作"犹"、训作"岂",就都是引了古注为证的。邢昺、赵岐都是串讲,他们体会语句的意思,用了"犹"或"岂",没有错,可是把"而"字同"犹"、"岂"连起来,定作"而"的两个义项,却是彻底错了。在我们看来,把考异文、据互文当作解决疑难、作出结论的办法,是很不妥当的。即使把它用于考察实词的词义,也是不可靠的,至于用它来考察虚词的训释,更是找不到成功的例证。我们在前面已经列举了从王引之、吴昌莹到裴学海和《汉语大字典》在这方面的一些错误用例,这里再举一些例子来讨论:

  而,犹"若"也。……昭二十六年《左传》:"晏子曰:'后世若少惰,陈氏而不亡,则国其国也已。'"皆以"而""若"互用。……襄三十年《左传》"子产而死",《吕氏春秋·乐成》篇"而"作"若"。(《经传释词》卷七140页)

  "而",犹"之"也。……《韩诗外传》九,引《诗》曰:"人而无良,我以为兄。"《诗·鹑之奔奔》篇,作"人之无良"。……《论语·泰伯》篇:"人而不仁,疾之已甚,乱也。"《论衡·问孔》篇引,"而"作"之"。(《古书虚字集释》卷七 533—534 页)

"陈氏而不亡"、"子产而死"同"人而无良"、"人而不仁"是完全相同的句式,"而"的语法作用也是一样的;可是王引之根据互文和异文把"而"释作了"若",裴学海又根据异文释作了"之"。这还有个准没有?再如:

"于"犹"其"也。指事之词也。"于"训"其","其"亦训"于",互见"其"字条。《淮南子·原道》篇:"已雕已琢,还反于璞。"《韩非子·外储说左》篇,作"既雕既琢,还反其璞"。《战国策·秦策五》:"曾参孝其亲,天下愿以为子;子胥忠于君,天下愿以为臣。"《秦策一》:"昔者子胥忠其君,天下皆欲以为臣。""于"与"其"为互文。……《吕氏春秋·疑似》篇:"丈人智惑于似其子者而杀于真子。"下"于"字训"其",《文选》注引作"杀其真子",是以意改。(《古书虚字集释》卷一 55—56 页)

裴氏证"于"为"其,除举出了以上两例异文和两例互文外,下面还举了一例异文、五例互文,另外还举了七例类似"杀于真子"的例句。在裴氏看来,有一两例异文或互文,就足以证明某一虚词有某个意义了,这里不仅有这样多异文和互文用例,而且还有这样多类似"杀于真子"在他看来只能认作"于犹其也"的例证,因此"于"训"其"应该是确诂了。但是,这三方面的例证是否就可以证明"于"真能用作"其"呢? 无疑是不能的。因为用"于"和用"其"是两种不同的句式,在这种语境下,表达的意思相近,但仍有差别,不能混为一谈。异文、互文只能说明是用了不同的语言成分表达了相近的意思,不能说明两个语言成分相等。至于"杀于真子"一类例句,是属于所谓的"动宾之间的'于'字",按裴氏的看法,及物动词和宾语之间不应有"于"字。其实,汉语动词及物和不及物的界限是不清楚的,即使是典型的及物动词,也不是一定不能在它与宾语之间加"于"字,这是介词"于(於)"发展的过程决定的。甲骨文有"王入商",也有"王入于商";西周金文有"王乘于舟"、"御于天子"。只是加"于(於)"字就由动宾结构变成了动补结构罢了。③裴氏所举的例证,不少是介词"于"常见的介绍行为涉及对象的用法,如"不利于家"、"怨于上"、"合于意"、"伤于身"等;只有少数几个用例,如"杀于真子"、"不托于孤"等,一般是不用"于"字的。但是,这些"于"字仍然是含有对待义的介词,绝不相当于指事代词"其"。如果说,介词"于"竟然真的出现了指事代词"其"的语法意义和语法作用,那么我们就应该问,它是怎样演变而成的。

因为虚词是语法成分,每个虚词都是处在语言的语法系统之中,有其特定的位置和特定的语法意义和语法作用,它的演变也是有规律可循的。我们研究古汉语虚词,就是要解决这些虚词在特定时期古汉语语法系统中所具有的特定语法意义、语法作用及其演变规律。这里要解决的是语言问题,不是言语问题,作为古人根据为读经服务而总结、形成的训诂方法,当然解决不了揭示古汉语语法系统的任务。更何况长期来传统训诂学缺乏革新精神,少数人还把其中一些不科学的方法加以推衍,造成不良影响,因此我们认为古汉语虚词研究必须摆脱训诂学的影响,抛弃训诂的方法。

六、《马氏文通》的虚词说及其后的虚词研究

马建忠开创了中国语法学,他的《马氏文通》是一部富有创造性的

古汉语语法。在虚词研究方面,他也开创了现代语法学虚词研究的新阶段。他很懂得语法的系统性,对古代虚词的论述,大都能从系统的角度来考虑问题。这与传统训诂学的研究路子、方法是完全不同的。它对虚词完全不采取近义词互训的方式,也不用互训、异文等传统训诂方法来考察虚词。它的虚、实概念和虚词、实词的界限都比传统训诂学清楚。它对虚词的分析,首先看重的是该虚词概括的语法意义和语法作用,然后再考察该虚词在不同句式或结构中的使用情况。它对某些虚词的分析,直至今天还是很透辟的,甚至比现在许多语法论著还高明得多。例如,有关连词"而"的分析,首先他指出:

"而"字之为连字,不惟用以承接,而用为推转者亦习见焉。然此皆上下文义为之,不知"而"字不变之例,惟用以为动静诸字之过递耳。是犹"与""及"等字之用以联名代诸字也。(《马氏文通校注》卷八 360 页)

马氏在这里是说连词"而"的基本作用是连接动字、静字。它可以用于顺接,也可以用于逆接,不过这只是前后文造成的。紧接着是分析"而"连接动字、连接动静诸字、连接状字与动静诸字的情况;最后是分析"而"字连接的两部分的语义关系。马氏指出:"而"字连接的"上下截之辞意,则又善变者也。惟其善变,遂使不变者,亦若有变焉。"(卷八 371 页)他把这种变化概括成四类:

凡上下截两事并举,则以"而"字递承,若有"又"字之意。(371 页)

凡上下截两相背戾,则以"而"字捩转,似有"乃"字"然"字之意。(373 页)

> 凡上下截一意相因,则以"而"字直承,若有"因"字"则"字之意。(376页)
>
> 凡上下截有言时者,则以"而"字连之,以记其时之同异。(377页)

马氏指出,由于上下截的语义关系不同,使得"而"字似乎有"又"字、"乃"字、"然"字、"因"字、"则"字的意思,并非"而"字本身真有这些意思,而且最后还指出:"经史中遇'而'字有作别解者,则解经家一家言也,要未可据为定论。"(379页)

更值得注意的是,在分析"而"字连接各种成分时,还提出了假借的观点。他说:

> 若"而"字之前若后惟有名字者,则其名必假为动静字矣。不然,则含有动静之字者也。不然,则用若状字者也。(368页)

他不但举了大量用例,论证名词用在"而"字前后是假借作动词、形容词、副词,还批评了王引之把"而"释作"若""如"的说法。他说:

> 有谓[左襄二十九]且先君而有知也……[又昭二十六]后世若少惰,陈氏而不亡……"先"君与"陈氏",皆自为上截所接,"而"字当作"若"字解……夫"而"字解如"若"字之义亦通。然将两上截重读,接以"而"字,其虚神仍在。如云:"且先君虽死而或有知也,"又如云:"陈氏之为陈氏,至后日而仍未亡也,"是将余味曲包之字补出,则"而"字仍不失为动静诸字之过递也。而况若而句者,经史往往而有。如执以"而""若"两字互用为解,遇有"而"字而无"若"字处者,又将何以自解也。(369—370页)

> 《孟子·万章下》云:"而居尧之宫,逼尧之子,是篡也"一节,经生家以"而"字作"如"字解。《左传·襄公三十年》云:"子产而死"一句,则以"而"字解作"若"字,又杂引他句,"而"字解作"乃"字。不知"而"字之解"若""如"等字者,非其本字,乃上下截之辞气使然耳。(376 页)

在批驳了《经传释词》后,又举例强调了用"若"和用"而"是有不同的。

我们知道,马氏当时没有词组的概念,如果把他有关"而"字的观点推衍一下,他实际上是提出了连词"而"连接谓词性成分的论断。这一观点是很具洞察力的,也是很先进的。《马氏文通》以后的古汉语语法著作和研究虚词的著作,都未能全面采取它的观点。现在最通行的,是王力先生主编《古代汉语》中的说法。它把"而"字的用法分成三类:"连接形容词、动词或动词性词组";"用在一句话的主语和谓语之间";"用在状语和动词之间"(校订重排本第二册 447—449 页)。这是因为二十世纪五六十年代,语法学界受布龙菲尔德结构主义的影响,强调要从语法形式来进行分析,因而就把"十人而从一人"、"人而无信"类语言材料看成主谓结构,把"再而衰,三而竭"类语言材料分析成状语和动词的关系。执意要把连词"而"的语法作用拆分开来,反而不如《马氏文通》的符合语言实际。薛凤生教授(1991)提出:"把'而'字定为一个'只能连接子句'的连词,就等于说,它所连接的两个成分都分别代表一个单句。"这与《马氏文通》的观点是相通的,不过恐怕还是以马氏的提法更为稳妥。

《马氏文通》以后最重要、最有代表性的研究古汉语虚词的著作是杨树达的《词诠》。比起《经传释词》,它确有很大进步。它不仅对所释的词的各个义项作了现代语法学的词类界定,而且扬弃了《经传释词》的某些观点,在诠释时多少能从现代语法学的角度来考虑问题。例如

《经传释词》卷八把"将"释作"其"和"乃"(见前文所引),《词诠》就改释为:

（一）助动词　《广雅》云:"将,欲也。"按即今语之"打算"。此种用法,含有意志作用。"国不堪贰,君将若之何?"《左传》隐元年(395页)

（二）助动词　前条"将"字用法,乃表事之出于人类之意志者,故译为"打算"。此条将字,则表属于人事自然之结果,不由意志决定者。可以今语"会"字译之。使疾其民以盈其贯,将可殪也。《左传》宣六年(397页)

杨树达在此不仅不取《经传释词》"其"、"乃"之训,认为"将"就是"将",也就是《经传释词》所谓的"常语":"将者,且也。"而且指出两者的区别是:前者"含有意志作用",后者是"不由意志决定者"。这种分析是相当精到的。不过杨氏服膺二王,受传统训诂的影响还是很深的,在大多情况下,他还是采用同义互训的方式,也常常引用古注和刘淇、王引之的观点,并偶尔采用互文考证的方法。在语法体系方面,他与黎锦熙接近,采取了"依句辨品"的观点。由此而造成两个不良结果:一是扩大了虚词的范围。具体表现为,副词和状语混淆,扩大了副词的范围;介词和动词混淆,扩大了介词的范围。二是为虚词设立的义项偏细,缺乏概括性。例如《马氏文通》对句尾语气词"也""矣"的语法作用概括得相当恰当,分辨得很清楚。[④]它说:

助字中,惟"也""矣"两字最习用,而为用各别。"也"字所以助论断之辞气;"矣"字惟以助叙说之辞气。故凡句意之为当然者,"也"字结之;已然者,"矣"字结之。所谓当然者,决是非,断可

否耳。所谓已然者,陈其事,必其效而已。(卷九413页)

可是,《词诠》却给语气词"也"列了10个义项(497—503页),"矣"列了7个义项(479—482页),我们将两字的义项对比如下(按"也"的义项排列,将"矣"的相应义项列在括号中):

"也":(一)语末助词 但助词。/(二)语末助词 助兼词,表提示以起下文。("矣":(二)语末助词 助兼词或子句,表提示以起下文,与"也"第二条同。)/(三)语末助词 表假定。/(四)语末助词 表决定,句意于此结束。("矣":(五)语末助词 助句,表理论上或事实上必然之结果。(六)语末助词 助句,表言者语意之坚确。)/(五)语末助词 连举数事时用之。/(六)语末助词 与"矣"用同。《淮南子·说林训》云:"也之与矣,相去万里。"按此就其常例言之。若其变则"也"字亦恒与"矣"同用。(矣:(三)语末助词 助句,表已然之事实。《淮南子·说林训》云:"也之与矣,相去千里。"(四)语末助词 助句,表已然之境。)/(七)语末助词 命令或禁戒时用之。/(八)语末助词 表感叹。("矣":(一)语末助词 助词或句,表感叹。)/(九)语末助词 助句,表疑问。("矣":(七)语末助词 助一句,表疑问。)/(十)语末助词 表反诘。

按《词诠》的分析,两个字都可以表"当然的"决定语气,也都可以表"已然的"叙述语气,还都可以表感叹语气、疑问语气、提示语气。在语法意义和语法作用上几乎是没有什么分别了。这是着眼于"也"、"矣"所在的语句,强把语句中别的因素所造成的语气硬加在"也""矣"的头上。这种做法,实际上与传统训诂学的随文释义是性质相同的。

《词诠》之后,二十世纪四十年代有吕叔湘的《文言虚字》。这虽是一本帮助青年读者学习文言的普及读物,作者只选取了二十多个常用文言虚字来分析;但是它举例典型,分析详细,既注意同现代汉语作比较,又重视语法作用相近的文言虚词之间的差别。二十多个虚词都采取成对分析的办法。例如,它把"则"和"而"放在一起分析,先列举了"则"的七种用法和"而"的九种用法的例句各一个,再逐条分析"则_一_"至"则_七_"、"而_一_"至"而_九_"。在分析"则"时指出:

> "则"在大多数地方和白话的"就"字或"便"字相当,基本的作用是表示两件事情在时间上的联系。……
>
> 可是有一点要注意,若是句子里标明主语,"就"字只能放在主语之后,"则"字通常只用在主语之前。(76页)

在考察"而""则"的区别时,首先总的指出:

> "而"字和"则"字比较,可分两点:一,"而"字和"则"字同样可以用于承接句,但位置相同而作用不同,不但转接的"而"和"则"字显然有别,就是顺接的"而"字也还是和"则"字不同,这是同中见异。二,"而"字和"则"字同样可以用于对待句和转折句,句中位置不同,而作用又有相近之处,这是异中见同。(82页)

在考察"而_一_"("溪深而鱼肥","泉香而酒洌")时又指出:

> 这些句子里的"而"字所连的两件事,不但在时间上先后相继,而且在事理上先后相因。因此……尽可改用"则"字(则_二_),但是用"而"字是平铺直叙的口气,用"则"字便显然以前事为后事的前提,变成论断的口气。(84页)

作者在这里观察入微,分析非常细致,完全摆脱了"某犹某也"那种言同而不见异的训诂方式,而是用现代语法学的方法来观察问题、分析问题,特别关注语法作用相近虚词的差异。《文言虚字》的分析方法及其结论显然都较前人多有进步,这对后来的某些古汉语语法著作和古汉语教材有重大影响。只是它讨论的虚词嫌少,作者曾在初版的《序》中表示过:"或当更为续说耳。"可惜后来作者一直没能实现自己的这个愿望。

二十世纪六十年代杨伯峻写了一本《文言虚词》,八十年代又充实内容,改写为《古汉语虚词》。《古汉语虚词》收单音虚词169个,并附有虚词作用的多音词语近三百个。这是一部继承《词诠》传统、又在语法学观念上有所前进的著作。它最应该受到肯定的是对复音词语的关注。它虽然接受了《词诠》以后语法学的某些新观念、新方法,比《词诠》进步了,但是在语法观念、语法体系和分析方法上却远远落在吕叔湘《文言虚字》的后面,不少地方还带有训诂的色彩。例如在分析连词"而"时认为:

> (六)"而"字可以作"则""即"诸字用。这"而"字可译为"便""就"。
> 　　凡天下强国,非秦而楚,非楚而秦……
> 　　微召公虎,而绝无后嗣……
> 　　以上两个例句,"而"字都可换成"则",但用法却不一样。"非秦则楚","则"是副词起系词作用,译成"便是"或"就是";"则绝无后嗣","则"是连词,承上句意,只能译成"就"或"便"。(30页)

说"而"字可以作"则""即"诸字用,这就是"某犹某也"的训诂方法,是不正确的结论。后面的分析更加逻辑混乱,"则"一时是"副词起系词作用",一时又是连词,那么这种作"则"的"而"字到底是什么词性呢?

二十世纪七十年代末何乐士等编写了《文言虚词浅释》,八十年代扩大规模,编成《古代汉语虚词通释》(下面简称《通释》)。《通释》采取传统的虚词观点,收词从宽,共收虚词549个,超过以前的虚词著作。它重视继承前人和当代学者的成果,特别是受杨伯峻的《古汉语虚词》的影响较深。它的特点是重视虚词在句子结构中的位置以及它跟其他句子成分之间的搭配关系,尽量从形式与意义相结合的角度来介绍虚词的特点,这是比以前的虚词著作确有进步之处,也使它成了这个时期最具影响的虚词著作。九十年代中国社会科学院语言研究所古代汉语研究室编成《古代汉语虚词词典》。它除收文言虚词外,还收了部分近代汉语虚词,共收各类虚词和词组一千八百多条,是至今词目收得最多的虚词著作。它提出了"既能反映虚词的用法和意义,又能反映虚词的历史变化"的高标准。主要编者多数是参加过《通释》编写的,它吸收了《通释》的成果,又经过多年的认真努力,最终完成的词典比较简要,也贯彻了"摆脱辞训式的解说"的企图,确实是目前一部解说大有进步的最实用的虚词词典。但是,它仍难免带有某些训诂学的影响,至于反映虚词的历史变化,更是不可能一蹴而就的。

综观《马氏文通》以来的虚词研究,大多是以"文言"作为对象,把一两千年的语言资料,当作一个平面系统来处理。这是一种泛时的研究方法,难免带来某些不足和失误。因为虚词和虚词系统都是随着语言的发展而产生、形成和发展变化的,只有把历时的追本溯源和共时的系统分析结合起来,才能把古汉语的每个虚词和各个时期的虚词系统彻底弄清楚。因此,在这个时期除以上虚词专著外,我们更应该重视那些研究古汉语虚词的论文。有些论文对某些虚词的词性、语法作用和语法意义作了较为深入的探索,例如丁声树的《释否定词"弗""不"》、朱德熙的《自指和转指——汉语名词化标记的"的、者、所、之"的语法功能和语义功能》、闻宥的《"于""於"新论》等。二十世纪八十年代专书虚词研究受到人们的重视,何乐士出版了《左传虚词研究》;个别虚词的起源、发展也已经有人关注,例如郭锡良写了《介词"于"的起源和发展》、《介词"以"的起源和发展》;断代虚词研究也已经被列入某些人的研究计划,成果将可预期。古汉语专书虚词研究、专题虚词研究和断代虚词研究必将更广泛、深入地开展下去,古汉语虚词的语法作用、语法意义和它的发展变化也必将彻底弄清楚。

附　　注

① 见章炳麟《王伯申新定助词辩》,载《太炎文录续编》,又载中华书局1956年版《经传释词》附录。
② 1868年成都书局将它同《经传释词》合刊,1956年中华书局据此本校印。
③ 参看贾则复《古汉语中有关"于"字的两个问题》、郭锡良《介词"于"的起源和发展》。
④ 参看郭锡良《先秦语气词新探》。

参考文献

丁声树　1933　释否定词"弗""不",载《庆祝蔡元培先生六十五岁论文集》。
郭锡良　1988　先秦语气词新探(一),《古汉语研究》创刊号,50—55页。
郭锡良　1989　先秦语气词新探(二),《古汉语研究》第1期,74—82页。
郭锡良　1997　介词"于"的起源和发展,《中国语文》第2期,131—138页。
郭锡良　1998　《介词"以"的起源和发展》,《古汉语研究》第1期,1—5页。
汉语大字典编委会　1988　《汉语大字典》,武汉、成都:湖北、四川辞书出版社。
何乐士　1989　《左传虚词研究》,北京:商务印书馆。
何乐士　敖镜浩　王克仲　麦梅翘　王海棻　1985　《古代汉语虚词通释》,北京:北京出版社。
贾则复　1984　古汉语中有关"于"字的两个问题,《中国语言学报》第2期。
刘淇(清)　1955　《助字辨略》,章锡琛校注,北京:中华书局。
卢以纬(元)　1988　《助语辞集注》,王克仲集注,北京:中华书局。

吕叔湘　1944　《文言虚字》,上海:开明书店;又 1957　北京:新知识出版社。
马建忠(清)　1954　《马氏文通校注》,章锡琛校注,北京:中华书局。
裴学海　1954　《古书虚字集释》,北京:中华书局。
王力　1999　《古代汉语》(校订重排本),北京:中华书局。
王引之(清)　1956　《经传释词》(附补及再补),北京:中华书局。
闻宥　1985　"于""於"新论,《中国语言学报》第 2 期,44—48 页。
吴昌莹(清)　1956　《经词衍释》,北京:中华书局。
薛凤生　1991　试论连词"而"字的语意与语法功能,《语言研究》第 1 期,55—62 页。
杨伯峻　1981　《古汉语虚词》,北京:中华书局。
杨树达　1954　《词诠》,北京:中华书局。
袁仁林(清)　1989　《虚字说》,解惠全注,北京:中华书局。
朱德熙　1983　自指和转指——汉语名词化标记"的、者、所、之"的语法功能和语义功能,《方言》第 1 期,16—31 页。
中国社会科学院语言所古代汉语研究室　1999　《古代汉语虚词词典》,北京:商务印书馆。

Reflections on the Studies of Functional Words in Old Chinese

Xiliang Guo

Peking University

This paper attempts to make a condensed review on studies of functional words in Old Chinese since more than two thousand years ago. Works on functional words before the publication of "*Ma Shi Wen Tong*" were more philological than linguistic. Besides, researches on functional words are sporadic during the period from pre-Qin to Tang, Song dynasties. The first monograph on functional words was written in Yuan dynasty and the studies of functional words in traditional approaches were well developed in Qing dynasty. Traditional studies of functional words were important substances in philology and also of interest in rhetoric and writing methods. In twentith century, scholars in many fields, like Modern Chinese syntax, Chinese historical syntax and Chinese dialectal syntax, are able to do deeper and broader researches by constantly absorbing western new theories and new methodologies. Modern studies of functional words in Old Chinese, however, are still influenced greatly by traditional paradigms. The author concludes that it is high time for this field to adopt modern linguistic framework and methodology to make progresses.

(原载台北中研院第三届国际汉学会议论文集
《古今通塞:汉语的历史与发展》(2003);
又载《语言科学》第2卷第1期,科学出版社,2003)

古汉语专书语法研究漫谈

　　古汉语专书语法研究是建立汉语断代语法和汉语语法发展史的可靠基础。尽管二十世纪三四十年代黎锦熙先生就写过《三百篇之"之"》,丁声树先生也写过《论〈诗经〉中的"何""曷""胡"》等文章;但是那还是从考证语词的意义和用法着眼的,真正自觉作为专书语法研究课题来对待,是五十年代以后的事情。1958年王力先生的《汉语史稿》出版后,揭开了汉语历史语法研究的新篇章。人们意识到要建立科学的汉语语法史必需以专书语法研究为基础,六十年代初语言所古汉语研究室在陆志伟先生的主持下首先把《左传》语法研究列为了他们的研究课题之一。由于大家都清楚的原因,刚开始不久的研究就被迫中断了十年。八十年代以后,先后出版的何乐士教授的《〈左传〉虚词研究》和管燮初先生的《〈左传〉句法研究》就是这一课题的成果。"文革"后学术界对专书语法研究更加重视,不少学者提倡专书语法研究,中断多年的古汉语专书语法研究又重新展开,发展相当迅速,二十年之间,专书语法研究的范围涉及由上古至近代的典籍数十种,上起《尚书》《诗经》《论语》《左传》,下迄《金瓶梅》《红楼梦》《儒林外史》《老残游记》。发表的论文四百多篇。语言所又组织了先秦专书语法研究等重点研究课题,北京大学等单位也把专书语法研究作为研究生的硕士、博士学位论文的题目。专书语法研究迎来一个繁荣时期,这是十分可喜的。不过,另一方面专书语法研究也还存在一些值得注意的问题,需要引起我们的重视。

　　大家知道:语法是语言组词造句的规则,它总是一个系统。研究者也必然要有自己的理论方法和所采用的语法系统。研究古代的专书语法，不可避免首先就要解决这个问题。理论方法的先进性和采用的语法系统的科学性决定了专书语法研究的成败。我们应该十分慎重地对待这个问题。但是也有人唱反调，竟然说什么：研究专书语法，不要管什么理论体系，只要深入材料，你怎么看就可以怎么做。这是十分错误的。目前专书语法研究虽然难有一个统一的规格，但是它绝不能作为各行其是、不注重理论方法的借口。我们也应该在不断的实践中努力提高这方面的水准和共识。

研究专书语法的方式是多样的，大致可以分成两大类：(1)任意选择有特点的语法现象（词法或句法）进行专题研究；(2)按系统选择专书的某部分语法成分、语法结构作全面、穷尽式的研究。它可以是某类虚词研究或某类实词研究，也可以是句法结构或句式的研究。第一类方式研究者的灵活性、主动性比较大，也容易成为研究者的选题。第二类方式中虚词研究比较容易，实词研究次之，句法研究最难。因为虚词是封闭的类，已有的研究成果也较多，确定研究某类虚词后，不牵涉到整个语法体系；而研究某类实词就必然牵涉到整个实词系统的分类，所以实词研究难于虚词研究。至于句法研究，它一般要在词法研究的基础上才得以顺利进行，所以说它比实词研究更难。目前的专书语法研究，从内容来看，虚词研究的文章最多，估计在一半以上，加上第一类方式的文章，要占总数的百分之七十左右。实词研究和句法研究的文章偏少，严重失调；亟需加强这方面的研究。首先应该加强专书动词研究，动词类别的确定是解决词类系统的核心，词类系统解决了，句法结构和句式的研究也就具备了坚实的基础。

专书语法研究是一个系统工程，要充分认识作好它有很大的难度，因为它一般要在完成专书索引、专书词典的基础上才能进行。专书语法研究的目的是对某部专书的语法进行全面描写，研究虽然可以分头或分步骤,但是每一部分都是与整体相联系的,既要作穷尽式的研究,又要相互照应。研究一部专书的动词不是只研究它的动词就能解决问题的,几乎可能要涉及所有的词类。还要看到,许多问题的解决,不是单靠一部专书所能解决的,还需要研究同时代的其他著作,甚至要上挂下联。因此任何轻浮的学风或急于求成的想法都是要坏事的。

我们也应该看到,专书语法研究是一个全面锻炼的过程,也是一个全面积累经验、全面积累科研素材的过程。从专书的整理开始,版本、校勘、标点、今译,这是前期的准备工作。按今天的标准来说,研究者应该整理好该专书的电子版本。第二步应该是编出专书索引和专书词典初稿。专书词典将在专书语法研究的过程中逐步完善。编写专书词典,需要解决字与词的关系、词与非词的关系、词义的分析归纳、义项的设立等一系列问题。研究者从中可以得到词汇学、语义学方面的很好锻炼。语法的穷尽式研究将迫使研究者无法采取回避的态度。全面研究了一部专书语法,不仅对一个时代的语法系统将具有深刻理解,对该专书前后时代的历史语法的比较研究也将具有深厚的基础。那时他将在汉语研究工作中获得广大的天地,也获得广大的自由。

以上主要是就先秦专书语法研究来谈的,我鼓励我的研究生作先秦的专书语法研究,也大致是这样要求的。后代的专书语法研究很少见到采取全面研究方式的,一般都是选取某些语法现象进行穷尽式的考察。如果要对后代某部专书的语法进行全面描写,似乎也需要采取上述同样的模式。

(本文九十年代在第三届全国古汉语学术研讨会上宣讲;
2002年底南开大学中文系筹备出版邢公畹先生九十华诞纪念论文集,应约改定;2004年又应语言所董琨研究员之约,稍作修改,用作河南大学出版社2004年出版的《先秦专书语法研究丛书》的序)

先秦称数法的发展

甲骨文中已有了比较完整的数词系统和称数法。称数法可以分为基数和序数两类。

基数以十进位,出现的单位有个、十、百、千、万五个[①]。最大的数目是三万。下位数和上位数之间的连接方式有两种,一是两位数直接拼合,另一种是两位数之间加"有"或"又"。例如:

①八日辛亥,允戈伐二千六百五十六人。(通,19)

②癸卯卜,引获……三万不……(粹,1171)

③一白日有七旬有囗日。(殷契佚存,123)

④之日狩,允擒,获虎一、麋四十、狐一白六十四、兔一白五十九。(乙,2908)

⑤俘人十有六人。(菁,6)

⑥十犬又五犬。(佚,194)

两位数之间加连接成分是比较笨重而原始的方式。在甲骨文中两种方式已经难分伯仲,处在新旧混用的过程之中。

序数也有两种表示的方式:一种表示方式是用数字,与基数的形式相同,只见用于表示时间的年、月、日。例如:

①唯王八祀。(合,41704)

②贞:今七月王入于商。(通,752)
③乞至七日已巳,允有来艰自西。(合,6057)

另一种是用干支记日,可以单用天干,更主要的是用干支配合记日。例如:

①王占曰:丁雨,不惠辛?旬丁酉,允雨。(合,14138)
②辛卯,争贞:翌甲午王涉归。(合,5233)
③己亥卜,其雨?庚子允雨。(合,32171)

用干支记日,成为一种表示序数的方式,这是古人长期观测天象的成果。

西周金文中称数法最明显的变化是已经有了分数的概念。例如:

公宕其参,女则宕其贰;公宕其贰,女则宕其一。(召伯虎簋)

这是用复句来表达分数的观念。

但是西周可以依据的资料有限,称数法发展的情况尚难详述;下面主要从春秋战国时期来看称数法的发展变化。春秋战国时期汉语的称数法已经初步完善。与殷商甲骨文时期相比,它的发展主要表现在以下几个方面:

(一) 分数表示法的多样化、精要化和定型化

首先,这时分数的表示方法是多样的。例如:

①三分天下有其二。(论语·泰伯)
②先王之制,大都不过参国之一,中五之一,小九之一。(左传·

隐公元年)

③马之死者十二三矣。(庄子·马蹄)

④其实皆什一也。(孟子·滕文公上)

⑤卒岁,十牛以上而三分一死。(《睡虎地秦墓竹简·秦律十八种》)

⑥御史卒人使者,食粺米半斗,酱驷(四)分升一。(同上)

⑦出门,使以三分之一行。(左传·哀公八年)

⑧楚人降齐者十分之四,三年而楚服。(管子·轻重戊)

⑨三十里而争利,则三分之二至。(孙子兵法·军争)

⑩岁馑则仕者大夫以下皆损禄五分之一。(墨子·七患)

⑪今臣虽不肖,于秦亦万分之一也。(战国策·韩策)

例①仍是复句表示分数的形式,"三分天下"是个无主句,"有其二"是"周有其二",主语换了。前一句表示分母,后一句表示分子。例②包括两种方式:一是"分母+事物名称+之+分子",二是"分母+之+分子"。例③、例④都是"分母+分子",例③的分子是约数。例⑤是"分母+分+分子",例⑥是"分母+分+事物名称+分子"。例⑦至例⑪都是"分母+分+之+分子"。概括起来是七种方式。例①用复句表示分数是最繁复、最原始的方式;例⑥是次繁的方式。例②的两种方式,前者是较繁的方式,后者是次简的方式;例③、例④是最简的方式。例⑤也是一种次简的方式,例⑦至例⑪是一种次繁的方式。语言的表达方式一要简洁,二要明确。太繁太简都不利于灵活、明确地表述分数。在七种方式中以例②的简式和例⑦至例⑪所使用的方式为佳。战国时期,例⑤的"分母+分+分子"和例②的简式"分母+之+分子"的方式比较占有优势,这是多种表示方式精要化的表现。例⑦至例⑪所使用的方式在先秦只出现在上举几部典籍中,用例不太多,它虽然比例⑤的方式和例②的简式繁复一些,但是它表示分数比它们来得更明确一些,因而汉代以后用例增加,六朝以后更成了分数表示的定型结构。

(二) 基数单位的增大与"万"以上进位的变化

西周时基数的单位增大,有了"万"以上的单位"億"(亿)、"兆"等,春秋以后更有比"兆"还大的单位"京"(又作"经")、"陔"(也作"垓"、"姟")等。例如:

① 受有臣億万,惟億万心。(尚书·泰誓上)
② 受有億兆夷人,离心离德。(尚书·泰誓中)
③ 亦有高廪,万億及秭。(诗经·周颂·丰年)
④ 不稼不穑,胡取禾三百億兮?(诗经·魏风·伐檀)
⑤ 合十数以训百体,出千品,具万方,计億事,材兆物,收经入,行姟极。(国语·郑语)
⑥ 五物之官,陪属万为万官。官有十丑,为億丑。(国语·晋语)
⑦ 今夫差衣水犀之甲者億有三千。(国语·越语上)
⑧ 降德于众兆民。(礼记·内则)

万以上的单位如何进位,古注中说法纷纭。例①伪孔传:"億,十万曰億。"例③毛传:"数,万至万曰億;数,億至億曰秭。"例④毛传"万万曰億",郑笺"十万曰億"。例⑤韦昭注:"贾、虞说,皆以万万为億。郑后司农云:'十万曰億,十億曰兆,从古数也。'"例⑥韦昭注:"以十丑承万为十万,十万曰億,古数也。今以万万为億。"例⑧孔颖达疏:"演算法,億之数有大小二法。其小数以十为等,十万为億,十億为兆也;其大数以万为等,万至万,是万万为億。"韦昭和孔颖达都提到万以上的单位有两种进位法,一是以十进位,一是以万进位,韦昭把它称作古今,孔颖达只分大小。其实还有一种是毛传提出来的,"万至万曰億","億至億曰秭",这是一种自乘的系统,是最大的进位法[2]。不过,这种进位法似乎没有在我国历史上实际采用过。另两种进位法确实如韦昭所指出的,是古今变化的结果。但是这古今的划分在何时,前人没有考究过;汉代的注疏家是以汉为今,以先秦为古。根据我们的考察,看来春秋以前,应该是以十进位的,上引各例都不例外。十万为億,十億为兆,"秭"也是十億,"经"(京)是十兆,"姟"是十经(京)。

战国以后"万"以上的单位则从以十进位变为以万进位了。春秋以前的典籍见不到"十万"以上的说法③,但是从战国的典籍中却已经常见。例如:

①克敌者,上大夫受县,下大夫受郡,士田十万,庶人工商遂,人臣隶圉免。(左传·哀公元年)
②地方数千里,持戟数十万。(韩非子·说疑)
③今秦地折长补短,方数千里,名师数十百万。(韩非子·初见秦)
④因令杨子将卒十二万而随之。(吕氏春秋·重言)
⑤以三十万之众,守十仞之城,臣以为虽汤、武复生,弗易攻也。(战国策·魏策)
⑥未涉疆,秦以五十万临齐右壤。(战国策·楚策)
⑦左右皆以为赵可伐,遽起六十万以攻赵。(战国策·燕策)
⑧昔周之伐殷,得九鼎,凡一鼎而九万人挽,九九八十一万人。(战国策·东周策)
⑨地方五千里,带甲百万,车千乘,骑万匹。(战国策·楚策)
⑩故又与田四十万,加之百万之上,使百四十万。(战国策·魏策)

"十万"以上仍用万为单位,最早的用例见于《左传》(《左传》成书不会早于战国初年),《韩非子》中有五例,《吕氏春秋》中有一例,《战国策》中用得最多,有五十多例。这些典籍中除"兆民"、"億兆之数"这种泛指多数的个别用例外,都未见把"億""兆"真正作为数词单位来用的。这应该是反映了"万"以上的单位已经由十进位变为以万进位了。《孙子算经》卷上说:"凡大数之法,万万曰億,万万億曰兆,万万兆曰京,万万京曰陔,万万陔曰秭。"就是记录了这种进位法变化的结果④。

(三) 零数与整数之间连接成分的消失

在《尚书》(今文)中零数与整数之间一般都加"有"。例如:

①期三百有六旬有六日。(尚书·尧典)
②肇十有二州,封十有二山。(尚书·尧典)
③惟十有三祀,王访於箕子。(尚书·洪范)

全书十五处,没有不加"有"连接的。战国以后的典籍相反,一般是不加"有"字连接。例如:

①待我二十五年不来而后嫁。(左传·僖公二十三年)
②兼制天下,立七十一国,姬姓独居五十三人。(荀子·儒效)
③人之身三百六十节。(韩非子·解老)
④四海之内,东西二万八千里,南北二万六千里。(吕氏春秋·有始)
⑤代三十六县,上党十七县,不用一领甲,不苦一民,皆秦之有也。(战国策·秦策)

《荀子》有整数带零数的用例十七次,加"有"连接的仅三次;《韩非子》有用例二十六次,加"有"连接的仅七次;《吕氏春秋》有用例四十次,加"有"连接的仅三次;《战国策》有用例三十二次,更无一例加"有"连接的。但加"有"作为仿古的残存形式却一直保留到二十世纪的上半个世纪。

(四)约数表示方式的多样化

甲骨文中未见约数的用例,西周已经出现约数。例如:

① 今我隹即井(型)禀于文王政德,若文王令二三正。(大盂鼎)
② 要囚,服念五六日,至于旬时,丕蔽要囚。(尚书·康诰)
③ 或七八年,或五六年,或四三年。(尚书·无逸)
④ 嘒彼小星,三五在东。(诗经·召南·小星)

这时约数的表示方式是两个相近的数字连用,表示与两个数字相近的数目。春秋时期以后,表示约数的方式多样化。例如:

① 安见方六七十,如五六十,而非邦也者。(论语·先进)
② 其称贷之家,多者千万,少者六七百万。(管子·轻重丁)
③ 此皆距周七千八百余里。(管子·轻重乙)
④ 执荐者百余人。(荀子·正论)
⑤ 殷周七百余岁,虞夏二千余岁。(韩非子·显学)
⑥ 令楚兵十余万在方城之外。(战国策·韩策)
⑦ 日杀数十牛者数旬。(管子·霸形)
⑧ 人徒之众,至有数百万人。(墨子·非攻中)
⑨ 地方数千里,持戟数十万。(韩非子·说疑)
⑩ 此十数人者,皆世之仁贤忠良有道术之士也。(韩非子·难言)

春秋战国时期相近数字连用仍然是最常用的方式,它不仅用在个位数中,而且也用在十、百、千、万等大数目中。新出现的两种表约数的方式是:

一、数词后面+"余",如例③至例⑥的"七千八百余(里)"、"(楚兵)十余万"、"百余(人)"、"二千余(岁)"等;

二、数词前面+"数",如例⑦至例⑨的"数十(牛)"、"数百万(人)"、"数千(里)"等。

这两种方式和原来的相近数字连用的方式三者有互补的作用,共同构成了约数的灵活表示方法。

还有一种方式是数词后面+"数",如例十的"十数(人)"。它与数词后面+"余"的结构完全相同,没有表达功能的特点,它的使用范围很窄,只能用在数词"十"的后面,先秦典籍中用例很少。

(五)倍数表示法的产生

甲骨文中未见表示倍数的用例,西周金文中也没有发现。春秋战国时期在多部典籍中出现了表示倍数的用例。例如:

①小国寡民,使有什佰之器而不用。(老子第八十章)

②江淮之青茅,坐长而十倍其贾,一束而百金。(管子·轻重丁)

③故用兵之法,十则围之,五则攻之,倍则分之。(孙子兵法·谋攻)

④或相倍蓰,或相什百,或相千万,子比而同之,是乱天下也。(孟子·滕文公上)

⑤大国地方百里,君十卿禄,卿禄四大夫,大夫倍上士,上士倍中士,中士倍下士。(孟子·万章下)

⑥民五之方各,十之方静,百之而句(后)备。(郭店楚墓竹简·尊德义)

⑦"耕田之利几倍?"曰:"十倍。"(战国策·秦策)

⑧今吾以十倍之地讲广于君,而君逆寡人者,轻寡人与?(战国策·魏策)

倍数的表示方式主要靠"倍"字,如以上用例中的"几倍"、"十倍"等。但是早期的倍数表示常有单用数词的,如所引《老子》《孙子兵法》和《孟子》的用例。《老子》的"什佰之器"就是有十倍、百倍功率的器械,《孙子兵法》中"十则围之,五则攻之"就是十倍于敌人就围住它、五倍于敌人就攻打它。《孟子》"或相倍蓰"的"倍"是加倍、"蓰"是五倍,"或相什百"就是有的是十倍百倍;"或相千万"就是有的是千倍万倍。《孟子》另一例中的"十"是十倍、"四"是四倍。这种单用数词表示倍数是不明确的,往往要靠语境的帮助才能排除歧义。《孙子兵法》和《孟子》的用例就由于都是用在排比句中,而其中的一个分句有表示倍数的"倍"出现,因而连及其他的数词都是表示倍数的。《管子》一书中表倍数的用例很多,一般都采取数词+"倍"的方式,后代也很少单用数词表示倍数的。

(六) 序数应用范围的扩大

甲骨文中序数一般只用在表示时间的月、日之中,西周以后它的应用范围明显扩大了。例如:

①五行:一曰水,二曰火,三曰木,四曰金,五曰土。(尚书·洪范)

②有妫之后,将育於姜。五世其昌,并于正卿。八世之后,莫之与京。(左传·庄公二十二年)

③五曰夷则,所以咏歌九则,平民无贰也。六曰无射,所以宣布哲人之令德,示民轨仪也。(国语·周语下)

④故经之以五事……一曰道,二曰天,三曰地,四曰将,五曰法。(孙子兵法·始计)

⑤鲁有昆弟五人者,其父死,其长子嗜酒而不葬,其四弟曰:"子与我葬,当为子沽酒。"(墨子·公孟)

时间的次序是自然的、客观的,推衍到世代、昆弟,像《左传》的"五世""八世"、《墨子》的"长子""四弟",仍然是时间的先后,也是自然的、客观的。但是有些事物,没有客观的次序,可是人们可以主观给它定个次序,如例一《尚书》的五行、例三《国语》的乐律、例四《孙子兵法》的五事,就是人为的次序。西周以后序数用于表示人为的次序,范围的扩大是很明显的。

(七)行为称数法的产生

行为称数法是与事物称数法相对的,它是对动作、行为的称数。殷商甲骨文中未见行为称数的用例,西周就出现了行为称数法的用例,春秋战国时期则已经广泛使用。例如:

①不愆于四伐、五伐、六伐、七伐,乃止齐焉。(尚书·牧誓)
②令尹子文三仕为令尹,无喜色,三已之,无愠色。(论语·公冶长)
③吴子闻之,一夕三迁。(左传·哀公八年)
④公输盘九设攻城之机变,子墨子九拒之。(墨子·公输)
⑤四战之后,赵亡卒数十万。(战国策·齐策)
⑥苏而复上者三。(左传·襄公十年)
⑦鲁仲连辞让者三。(战国策·赵策)

先秦行为称数法是把数字直接加在动词的前面作状语或用在动词后面作谓语,六朝以后才产生动量词,它的表示方法才由"数词+动词"或"动词+者+数词"变为"动词+数词+动量词"。

(八)非十进位称数法的产生

殷商甲骨文中未见度量衡的表述,西周以后度量衡的使用日益频繁,典籍中的记载渐多。度量衡是一种社会制度,与历史文化相关,它不是单纯的称数,而是称量。它的进位并未局限在十进位之中。先秦的非十进位的度量衡单位有八进位的长度单位、四进位的容量单位和非十进位的重量单位。例如:

① 石弩,其长尺有咫。(国语·鲁语下)
② 夫子之墙数仞,不得其门而入。(论语·子张)
③ 是断是度,是寻是尺。(诗经·鲁颂·閟宫)
④ 齐旧四量:豆、区、釜、钟。四升为豆,各自其四,以登于釜,釜十则钟。(左传·昭公三年)
⑤ 米百筥,筥半斛,设于中庭。(仪礼·聘礼)
⑥ 王易(赐)金百寽,禽用作宝彝。(禽簋)
⑦ 重五斤已上诸林木渥水中,无过一筏。(墨子·杂守)
⑧ 吾力足以举百钧,而不足举一羽。(孟子·梁惠王上)
⑨ 乃封苏秦为武安君,饰车百乘,黄金千镒。(战国策·赵策二)

先秦的长度单位相当纷杂,除十进位的"分、寸、尺、丈"外,还有非十进位的"咫、仞、寻"等。正如《说文》"尺"字下所说:"周制,寸尺咫寻常仞诸度,皆以人之体为法。"古人测量长度最初是借助人类自身的器官来实现的。《孔子家语·王言》也说:"布指知寸,布手知尺,抒肘知寻,斯不远之则也。"所谓"布指知寸",就是以成人的一指宽为一寸;"布手知尺"就是张开大拇指和食指量的距离为一尺。《说文》以"尺"为会意字是不妥的,其实它就是"布手知尺"的形状⑤。"抒肘知寻"就是张开两臂的长度是一寻。自古相传:八寸为咫,八尺为仞,"寻"也是八尺。《说文》说:"中妇人手长八寸谓之咫,周尺也。"又说:"度人之两臂为寻,八尺也。"《正字通》"仞"字下也说:"古以周尺为仞。中人之身长八尺,两臂寻之亦八尺,两足步之亦八尺,度高深以仞,度长短以寻,度地以步。"把问题说得更简明。不过所谓周尺、周制却大可怀疑。根据出土的三支商尺都在16—17厘米之间,而战国和秦统一后的尺都是23厘米左右;我们以为典籍中的以八进位的"咫、仞、寻"是古制,暗合商尺,仍是十进位。"咫"就是尺,在当时还是十寸,"仞、寻"是十咫(也即"尺");由于度量的实际长度增大("寸"加大),于是"咫"只合后代的八寸,"仞、寻"只合后代的八尺,因而成了八进位,度量的单位也就重叠成了两套。至于容量单位则原是和容器有关的。《小尔雅》说:"一手之盛谓之溢,两手谓之掬(旧注:一升也)。掬四谓之豆,豆四谓之区,区四谓之釜。""豆、区、釜、钟"和"䇺"都本是容器("区"就是"瓯"),大小标准化就成了量器,也成了容量单位。容量单位在战国时期相当混乱,到秦代才统一成十进位的"升、斗、斛"。古代衡制是从称量谷物和货币起源的,西周金文中就有了"锊、勻(钧)"作为衡量单位,春秋战国时衡量系统已经完备,但单位纷繁,进位复杂。《淮南子·天文训》说:"十二粟而当一分,十二分而当一铢,十二铢而当半两,衡有左右,因倍之,故二十四铢为一两……故十六两为一觔(斤)……故三十觔为一钧……故四钧为一石。"衡制非十进位,"半斤八两"沿用了几千年,二十世纪六十年代才改为十两一斤。度量衡是人为的制度,因时因地而异。春秋战国时期诸侯割据,各国的度量衡不但单位有异,实际数量的差异更大。

附 注

① 英语数词的基本单位是个、十、百、千四个,万是 ten thousand (十千)。

② 英语千以上的大数在美国是以千进位,在英国是大数自乘。如:million(一千个一千,汉语是一百万)、billion(美国:一千个一百万,汉语是十亿;英国:一百万个一百万,汉语是一兆,即一万亿)。

③ 上引《国语·越语上》的"億有三千"就是十万零三千。

④ 现代汉语"亿"是用的大数进位变化以后的万进位,而"兆"却是用的大

数进位变化以前的十进位(百万)。但是境外也用于万进位(万亿),与"亿"统一起来了。例如:"布希总统四日向国会提总额两兆一千三百亿元的二〇〇三会计年度预算计划。"(《世界日报》2002年2月5日A1要闻版。)国内"兆"不用于万亿。例如:"2001年国内生产总值达到95933亿元,比上年增长7.3%。"(《北京晚报》2002年3月5日2版)

⑤ 这里我们采用了丘光明、邱隆、杨平《中国科学技术史·度量衡卷》的看法。

参考文献

王力:《汉语史稿》中册,科学出版社1958年。
王力:《汉语语法史》,商务印书馆1989年。
郭锡良:《汉语史讲授提纲》,北京大学油印讲义1983年。
管燮初:《殷虚甲骨刻辞的语法研究》,中国科学院1953年。
陈梦家:《殷虚卜辞综述》,中华书局1988年。
丘光明、邱隆、杨平:《中国科学技术史·度量衡卷》,科学出版社2001年。
姚孝遂主编:《殷墟甲骨刻辞摩释总集》,中华书局1988年。
马承源主编:《商周青铜器铭文选》,文物出版社1988年。
李波 李晓光 富金壁主编:《十三经新索引》,中国广播电视出版社1997年。
世界书局编:《诸子集成》,上海书店1986年。
引得编撰处:《庄子引得》《墨子引得》《荀子引得》,哈佛燕京学社1947/1948/1950年。
周锺灵 施孝适 许维贤主编:《韩非子索引》,中华书局1982年。
《国语》,上海古籍出版社1978年。
《战国策》,上海古籍出版社1985年。

(2001年7月在加拿大渥太华写出初稿,8月15日在温哥华不列颠哥伦比亚大学召开的第4届国际古汉语语法研讨会上宣讲,2004年在会议论文集《意义与形式——古代汉语语法论文集》(*Meaning and Form:Essays in Pre-Mordern Chinese Grammar*)发表)

汉语介词"于"起源于汉藏语说商榷*

提要 我曾著文论证介词"于"是由动词虚化而来的,时兵提出异议,认为是来源于共同汉藏语的向格助词残余;梅祖麟同意是由动词虚化来的,但是远源是共同汉藏语"往"义动词,并对动词虚化的过程提出了不同看法。本文对两人的说法进行了商讨,论证了起源于汉藏语说的不可信,进一步分析了动词"于"演变为介词的语法化过程。

关键词 连动式 介宾结构 动词虚化 汉藏共同语 处所宾语

1997 年我在《中国语文》发表了《介词"于"的起源和发展》,论证了介词"于"是在甲骨文中动词"于"用作连动式中的第二个动词虚化而来的;去年《中国语文》发表了时兵的《也论介词"于"的起源和发展》,今年又发表了梅祖麟的《介词"于"在甲骨文和汉藏语里的起源》,提出了汉语介词"于"起源于"共同汉藏语"新说。时兵(2003)说:"我们认为介词'于'的真正来源可能是远古汉语的格助词,它的语法功能与古藏语向格助词 la 相当。"(344 页)梅祖麟(2004)的"回

---

* 本文完稿后,送请某些友好审阅,并在第七届全国古汉语学术研讨会暨简帛文献语言研究国际学术研讨会(武汉大学,2004.9)宣讲,得到一些宝贵意见,作了修改。在此深表感谢。

答"是:"(甲)共同汉藏语有个动词,意思是'往,行'……它在上古汉语里演变为及物动词'行'……(乙)甲骨文里有'往于 X'、'步于 X'、'出于 X'句型的句子,X 代表行为的处所终点。这种结构原来是 ViVtO 组成的连动式。跟蒲立本(1986)、郭锡良(1997)两位一样,我们认为连动式 V_1V_2O 中的 V_2 变成介词是再自然不过的演变。"(324 页)

时兵的文章是在学了一些汉藏语概要的知识后,轻信了"汉藏诸语言是一个语系已经是常识"的宣传,又带着一种求新的心态,跟着做起了汉藏语比较的尝试。文章的逻辑是:既然汉语和藏语是一个语系,就可以推论出"原始汉语"的"语法基本格局与古藏语大体相同,"藏语有一套格助词,远古汉语也应该有;从而就可以把汉语的介词"于"同古藏语的向格助词 la 也拉到了一起。全篇文章都是建立在从一个结论推导出另一个结论之中,就是没有从可靠材料出发的论证。作者忘掉了一个简单的事实,语言的发展总是由实到虚,由个别到一般。格助词是高度抽象的语法成分,比介词虚化得多;如果真是由格助词发展为介词,那不是逆向发展吗?难怪梅祖麟虽然称赞时兵"采取崭新的态度",却又说:"语法化一般是单方向的,只有动词虚化为介词,没有介词实化为动词的。"(327 页)明确表示赞成蒲立本和我的观点——介词"于"是由连动式中的 V_2 变来的。实际上他是代替我在一定程度上答复了时兵对我的质疑。时兵的文章还有不少可商之处,实在不宜肯定、提倡,我不想在这里再多说什么;倒是想对梅祖麟教授的汉语介词"于"来源于共同汉藏语的"往,行"义动词的说法做点商榷。

梅祖麟的介词"于"来源于共同汉藏语"往,行"义动词的依据是龚煌城教授在《从汉藏语的比较看上古汉语若干声母的拟测》中所举的藏缅语同源词:

"汉:于 *gwrjag ju

往 *gwrjangx jwang

藏:gro 行,走

缅:krwa 去,来"(《西藏研究论文集》9页)

可是俞敏先生的《汉藏同源字谱稿》和邢公畹先生的《汉藏语同源词初探》都没有收作同源词,说明这并非共识。事实上这项同源词的认定,在音义方面都不是无可商讨的。高本汉以群匣二母互补,把匣母拟作 g-;后来曾运乾、葛毅卿、罗常培先后论证"喻₃入匣",证据确凿,于是董同龢、王力先生都把上古的匣母拟作 ɣ-,不作 g-。李方桂先生仍拟作 g-,这是颇多争议的。再从意义方面来看,汉语"行,走"和"往","来"不属同一个义域,混淆在一起,是不可能精确的。《释名·释姿容》:"两脚进曰行","徐行曰步","疾行曰趋","疾趋曰走"。《尔雅·释诂》:"如、适、之、嫁、徂、逝,往也。""行,走"是人的下肢动作,"往,来"是人在空间的位移行为。古训就已对它们有了区别,现代语义场理论更不会把它们归到一个最小子语义场中去。我在《音韵问题答梅祖麟》一文中,回答梅氏向我提出的问题——"怎样做汉藏比较"? 提出了汉藏语比较研究中存在比较严重的"三隔"现象:"音隔、义隔和类隔(同源词和借词的类别混淆)"。这就是我在那里所说的"义隔"[①]。语言的语义系统(即义位系统)比语音系统、语法系统复杂得多,也大得多;词汇、语义是语言要素中与社会现实联系最密切的成分,总是带有鲜明的民族特点和时代特点。即使汉语和藏语确实是一个语系,但是把分开至少已经四千多年的古藏语和比它早两千年左右的上古汉语意义相同或相近的词拉到一起作比较,恐怕无论如何也是带有很大危险性的。甲骨文中"行"字多用作人名,无"走"、"趋"二字,"行,走"义多用"步"字;甲骨文中也无"适"、"嫁"、"徂"、"逝"等字,

"之"只用作指示代词、地名和人名,"如"也不用于"往"义,用作位移行为的动词主要是"来"、"往"、"于"三字。"往、于"二者也有别,"往"不带处所宾语,"于"带处所名词作宾语,在甲骨文可辨识的用例中占5%,有两百五十例以上[②]。可是到了春秋战国时期,"于"字基本上是用作介词,用作动词已是古语的残留现象。替代动词"于"的有"如、适、之"等多个语词。《春秋》经传除《公羊传》外多用"如",很少用"之"。比如:"如陈"、"如周"、"如齐"、"如晋"、"如楚"、"如秦"等。《论语》《孟子》却只用"之",不用"如"。比如:"子之武城"、"之楚"、"之齐"、"之宋"等。简略统计如下:

书名	"如"	"适"	"之"
春秋	83	0	0
公羊	2	0	26
穀梁	4	0	2
左传	259	62	1
论语	0	6	4
孟子	0	4	28

"如"和"之"在这几部书中有对应的现象,是否地域方言原因,待考;"适"既不避"如",也不避"之",应该是附加义有别。《尔雅·释诂》中所举另外几个词"嫁、徂、逝"更无疑是附加义有所不同。表空间位移义的及物动词由一个"于"发展出"如、适、之"等多个词语,我们可以推断是在西周至春秋战国这段时间,不会超过一千年。再过不到一千年,六朝时代位移义及物动词又有了变化,以"离开"、"距离"为常见义的"去"转而作表位移义的及物动词,唐代已经成为常用义。例如:

一为迁客去长沙,西望长安不见家。(李白《与史郎中饮听黄鹤楼上吹笛》)

昼牧牛羊夜捉生,长去新城百里外。(白居易《城盐州》)

舍南有竹堪书字,老去溪头作钓翁。(李贺《南园》之十)

楚国大夫憔悴日,应寻此路去潇湘。(杜牧《兰溪》)

根据文献资料,从甲骨文到唐代不过两千年左右,汉语表位移义的及物动词变化如此之大;难道从设想的公元前四千多年的共同汉藏语到公元七世纪的古藏语"行、走"义动词,近五千年之间竟然还能保存共同汉藏语的原貌(或者说基本面貌吧),可以与早它两千年的上古汉语位移义动词"于"认作同源词。这是否有点玄乎?我们知道,藏语是黏着语,有形态变化;汉语是孤立语,没有形态变化。人们是认为藏语最近似汉藏共同语的,那么汉藏共同语和原始汉语也应该是黏着语;可是甲骨文时代汉语已经是孤立语,这恐怕是很难否定的吧。不解决汉语怎么由黏着语变成孤立语(比较语法),只着眼寻找两种语言的同源词(比较常用词),这是很难解决汉藏诸语言的系属关系的,也难免让人感到有点舍本逐末的嫌疑。再说,两种语言的现状,尤其是历史并没有弄清楚,原始汉语、原始藏语及原始藏缅语的面貌谁清楚呢?常用词的比较靠音义的近似来推测,而不是根据语音对应规律,结论的可靠性有多少?谁能说得准?因此,上古汉语的及物动词"于"来源于共同汉藏语的"往,行"义动词,与古藏语"gro 行,走"是同源词;这种说法还只能是一种推测,很难说是科学的结论,要想人们普遍接受,是不太容易的。

下面我要回答梅祖麟同我商榷的意见。梅文在第三节中说:"下面引的例句是郭锡良先生(1997:132)引过的:

(六)步/往+于+处所名词/动词"田"

⑭辛酉卜,争贞:今日王步,于敦,亡它?(合,7957)

⑮丁卯卜,争贞:王往,于敦,不左?(合,7945)

⑯贞:王往,出,于敦?贞:王勿往,出,于敦?(合,7943)

⑰丁未贞:王往,于田,无灾?(合,557)

'步'是步行,'往'是去往,都只表示外出的行动,而不表示去向哪里,一般不带处所宾语;'于'是去到,表示要到某地去,必须带处所宾语。'于'和'步'、'往'连用,是连动格式;'于田'是'于'带处所名词格式的类推,'于'的意义抽象化,是'去进行'、'去做'的意思,也是动词。'于田'即去进行田猎。"(325页)

这段的后面,梅文引用了《甲骨文合集释文》(1999)上引四例的释文,指出"断句跟郭锡良不同","最大的差别在于前者(指郭)在'于'字前有逗号。"(其实还有《释文》"贞"字后不断句,不用冒号;最后也不用疑问号,只用句号。)接着引用张玉金的《甲骨文语法学》所引同类型例句,指出它的断句"跟《合集释文》一样;又引刘翔等《商周古文字读本》同类型引例,指出断句也都跟郭文不同。并作出总结:"看来甲骨学有史以来,给'往于西'、'往于敦'断句时,一直是'于'字前不加逗号。"从而梅文还提出了自己的三点结论,有两点直接提到我,引在下面:

"本文认为:1.既然要引征标准文本《甲骨文合集释文》,断句就要按照《合集释文》。②小小的更动是可以的,但不至于影响语法分析。2.张玉金所做的工作,是给甲骨文的语法做个静态的共时的描写。从这个观点来看,'来于沚'、'入于六'、'往于微'的结构确实可以分析为'动+介宾'。郭锡良大概是从历史溯源的观点来看'往于敦'、'步于敦'、'出于敦'。他问的问题应该是:这种结构在历史上是怎么来的?从历时往上看的观点来看,这种句型很可能是来自'动$_1$+动$_2$ 宾'。"(326页)

我们首先讨论断句标点问题。这里不得不指出,梅文提出第一点的前提就不存在。我的《介词"于"的起源和发展》一文是为 1996 年在北京召开的第二届国际古汉语语法研讨会准备的论文,1995 年底在挪威奥斯陆大学访问时就开始收集材料,回国后成文,会后 1997 年发表在《中国语文》。可见我无法征引 1999 年才出版的《甲骨文合集释文》,我在引例后面没有标《合集释文》,只标一"合"字,也说明了问题。诚如梅文在注②中所指出的,我是用姚孝遂主编的《殷虚甲骨刻辞摹释总集》作参考文献的,当时只能如此。不管《摹释总集》是否"存在着不少问题",参考价值还是不小的,我并没有一切都遵守《摹释总集》,梅文转引的我使用的例句的断句、标点,都是我的看法,与《摹释总集》无关。我们知道,甲骨文研究还有许多没有解决的问题和歧见,想定于一尊还很难做到。正如我们前面指出的,有关四个引例的断句标点,《合集释文》同我的分歧还有好几处,梅文并未提出责难,可能就因为那是相当普遍的分歧看法。殷虚甲骨刻辞的断句标点是今人根据自己的理解来做的,不可能不涉及语法。《合集释文》把"贞今日王步于敦亡它"、"贞王往出于敦"都不断句标点,只能是出于少加工,给研究者留下创意空间着想,才好理解,不然,我真不知道,怎样进行句法分析?"往"、"步"、"出"等趋止动词在甲骨文中常单独作谓语,又和"于"连用,有时还出现在同一片甲骨中。例如:

①贞:呼妇好往,若。(合,9693)
② 丁未卜,争贞:王往,去刺于敦。(合,5127)
对比:⑮丁卯卜,争贞:王往,于敦,不左?(合,7945)
③贞:于甲子步?翌癸亥王步。(合,67)
④癸卯卜,行贞:王步,自雇于嘉,亡灾?在八月。在雇。(合,24347)

对比:⑭辛酉卜,争贞:今日王步,于敦,亡它?(合,7957)

⑮贞:王今丁巳出?贞:勿惟今丁巳出?丁巳卜,宾贞:王出,于敦?

贞:王勿出,于敦?(合,7942)

对比:⑯贞:王往,出,于敦?贞:王弗往,出,于敦?(合,7943)

例①、例②要在"往"字后点断,应该不会有异议吧?那么为什么我1997年文中的例⑮不能在"往"后"于"前点断呢?这是说不过去的。同样例⑭、例⑯也没有在"于"前不能点断的理由。我要点断,目的就是要强调这里的"于"是动词,而不是介词。梅文要把这些"往"义动词后的"于"字结构看作介宾结构作补语,他说:"我们试了一下,觉得也是可以的。"当然会"可以",不过意思却变了。例⑭读成"今日王步于敦",介词结构作补语,意思应该是"今天王在敦地步(行)",对比例④,这样理解肯定不对。或许有人会说:也可以理解为"今天王步行到敦地"。这样理解,其实是根据自己的语感把"于"字由动词偷换成了介词(把动词"于"的"去到"义译成了适合介词"于"的意义"到")。正确的今译应该是"今天王步行去到敦地",点不点断,"步"和"于"都是连动关系。例⑯读成"王往出于敦",是否太绕口?"出于敦"看作动补结构,意思应该是"从敦地出来",恐怕连方向都弄反了。反对者当然也可以理解为"出去到敦这个地方",这同样是把"出去"(出)和"去到"(于)两个动词并合到一起来理解和今译的,有违原意。语言是发展的,相同的形式在不同时期的语义和语法功能可以是不同的。切忌以今律古,从翻译的角度来理解、分析古代语言。我们知道:甲骨文时代,汉语的基本面貌是词汇极少复音词,句法结构比西周以后简短得多;因此我把这些句子都点断,加上标点,这是为了强调"于"字的动词性。例⑤例⑯是正反对贞,反贞句自然以不点断为宜,点断后否定副词也是贯穿全句的。点断只表示在说"王勿出于敦"和"王弗往出于敦"时,前一句在"出""于敦"之间、后一句在"往""出""于敦"之间都应该有个短暂的停顿。我赞成应该尊重甲骨学的前辈学者和时贤的研究成果,但是恐怕也不应该亦步亦趋,不思进展吧。

现在讨论梅文提出的第二个问题,怎样看待"来于沚"、"往于敦"等的句法结构?他说:"郭锡良大概是从历史溯源的观点来看"这些引例的,是考虑"这种结构在历史上是怎么来的";他只认可"从历时往上看","这种句型很可能是来自'动$_1$+动$_2$宾'。"这是梅氏误解了我的观点。我在《介词"于"的起源和发展》中表述得很清楚:我全面讨论了甲骨文"于"字的用法,论证了用作动词的有六种类型句式,用作介词的有四种类型句式。他所举的"来于沚"是第一种用作介词的句式,"往于敦"是第六种用作动词的句式。二者都是"动词+于+处所名词",区别就在"于"是用在"来"义动词之后,还是用在"往"义动词之后。很明显我不是"从历史溯源的观点来看"的,而是确认"往于敦"、"步于敦"、"出于敦"在甲骨文中就是"动$_1$+动$_2$宾"的连动结构。梅文的看法自然不同,他转引了二十六个例句,然后进行分析。结论是"上面的'往于X'、'步于X'、'入于X'、'至于X'、'出于X'、'来于X'都可以分析为'动+介宾'。"理由是:"甲骨文里既然已经有了个'动+介宾'结构的'来于沚',"而"共时描写的任务之一是寻求最简单的分析法来读通大多数的例句",他用"'动+介宾'结构"观点来考察,认定都可以通过。并提升到理论上:"'往于X'可能先是个连动式'V$_1$V$_2$O'。但在'于'字的介词用法产生以后,'V$_1$V$_2$O'中的V$_2$'于',被介词'于'同化,因而变成介词。这种演变也可以叫做'重新分析'。"(327页)梅文的论断,实难苟同。结论要从材料中得出,不是凭想当然可以推断出来的。在甲骨文中动词"于"在某些句法结构中确已虚化成介词,但是在另一些句法结构中仍保持动词性质,我在1997年文中作了较详尽的论述。

简单地说:名词后的"于"一般仍是动词,如:"王于商";"自雇于嘉";"呼去伯于冥"。动词后的"于"和非处所名词前的"于"大多已经语法化成介词,如:"土方征于我东鄙";"王于八月入";"燎于上甲";"三百羌用于丁"。趋向动词必须两分,"往"义动词之后的"于"仍是动词,"来"义动词之后的"于"由于方向的矛盾,已经语法化成介词。这种分布的系统性是相当强的。大家都知道:由于词义的发展分化,长期分属不同词性的现象是普遍存在的。"往"义动词后的"于""被介词'于'同化"是在西周以后。例如:

出於五鹿,乞食於野人。(左传·僖公二十三年)
穆姜出于房,再拜。(左传·成公九年)

"出於五鹿"是说晋公子重耳从卫地五鹿离开卫国,准备往东到齐国去;"穆姜出于房"是说穆姜从厢房出来。这就说明:西周以后,"于"的动词用法已成古语残留,"往"义动词后的"于"(此时"于"、"於"已通用)也确已被同化成介词。"重新分析"要有个历史发展过程,要研究材料,才能得出结论,臆断是有危险的。

附　　注

① 我在《音韵问题答梅祖麟》一文中举了潘悟云《汉语历史音韵学》中的"音隔"例三个、"类隔"例三个,举了包拟古《原始汉语与汉藏语》中的"义隔"例三个,也指出了梅氏把"汉语的'岁'与藏语的 skyod-pa(行走,逾越,时间之逝去)"看作同源词是"义隔""一个相当典型的例子"。还分析了郑张尚芳《汉语与亲属语言比较的方法问题》中把闻宥先生比较后而否定其同源关系的 108 对台语和汉语的词强拉作同源词的错误,指出"问题也就表现在三隔上",是"乱点鸳鸯谱",也就是"义隔"。这里避免重复,请参看那篇拙作。

② 参看拙作《介词"于"的起源和发展》。

参考文献

龚煌城(1990)　《从汉藏语的比较看上古汉语若干声母的拟测》,《西藏研究论文集》第三辑。

郭锡良(1997)　《介词"于"的起源和发展》,《中国语文》第 2 期。(见本书 217 页)

——(2003)　《音韵问题答梅祖麟》,《古汉语研究》第 3 期。(见本书 467 页)

梅祖麟(2004)　《介词"于"在甲骨文和汉藏语里的起源》,《中国语文》第 4 期。

时兵(2003)　《也论介词"于"的起源和发展》,《中国语文》第 4 期。

俞敏(1989)　《汉藏同源字谱稿》,《民族语文》第 2 期。又收入《俞敏语言学论文集》,商务印书馆,1999 年。

邢公畹(2001)　《汉藏语同源词初探》,《汉藏语同源词研究》(二),广西人民出版社,2001 年。

(原载《中国语文》2005 年第 4 期)

也谈上古韵尾的构拟问题*

李方桂先生是最早批评高本汉上古音研究的前辈学者。李先生对高本汉的批评,我是非常赞成的。高本汉在汉语中古语音的研究方面有很大的成绩,这是公认的事实;但是,他研究汉语上古音的著作,却表现得很粗疏。不过,目前高本汉的影响还很大,仍被一些人奉为圭臬。可是李先生早在1931年就批评了高本汉关于上古韵部主要元音的拟测办法,明确地提出:"我觉得押韵的字他的主要元音是最重要的,韵尾还在其次。现在韵尾虽有些相似,元音差的太多,押韵是不可能的。"[①]李先生的这个意见击中了高本汉拟测主要元音的要害,也是符合上古诗文押韵的实际情况的。按照高本汉的观点,上古诗文押韵,韵尾重要,而主要元音被摆在次要的地位。他似乎解决了阴入通押的矛盾,*-b可与*-p相押,*-d可与*-t相押,*-g可与*-k相押;同一部中主要元音可以有 ə,也可以有 ε,那是次要的。可是他忘记了或者说是忽视了还有许多其他韵尾相差很远的押韵情况。从《诗经》来说,这样的情况,就不下数十次。例如:

(1) 阴阳通押

微文:敦(tuən)[②] 遗(jiuəi) 摧(dzuəi) (《北门》三章)

---

* 1983年秋李方桂先生回国讲学;10月21日北京大学为李先生举行了上古音学术讨论会,这是笔者在会上的书面发言。

焞(thuən)　雷(luəi)　威(iuəi)　(《采芑》四章)

歌元：差(tsheai)　原(ngiuan)　麻(meai)　娑(sai)
(《东门之枌》二章)
翰(han)　宪(xian)　难(nan)　那(nai)　(《桑扈》三章)

支真：尘(dion)　疧(gie)　(《无将大车》一章)

之蒸：来(lə)　赠(dzəng)　(《女曰鸡鸣》三章)

侯东：後(ho)　巩(kiong)　(《瞻卬》七章)

(2) 阳入通押

真质：替(thyet)　引(jien)　(《召旻》五章)

元月：艾(ngat)　涣(xuan)　难(nan)　(《访落》)

谈叶：玷(tyam)　业(ngiap)　贬(piam)　(《召旻》三章)

(3) 韵尾不同的阳声韵通押

阳元：言(ngian)　行(heang)　(《抑》九章)

阳谈：瞻(tjiam)　相(siang)　臧(tzang)　肠(diang)
　　狂(giuang)　(《桑柔》八章)
　　监(keam)　严(ngiam)　滥(lam)　遑(huang)
(《殷武》四章)

蒸侵：膺(iəng)　弓(kiuəng)　縢(dəng)　兴(xiəng)
　　音(iəm)　(《小戎》三章)
　　林(liəm)　兴(xiəng)　心(siəm)　(《大明》七章)
　　林(liəm)　林(liəm)　冰(piəng)　(《生民》三章)
　　登(təng)　升(sjiəng)　歆(xiəm)　今(kiəm)

（《生民》八章）

弘（huəng） 躬（kiuəm） （《召旻》六章）

乘（djiəng） 縢（dəng） 弓（kiuəng） 绥（tsiəm）

增（tzəng） 膺（iəng） 惩（diəng） 承（zjəng）

（《閟宫》五章）

耕真：领（lyən） 屏（byeng） （《桑扈》二章）

领（lyen） 聘（thieng） （《节南山》七章）

（4）韵尾不同的入声韵通押

职缉：服（biuək） 炽（thjiək） 急（kiəp） 国（kuək） （《六月》一章）

式（sjiək） 入（njiəp） （《思齐》四章）

物缉：答（təp） 退（thuət） （《雨无正》四章）

铎叶：业（ngiap） 作（tzak） （《常武》三章）

以上引例中的一、二两类，根据高本汉的拟音，还可以说是韵尾相近，*-n：*-r 相押，*-g：*-ŋ 相押，*-n：*-t 相押，*-m：*-p 相押；但是《无将大车》却是 *-g：*-n 相押，相差就太远了。三、四两类，更是 *-ŋ：*-n 相押，*-ŋ：*-m 相押，*-k：*-p 相押，*-t：*-p 相押；既然押韵主要看韵尾，这就太说不过去了。只有像李方桂先生指出的，"押韵的字他的主要元音是最重要的，韵尾还在其次"，这种情况才能得到合理的解释，因为所有这些通押的例子都是主要元音相同的。我们认为，把上古韵部拟成一个主要元音，改变了高本汉把韵部拟成韵摄的做法，这是李方桂先生在上古音研究方面最重要的贡献，使上古音的研究大大地推进了一步。

高本汉在上古音研究方面还有一个重要的缺陷,这就是把绝大部分阴声韵都拟成了入声韵。后来不少音韵学家承袭了高本汉的做法,甚或更进一步把全部阴声韵都派作了入声(因为这样做比高本汉在系统上更完整一些)。王力先生在《上古汉语入声和阴声的分野及其收音》③一文中作了详尽而有说服力的分析和批评。李方桂先生在这个问题上似乎是有些摇摆的。李先生说:"古韵学家往往把古韵分为三类:阴阳入三类,其实阴声韵就是跟入声相配为一类的平上去声的字。这类的字大多数我们也都认为有韵尾辅音的,这类的韵尾辅音我们可以写作*-b,*-d,*-g 等。但是这种辅音是否是真的浊音,我们实在没有什么很好的证据去解决他。现在我们既然承认上古有声调,那我们只需要标调类而不必分辨这种辅音是清是浊了。"④这就是说,李先生认为,说在上古语音中有*-b,*-d,*-g 和*-p,*-t,*-k 的对立,是没有足够证据的。李先生对这两套韵尾辅音的对立是采取一种"不必分辨"的态度。李先生在这里没有抛弃高本汉的做法,大概是如他指出的,没有两套塞音韵尾,会"有*-uk 跟 *-u 押韵的现象出来,如《小雅·角弓》六章木*muk:附*bju:属*djuk,《大雅·桑柔》十二章谷*kuk:穀*kuk:垢*ku 等的不合理的押韵。"⑤

高本汉要把阴声韵拟成带有*-b,*-d,*-g,*-r,正是因为看到了阴声韵有与入声韵(或阳声韵)通押的情况。他以为*-b,*-d,*-g 和*-p,*-t,*-k 相押(或者*-r 与*-n 相押)会和谐一些。正如王力先生所指出的,这样一来,有两点说不通:一是上古汉语的开音节太少了,这是不合语言的一般事实的;二是汉语中没有留下一点*-b,*-d,*-g 的痕迹,这也是不可思议的。其实,还应该指出:汉语的入声韵尾*-p,*-t,*-k 是一种唯闭音,只在元音之后构成这种发音的姿势,并不破裂。*-muk(唯闭音)与*-bju 相押并不见得比*-muk 与*-bjug 相押更不合理。就算*-uk 与*-ug 相押比唯闭音的*-uk 与*-u 相押更和谐一点,

可是正如我们上面已经指出的,还有 *-ŋ:*-n 相押,*-ŋ:*-m 相押,
-k:-p 相押,*-t:*-p 相押,那不是更不合理吗? 高本汉勉强解决了
阴入通押的矛盾,可是却忘记或者忽视了其他的通押现象。

当然,高本汉还可以提出一个理由:阴入通押的现象很普遍,而其
他通押的例证很少。只就阴入通押的情况来看,高本汉也是把问题搞
混乱了。因为他是把平上去三声的字同入声相对立。正如王力先生指
出的:"根据段玉裁古无去声的学说,十分之九以上的去声字都应该属
于上古入声(闭口音节),那么入声和阴声押韵的情况就很少了。"⑥王
力先生以段玉裁的《六书音均表》为材料,列出了 *-k 韵六部与阴声通
押的数字和百分比⑦:

    之部 258∶27   占 10.5% 弱

    幽部 143∶6   占 4.7% 弱

    宵部 67∶11   占 16.4% 强

    侯部 57∶5   占 8.8% 弱

    鱼部 228∶22   占 9.6% 强

    支部 26∶4   占 15.4% 弱

其实,阴入通押的比例比王力先生的统计低得多。我们以王力先生的
《诗经韵读》作材料,做出的统计数字如下表。

阴入通押的现象主要出现在 *-k 韵六部。根据这个统计,通押的
百分比之、宵、侯三部比王力先生自己原来所作的统计低,而幽、鱼、支
部则高一些。但是,王力先生在《诗经韵读》中对通押的处理,有些地
方还是值得商榷的。例如,在之职通押的二十四例中,就有七例是应该
另作处理的。《旱麓》四章:"载(tɛə) 备(buək) 祀(ziə) 福(piuək)",

王力先生处理为之职通韵,我们认为应看作交韵,就不是阴入通押了。《瞻卬》四章:"忒(thək) 背(puək) 极(giək) 慝(thək) 倍(buə) 识(sjiək) 事(dzhiə) 织(tjiək)",王力先生也处理为之职通韵,其实前四句

	阴独押	入独押	通押	阴阳	阴合	入合	比例
之职	152	86	24	1	10	7	9.1%强[⑧]
幽觉	111	14	7	1	19	5	5.3%强
宵药	43	12	9	0	11	0	13.7%弱
侯屋	28	23	4	1	3	2	7.3%弱
鱼铎	153	33	21	0	4	0	10.2%弱
支锡	7	11	5	1	0	1	21.8%弱
歌锡	/	/	1	/	/	/	/
脂质	/	/	3	/	/	/	/
脂微质	/	/	1	/	/	/	/
脂物	/	/	1	/	/	/	/

是押职部,后四句也是之、职交韵。《绵蛮》共三章,每章八句,前四句另押,是双句相押;后四句王力先生依照传统看法,以一、二、四句相押,都是:"食(djiək) 海(xuə) 载(tzə)",其实第一句"食"字可以认为不入韵,就不是之职通押了。同样《召旻》五章:"富(piuək) 时(zjiə) 疚(kiuə) 兹(tziə)",也可以认为第一句不入韵。还有《生民》三章"字(dziə) 翼(jiək)"遥韵,也是值得怀疑的。如果去掉这七组可疑的通押,百分比就低多了。六部中支锡通押的比例最大,王力先生曾指出:"支部阴入通押四个例子中有三个是'解'字和入声通押,'解'字如果算入声,比重就很小了。"我们认为,"解"字在上古诗文中,只与入声相押,无疑是应该归锡部的。在《诗经韵读》中,支锡通押的韵例比王力先生原来所统计的多一组,其中《葛屦》一章:"提(dye) 辟(biek) 摔(thiek) 刺(tsiek)",第一句"提"也应认为不入韵,这样百分比就很小了。根据以上分析,重新处理韵例,再把阴声合押、入声合押、阴阳通押

都算入总数,那么各部通押的比例就小多了：

之职　　283∶17　　　占 6.1% 弱
幽觉　　157∶5　　　 占 3.2% 弱
宵药　　77∶7　　　　占 9.1% 弱
侯屋　　61∶3　　　　占 4.9% 弱
鱼铎　　212∶16　　　占 7.6% 弱
支锡　　25∶1　　　　占 4%

这里还有一个问题值得注意,就是上古是否有些字具有阴入两读？例如"来"字,本象"麦"形,在甲骨文中与"麦"是同一个字,应属入声职部;在《诗经》中"来"字与入声相押四次,与平声相押十次,很可能这时的"来"字是具有阴入两读的。如果这一设想能够成立,那么阴入通押的比例还会更小些。总之,阴入通押的情形并不像高本汉考虑的那样严重,再把《诗经韵读》中歌锡通押一例、脂物通押一例和脂质通押三例中的一例按韵例的不同处理除外,真正阴入通押的仅六十九例,在全部《诗经》押韵的总数中比例是很小的。全部《诗经》韵例共 2747 组,合押、通押的各种情况如下:

阴声合押 63　　占 2.3% 弱
入声合押 33　　占 1.2% 强
阳声合押 23　　占 0.8% 强
阴入通押 69　　占 2.6% 强
阴阳通押 11　　占 0.4% 强
阳入通押 3　　 占 0.1% 强

如果百分之三不到的阴入通押必须拟成两套相近的塞音韵尾才算合

理,那么百分之一以上的辅音韵尾相距很远的音节相押,又当如何处理呢？必须承认,上古诗文押韵要比后代宽一些,可以有唯闭音的 *-uk 和 *-u 相押等一类不完全韵。"西洋诗中世纪才注意用韵,日本现在还不重视韵。"⑨汉语诗歌的押韵,也是由宽到严的。

其实,不仅上古有阴入通押的情况,中古也还有。例如白居易的《小庭寒夜寄梦得》叶"雀和多何"。⑩"雀"是收-k 的药韵字,与阴声韵歌戈的字相押。唐代阴声韵不再有塞音韵尾,这是公认的事实;白居易诗文用韵保持了中古完整的入声系统,偶然却也用入声韵去叶阴声韵。韩愈的《后汉三贤赞》(其二)叶"经轻名贼明惊迎卿生"。⑪这是以收-k 的入声韵(贼,德韵)和收-ŋ 的阳声韵相押。鲁国尧同志研究宋词用韵,他统计《全宋词》阴入通押的有七十多首,其中江西词人占十六首。⑫不仅汉语的诗歌中有阴入通押的不完全韵,俄语的诗歌中也有"仅只元音相合"的"不完整韵脚",⑬马雅可夫斯基非常重视韵脚的作用,但他的诗歌押韵情况却多种多样,长诗《好》中就有开音节和闭音节相押的例子,例如以 Шар 和 хороша 相押。⑭总之,诗人用韵,有时很严,有时却放得较宽;上古诗歌押韵宽一点的较多,这就是上古阴入通押用例较多的原因,但仍然是少数,是特例。因此,我们赞同王力先生的意见,上古音只有一套唯闭音的塞音韵尾,即 *-p, *-t, *-k ,而没有两套爆破的塞音韵尾;阴声韵是元音收尾的开音节,没有必要拟成一套浊塞音韵尾。

谐声系统阴入相通的情况也有一些,但毕竟是少数;也应该同押韵的通押情况一样处理,对谐声系统更不能太拘泥,在这里我们就不多费笔墨了。

附　注

① 李方桂《切韵 â 的来源》。(《历史语言研究所集刊》第三本第一分册)
② 拟音采用王力《诗经韵读》,下同。

③ 见《语言学研究与批判》第二辑。(高等教育出版社,1960)
④ 李方桂《上古音研究》33页。(商务印书馆,1980。重点是笔者加的。)
⑤ 同上,34页。
⑥⑦ 王力《上古汉语入声和阴声韵分野及其收音》。
⑧ 只计独押和阴入通押的数字。
⑨ 朱光潜《替诗的音律辩护》。(《东方杂志》三十卷一号)
⑩ 引自南开大学汉语史研究生国赫彤毕业论文《白居易诗文用韵考》(油印本)。
⑪ 荀春荣《韩愈的诗歌用韵》。(《语言学论丛》第九辑)
⑫ 鲁国尧《宋元江西词人用韵若干现象的考察》(油印本)。
⑬ 依·萨·毕达可夫《文艺学引论》393页。(高等教育出版社,1958)
⑭ 同上,401页。

(原载《语言学论丛》第十四辑,商务印书馆,1987)

[后记]李方桂先生在阴声韵是否要拟个浊音韵尾的问题上,表现出模棱两可的态度是有原因的。因为如果非常坚持要拟个浊音韵尾,那就等于放弃了"我觉得押韵的字他的主要元音是最重要的,韵尾还在其次"的主张,反而造成了自我矛盾的局面。

2005年8月看校样时补记

殷商时代音系初探*

研究周秦古音有韵文和谐声系统作为依据,从顾炎武起,经过三百多年,硕果累累,周秦古音系统已经大致清楚,意见趋于一致。

至于比周秦更早的殷商时代的音系,则仍付阙如。但是从1898年甲骨出土,资料渐多,研究逐渐深入,其音系无疑也成了学术界所关注的问题。郭沫若先生曾说:"又今人之所谓古音实仅依据周、秦、汉人文之韵读以为说者,周以前之书,茫无可考。周秦以后音有变,则周以前之音,至周亦必有变。余谓其变且必甚剧烈,盖殷周之际礼制之因革颇彰,而文字之损益亦甚著,则如士字盖古本读鱼部音而转入之部者,未可知也"①。这实际是在半个多世纪以前就提出了探究殷商音系的课题,但是由于甲骨文没有韵文材料,谐音和同音假借的资料也有限,使研究者裹足不前。②应该看到,假借不一定完全同音,谐声关系更是极为复杂,这迫使我们必须另辟蹊径。大家知道,在研究周秦古音时,审音派拿《切韵》系统作为出发点,跟周秦古音资料作比较,作出了重大贡献。我以为在研究殷商时代的音系时,也无妨以周秦音系作为出发点来考察甲骨文(包括少数商代的金文)的字音分布情况,以探索殷周时代音系的面貌。殷商至周秦的语言是一脉相承的,其音系的变化演进必有轨迹可寻。

以此本文首先将《甲骨文编》见于《说文》的941字摆进周秦音系

---

* 本文完稿后,经裘锡圭同志审阅,提出了不少宝贵意见,谨表谢意。

的框架中去,再据徐中舒主编的《汉语古文字字形表》增补了一些商代的金文和少数甲骨文,看它将呈现出什么情况,然后进行分析,以推究其音系的大致格局。草创之作,难免疏陋,一得之见,或有益于古音研究,刊布出来,以求正于方家。

§1 殷商时代韵母系统的分析

对周秦音系的看法,各家尚有分歧,我们基本上采用王力先生的说法,稍有补充调整。周秦古韵分成阴、阳、入三大类29部,各部还可以分成开合各四等,少则两个韵母,多则八个韵母。③下面我们将殷商时代甲骨文中的上千字摆进周秦音系中来进行分析研究。

1.1 之部、职部和蒸部的韵母分析

这三部在《汉语史稿》和《汉语语音史》中都只有开口一等、三等和合口一等、三等,我们增补了开口二等和合口二等。

1.1.1 之部在《甲骨文编》中有74字(《文编》有一形多释者,或有未安者,一依《文编》,不加改动。下同),再从《汉语古文字字形表》(下称《字形表》)中补收4字(右上角加△者是金文,加＊者是甲骨文。下同),它们在周秦古音中的等呼分属如下(用简体不至影响内容者,用简体。下同):

开口一等:亥改乃戈裁 ⾋⾋ 宰再𠩺采才在母来

开口二等:䨣蕼

开口三等:熹㪢喜姬箕己杞㠯其棋卑跽疑妣㠯已之止沚齿兹滋子仔字△司丝狱△祀汜杞嗣△甾事史使畱鄙敏敖吏耳

合口一等:悔晦每𦎧△

合口三等:尤有友洧又右祐囿婦龟丘裘旧牛不妇

1.1.2 职部在《甲骨文编》中有 27 字,从《字形表》中补收 3 字,它们在周秦古音中的等呼分属如下:

开口一等:黑△克得德㥦北
开口二等:戒麦
开口三等:苟陟直异翊匿△戠食㞢侧啬偪*菔力
合口一等:或
合口三等:昱福畐服及簸牧

1.1.3 蒸部在《甲骨文编》中有 20 字,它们在周秦古音中的等呼分属如下:

开口一等:恒登曩朋倗
开口三等:兴兢孕再称乘升丞掤陵扔艿
合口一等:弘
合口三等:弓梦

1.1.4 之部开口二等只有明母"䨪薶"二字,而开口一等明母平声无字,它们可以并入开口一等。职部开口二等只有见母"戒"、明母"麦",开一见母、明母无字,"戒""麦"也可以并入开口一等。通过互补归并,我们可以推测殷商音系中的之部、职部、蒸部都只有开口、合口的一等和三等,各有四个韵母,而不是周秦时代的六个韵母。

1.2 幽部和觉部的韵母分析

幽部和觉部在周秦古音中都有开口一等、三等和四等,无合口字。

1.2.1 幽部在《甲骨文编》中有 54 字,从《字形表》中补收 2 字,它们在周秦古音中的等呼分属如下:

开口一等:好丂考稻*夒曹叟宝保勹牡戊牢老

开口二等:孝爪叉勼卯

开口三等:休臭丩九殳弃囧(谷)丑畴纣宙攸油游犹酉卣州周舟帚铸首守△兽狩受酒羞囚泅缶孚俘阜

开口四等:幽鸟

1.2.2 觉部在《甲骨文编》中有14字,从《字形表》中补收2字,它们在周秦古音中的等呼分属如下:

开口一等:告

开口二等:敎

开口三等:畜*逐育祝叔孰夙宿复复目六陆△肉

1.2.3 幽部的开口一等和二等除明母的"牡戊"和"卯"以外,都无重叠,三等明母无字,"卯"可以归开口三等,因此幽部的开口一等和二等可以合并。幽部的开口三等和四等、觉部的开口一等和二等都无重叠,也可以合并。如此则殷商时代的幽部和觉部都只有两个韵母,而不是周秦时代的四个韵母。

1.3 宵部和药部的韵母分析

宵部和药部在周秦古音中都有开口一等、二等、三等和四等,无合口字。

1.3.1 宵部在《甲骨文编》中有23字,从《字形表》中补收3字,它们在周秦古音中的等呼分属如下:

开口一等:蒿高膏羔槁刀潦

开口二等:爻效交教烄

开口三等:禾朝召少秋*小寮

开口四等:幺△杳尧吊卤尿*寮

1.3.2 药部在《甲骨文编》中有 10 字,它们在周秦古音中的等呼分属如下:

开口一等:乐泺

开口二等:逴瀍驳

开口三等:辵龠爵雀

开口四等:休

1.3.3 宵部开口一等见母有"高膏羔槁",开口二等见母有"交教狡",二者重叠,不能合并;但是开口三等见母无字,因此宵部可以将二等和三等合并、一等和四等合并。药部可以将开口一等和开口二等合为一类、开口三等和开口四等合为一类,没有重叠。如此则殷商时代的宵部和药部都只两个韵母,而不是周秦时代的四个韵母。

1.4 侯部、屋部和东部的韵母分析

在《汉语史稿》中侯部只收了开口一等和合口三等(《汉语语音史》改作开口),屋部和东部收有开口一等、开口二等和合口三等(《汉语语音史》改作开口);④我们给三部都增补了开口三等,还给侯部增补了开口二等。

1.4.1 侯部在《甲骨文编》中有 20 字,从《字形表》中补收 2 字,它们在周秦古音中的等呼分属如下:

开口一等:矣旱后冓遘口鬥毁冟豆

合口三等:句具豆朱戍殳*侸取娶乌㚔△侮

1.4.2 屋部在《甲骨文编》中有 27 字,它们在周秦古音中的等呼分属如下:

开口一等:彀谷族倸卜攴木沐录禄鹿麓
开口二等:珏角壳壳涿㜸剥
开口三等:玉束蜀足续粟绿蓐

1.4.3 东部在《甲骨文编》中有 26 字,从《字形表》中补收 2 字,它们在周秦古音中的等呼分属如下:

开口一等:虹堆工公东通同栈弄
开口二等:邦庞龙
合口三等:邕雝饔夅拱共甬△用舂纵从从丰夆夆△龙

1.4.4 在殷商时代侯部只有两类字,一属开口,一属合口。东部开口一等和开口二等无重叠,可以合并;但是屋部开口一等和开口二等的见母(谷:珏角)和帮母(卜:剥)有重叠,不能合并,因此东部也可以不并为宜。从现有资料来看,殷商时代侯部只有两类韵母,而屋部、东部各有三类韵母,不像周秦古音各有四个韵母。

1.5 鱼部、铎部和阳部的韵母分析

在周秦古音中鱼部、铎部和阳部都有开口一等、二等、三等、四等和合口一等、二等、三等,阳部还有合口四等。

1.5.1 鱼部在《甲骨文编》中有 73 字,从《字形表》中补收 5 字,它们在周秦古音中的等呼分属如下:

开口一等:呼虍虎乎壶户姑△古鼓蛊雇吴五午土兔途涂杜祖

粗虘卢鲁

开口二等：下家豭学者△鼠马

开口三等：去鱼渔围禦御貯宁余舁女黍沮苴叙俎初楚吕旅如汝

开口四等：野车赊且

合口二等：铧夸

合口三等：扜于盂雨羽宇△雩䨪盯夫甫斧尃父巫毋*无*舞武

1.5.2 铎部在《甲骨文编》中有 33 字，从《字形表》中补收 1 字，它们在周秦古音中的等呼分属如下：

开口一等：各作搏亳洛䨮

开口二等：亚格宅乍伯柏百白帛貘△

开口三等：射若

开口四等：逆㎡亦赤石祏耤昔夕

合口一等：霍濩获镬郭步莫（暮）

合口二等：穫

1.5.3 阳部在《甲骨文编》中有 69 字，从《字形表》中补收 6 字，它们在周秦古音中的等呼分属如下：

开口一等：行刚䋄康亢唐宕仓桑丧旁㒵犹（狼）

开口二等：庚更彭萌（《字形表》释"朝"）孟△

开口三等：皀乡飨享向姜畕羌强弜邙长羊易阳洋养△章△商赏上戕墙△相象妆爽△良*

开口四等：京竟卿倞竞兵丙柄秉并明盟皿黾

合口一等：黄潢光

合口三等:况王往坒狂方匚亡网罜

合口四等:兄永

1.5.4 在殷商时代鱼部开口二等、三等、四等无重叠,可以合成一类;铎部开口二等、三等、四等也无重叠,同样可以合成一类。鱼部的合口二等匣母"铧"和合口三等匣母的"于盂雨"等重叠,不能合并。铎部的合口一等和合口二等本来可以合并;但是鱼部合口两个等不能合并,因此铎部的合口也以不合并为宜。在这三部中阳部的情况复杂一些,主要是见母既有开口一等的"刚犅",又有开口二等的"庚更",既有开口三等的"姜畕",又有开口四等的"京";溪母既有开口一等的"康亢",又有开口三等的"羌"和开口四等的"卿";明母既有开口一等的"宋",又有开口二等的"萌孟"和开口四等的"明盟皿黾",都难以并成两类。不过"萌"字当依《字形表》释作"朝","孟"字与"宋"字声调不同,明母的重叠可以排除。溪母开口四等的"卿"与开口三等晓母的"乡"在甲骨文中本是一字,溪母一读当时可能还没有,这样溪母的问题也可以解决。只有见母开口二等的"庚更"和开口四等的"京"较难解决;但是阳部合口见母只有一等的"光",溪母无字,我们可以设想见母的某些字原是属于合口见母或溪母的。或者还有别的原因,比如"京"声与来母有关,存在复辅音问题,这有待进一步研究。从以上分析,我们可以设想,殷商时代鱼部、铎部和阳部都各有四个韵母,而不是周秦时代的七个或八个韵母。

1.6 支部、锡部和耕部的韵母分析

在周秦古音中支部、锡部和耕部都有开口一等、开口三等、开口四等和合口一等、合口三等、合口四等。[⑤]

1.6.1 支部在《甲骨文编》中有 17 字,它们在周秦古音中的等呼分属如下:

开口一等：买

开口三等：企智豸鹰豕氏此阵婢芈儿

开口四等：兮奚嫛鸡麂

1.6.2 锡部在《甲骨文编》中有 19 字，从《字形表》中补收 2 字，它们在周秦古音中的等呼分属如下：

开口一等：解扩责册㗊

开口三等：益易𠙴朿辟

开口四等：系帝禘锡析糸䅲厤鬲

合口一等：画△

合口三等：役*

1.6.3 耕部在《甲骨文编》中有 36 字，从《字形表》中补收 1 字，它们在周秦古音中的等呼分属如下：

开口一等：生牲省眚

开口三等：婴贞正征政声圣成盛晶井姘姓并鸣名命

开口四等：磬丁鼎听*壬粤定奠盥宁汀星甹𥄎令

合口三等：冋

1.6.4 殷商时代支部无合口字，锡部、耕部的合口字也只一、两个；但是锡部余母合口三等有"役"，开口三等有"易"，互相重叠，两部的合口还是以不并入开口为宜。支部和锡部的开口四等同开口一等或开口三等都不重叠，可以并入一等或三等。耕部的开口四等不能同开口三等合并，因为端母开口三等有"贞"，开口四等有"丁鼎"；不过开口四等与开口一等无重叠,可以合成一类。经过分析,殷商时代支部只出现两个韵母,锡部有四个韵母,耕部是三个韵母,而不是周秦时代的各有六个韵母。

1.7 歌部、月部和元部的韵母分析

在周秦古音中,这三部除歌部没有合口四等外,其他等呼齐全,即开口有四等,合口也有四等。

1.7.1 歌部在《甲骨文编》中有 25 字,从《字形表》中补收 3 字,它们在周秦古音中的等呼分属如下:

  开口一等:妸河何△可娥我多它挖鼍左罗
  开口三等:宜义媻施离△
  合口一等:禾和祸戈妥
  合口二等:化△䞓冎
  合口三等:为㳄吹

1.7.2 月部在《甲骨文编》中有 40 字,从《字形表》中补收 3 字,它们在周秦古音中的等呼分属如下:

  开口一等:匄哻辥汏大达蔡贝泧剌
  开口二等:介㓞薑△杀
  开口三等:乂埶屮彻折舌△祭韘别公敝砅岁
  开口四等:臬蔑
  合口一等:外兑
  合口二等:败
  合口三等:㖡卫曰戉粤厥月岁雪△伐㚬

1.7.3 元部在《甲骨文编》中有 57 字,从《字形表》中补收 6 字,它们在周秦古音中的等呼分属如下：

> 开口一等：安厂鞥干丹单旦撢弹但奴戋阑△
> 开口二等：晏麟山△采
> 开口三等：孜献辛聿遣言膚延衍＊彝宀面葦△
> 开口四等：倪龕见前＊片
> 合口一等：洹萑官观盥卌雚耑般桊伴
> 合口二等：鍰
> 合口三等：夗爰赹叕元传鸢△专泉宣亘旋㔾反万
> 合口四等：犬

1.7.4 歌部合口二等和合口三等无重叠，可以并成一类。月部开口二等、开口三等和开口四等无重叠，可以并成一类；月部合口一等和合口二等无重叠，可以合并。元部开口一等和开口二等无重叠，开口三等和开口四等无重叠，合口三等和合口四等无重叠，两两合并，可以归成三类。比较麻烦的是元部合口二等匣母有一个"鍰"字，由于匣母合口一等有"洹萑"，合口三等有"爰赹"，"鍰"字无空可填。但是这个字是可疑的，《甲骨文编》是根据罗振玉的意见释作"鍰"的，徐中舒主编的《汉语古文字字形表》就没有收这个字。从音韵系统来看，《字形表》不收此字是可取的，那么元部合口一等和合口二等也可以合并。根据以上分析，在殷商时代歌部、月部和元部都是各有四个韵母，而不是周秦时代的七个或八个韵母。

1.8 脂部、质部和真部的韵母分析

在周秦古音中脂部、质部和真部都有开口一等、开口三等、开口四等和合口三等、合口四等，各有五个韵母。

1.8.1 脂部在《甲骨文编》中有39字，从《字形表》中补收4字，它们在周秦古音中的等呼分属如下：

开口一等：洒
开口三等：伊迟雉彝旨示尸矢视盍△次师死咒师比妣匕牝坒△眉湄麋美媚尔△二
开口四等：医启启瞽弟霁霎齐西洒米礼*
合口三等：癸溪夔

1.8.2 质部在《甲骨文编》中有34字，它们在周秦古音中的等呼分属如下：

开口一等：栉八
开口三等：一乙吉弃洎劓夔遘虺姪肄至挚室即七自疾四剌利栗日
开口四等：页叠胅卩
合口三等：季穗卹
合口四等：血聿

1.8.3 真部在《甲骨文编》中有33字，从《字形表》中补收4字，它们在周秦古音中的等呼分属如下：

开口一等：叡擎
开口三等：因印嚚*寅申身*臣进晋秦尽辛新駸讯烬宾编*傧嫔囟人仁
开口四等：天田畋年千苂△
合口三等：尹妡弩旬侚

合口四等：渊

1.8.4 脂部开口三等和开口四等的定母、明母都有字,定母开口三等有"迟雉",开口四等有"弟",明母开口三等有"眉湄美媚",开口四等有"米",不能合并;但是开口四等同开口一等无重叠,可以并为一类。质部的情况与脂部相同,定母开口三等有"垔姪",开口四等有"耋昳",精母开口三等有"即",开口四等有"节",以此四等不能并入三等。但是质部开口四等同开口一等无重叠,可以并成一类。真部开口四等同开口三等或开口一等都无重叠,考虑与脂部、质部的联系,也以并入开口一等为宜。至于合口,质部和真部的合口三等和合口四等都无重叠,可以合并。根据以上分析,在殷商时代脂部、质部和真部都是三个韵母,而不是周秦时代的五个韵母。

1.9 微部、物部和文部的韵母分析

在《汉语史稿》中微部开口、合口都没有四等,物部开口、合口都没有二等和四等,文部没有合口二等(《汉语语音史》有合二,无合四)。我们作了较大的补充和调整,微部、物部增补了开口四等和合口四等,物部、文部增补了合口二等;因此在周秦音系中微部和文部等呼齐全,即开口、合口各有四等,物部缺合口二等。

1.9.1 微部在《甲骨文编》中有 25 字,从《字形表》中补收 2 字,它们在周秦古音中的等呼分属如下：

开口三等：衣依妭

合口一等：火自隹枚雷

合口二等：淮

合口三等：委畏虫韦归鬼非△妃敳尾

合口四等：媿追唯佳水绥攵未△

1.9.2 物部在《甲骨文编》中有 29 字,它们在周秦古音中的等呼分属如下:

开口一等:沫

开口三等:既气(乞)

开口四等:寐髟

合口一等:圣兀对突队内配妹

合口三等:燊㠯聿出秫戍由弗剌未勿物律

合口四等:叔豙率

1.9.3 文部在《甲骨文编》中有 39 字,从《字形表》中补收 4 字,它们在周秦古音中的等呼分属如下:

开口一等:衮

开口二等:艰

开口三等:巾堇狋跽△辰晨豩吝麐刃

开口四等:殷△昕斤祈典△先

合口一等:昏囷蜫困豚屯尊孙门

合口三等:云员晕君川分粪△焚文闻问

合口四等:麇允春醇畯

1.9.4 微部合口一等与合口二等无重叠,可以并成一类。合口四等见母有个"媿"字,与合口三等见母的"归鬼"合并有麻烦,如果不承认上古有去声,则"媿"字无空当可填。但是"媿"有个同音字"騩",在《广韵》中有两读,一读举韦切,与"归"同音,本属合口三等;"媿"的惭愧义又作"愧",这个意义是周代以后才有的;在殷商时代"媿"可能本与"归"是同音字,合口四等一音是后起的。那么,微部合口三等与合口四等再无别的重叠,也可以并成一类。物部开口三、四等无重叠,可以并成一类;合口三、四等无重叠,也可以并成一类。文部开口四等与开口三等的见母和群母都有重叠,不能合并。开口四等同开口一等虽然影母的"衣"和"殷"也是重叠的,但是这个字从衣得声,当在微部。《说文》云:"炮炙也,以微火温肉。"其义与"煨"有关,"煨"属微部。今归文部是根据《广韵》反切定的,并非殷商的读音。因此文部的开口一等和开口四等可以合并。文部开口二等有一个见母的"艰"字,既与开口三等的"巾"重叠,又与开口四等的"斤"重叠,不好处理;不过"艰"字古文作"囏",甲骨文的"艰"字也同古文相同,是从"喜"得声,本应归之部,甲骨文中之部无开口二等、开口一等见母平声无字,"艰"字正好填补这个空当。"艰"转入文部是周秦以后的变音。文部的合口四等与合口一等可以合并,不过需要解决一个问题,即见母合口一等的"蚰"和合口四等"麇"的重叠问题。不过,甲骨文中它是人名、地名用字,与《说文》中作为"虫之总名"的这个字,意义无关,声音是否相同,也是大可怀疑的。

经过以上分析,可见在殷商时代微部开口有一类韵母,合口有两类韵母,物部和文部开口、合口各有两类韵母;它们在殷商时代只有三个或四个韵母,而不是周秦时代的七个或八个韵母。

1.10 缉部和侵部的韵母分析

在《汉语史稿》中缉部有开口一等、开口二等、开口三等和合口一等、合口三等(《汉语语音史》无合口三等);我们增补了开口四等。侵部在周秦古音中只缺合口四等。

1.10.1 缉部在《甲骨文编》中有 20 字,它们在周秦古音中的等呼分属如下:

开口一等:合迨眔逻蠚卅
开口三等:邑彶及夲执十集习㙮入廿

开口四等：窑

合口一等：冋

合口三等：立

1.10.2 侵部在《甲骨文编》中有40字，从《字形表》中补收3字，它们在周秦古音中的等呼分属如下：

开口一等：覃△南男蚕＊三婪

开口二等：咸喦

开口三等：饮今禽沉朕浸侵寝森品林霖盲壬任妊

开口四等：禽彡

合口一等：农宗宋

合口二等：降泽

合口三等：宫中冲肜融△终众风豐凡凤戎

1.10.3 缉部开口三等和开口四等无重叠，可以合并。合口一等的"冋"和合口三等的"立"本可并入开口；但是侵部的合口不能并入开口，缉部也以不并为宜。侵部开口二等既可并入开口一等，也可并入开口三等。侵部开口四等有一个"禽"字与开口三等的"饮"重叠，有一个心母的"彡"与开口一等的"三"重叠；但是"彡"在甲骨文中是用作祭祀的"肜"，是余母、合口三等，看来在殷商时代它的音义都与周秦有所不同；因此侵部的开口四等可以并入开口一等。侵部合口一等和合口二等无重叠，可以合并。根据以上分析，殷商时代的缉部和侵部都是开合各分两类，是四个韵母，而不是周秦时代的六个或七个韵母。

1.11 叶部和谈部的韵母分析

在周秦古音中叶部和谈部都有开口一等、开口二等、开口三等、开口四等和合口三等。

1.11.1 叶部在《甲骨文编》中有 10 字,从《字形表》中补收 1 字,它们在周秦古音中的等呼分属如下:

开口一等:盍帀
开口二等:夹甲
开口三等:枼涉妾
开口四等:协△劦聑爕

1.11.2 谈部在《甲骨文编》中有 14 字,它们在周秦古音中的等呼分属如下:

开口一等:函涵甘酓淡
开口二等:臽监
开口三等:炎欠焱占弋冉姌

1.11.3 叶部只有开口一等匣母的"盍"与开口四等匣母的"劦协"重叠,我们可以将开口一等同开口二等合并,开口三等同开口四等合并。谈部开口一等同开口二等无重叠,也可以并成一类。两部都没有出现合口字。据此可以推测叶部和谈部在殷商时代都只有两个韵母,而不是周秦时代的五个韵母。

1.12 关于殷商时代韵母系统的两点结论

通过以上分析,我们对殷商时代的韵母系统可以得出以下初步结论:

1.12.1 殷商时代的韵母系统同周秦时代有很大不同。殷商时代每个韵部最多只有开合各两等,而不是周秦时代的开合各四等。周秦时代的二等韵和四等韵应该是殷商以后才分化出来的。二等大多来自一等,四等大多来自三等。

1.12.2 殷商时代的韵母系统还是应该分成阴声韵、入声韵和阳声韵三大类,而不可能两分,更不可能并为一类。因为我们只要考察上面所分析的上千字,它们在周秦古音的同组三韵中,多有同母共出的现象。所谓同母共出,即同一声母在阴声韵、入声韵、阳声韵的同一等呼中,有两类韵或三类韵中有字。它们不是互补关系,而多重叠,所以不能归并。例如,之、职、蒸三部,三韵同母共出现象 2 处,两韵同母共出现象 17 处。列表如下(加 * 者是三韵共出的声母):

声母 韵＼字	见母	明母
之开一	改	母
职开一	戒	麦

声母 韵＼字	余母*	章母	山母	来母*
之开三	以已	之止沚	史使	嫠吏
职开三	异翊	戠	啬	力

声母 韵＼字	帮　母
之合三	不妇
职合三	福

以上之部和职部同母共出现象有 7 处 21 字,重叠如此众多,自然不能合并。

声母 韵＼字	匣　母
之开一	亥
蒸开一	恒

声母 韵 字	晓母	余母*	昌母	帮母	来母*	日母
之开三	熹喜芦	以已	齿	啚鄙	嫠吏	耳
蒸开三	兴	孕	再称	掤	陵	扔芿

以上之部和蒸部同母共出现象也有 7 处 21 字,同样不能合并。

声母 韵 字	端母
职开一	得德貣
蒸开一	登镫

声母 韵 字	余母*	船母	来母*
职开三	异翊	食	力
蒸开三	孕	乘	陵

声母 韵 字	明母
职合三	牧
蒸合三	梦

以上职部和蒸部同母共出现象有 5 处 14 字,也不能合并。

不仅之、职、蒸一组韵部的重叠很多,其他各组韵部的情况也大致相似,所以说殷商时代的韵母系统也应该是阴、阳、入三分的。

§2 殷商时代声母系统的分析

研究周秦古音的声母系统主要靠用《切韵》系统往上推,并结合谐声字的研究结果来解决问题。谐声系统情况复杂,许多现象难以解释,因而音韵学家对周秦古音的声母系统的看法相当分歧,我们暂时采用王力先生《汉语史稿》中的32声母说。以此作为出发点,来观察殷商时代汉字在这一声母系统中的分布情况,再探究其分合有无。

2.1 周秦古音32声母的分析

周秦古音中的32声母,分配是不均匀的。其中的"影、晓、匣、见、溪、疑、端、透、定、泥、帮、滂、並、明、来"19个声母可以出现在各类韵母前面,而"群、余、邪、章、昌、船、书、禅、庄、初、崇、山、日"13个声母只出现在三等韵的前面。这是一个很有意思的现象。黄侃注意到了这一点,从而提出了他有关古音的主张:他认为古本韵只有一、四等,在古本韵一、四等中出现的才是古本声,不在一、四等韵中出现的是变声,也就是后来分化出来的声母。黄侃所说的古本声就是上面所举的在各类韵母前都能出现的19个声母。⑥黄侃的古本声、变声的说法,用于周秦古音是不当的。因为周秦古音中端(知)组和章组、精组和庄组都不是互补的,而是大量地出现在同一个韵母的前面。例如:

(1)之部开口三等

　　[透(彻)母]笞痴祉耻眙～[昌母]蚩齿
　　[定(澄)母]持峙痔時痔治～[禅母]时恃市待(定母与船禅两母相对)
　　[精母]兹滋孳孜磁子秄梓～[庄母]淄辎缁
　　[从母]慈字牸～[崇母]俟士仕事柿
　　[心母]司丝思緦偲笥蕠～[山母]史使驶

(2)职部开口三等

　　[端(知)母]置陟～[章母]识织职

［透(彻)母］饬敕 ～［昌母］炽

［定(澄)母］直值 ～［船母］食蚀 ～［禅母］植殖埴

［精母］畟稷 ～［庄母］仄昃侧

［心母］息熄媳 ～［山母］色啬穑濇蔷

(3) 蒸部开口三等

［端(知)母］徵瘩 ～［章母］烝蒸拯证

［定(澄)母］澄瀓惩 ～［船母］乘绳渑剩 ～［禅母］承丞

(4) 幽部开口三等

［端(知)母］侜啁诪鳌肘 ～［章母］州洲舟周赒帚铸

［透(彻)母］抽惆瘳丑 ～［昌母］犨醜臭

［定(澄)母］稠绸裯俦筹纣宙胄酎畴踌 ～［禅母］酬受授绶售

［泥(娘)母］狃纽钮忸 ～［日母］柔揉蹂鞣扰

［精母］啾酒僦 ～［庄母］辔

［从母］酋遒就鹫 ～［崇母］愁

(5) 觉部开口三等

［端(知)母］竹竺筑 ～［章母］祝粥咒

［透(彻)母］畜蓄 ～［昌母］俶

［定(澄)母］轴舳逐 ～［禅母］淑孰塾熟

［泥(娘)母］衄 ～［日母］肉

(6) 侵部开口三等

　　　　[端(知)母]椹 ～[章母]斟针箴枕
　　　　[透(彻)母]琛郴綝闯 ～[昌母]瀋
　　　　[定(澄)母]沉朕鸩 ～[船母]葚 ～[禅母]忱谌甚
　　　　[泥(娘)母]赁 ～[日母]壬稔荏任妊纴衽
　　　　[精母]祲浸寖 ～[庄母]譖
　　　　[清母]侵骎綅寑沁 ～[初母]参
　　　　[从母]潜蕈 ～[崇母]岑涔
　　　　[心母]心 ～[山母]参渗森

(7) 侵部合口三等

　　　　[端(知)母]中忠衷 ～[章母]终螽众
　　　　[透(彻)母]忡蛊 ～[昌母]充铳
　　　　[泥(娘)母]浓秾袱 ～[日母]戎绒

其他各部的情况大致相似,三等韵中端(知)组和章组、精组和庄组都有不少重叠的现象。

从钱大昕起,音韵学家利用异文、通假、古读、谐声字等资料研究周秦古声母的分合,证明了端组和知组、帮组和非组的合流,这是可信的结论;但是沿用钱大昕的方法和类似资料要证明端(知)组和章组合流、精组和庄组合流,却遇到了难以解决的困难。这四组声母在同一个韵母的前面两两成系统、大量出现例字,那么如何到中古时期一分为二呢? 找不出分化条件,异文、通假、谐声等资料再多也不能说明问题。王力先生认为端(知)组和章组、精组和庄组在周秦古音中只是相近而不是相同。⑦这是符合语言实际的结论。如果说章组和庄组是后起的变音,也是在周秦时代就已经产生了的变音。

2.2 殷商时代端(知)组和章组的关系

周秦古音端(知)组和章组不是互补而是重叠的,根据我们考察过的八千多字(见《汉字古音手册》),两组声母重叠的有 80 对,共七百多字。至于殷商时代的情况又怎样呢?我们首先将上文考察过的上千字中的端(知)组和章组字在三等韵中的分布情况(包括泥母和日母,余母下面再谈),列表如下:

声母 韵 例字	端(知)	~	章	透(彻)	~	昌	定(澄)	~	船	~	禅	泥(娘)	~	日
之开三		~	之止沚		~	齿							~	耳
职开三	陟	~	戠				直		~食		~	匿		
蒸开三					~	再称		~乘		~	丞		~	扔艿
幽开三	鸟	~	州周舟铸	丑	~		畴䌹宙		~ 受				~	肉
觉开三		~	祝				逐		~	孰			~	肉
宵开三	朝	~	召											
药开三				走	~									
侯合三	壴	~	朱					~	~殳俞					
屋合三								~	蜀				~	蓐
鱼开三	贮	~		宁	~	车						女	~	如汝
铎开三					~	赤	~射	~					~	若
阳开三		~	章	鬯	~		长		~	上				
支开三	智	~					豸 鹰		~	氏			~	儿
锡开三	帝						禘			视				
耕开三	贞	~	征正政				郑		~成盛					
歌开三					~	奲								
歌合三		~	㳄		~	吹								
月开三		~	折	彻屮	~		~舌	~						
元开三					~	延	衍							
元合三		~	专				传							
脂开三		~	旨				迟雉		~示		视		~	尔二
质开三	疐𦤦	~	至挚				瓞姪						~	日
真开三									~	臣			~	人仁
真合三												奻		
微合三	追	~	佳											
物合三					~	出	~秫	~					~	刃
文开三			跩					~	~辰晨				~	刃

（续表）

文合三		～川春		～～醇
缉开三	～ 执		～ ～十	牵 ～ 入廿
侵开三		沉朕 ～		～ 壬任妊
侵合三	中 ～ 终众	冲 ～		～ 戎
叶开三		聑 ～	～ ～涉	
谈开三	～ 占			～ 冉姌

殷商时代端(知)组和章组字在三等韵中重叠的只有17对,50字,比周秦时代少得多;而且17对中有7对声调不同,不是真正的重叠。它们是：

幽部：鸟～州周舟铸　畴纣宙～受

宵部：朝～召

侯部：亘～朱

鱼部：宁～车

阳部：长～上

脂部：迟雉～示视

剩下10对,逐一分析如下：

（1）职部：陟～戠。按："戠"字正如段玉裁所说："其义其音,皆盖阙矣。"今据《广韵》反切归章母职部,大可怀疑。古书有用作"簪"或"埴"者,都不是章母职部,因此这对重叠,可以排除。

（2）支部：豸廌～氏。按："氏"又音章移切,殷商时代可能只有章母一读,不与"豸"等重叠。

（3）质部：疐遟～至挚。按："疐"又音都计切,周秦时代属端母开口四等,殷商时代质部开口四等应与开口一等合并。如此则它和"至"、"挚"韵母不同,不相重叠；"遟"同"至""挚"声调不同,也不重叠。

（4）微部：追～隹。按：卜辞用"隹"作"唯","隹"在后代是章母,"唯"在后代是余母,殷商时代微部合口三等定母无字,"隹""唯"当时应属定母,余母、章母两读是后起的读音。如此则"隹"与"追"不重叠。

(5) 侵部:中～终众。按:甲骨文的"终"即后来的"冬"字,"终结"是原来的意义,而作为季节的"冬"是后起义;但是作为季节"冬"的声音(端母合口一等)却应是原来的读音,而章母合口三等一读应是后起的读音。殷商时代,"终"和"中"韵母不同,"众"与"中"声调不同。这一对重叠实际上也不存在。

(6) 缉部:㚔～入廿。按:《说文》对"㚔"的形、音、义的解释都存在问题。卜辞的字形象手械,"圉"字又作"𡇍",因此它可能就是"执"的简体。那么它不是泥母字,不与"入""廿"重叠。

(7) 鱼部:女～如汝。按:"女"和"如"声调不同,不是真的重叠。"女"和"汝"可能原本同音,"女"早期借作第二人称代词,后来改用"汝",妇女的"女"和第二人称代词的"女"(汝)同是常用词,为了分化读音,作第二人称代词的"女"(汝)于是读成了日母。那么,在殷商时"女"和"汝"并不重叠。

最难解释的是下列三对字:

(8) 职部:直～食

(9) 觉部:逐～孰

(10) 耕部:贞～正征政

不过这三部的吐气清音透(彻)母和昌母在甲骨文中无字,因此其中的船母、禅母或章母字也许本是透母字。

经过以上分析,可以看出在殷商时代端(知)组和章组一般是互补的,少数字的重叠原因虽然不一定尽如上述,但是它不影响两组声母的合并。

2.3 殷商时代精组和庄组的关系

周秦古音中精组和庄组也不是互补的,而是有大量重叠。根据我们考察过的八千多字,两组声母重叠的有 27 对,共两百多字。下面考察殷商时代精组和庄组字在三等韵中的分布情况，先列成一表：

声母\例字\韵	精 庄	清 初	從 崇	邪	心 山
之开三	兹滋子～甾		字～事	汜巳祀杞嗣	司丝狱～史使
职开三	昃矢				啬
幽开三	酒			囚泅	羞
觉开三					凤宿
宵开三	秋				小
药开三	爵雀				
侯合三		取娶～刍	媰		需
屋合三				续	粟
东合三	纵		从從		
鱼开三	沮苴～俎	初楚		叙	
铎开三			耤	夕象	昔
阳开三	妆		戕啬		相～爽
支开三		此			
锡开三		束			
耕开三	晶井		妌		姓
月开三	祭				媟
月合三					岁雪
元开三			前		
元合三			泉～巴	旋	宣亘
脂开三	盉	次		呪	死～师
质开三	即	七～刺	自疾		四
质合三					穗卹
真开三	进晋		秦尽	烬	辛新驿讯
微合三					绥夊
物合三			豙		戍叡
文开三					先
文合三	晙				
缉开三			集	习磬	
侵开三		侵寝			彡～森
侵合三					娍
叶开三		妾			
谈开三	从戈				

从上表可以看出殷商时代精组和庄组重叠的只有 10 对 27 字,比周秦时代少得多;并且其中有 6 对声调不同,不是真正的重叠。只有下列四对声调相同:

之部:兹滋(子)～甾　字～事
质部:七～刺
侵部:彡～森

分析如下:

(1) 之部的"甾"。按:《说文》:"东楚名缶曰甾"。甲骨和篆文都像缶形。大徐本《说文》引《唐韵》作侧词切,应属庄母。但是从甴得声的字在《说文》中有一个"臩"字,是属于群母的之部字。因此"甾"的庄母一读是可疑的,最多也只是汉代的方音。"甾"同"兹""滋"的重叠,应予排除。

(2) 之部的"事"。按:卜辞中"事"字与"史""使""吏"同形,当时很可能是一个与来母有关的复辅音,后来才分化成崇母、山母、来母三个音,并且在形体上分化成四个字。因此,"事"同"字"在声母上的崇、从对立是周秦以后的现象。

(3) 质部的"刺"。按:《说文》:"伤也。从刀枣声。"大徐引《唐韵》作亲结切,属清母;《广韵》作初栗切,属初母。卜辞中的被释字左面不是"枣",而是像禾黍之形,是方国名,形、义都与《说文》不合,显系误释。

(4) 侵部的"彡"。按:卜辞中用作"肜",属余母,非心母,不与山母的"森"重叠。

根据以上分析,殷商时代精组与庄组全无重叠,可以合并。

2.4 殷商时代的匣母和群母

黄侃的古本声 19 组,以群母归见母;高本汉则把群、匣合并,有群无匣。在周秦古音中把群母归见母或者群、匣合并都是难以成立的；因为群母虽然只见于三等韵，但是在三等韵中它与见母或匣母都不是互补的，而是有大量的重叠。略举数例如下表：

声母 韵 例字	群 母	见 母	匣 母
之开三	其期旗淇祺骐……	姬箕基己纪……	矣
鱼合三	瞿衢惧……	矩踽……	于孟竽雨宇禹羽……
月合三	橛撅	厥蹶蕨	曰越戉粤卫
元合三	权颧拳蜷倦圈……	卷捲睠绢狷……	袁园辕猿援……

这里举了四组三母重叠的，未列举的还有六组，两母重叠的更多。根据我们考察过的八千多字作一统计：群母和见母重叠的有 31 组，共 412 字；群母和匣母重叠的有 12 组，共 144 字。无论是并群于见，还是并匣于群，都难以解释众多重叠的字。

至于殷商时代，情况就很不一样，首先我们将三等韵中群母、匣母、见母分布的情况，列成一表：

声母 韵 例字	群 母	匣 母	见 母
之开三	棋跽鼻		姬箕己
之合三	裘旧	尤有又右祐友洧姷囿	龟
职开三			荀（亟）
蒸开三			兢
蒸合三			弓
幽开三	肄甞		丩九殷
侯合三	具		句
东合三	共		龚拱
鱼合三	匩	于孟玗雨羽宇雩	
阳开三	强弜		姜畺
阳合三	狂	王往生	

（续表）

耕合三			冏
歌合三		为	
月合三		曰戉粤卫	厥
元合三	登	爰趄	
脂合三	夔		癸溪
质开三	洎		吉
质合三			季
微合三		韦	归鬼媿
物开三			既
文开三	堇		巾
文合三		员云晕	君麇
缉开三	及		伋
侵开三	禽		今
侵合三			宫
叶开三		茢协	
谈开三		炎	

从上表中，我们可以看出，在殷商时代群母和见母重叠的有11组，是不能合并的。群母和匣母虽然有四处重叠，但是情况不一样。分析如下：

（1）之部的"旧"。此字繁体从臼得声，臼声的字除"旧"以外，都在幽部。"旧"入之部是周秦时代不规则的变化，在殷商时代"旧"应该是属于幽部。

（2）鱼部的"眗"。《广韵》："九遇切。"我们归鱼部。从它得声的字，有的在阴声韵鱼部（瞿衢），有的在入声韵铎部（矍钁）。"矍"，《广韵》作居缚切，在药韵，应属铎部。《说文》："眗，左右视也。"又："矍，隹欲逸走也，从又持之瞿瞿也。"其实它和"矍"可能是古今字，那么在殷商时代它本是铎部字。

（3）阳部的"狂"。在卜辞中"狂"只用作"往"，"狂""往"本是同音，后来才分化为群、匣两个声母。

(4) 元部的"叁"。《说文》所作形、音、义的分析都错了,卜辞用此为烝尝之"烝",应属章母蒸部。

据以上分析,除之部的"裘"字,殷商时代群母和匣母没有真正重叠的字,确实可以合并。从整个殷商时代的声母系统来看,合并以后应该是群母,而不是匣母。

2.5 殷商时代的余母(喻四)和邪母

黄侃的古本声19组,以余母归影母,以邪母归心母;曾运乾论证了余母归定,高本汉则并余于邪。在周秦古音中,这些结论都是难以成立的,因为它们都有大量重叠,而不是互补。例如:之部开口三等,余母有"恰诒贻饴颐圯巳以芭"等,定母有"跱洔治持"等,邪母有"词祠辞似姒祀已氾耜寺嗣饲"等,心母有"司丝思缌偲伺笥覗"等;阳部开口三等,余母有"阳旸杨扬疡炀场羊洋佯徉样漾恙"等,影母有"央鸯殃泱秧鞅怏"等,定母有"长肠场丈杖仗"等,邪母有"祥详庠翔痒象像橡蟓"等,心母有"襄骧镶相湘厢缃箱想"等。把余母归影母、邪母归心母,或者把余母归邪母都根据不足,无需深入讨论。然而曾运乾在论证余母归定时,却列举了大量谐声、异文资料,这不能不说明一定问题;但是由于在周秦时代余母和定母重叠的有15组,计400多字(限于我们所考察的八千多字),曾运乾的论据只能说明周秦时代余母和定母读音很近似,而不是相同。也可以设想,余母和定母在更古的时代本是一母,在分化的过程中难免呈现出纷繁交错的现象。

从这一点出发,我们考察殷商时代余母和定母的分布情况,发现两母重叠之处少得多,现列举如下:

职部开口三等:异翊 ～直
幽部开口三等:攸油游犹酉卣 ～畴纣宙
觉部开口三等:育 ～逐

鱼部开口三等:余舆 ～宁

阳部开口三等:易阳羊养 ～长

脂部开口三等:彝 ～迟雉坻

质部开口三等:肆 ～姪佾

一共 7 组 29 字。其中阳部的"长"又读端母,质部的"肆"又读影母,在殷商时代它们可能没有定母或余母的读音,这两组重叠可以排除。鱼部的"余舆"和"宁"声调不同,不是真正的重叠。职部的"异"与"直"声调不同;"翊",据《说文》:"从羽立声",卜辞用作翌日的"翌","翌"与"昱"通,"昱"也是从立得声。段玉裁将"翊""昱"都归入缉部,据《广韵》反切才归入了职部。因此职部一组重叠也可排除。只有幽部、觉部和脂部三组重叠,难以作出解释,有待进一步研究,暂时只能算作例外,这不影响余母和定母合并。

至于邪母,来源可能比较复杂,它同从母有关,又同余母有关;⑧在殷商时代不妨并入从母。在周秦古音中,邪母和从母重叠的有 13 组,共一百多字(只限于所考察的八千多字);在殷商时代两母重叠的少得多,只有 6 组 18 字。列举如下:

之部开口三等:字 ～巳汜祀杞嗣

铎部开口四等:夕 ～耤

阳部开口三等:象 ～墙戕

元部合口三等:旋 ～泉

真部开口三等:烬 ～秦尽

缉部开口三等:习翏 ～集

阳部的"象"和"墙戕",真部的"烬"和"秦",声调不同,真部的"尽"又读精母,从母一读可能是后起的。那么,阳部和真部两组不是真正的重叠。之部的"巳"(地支)与已然的"已"同字,《说文》段注还说:"此可见汉文'巳午'与'已然'无二音,其义则异而同也。"已然的"已"属余母,周秦之部开口三等邪纽也许来自余母。只有铎部、元部和缉部三组重叠难以作出解释,有待进一步研究,暂时只好算作例外。

2.6 殷商时代声母系统的初步推测

根据以上分析,我们可以对殷商时代的声母系统作出一个初步推测:

(1)殷商时代章组没有从端组中分化出来,庄组没有从精组中分化出来。

(2)殷商时代群、匣两母本是一个,周秦时代的匣母是从群母中分化出来的。

(3)殷商时代余母(喻四)本属定母,邪母本属从母,余母、邪母是周秦时代才分化出来的。

(4)黄侃的古本声19纽不适用于周秦古音,它的归并是粗疏的,有匣母无群母也是不当的。但是19纽的格局却很可能反映了殷商时代声母系统的面貌。它们是:

喉音:影　晓
牙音:见　溪　群　疑
舌音:端　透　定　泥
齿音:精　清　从　心
唇音:帮　滂　並　明
半舌音:来

§3　简论殷商时代的声调

关于周秦时代的声调,古音学家有多种说法。由于可资论断的材料不足,难以取得一致结论;但是"古有四声"的说法逐渐被多数人接受。我们采用王力先生的说法,周秦声调分成舒促两大类,每类再分长短,即长平、短平、长入、短入。⑨中古以后的去声,一部分是由长入丢掉塞音韵尾而成的,一部分是由阴声韵或阳声韵的平声或上声转化来的。

至于殷商时代有无声调呢？从现有资料来看,也必须承认当时已有声调,才能合理解释殷商时代的语音系统及其发展变化。比如之部:开口一等精母的"栽"等三字在后代是平声,"宰"是上声,"再"等二字是去声;开口一等从母的"才"是平声,"在"是上声;开口一等明母的"霾薶"等二字是平声,⑩"母"是上声。开口三等晓母的"熹"等二字是平声,"喜"是上声;开口三等见母的"姬箕"是平声,"己"是上声;开口三等群母的"棋"等二字是平声,"跽"是上声;开口三等端(章)母的"之"是平声,"止沚"是上声;开口三等透(昌)母的"蚩"是平声,"齿"是上声;开口三等精母的"兹滋"是平声,"子"是上声;开口三等邪母"巳祀汜杞"是上声,"嗣飤"是去声;开口三等来母的"嫠"是平声,"吏"是去声。合口一等明母的"每"是上声,"䆀"是去声。合口三等群(匣)母的"尤"是平声,"有友洧"是上声,"又右祐囿姷"是去声;合口三等帮母的"不"是平声,"妇"是上声。整个韵部收字79个,分属35个小纽。后代只在一个声调中有字的小纽21个,分属两个声调的小纽12个,分属三个声调的小纽2个。如果在殷商时代没有声调,三分之一以上的小纽在后代分属两个以上的声调,就无法作出解释。

我们将殷商时代29部的字在后代声调系统中的分布情况,作一全面考察,统计如下:

声调＼韵部数	之部	职部	蒸部	幽部	觉部	宵部	药部	侯部	屋部	东部	鱼部	铎部	阳部	支部	锡部
1个声调	21	22	16	16	13	13	8	11	21	16	21	26	21	15	17
2个声调	12	1		7		6		4		3	13	1	10		
3个声调	2			4							3		4		
总计	35	23	16	27	13	19	8	15	21	19	37	27	35	15	17

声调＼韵部数	耕部	歌部	月部	元部	脂部	质部	真部	微部	物部	文部	缉部	侵部	叶部	谈部	共计
1个声调	11	16	27	31	21	19	19	17	21	30	17	26	9	8	529
2个声调	9	3	5	9	5	5	5	2	2	4		6		2	114
3个声调					1		1								15
总计	20	19	32	40	27	24	24	20	23	34	17	32	9	10	658

殷商时代的上千字在中古声调系统中同母字出现在两个以上的声调中的占了五分之一。如果按阴声韵、入声韵、阳声韵分别统计，则阴声韵出现在一个声调中的是 151 纽，出现在两个声调的有 52 纽，出现在三个声调的有 11 纽；入声韵出现在一个声调的是 200 纽，出现在两个声调中的有 14 纽；阳声韵出现在一个声调中的是 178 纽，出现在两个声调中的有 48 纽，出现在三个声调中的有 4 纽。阴声韵除支部外，阳声韵除蒸部外，都有不少出现在两个声调以上的声纽，总数相当于出现在一个声调中的声纽的 2/5 或 2/7，按字数计算，比例更大，必须承认阴声韵、阳声韵有两个声调才能解释它后来的发展变化。入声韵部这种现象虽然少得多，但是也有一半左右的入声韵部具有两个声调的声纽，难以作为例外处理。至于阴声韵、阳声韵有少数出现在三个声调中的声纽，由于周秦到隋唐，不少字的调类变化没有弄清楚，有不少由平变去或由上变去的现象，其变化原因尚待研究，我们采取"古无去声"说，暂可存而不论。因此，我们认为殷商时代的声调系统也许同周

秦时代是一致的,即分成舒促两大类,每类再分长短,即长平、短平、长入、短入,实际上每个韵部只有两个声调。

§4 《论语》用字的音系分析
——旁证殷商音系归并的合理性

殷商时代的甲骨金文资料在几十万字以上,所用单字有四五千,已识字才一千左右,未识字尚有三千多。用已识的上千字来考察当时的音系是否可行,是否合理呢?这是可能被提出的一个疑虑。考虑到这一点,我们将周秦时期一部用字少的代表著作《论语》拿来分析,看看情况如何。《论语》据开成石经统计,全书共 16509 字,也有人据今本统计,作 15883 字;所用单字 1400 多个,略多于殷商时代的已识字。我们首先将这 1400 多字摆进周秦音系中去,然后按归并殷商时代甲骨金文音系的同一办法来考察,发现无法把它填进殷商音系中去,因为重叠太多。

4.1《论语》用字的韵母分析

《论语》所用字,分布在周秦各韵部中,同一声纽不少是在三个或四个等中有字,不像殷商时代那样可以合并成两呼四等。下面将出现在三个或四个等中的声纽列成一表:

声母\例字\等	一等	二等	三等	四等
之部开口见母	改	怪	箕棋己	
幽部开口晓母	好	孝	朽臭嗅	
幽部开口并母	袍	匏	浮桴	
觉部开口见母	告	觉	鞠	
宵部开口见母	高羔	交绞校教	骄	
宵部开口端母	刀到		朝	吊
鱼部开口见母	孤瓠薯鼓故	家贾假稼	居车举莒矩据	

(续表)

鱼部开口疑母	吴吾五	雅	鱼圄语御禦	
阳部开口见母	刚纲	更羹	薑襁	景
阳部开口定母	唐堂荡盪	枨	长丈杖	
阳部合口匣母	黄皇		王	永咏
耕部开口见母	耕		荆	经径敬
耕部开口溪母	硁		轻	磬
歌部合口见母	戈果过	骒	㜧	
月部开口见母	盖割		揭	絜
元部开口影母	安	晏	焉偃	燕宴
元部开口见母	干	间简谏		肩见
元部开口从母	残		践贱	前
元部开口帮母		版	鞭变	笾
元部合口匣母	完桓	莞患	远	
元部合口见母	官冠观管贯灌	关	狷	
微部合口匣母	回	怀坏	违	
物部合口匣母	缋		谓	位

这个表是按周秦音系的声母考察的结果,三个等以上有字的声纽有 23 处,共 129 字,接近《论语》用字的十分之一。如果按殷商音系归并声母,将章组归入端(知)组,将庄组归入精组,三个等有字的现象将更多。例如:

声母\例字\等	一等	二等	三等	四等
幽部开口端母	祷		州舟周(章母)	彫雕凋琱
铎部开口定母	铎	择宅	射(船母)	
耕部开口心母	生(山母)		姓性省	星腥
元部开口心母	散	山汕(山母)	鲜	

此系举例,未全面归并。如此众多在三个等中有字的声纽,显然不能按殷商音系归并成两个等。

4.2《论语》用字的声母分析

《论语》用字也不能按殷商音系归并声母系统。

（1）章组不能同端（知）组合并

《论语》中章组和端（知）组字在同一等呼中同时出现的重叠现象很多，列表如下：

声韵\例字	端(知)章	透昌	定船禅	泥日
之开三		耻～齿	持治～时市侍	
职开三			直～食蚀～植殖	
蒸开三	徵～证			
幽开三			纣～受授寿	
觉开三	竺～祝			
宵开三	朝～昭		召朝赵～韶邵	
侯合三	诛～朱侏主			
东合三	冢～钟			
鱼开三				女～如汝
阳开三	张长～章掌		长丈杖～常裳尝尚上	
支开三	知智～忮			
耕开三	贞～征正政		郑～成城盛	
脂开三			迟雉～示～视	尼～尔迩二贰
质开三	致室质～至			
真开三			陈～神～臣慎	
物合三		黜～出		
侵开三			朕～谌甚	
侵合三	中忠～终众			
谈开三		讇～襜		

在《论语》的用字中端（知）组和章组在同一等呼中一同出现的共有24组87字。其中端（知）母和章母重叠的10组31字，透（彻）母和昌母重叠的3组6字，定（澄）母同船母或禅母重叠的9组42字，泥母同日母重叠的2组8字。这是按周秦音系统计的，没有按殷商音系归并韵母，归

并后重叠将更多。如此多重叠现象,端(知)组显然不能同章组合并。

(2)庄组不能同精组合并

《论语》中精组同庄组字在同一等呼中出现的重叠现象也不少,列表如下:

声 韵　例字	精　　庄	清　初	从　邪　崇	心　山
之开三	兹子～缁滓		慈～辞似已～士仕事俟	司思偲葸～史使
职开三	稷～侧			息～色
觉开三				宿～蹴
鱼开三	沮～组	雎～楚		
阳开三	将酱～庄壮			
支开三				斯徙～洒
脂开三				私死～师
侵开三	浸～潛			心～参

精组和庄组在同一等呼中出现的共有13组41字。其中精母和庄母重叠的5组14字,清母和初母重叠的1组2字,从母、邪母同崇母重叠的1组8字,心母和山母重叠的6组18字。这里也没有按殷商音系归并韵母,归并后重叠还要增多。只说这13组重叠,除少数几组外,大多难以作出解释,必须承认在《论语》中这两组声母需要分开。

(3)群和匣、定和余、从和邪都不能合并

在《论语》的用字中,这三对声母在同等呼中出现的重叠现象相当多,列表如下:

声 韵　例字	群　匣	定　余	从　邪
之开三	其期旗～矣	持治～怡以已	慈～辞似已
职开三		直～异翼弋	
幽开三		紂～悠由游犹陶牖诱	
东合三		重～容勇用	从～松讼颂诵

(续表)

鱼合三	惧 ～于雩禹羽		
阳开三		长丈杖 ～阳羊养	墙 ～翔
阳合三	狂 ～王		
耕开三		郑 ～盈	
元合三	权倦 ～远		
脂开三		迟雉 ～夷	
文合三	群 ～云芸		
缉开三			集 ～习
侵开三		朕 ～淫	

从上表可见在《论语》的用字中,群母和匣母在同一等呼中出现的重叠有 6 组 17 字,定母和余母有 8 组 34 字,从母和邪母有 4 组 13 字。如果按殷商音系归并韵母,重叠还要增加。显然,这三对声母也是不能合并的。

4.3 殷商音系归并的合理性

通过以上分析,可见《论语》用字的韵母分布只适合周秦时代开合各四等的系统,而不适合殷商音系开合各二等的系统;《论语》用字的声母分布只适合周秦时代 32 母的系统,而不适合殷商时代 19 母的系统。它基本上反映了周秦音系的格局。这是一个很好的旁证,说明尽管字数不全,抽样检查,也能推断出一个音系的大框架来。语音是富有系统性的,语音的发展,是一个新系统代替一个旧系统,新系统的资料必然难以填进旧系统,这就是《论语》用字不能按殷商音系归并的原因。但是殷商时代甲骨金文的用字是在殷商音系的框架中的,我们根据它的分布情况,联系历史发展,从周秦音系的框架来考察,作出适当的归并,推断出殷商音系的大框架,这是合理的推断,也是目前探讨殷商音系的一种比较可行的方法。

还应该看到,我们从材料出发,归并的结果表现出一定的规律性。

这绝不是偶然的巧合。例如：韵母合并，二等韵往往是与一等韵合并，四等韵往往是与三等韵合并；声母由32纽归并成19纽具有更强的对应规律。黄侃从审音的角度出发，认为周秦古本韵只有一、四等，周秦古本声是19纽。促成他提出这一主张的原因之一，大概是由于看到了周秦古音分布不均衡的特点；但是他没有分清声、韵两方面变化的错综关系，又没有认识这种分布不均衡是更古音系在周秦音系中的折射。我们归并殷商音系的结果与他的古本声19纽，古本韵只有两个等的设想有某种暗合；但是我们不同意这是周秦的古音系统，也不同意三等是变韵的说法。从殷商音系来看，一、三等是殷商古本韵，二、四等是后来产生的变韵。这一看法不仅符合殷商音系的分布情况，还能从甲骨文的文字通假中得到一些佐证。例如：

用"各"（见铎开一）为"格"（见铎开二）；

用"乍"（崇铎开二）为"作"（精铎开一）；

用"易"（喻锡开三）为"锡"（心锡开四）；

用"晶"（精耕开三）为"星"（心耕开四）。

这都是开一和开二未分、开三和开四为一的痕迹。

当然，语音演变的情况是很复杂的，时间因素、地域因素造成的纷繁局面给我们的研究带来了很多困难。我们不可能一下子都圆满解决。从殷商的19纽变成周秦的32纽，是比较容易得到合理解释的；而一等与二等、三等与四等的分化却难以从语音结构本身去寻找答案，这必须联系词汇、语法的发展来考虑问题。从殷商到周秦是汉语变化最大的一个时期，新词成倍增加；而当时汉语是单音词为主的，单音节的构词手段主要是词义构词和音变构词。音变构词盛行的结果很可能要突破原有的音韵系统，这就是一、二等和三、四等分化的客观情势。一、二等的分化采用李方桂先生的假设比较合理。他设想周秦古韵的二等韵有一个介音*-r-，其实就是一种卷舌作用，在他的系统中，r又是声母余母(喻四);当音变构词盛行的阶段,为了构造大量新词,在一等韵音节的声母后面增加一个卷舌作用的 *-r-,这就突破了原有音系的格局,增加了大量构造新词的音节。三、四等韵的分化用高本汉以来比较通行的拟测就可以得到解释。三等韵有个辅音性的介音 *-j-,j 的摩擦减弱,介音变为 *-i-,就成了四等。

总之,殷商音系的探索刚刚开始,材料有限,问题复杂,目前提出的任何看法,都难以作出结论,也许只能算是一种蠡测。

§5 小结

通过分析殷商时代甲骨金文在周秦音系中的分布情况,我们探索了殷商音系;又考察了《论语》用字的分布情况,说明无法把《论语》用字纳入殷商音系的框架中,旁证了我们提出的殷商音系有它的客观可信性。当然,这还只是从一个方面考察的初步设想,有待从多方面进一步证实和修订。

从我们的考察结果来看,殷商音系的基本面貌可以概括如下:

(1) 殷商时代的声母是 19 个:即"影、晓(喉音);见、溪、群、疑(牙音);端、透、定、泥(舌音);精、清、从、心(齿音);帮、滂、并、明(唇音);来(半舌音)"。

(2) 殷商时代的韵部系统,首先应分成阴声韵、阳声韵和入声韵三大类;韵部暂按周秦音系定作 29 部,有的韵部也许还可以合并;同一韵部只能分开口、合口各二等,包含韵母最多的是四个,少的只有两个。

(3) 殷商时代的语音也是有声调的,它的声调暂时只能看作是与周秦一致的。我们采用王力先生的说法,分成长平、短平、长入、短入,实际上每个韵母只有两个声调。

这个音系是根据殷商时代甲骨金文中已识的上千字分析归纳出来

的;殷商时代甲骨金文中有未识字三千多,是否能纳入这个音系中去呢?这是完全可以的。因为在这个音系中,已识的上千字只占了它的音节表中的一小部分,还有大量余地容纳未知的、新的音节。而且未识字中肯定会有不少数量的字与已识字是同音的,留下的空当还很多。

附　　注

① 郭沫若《甲骨文字研究·释祖妣》。

② 赵诚同志有《商代音系探索》一文,载《音韵学研究》(第一辑),据极少数同音假借和谐声字提出了一些有关商代音系的设想。陈振寰同志在《音韵学》(湖南人民出版社,1986)中据甲骨文的谐声关系提出了他有关殷商音系的设想。

③ 参见王力《汉语史稿》(上册)第十一节、十三节、十四节、十五节(科学出版社,1957);《汉语语音史》上卷第一章(中国社科出版社,1985)。

④ 参见王力《汉语史稿》78页、84页、92页和《汉语语音史》54—55页。

⑤ 支部、锡部、耕部和脂部、质部、真部等六部后代只有二等韵,王力先生在《汉语语音史》中只列二等,我们认作一等。

⑥ 参见钱玄同《文字学音篇》。(北京大学出版组,1918)

⑦ 参见王力《黄侃古音学述评》(见《龙虫并雕斋文集》第三册392页)。

⑧ 参见李方桂《上古音研究》14页。(商务印书馆,1980)

⑨ 参见王力《汉语史稿》上册65页及《汉语语音史》73页。

⑩ "霾薶"后代属开口二等,按殷商时代音系并入开口一等。以下都按殷商音系作了归并,不再一一注明。

(原载《北京大学学报》1988年第6期)

西周金文音系初探

五年前我通过分析殷商时代甲骨金文在《诗经》音系中的分布情况,探索了殷商音系。①早想继续探索一下西周金文的音系,因忙于别的事情,一直未能实现。《国学研究》创刊,这是弘扬祖国传统文化的盛举,高兴应约写成此稿,也算是添砖加瓦吧!

本文的资料是根据徐中舒主编的《汉语古文字字形表》。该表按文字发展的历史时期分三栏排列,依次为殷代、西周、春秋战国。我们把西周增加的字摘录出来,共得 672 字,然后审定其在《诗经》音系中的地位,再把它同殷商甲骨金文中的一千多字一起摆进《诗经》音系的表格中,对比它同殷商甲骨金文的分布情况,分析其音系的发展变化。殷商时代、西周时代甲骨文金文音系的探讨,事属草创,材料既有限,又无可资借鉴的方法,考证分析,虽不敢率尔从事,但论断是否确当,很难自信,还望海内外通人多所赐教。

§1 西周金文韵母系统的分析

对《诗经》音系的看法,我们采用王力先生的说法。《诗经》音系的韵母系统分成阴、阳、入三大类 29 部。它们是:

1. 之部 ə   2. 职部 ək   3. 蒸部 əŋ
4. 幽部 əu   5. 觉部 əuk

6. 宵部 au   7. 药部 auk
8. 侯部 o   9. 屋部 ok   10. 东部 oŋ
11. 鱼部 ɑ   12. 铎部 ɑk   13. 阳部 ɑŋ
14. 支部 e   15. 锡部 ek   16. 耕部 eŋ
17. 脂部 ei 18. 质部 et   19. 真部 en
20. 微部 əi 21. 物部 ət   22. 文部 ən
23. 歌部 a   24. 月部 at   25. 元部 an
             26. 缉部 əp   27. 侵部 əm
             28. 叶部 ap   29. 谈部 am

各部根据韵头（介音）的不同，还可以分成开合各四等：

开口一等：无韵头   开口二等：-e-
开口三等：-ǐ-   开口四等：-i-
合口一等：-u-   合口二等：-o-
合口三等：-ǐw-   合口四等：-iw-

一部之中，少则两个韵母，多则八个韵母。在韵母的分立和归属方面我们对王力先生的意见有所增补或调整（参见拙著《汉字古音手册》）。

在《殷商时代音系初探》中我们论证了殷商时代的韵母系统可以在《诗经》的韵母系统的基础上进行大量合并，每部只分开合各二等，一部之中最多四个韵母。二者韵母系统的格局，差别是很大的。那么西周金文的韵母系统情况又怎样呢？下面我们按阴、阳、入同类相从的原则分部进行分析研究。

1.1 之部、职部和蒸部的韵母分析

之部、职部、蒸部在《诗经》音系中都有开口一、二、三等和合口一、

二、三等，各是六个韵母。

之部在殷商甲骨金文中有 78 字，西周金文增加 32 字（见表一、表二）。殷商时代的 78 字分布在《诗经》音系的开口一、三等和合口一、二、三等之中。合口二等只有明母平声"霾薶"二字，合口一等明母平声无字，所以合口一、二等可以合并。合并后殷商时代之部只有四个韵母。

西周金文增加 32 字，分布在开口一、三等和合口一、三等之中。新增字造成合口一等同合口二等出现一对重叠：

　　　　明母：梅*②（合一平）　～霾薶（合二平）

合口一、二等不能再合并，这说明当时之部已有了五个韵母。

职部在殷商甲骨金文中有 30 字，西周金文增加 29 字（见表三）。殷商时代的 30 字分布在《诗经》音系的开口一等、二等、三等和合口一等、三等之中，开口一、二等无重叠，可以合并。西周金文增加的 25 字，分布在《诗经》音系的开口一、二、三等和合口一、二、三等之中。开口新增字构成两对重叠：

　　　　见母：革*（开二入）　～苟（开三入）
　　　　明母：嫼*（开一入）　～麦（开二入）

这就决定了西周金文职部的开口二等既不能与开口一等合并，又不能与开口三等合并。职部合口三等增加了"淢、棫、伏"，还增加合口二等见母字"聝"。"聝"字虽然不与合口一等或三等重叠，但是由于职部开口已经形成三个韵母的格局，因此它可能是传递了职部合口也已有三个韵母的信息。这样，西周时代的职部已经是同《诗经》音系一样，有了六个韵母，而不可能再是殷商时代的四个韵母。

蒸部在殷商甲骨金文中有 20 字,西周金文增加 14 字(见表四)。殷商时代的 20 字分布在《诗经》音系的开口一、三等和合口一、三等中,因此只有四个韵母。西周金文增加的 13 字,分布在开口一、三等和合口二等之中。新增字构成一对重叠：

匣母:弘(合一平)　～宏*宖*(合二平)

这透露出西周金文蒸部的合口已不是两个韵母的信息。

就之部、蒸部本身来看,我们可以把合口二等改成同合口三等合并,西周金文仍可合并成四个韵母,但是一种语言的语音通常是呈现为相当整齐对立的系统,既然职部已经由殷商时代的开口四个韵母发展为与《诗经》音系相同的开合六个韵母的格局,那么与职部相对应的阴声韵之部和阳声韵蒸部也应该是与《诗经》音系相同的格局了。西周金文之部、蒸部都已经在五个等中有字,那么至少也已有了五个韵母。

1.2 幽部和觉部的韵母分析

幽部、觉部在《诗经》音系中有开口一等、二等、三等、四等,无合口。

幽部在殷商甲骨金文中有 56 字,西周金文增加 34 字(见表五)。殷商时代的 56 字分布在《诗经》音系开口的四个等中,二等、四等字少,除二等明母的"卯"字外,一等和二等、三等和四等均无重叠。我们在《殷商时代音系初探》中将"卯"字转归开口三等(三、四等明母无字),于是可以将一、二等合并,三、四等合并。西周金文增加的 34 字,也分布在四个等中,虽然一、二等仍可合并,但是三等和四等不能再合并了,因为产生了四对重叠：

影母:憂*(开三平)　～幽(开四平)

端母:鳌*(开三平)　～琱*(开四平)
定母:畴(开三平)　～鉴*(开四平)
並母:浮*(开三平)　～滮*(开四平)

四等也不能跟一等合并,因为有两对重叠:

定母:陶匋(开一平)　～鉴*(开四平)
来母:牢(开一平)　～翏*(开四平)

可见西周金文的幽部已呈现出《诗经》音系四个韵母的格局,不可能再是殷商时代的两个韵母。

觉部在殷商甲骨金文中有16字,西周金文增加11字(见表六)。殷商时代的16字分布在《诗经》音系的开口一、二、三等之中,三个等中的字都无重叠,甚至可以合成一个韵母,在《殷商时代音系初探》中我们联系幽部的情况,将一、二等合并,成为两个韵母。西周金文增加的11字,分布在《诗经》音系的一、三、四等之中;虽然仍无重叠,不影响按殷商音系合并的格局;但是既然跟它相配的阴声韵幽部已由殷商时代两个韵母的格局演变成《诗经》音系的四个韵母,那么觉部也可能是四个韵母。

1.3 宵部和药部的韵母分析

宵部和药部在《诗经》音系中有开口一、二、三、四等,无合口。

宵部在殷商甲骨金文中有26字,西周金文增加25字(见表七)。殷商时代的26字分布在《诗经》音系的开口一、二、三、四等之中,根据对立互补情况,可将开口一等和四等合并,开口二等和开口三等合并。西周金文增加的25字,分布在一、二、三等之中,新的分布格局造成了开口四等不能再同开口一等合并。它们有两对重叠:

疑母:敖*熬*(开一平)　～尧(开四平)
端母:到*(开一去)　～吊(开四去)

药部在殷商甲骨金文中有10字,西周金文增加8字,分布在《诗经》音系的开口四个等中(见表八)。殷商时的10字,除二等透母字"逴"与三等的"辵"重叠外,其他均无重叠,可以将一等同二等合并,三等同四等合并。西周金文增加的8字,也分布在四个等中。新的分布格局造成了一、二等不能再合并。它们有一对重叠:

帮母:爆*(开一入)　～駁(开二入)

从新的分布情况看,西周金文宵部、药部至少有了三个韵母。

1.4 侯部、屋部和东部的韵母分析

侯部、屋部和东部在《诗经》音系中都有开口一、二、三等和合口三等,各有四个韵母。

侯部在殷商甲骨金文中有22字,西周金文增加25字(见表九)。殷商时代的22字分布在《诗经》音系的开口一等和开口三等中,无合口字。在《殷商时代音系初探》中我们是依《汉语史稿》,把侯部归《广韵》虞、麌、遇的字作为合口三等,现在看来应改从《汉语语音史》算作开口三等。在殷商甲骨金文中开一和开三有两对重叠:

见母:遘(开一去)　～句(开三去)
端母:鬥(开一去)　～豆(开三去)

不能合并。西周金文增加的25字,有5字在开口一等,18字在开口三等。还有一个"畫"字在《广韵》中是属宥韵,这很可能是透露西周时代侯部已有了合口三等。我们知道,《广韵》中尤、有、宥三韵的字来自之部和侯部,来自之部的字在《诗经》音系中是合口三等,因此侯部字转入尤、有、宥三韵的也应该是合口三等。从分布情况来看,侯部在殷商时代只有开一、开三两个韵母,西周金文增加合口三等,是三个韵母。

屋部在殷商甲骨金文中有 27 字,西周金文增加 10 字(见表十)。殷商时代的 27 字分布在《诗经》音系的开口一等、二等、三等(《汉语史稿》列合口三等,依《汉语语音史》改为开口)之中,一、二等不能合并,因为有两对重叠:

见母:谷(开一入)　～珏角(开二入)
帮母:卜(开一入)　～剥(开二入)

一等和三等也不能合并,因为有一对重叠:

来母:录禄鹿(开一入)　～绿(开三入)

二、三等无重叠,可以合并。

西周金文增加的 10 字,也分布在《诗经》音系的开口一、二、三等之中,这时二等和三等也不能合并了,因为出现了一对重叠:

溪母:壳殻(开二入)　～曲*(开三入)

因此,西周时代屋部已出现三个韵母。

东部在殷商甲骨金文中有 28 字,西周金文增加 22 字(见表十一)。殷商时代的 28 字分布在《诗经》音系的开口一、二、三等(依《汉语语音史》由合口改为开口)之中,二、三等不能合并,因为有一对重叠:

并母:龐(开二平)　～夆(开三平)

一、二等无重叠,可以合并。

西周金文增加的 22 字,也分布在《诗经》音系的开口一、二、三等之中,这时开口一等和二等也不能合并了,因为出现了一对重叠:

见母:工公(开一平)　～杠*(开二平)

因此,西周时代东部也出现了三个韵母。

1.5 鱼部、铎部和阳部的韵母分析

鱼部、铎部和阳部在《诗经》音系中都有开口一、二、三、四等和合口一、二、三等,阳部还有合口四等,各有七个或八个韵母。

鱼部在殷商甲骨金文中有 79 字,西周金文增加 64 字(见表十二、表十三)。殷商时代的 78 字分布在《诗经》音系的开口一、二、三、四等和合口一、二、三等之中。开口一等跟开口四等无重叠,开口二等跟开口三等无重叠,可以两两合并。合口二等跟合口三等有一对重叠:

匣母:鏵(合二平)　～于盂(合三平)

不能合并。因此,殷商时代鱼部是四个韵母。

西周金文鱼部增加的 64 字,分布在《诗经》音系的开口一、二、三、四等和合口一、二、三等中。新的分布情况造成了开口二等和开口三等之间也有了重叠:

疑母:牙*(开二平)　～鱼渔(开三平)

开口二、三等不能再合并。开口一等、四等和合口一等、二等新增字虽然仍无重叠,但是根据铎部不能合并的情况,因此鱼部也以不合并为宜。这样西周时代的鱼部就已经同《诗经》音系一样,有了七个韵母。

铎部在殷商甲骨金文中有 33 字,西周金文增加 29 字(见表十四)。殷商时代的 33 字分布在《诗经》音系的开口一、二、三、四等和合口一、二等之中。开口一等跟开口四等无重叠,开口二等跟开口三等无重叠,可以合成两个韵母。合口一等跟合口二等有一对重叠:

匣母:鑊(合一入)　～獲(合二入)

不能合并。因此殷商时代铎部是四个韵母。

西周金文铎部增加的 29 字,也分布在《诗经》同上的六个等中;但是新的分布情况造成了开口一等不能再跟开口四等合并,它们之间出现了多对重叠:

见母:各(开一入)　～戟*(开四入)
疑母:咢*(开一入)　～屰逆(开四入)
从母:柞*(开一入)　～耤(开四入)
心母:索*(开一入)　～昔舄*(开四入)

合一和合二之间也增加了一对重叠:

见母:郭(合一入)　～虢*(合二入)

从分布情况来看,西周金文的铎部有了六个韵母,合口三等字尚未出现。

阳部在殷商甲骨金文中有 75 字,西周金文增加 38 字(见表十五、

表十六)。殷商时代的 75 字分布在《诗经》音系除合口二等以外的七个等中。它分布的情况给开口合并成两个韵母带来了较大困难,是我们在《殷商时代音系初探》中唯一处理得比较勉强的一部。阳部开口合并时,有三个声母的字难于处理,它们是:

  见母:刚犅(开一平)　～庚更(开二平)　～姜畕(开三平)
 ～京(开四平)
  溪母:康(开一平)　～羌(开三平)　～卿(开四平)
  明母:宋(开一平)　～萌(开二平)　～明盟(开四平)

在《殷商时代音系初探》中我们指出"萌"字当依《古文字字形表》释作"朝",明母的重叠排除了;"卿"字在甲骨文中与"乡"字(晓母)是同一字,溪母读音可能还没有,溪母的重叠也排除了。但是见母很难办,我们只好设想"京"字可能与复辅音有关,从"京"得声的字有归来母的,还有些开口见母字当时可能读合口,才能把见母的重叠排除,将开口一等同开口四等合并,开口二等跟开口三等合并。合口一等同合口四等也无重叠,可以合并。这样,殷商时代的阳部是四个韵母。

  西周金文阳部增加的 38 字,也分布在《诗经》音系同上的七个等中。新的分布情况又增加了开二跟开三合并的困难:

  初母:鎗*(开二平)　～丞*(开三平)

还有合一跟合四也出现了对立重叠:

  晓母:巟*(合一平)　～兄(合四平)

结合西周金文音系整个变化情况,阳部已不适合殷商时代韵母合并的格局,它应该至少有了七个韵母,从现有材料看,合口二等在西周金文中尚未出现。

1.6 支部、锡部和耕部的韵母分析

支部、锡部和耕部在《诗经》音系中都有开口一、三、四等[③]和合口一、三、四等,各有六个韵母。

支部在殷商甲骨金文中有17字,西周金文增加14字(见表十七)。殷商时代的17字分布在《诗经》音系的开口一、三、四等中。一、三等有重叠:

明母:買(开一上)　~芈(开三上)

四等同一等或三等都无重叠,联系耕部的分布情况,可以将开口一等同开口四等合并。殷商时代支部只有两个韵母。

西周金文增加的14字,分布在《诗经》音系的开口一、三、四等和合口四等之中。新增加的字虽然不影响韵母的合并,但是由于西周金文音系同殷商时代相比已经起了很大变化,不宜再像殷商时代那样合并。因此,我们认为西周金文的支部应该有了开口一、三、四等和合口四等共四个韵母。

锡部在殷商甲骨金文中有21字,西周金文增加14字(见表十八)。殷商时代的21字分布在《诗经》音系的开口一、三、四等和合口一、三等之中。锡部三个等都无重叠,按分布原则本可合并成一个韵母,但是根据殷商音系的整个格局,我们可以只将开口一等同开口四等合并。合口一等同合口三等也无重叠,但是根据整个殷商音系的格局,也以不并为宜。因此殷商时代的锡部可以是四个韵母。

西周金文锡部增加的 14 字,只分布在开口一、三、四等之中。新的分布情况,造成了开口一等同开口三等有一对重叠:

影母:戹*轭*(开一入) ～益嗌*(开三入)

开口三等同开口四等也有一对重叠:

帮母:璧*(开三入) ～繁*(开四入)

但是并不影响开口一等同开口四等的合并。不过,从西周音系整个格局来看,不宜再合并,因此西周金文锡部当有五个韵母。

耕部在殷商甲骨金文中有 37 字,西周金文增加 26 字(见表十九)。殷商时代的 37 字分布在《诗经》音系的开口一、三、四等和合口三等之中,开口一、四等无重叠,可以合并,因此当时是三个韵母。

西周金文增加的 26 字,除分布在上述四个等中之外,还有合口一等和合口四等的字。新增字虽然不影响韵母的合并,但是根据整个音系的变化情况,不宜再按殷商时代那样合并,因此西周金文耕部应当已有六个韵母,同《诗经》音系一样。

1.7 歌部、月部和元部的韵母分析

歌部、月部、元部在《诗经》音系中除歌部没有合口四等之外,其他等呼齐全,即歌部有七个韵母,月部、元部都有八个韵母。

歌部在殷商甲骨金文中有 28 字,西周金文增加 20 字(见表二十)。殷商时代的 28 字分布在《诗经》音系的开口一、三等和合口一、二、三等之中,开口一等同开口三等有重叠:

疑母:娥(开一平) ～宜(开三平)

不能合并。合口二等同合口三等无重叠，可以合并。因此，殷商时代歌部是四个韵母。

西周金文增加的 20 字，分布在《诗经》音系的开口一、二、三、四等和合口一等之中，开口一、二、三等有重叠：

见母：柯*（开一平）　～加*嘉*（开二平）　～嫣*（开三平）

不能再合并。这样就打破了殷商时代四个韵母的格局，而是与《诗经》音系的格局相同，有了七个韵母。

月部在殷商甲骨金文中有 43 字，西周金文增加 26 字（见表二十一）。殷商时代的 43 字分布在《诗经》音系除合口四等以外的七个等中。开口二、三、四等无重叠，可以合成一类；合口二、三等也无重叠，可以合成一类。当时月部应是四个韵母。

西周金文增加的 26 字，也分布在除合口四等以外的七个等中。新增字虽然不影响韵母的合并，但是应该考虑与月部相配的阴声韵歌部和阳声韵元部的情况，还应该考虑西周金文音系的整个格局。从歌部、元部和整个西周金文音系的格局来看，月部应是七个韵母。

元部在殷商甲骨金文中有 63 字，西周金文增加 70 字（见表二十二、表二十三）。殷商时代的 63 字分布在《诗经》音系的开合各四个等中，开口一等同开口二等、开口三等同开口四等、合口三等同合口四等都无重叠，可以两两合并。合口一等与合口二等有一对重叠：

匣母：洹萑（合一平）　～鍰（合二平）

正如我们在《殷商时代音系初探》中指出的，"鍰"字是可疑的，《汉语古文字字形表》就没有收这个字，因此合口一等同合口二等也可以合并。

这样殷商时代的元部是四个韵母。

西周金文增加的 70 字，也分布在开合各四个等中。新的分布格局出现了多对重叠。开口一等跟开口二等有两组重叠：

匣母:鶾寒*(开一平)　～閑*(开二平)
见母:干(开一平)　～姦*間*(开二平)

开口三等跟开口四等有一对重叠：

帮母:鞭*(开三平)　～邊*(开四平)

合口一等跟合口二等有一组重叠：

匣母:洹萑寏*(合一平)　～還*寰*環*(合二平)

合口三等跟合口四等有两对重叠：

匣母:爰赵(合三平)　～縣*(合四平)
　　　遠*(合三上)　～䁗*(合四上)

这就完全打破了韵母合并的可能。西周金文的元部已有了八个韵母。

1.8 脂部、质部和真部的韵母分析

脂部、质部和真部在《诗经》音系中都有开口一等、三等、四等和合口三等、四等，各有五个韵母。

脂部在殷商甲骨金文中有 43 字，西周金文增加 19 字(见表二十四)。殷商时代的 43 字分布在《诗经》音系的开口一、三、四等和合口三

等之中。开口一等跟四等无重叠,可以合并。当时脂部有三个韵母。

西周金文增加的 19 字,分布在开口一、三、四等和合口四等之中,新的分布情况虽然不影响韵母的合并,但是根据其他多数韵部已经变化为《诗经》音系格局的事实,我们认为脂部也不宜再合并。因此西周金文的脂部已与《诗经》音系相同,有了五个韵母。

质部在殷商甲骨金文中有 34 字,西周金文增加 16 字(见表二十五)。殷商时代的 34 字分布在《诗经》音系的开口一、三、四等和合口三、四等之中。开口一等跟开口四等无重叠,可以合并。合口三、四等也无重叠,可合可不合。因此当时质部有三个或四个韵母。

西周金文增加的 16 字,分布在《诗经》音系的开口三、四等和合口三、四等之中,新的分布情况也不影响韵母的合并,但是我们采取对待脂部相同的态度,不加合并。质部也应是五个韵母。

真部在殷商甲骨金文中有 37 字,西周金文增加 22 字(见表二十六)。殷商时代的 37 字分布在《诗经》音系的开口一、三、四等和合口三、四等之中,各等之间都无重叠,我们考虑真部与脂部、质部的联系,将开口一等同开口四等合并。因此真部当时也是四个韵母。

西周金文增加的 22 字,分布在《诗经》音系的开口三、四等和合口三、四等之中。新的分布格局只造成开三、开四的重叠:

影母:因(开三平)　～烟*(开四平)

清母:親*(开三平)　～千(开四平)

并不影响韵母的合并。但是从西周金文音系的整个情况出发,我们认为不宜再合并,西周真部应该已同《诗经》音系一样,有了五个韵母。

1.9 微部、物部和文部的韵母分析

微部、物部和文部在《诗经》音系中,除物部缺合口二等外,其他等呼齐全,即微部、文部有八个韵母,物部有七个韵母。

微部在殷商甲骨金文中有 27 字,西周金文增加 19 字(见表二十七)。殷商时代的 27 字分布在《诗经》音系的开口三等和合口一、二、三、四等中。合口一等同二等无重叠,合口三等同四等无重叠,可以两两合并。因此,当时微部是三个韵母。

西周金文增加的 19 字,分布在开口一、四等和合口一、二、三、四等之中。新增字造成了合口三、四等的一对重叠:

见母:歸(合三平)　　～瑰*(合四平)

合口三、四等不能再合并,加上阳声韵文部已打破两呼各二等的格局,因此微部也不宜再合并,应该认为已有七个韵母。

物部在殷商甲骨金文中有 29 字,西周金文增加 13 字(见表二十八)。殷商时代的 29 字分布在《诗经》音系的开口一、三、四等和合口一、三、四等之中。开口三等跟开口四等无重叠,合口三等跟合口四等无重叠,可以两两合并。当时物部是四个韵母。

西周金文增加的 13 字,分布在开口三、四等和合口一、三、四等之中。新增字虽然不影响韵母的合并,但是由于与物部相配的阳声韵文部突破了殷商时代四个韵母的格局,因此物部三等与四等也不宜再合并,它应该已有了六个韵母。

文部在殷商甲骨金文中有 43 字,西周金文增加 36 字(见表二十九、表三十)。殷商时代的 43 字,分布在《诗经》音系的开口一、二、三、四等和合口一、三、四等之中。三、四等有多对重叠,不能合并,我们只能将开口一、四等合并,二、三等合并,合口一、四等合并,这仍然各有一对重叠:

影母：衷（开一平）　～殷（开四平）
见母：艰（开二平）　～巾（开三平）
见母：蚰（合一平）　～麇（合四平）

在《殷商时代音系初探》中，我们指出："衷"字归文部，是根据《广韵》反切定的，从它得声的声符"衣"来考虑，应归微部，开口一等与开口四等的一对重叠就被排除了。"艰"字在甲骨金文中是从"喜"得声，应归之部，开口二等与开口三等的一对重叠也被排除了。"蚰"字在甲骨金文中是人名、地名用字，也许同后代的"蟲之总名"的这个字声音不同，合口一等与合口四等的重叠也可排除。如此，两两合并，当时的文部是四个韵母。

西周金文增加的 36 字，分布在开口二、三、四等和合口一、二、三、四等之中。合口出现了多对重叠：

见母：昆*（合一平）　～麇（合四平）
见母：鲲*（合二平）　～君（合三平）
定母：盾*（合一上）　～抗*（合四上）

合口一等同四等、二等同三等都不能再合并。开口新增字虽不影响韵母的合并，但是由于合口已经由殷商音系的格局转变为《诗经》音系的格局，那么开口也应是《诗经》音系的格局，不宜再合并。因此西周金文的文部已有八个韵母。

1.10 缉部、侵部的韵母分析

缉部在《诗经》音系中有开口一、二、三、四等和合口一、三等，是六个韵母。侵部在《诗经》音系中只缺合口四等，有七个韵母。

缉部在殷商甲骨金文中有 20 字，西周金文增加 5 字（见表三十一)。殷商时代的20字分布在《诗经》音系的开口一、三、四等和合口一、三等之中。开口四等同开口一等或三等都无重叠,可以合并成两个韵母;合口一等同三等无重叠,可以合并,也可以不合并。当时是三个或四个韵母。

西周金文增加的5字分布在开口一、二、三等之中。字数虽然少,却出现了无法合并的重叠现象:

见母:匌*(开一入)　～帢*(开二入)　～彶(开三入)

缉部开口不能再合并成两个韵母。缉部合口未增字,当然不影响韵母的合并;但是既然开口不能保持殷商音系的格局,合口当然也可能起了变化。且侵部合口已不能合并,因此,西周金文缉部也许与《诗经》音系相同,有了六个韵母。

侵部在殷商甲骨金文中有43字,西周金文增加20字(见表三十二)。殷商时代的43字分布在《诗经》音系的开口一、二、三、四等和合口一、二、三等之中。侵部开口二等同三等无重叠,一等同四等有一对重叠:

心母:三(开一平)　～彡(开四平)

但是"彡"在甲骨文中只作祭祀名,即后来的"肜"字;因此这对重叠可以排除,开口一等可以同开口四等合并,开口二等可以同开口三等合并。侵部合口一、二、三等都无重叠,可以合成一个韵母,但是联系开口,我们也将二等同三等合并。因此侵部在殷商时代应是四个韵母。

西周金文增加的20字分布在开口一、二、三、四等和合口一、三等之中。新的分布情况造成开口二等同开口三等之间有两对重叠:

见母:缄*(开二平)　～今金*袊*(开三平)
　　定母:湛*(开二上)　～朕(开三上)

"湛"字还与开口四等新增字"簟"重叠。侵部开口不可能再合并成两个韵母。侵部合口新增字只造成合口一等同合口三等之间出现一对重叠:

　　定母:肜*(合一平)　～冲(合三平)

但不影响合口二等同合口三等合并。不过,既然开口已经打破殷商音系的格局,那么合口也以不合并为宜。因此,西周金文的侵部应该同《诗经》音系一样,有了七个韵母。

1.11 叶部和谈部的韵母分析

叶部和谈部在《诗经》音系中有开口一、二、三、四等和合口三等,各有五个韵母。

叶部在殷商甲骨金文中有11字,西周金文增加4字(见表三十三)。殷商时代的11字分布在《诗经》音系的开口一、二、三、四等之中,只一等同四等有一对重叠:

　　匣母:盍(开一入)　～劦协(开四入)

可以将一、二等合并,三、四等合并。当时叶部是两个韵母。

西周金文增加的4字分布在开口三、四等和合口三等之中。叶部的主要变化是增加了合口字。开口新增字不影响韵母的合并,但是由于其他绝大多数韵部呈现出《诗经》音系开合各四等的格局,叶部开口也当以不合并为宜。因此西周的叶部可能有五个韵母。

谈部在殷商甲骨金文中有 14 字,西周金文增加 10 字(见表三十四)。殷商时代的 14 字分布在《诗经》音系的开口一、二、三等之中,一等同三等有一对重叠:

匣母:函涵(开一平)　～炎(开三平)

二等同一等或三等都无重叠,联系叶部的情况,我们将一等同二等合并。此时谈部也是两个韵母。

西周金文增加的 10 字,分布在开口一、二、三、四等之中。新增字虽不影响韵母的合并,但是从整个音系的情况出发,我们像叶部一样,不主张再合并。西周时代的谈部该有四个韵母,与《诗经》音系相比,缺少合口三等字。

§2　西周金文声母系统的分析

在《殷商时代音系初探》中,我们采取王力先生《诗经》音系 32 声母说,考察了殷商甲骨金文在《诗经》音系中声母的分布情况,将章组同端组合并,庄组同精组合并,匣母同群母合并,余母同定母合并,邪母同从母合并,提出了殷商音系 19 声母的设想。那么西周金文的情况怎样呢？是否也可以合并呢？下面分别进行考察。

2.1 西周金文端组和章组的关系

端组和章组在《诗经》音系中对立重叠的情况很严重,根据我们考察过的八千多字(见《汉字古音手册》,以下统计数字,均据此手册),两组声母重叠的有 80 对,共七百多字。但是在殷商甲骨金文中两组声母重叠的只有 10 对 26 字,我们在《殷商时代音系初探》中根据各种理由又排除了其中的 7 对重叠,剩下只有 3 对 7 字是真正的重叠。它们是:

职部:直(定入) ～食(船入)
觉部:逐(定入) ～孰(禅入)
耕部:贞(端平) ～正征(章平)

因此,我们把两组声母合并成一类。

西周金文新增字端组和章组在三等韵中增加了大量对立重叠现象。它们是:

职部:陟(端入) ～戠织*(章入)
蒸部:徵*(端平) ～蒸*(章平)
幽部:盩*(端平) ～州周舟泅*(章平) 畴(定平) ～雔*(禅平) 紂(定上)～受綏*(禅上) 宙胄*(定去) ～壽*(禅去)
宵部:朝(端平) ～昭*盈*盠*(章平) 鼍*(定平) ～侶(禅平)
药部:辵(透入) ～绰*(昌入)
侯部:蛛*(端平) ～朱(章平)
阳部:长(定平) ～偿*尝*(禅平)
支部:鷹豸(定上) ～氏是*(禅上)
月部:哲*(端入) ～折(章入)
元部:傳(定平) ～遄*(禅平)
脂部:蓶*(端上) ～旨(章上)
质部:姪(定入) ～實*(船入)
微部:追(端平) ～佳騅*(章平)
侵部:沉(定平) ～諶*(禅平) 朕(定上) ～甚*(禅上)

增加了 19 组重叠,共 50 字。其中有三组是殷商时代已被排除,但是西周金文增加了新字,不能再排除。它们是职部的"織"、支部的"是"、微部的"騅"。加上原来的三组重叠,共有 22 组重叠,五十多字。如此大量的对立重叠,说明西周时代的端组和章组已经一分为二。

2.2 西周金文精组和庄组的关系

在《诗经》音系中精组和庄组有 27 组对立重叠,共两百多字。但是在殷商甲骨金文中只有 4 组重叠:

之部:兹滋(精平) ～甾(庄平) 字(从上) ～事(崇上)
质部:七(清入) ～剌(初入)
侵部:彡(心平) ～森(山平)

在《殷商时代音系初探》中我们根据不同情况解释了它们并非真正的重叠,因而将精组和庄组作了合并。西周金文新增字没有超出这四组重叠,只在之部精母增加了"摯、肅"两字,侵部心母增加了"心"一字。之部精母新增字仍不构成真正的重叠,因为相对立的"甾"读作庄母是可疑的。只有侵部新增的"心"字与原来的"森"字构成了真正的对立重叠。只此一例,我们倾向于西周金文精组同庄组仍未分化为两组声母。

2.3 西周金文群母和匣母的关系

在《诗经》音系中群母和匣母有 12 组对立重叠,共一百多字。但是在殷商甲骨金文中只有 4 组重叠:

之部:裘(群平) ～尤(匣平) 舊(群去) ～又右祐圉姷(匣去)
鱼部:眂(群去) ～雩霸(匣去)
阳部:狂(群平) ～王(匣平)

我们在《殷商时代音系初探》中根据各种理由排除了三组重叠,只承认"裘～尤"是真正的重叠。其实"裘"字也可以按处理"舊"字同样的理由,从声符出发把它归入幽部。那么,殷商时代群、匣两母全无对立重叠,可以合成一个声母。

西周金文群母和匣母增加了四组重叠：

鱼部：趣*(群平) ～于盂玕*(匣平)

耕部：畏*(群平) ～榮*(匣平)

元部：莟(群上) ～遠*(匣上)

文部：裏*(群平) ～云員妘(匣平)

除元部的"莟"在甲骨金文中用作"烝",可能应归耕部外,其他三组重叠无法排除。因此,西周金文中,群、匣两母应该已经分化。

2.4 西周金文定母和余母的关系

定母和余母(喻四)在《诗经》音系中有40组重叠,计三百多字。殷商甲骨金文中定母和余母有9组重叠,我们在《殷商时代音系初探》中排除了4组重叠,但是其中有两组因新增字不能再排除。西周金文中定母和余母共有12组38字重叠。它们是：

职部：直(定入) ～翼*妖*杙*(余入)

幽部：疇(定平) ～攸油游猶逌*(余平) 紂(定上) ～酉卣(余上)

覺部：逐(定入) ～育儥*(余入)

宵部：鼌*(定平) ～繇*姚*(余平)

东部：重*(定上) ～甬勇*(余上)

歌部：池*(定平) ～匜*(余平)

脂部：遲(定平)　～彞夷*(余平)

质部：姪(定入)　～肄*(余入)

微部：顗*(定平)　～唯惟*(余平)

文部：忱*(定上)　～允(余上)

侵部：冲(定平)　～融肜(余平)

重叠如此多,西周金文的定母和余母肯定已经分化。

2.5 西周金文从母和邪母的关系

邪母的来源比较复杂,它同从母有关,也同余母有关,我们在《殷商时代音系初探》中把它并入了从母。从母和邪母在《诗经》音系中对立重叠相当多,在西周金文中只有4组13字重叠。它们是：

之部：字(从去)　～嗣寺*(邪去)

铎部：耤(从入)　～夕席*部*(邪入)

元部：泉(从平)　～旋(邪平)

缉部：集(从入)　～习翾襲*(邪入)

这四组重叠在殷商甲骨金文中就已经存在,西周金文只是增加了四个字,也许西周金文中从、邪仍没有分化。

§3 小结

通过分析西周金文同殷商甲骨金文在《诗经》音系中分布情况的对比研究,我们发现西周金文音系同殷商音系比较,已经起了很大变化。主要的变化有二:一是西周金文的韵母格局已由殷商音系的开合各二等(每部最多四个韵母)演变成《诗经》音系的开合各四等(每部最多可有八个韵母)。二是西周金文的声母系统已由殷商音系的19个声母演变成27个声母,比较接近《诗经》音系的声母系统。这种变化并非简单由于字数增加而形成分布重叠情况必然增多的结果;即使只考察新增的六百多字的分布情况,也将打破殷商音系每部开合各二等的格局,也将打破殷商音系19声母的系统。这说明从殷商音系经过西周金文音系到《诗经》音系,其发展变化是具有极强的规律性的。当然,从殷商音系经过西周音系到春秋时代的《诗经》音系,三个音系之间的差异,也许不只是时间因素造成的,很可能甚至是必然的,还会有地域的因素,但是这是一个更复杂的问题,目前还很难解决,只能有待高明了。

这里我们根据上文的考察结果,将西周金文的基本面貌概括如下:

(一)西周金文的声母是27个:即"影、晓、匣(喉音);见、溪、群、疑(牙音);端、透、定、余、泥(舌音);章、昌、船、书、禅(舌面音);精、清、从、心(齿音);帮、滂、并、明(唇音);来(半舌音);日(半齿音)"。比殷商音系多8个声母:章、昌、船、书、禅、日、匣、余;比《诗经》音系少5个声母:庄、初、床、山、邪。

(二)西周金文的韵部系统已形成《诗经》音系的格局,不再是殷商音系的开合各二等,而是《诗经》音系的开合各四等。一个韵部中最多的可以有八个韵母,例如元部、文部,最少是三个韵母,例如侯部、屋部。各部的韵母数普遍多于殷商音系,就现有材料看,有的韵部韵母数少于《诗经》音系。

(三)西周金文的声调系统应该与《诗经》音系相同。从分布情况来看,阴声韵、阳声韵应该有三个声调;声母、韵母都相同的音节,在三个声调中有字的,在西周金文中有29处之多,殷商甲骨金文只有9处。至于入声韵,应该有两个声调,否则,重叠非常多。

从西周到春秋战国,社会发展迅速,新词大量产生,当时汉语是以单音词为主；春秋战国以前,构造新词往往采取音变构词的方式,这也许是西周金文音系变化巨大的重要原因。

附　注

① 《殷商时代音系初探》(《北京大学学报》1988.6)。
② 右上角加＊者是西周金文新增字。下同。
③ 支、锡、耕和后面的脂、质、真六部洪音只有一类,前人作为二等,我们算作一等。

A Preliminary Investigation of the phonetic System of West Zhou Bronze Scripts

Guo Xiliang

Summary

The present study forms a continuation of "A Preliminary Investigation of the Phonetic System in the Shang Dynasty". Using the same method of internal reconstruction, the present article puts 678 words increased in the bronze scripts of the West Zhou dynasty and 1008 words in the bone and bronze scripts of the Shang dynasty into the frame of the phonetic system of *The Book of Songs*, and then compares them, observes the similarities and differences between them, and makes an analysis of the development of this phonetic system. It is found that the vowel system of the West Zhou bronze scripts changed into four grades(等), two distinctions(呼)(a maximum of eight vowels) in a rhyme group, forming a contrast to the Shang phonetic system which had only two grades and two distinctions(a maximum of four vowels) in a rhyme group. Similary, from the initial system of the Shang dynasty which only consisted of 19 initials, the initial system of the West Zhou bronze scripts developed into one of 27 initials, only four initials less than the phonetic system of *The Book of Songs*.

附：殷商甲骨金文和西周金文在《诗经》音系中的分布表

殷商甲骨金文和西周金文都缺乏韵文资料,谐声和同音假借材料也有限,难以作为考察殷商音系和西周音系的依据。我们只能将它们的已识字摆进《诗经》音系中去，观察它们的分布特点，来推断它们的音系情况。以下的表就是将殷商甲骨金文已识字 1009 个、西周金文新增字 672 个摆进《诗经》音系的 29 部之中。西周金文新增字在右上角加 * 号，以资识别。为了节省篇幅，我们尽量将各部的音系表合并简化，开口、合口可以合成一个表的就合在一起，有的等全部无字时就删去该等，一个声母各等都无字时就删去该声母，一个声调在各个声母中都无字时就删去该声调。表格第一横行是我们据王力先生的意见调整后的《诗经》音系的等呼，第二横行是中古韵目，在有的韵部中一等的字分到几个韵中去了，为简省起见，一般只举有代表性的一个韵目。共分 34 表，列举如下：

之部开口（表一）：

韵 　字 声	开一			开三		
	咍	海	代	之	止	志
晓		海*		熹芦	喜	
匣		亥				
见		改		姬箕	己纪*改*	
溪				諆*	杞䰻	
群				其某鼻跽		
疑				疑𠤎䏄*		
定			待*			
余				㠱*飴*	以已	
泥	能*		乃			
章				之	止沚	
昌					齿	
禅					市*	
精	㞢𢦏𢼃哉*	宰载*	再甗	兹滋孳*鼒	子仔𢆶*	
清	才	采	在			字
从				司絲獄		
心				辭*	杞祀汜	嗣寺*
邪				飴		
庄					士*	事
崇					史使	㕻*
山					𠳵鄙	
帮				丕*		
滂					否*	
並					敏	
明		母晦*某*	𧶘*	䥍	里*裏*	吏
来	來𨨶*				耳	
日						

之部合口(表二):

声\韵字	合一			合二	合三		
	灰	贿	队	皆	尤	有	宥
晓		海	晦				
匣					尤	有友洧	又右祐囿姷宥*
见					龜		
溪					丘		
群					裘		舊
疑					牛		
帮					不	婦	
滂	壞*						
並			佩*				
明	梅*	每	瞀	霾薶			

职部(表三):

声\韵字	开一	开二	开三		合一	合二	合三
	德	怪麦	志	职	德	麦	屋
影				億*害*			
晓	黑漯*			歆*			
匣					或		淢*棫*
见		戒革*		苟		馘*	
溪	克						
端	得德			陟			
透	貸			勑*趣*			
定				直			
余			异廙	翼*弋代*			昱
泥				匿			
章				戠織*			
昌			熾*				
船				食			
书			識*飾*				

| 精从庄山帮并明来 | 则*
贼*

北
㗊*
嫘*
勒* | | 麥 | 昃矢側*
嗇
偪皕*
菏備* 犕*

力 | 邲* | | 福
畐服昄箙伏*
牧 |

蒸部(表四):

韵 声字	开一 登 嶝	开三 蒸 证	合一 登	合二 耕	合三 东 送
影晓匣见端定余章昌船书禅精帮并明来日	 桓 登舁 塍 曾* 朋倗	雁* 膺* 應* 興 桓* 兢競* 徵* 孕塍* 烝* 禹倗 乘 塍* 升 丞 掤夊* 陵 扔芳	弘	宏* 宖*	弓 夢

幽部（表五）：

声＼韵＼字	开一 豪 晧 号	开二 肴 巧 效	开三 尤 有 宥	开四 幽 黝 幼
影			憂*	幽
晓	好	孝𩙿*	休 臭	
见			丩 九 毄救*匓*	
溪	丂考		丘	
群				
端				
透				咎
定	匋*陶* 稻道* 導* 幬*		丑	珋*鳥
余	夒		疇 紂 宙胄	鍪
泥			攸油游猶 西卤 迿*	
章			州周舟洲* 帚 鑄	
书			首守手* 獸狩	
禅			雔* 受綬* 壽	
精			酒	
从	曹 造*		羞	
心	夋		囚泅	
邪				
庄		爪叉		
帮	棗*	乃	缶 驫*	彪*
滂	寶保 勹報*		孚俘 浮*	滮*
並	牡 珋*冒*戊 貿*懋*楙*	卯 矛	阜	飂*
明				
来	牢 老			
日			㮇*	

觉部（表六）：

声\韵字	开一 号	开二 效	开三 屋	开四 锡
晓匣见定余章昌书禅精心並明来日	告誥*郜*	斅	畜 匊* 逐 育價* 祝 俶* 叔 孰淑* 夙宿肅* 复復腹*夐* 目睦* 六陸 肉	戚*

宵部（表七）：

声\韵字	开一 豪　晧　号	开二 肴　巧　效	开三 宵　小　笑	开四 萧　篠　啸
影晓匣见群疑端透	蒿 鎬*昪* 高膏羔槀 敖*熬* 刀 叼*	爻 效 教交恔	夭要* 鐈* 朝	幺 杳 堯 弔

(续表)

韵声字	开一	开二	开三	开四
定余泥章书禅清心崇并明来	毛*髦*	杲* 巢麃 潦	鼂* 鼗* 姚* 肇* 昭* 盈* 盅* 召照* 少 佋* 邵* 秋宵* 小 廟* 寮	卤 尿 寮

药部(表八):

韵声字	开一 铎	开二 觉	开三 药	开四 锡
见透定余泥章昌精崇帮来	襮* 樂濼譟*	較* 逴趠* 淖* 濁駮	走 俞 酌* 綽* 爵雀	翟* 休

侯部（表九）：

声\韵字	开一			开三			合三
	侯	厚	候	虞	麌	遇	宥
影		殴*					
晓							
匣	疾	厚后					
见	冓鈎*	耇*	遘毂*	駒*俱*		句	
溪		口	寇*				
群				姁*		具	
疑				堣*禺*		寓*遇*	
端			鬥	蛛*		豆	畫*
透				貙			
定	敊匬		豆				
余				俞*愉*臾*			
章				朱		主*	
书						戍	
禅				受		侸尌*	
精		走*					
清						取娶	
心				须*			
初				箻			
崇				嬃			
山						盨*	
帮						俯*付*	
明				侮			

屋部（表十）：

声\韵字	开一	开二	开三	
	屋	觉	遇	烛
晓	毃		頊*	
见	谷	珏角		曲*
溪		壳殻		
疑				玉狱*

（续表）

声			
端		涿	
余			裕*
船			贖*
书			束
禅			蜀
精	族		足
清			
从			諫*
心	觫速*		
邪			粟
初			續俗*
帮	卜		
滂	支撲*	媡	
明	木沐	剥	
来	录禄鹿麓輪*		綠
日			蓐

东部（表十一）：

韵 声 字	开一			开二	开三			
	东	董	送	江	钟	肿		用
影					邕雍饔甕*			
匣	虹唯							
见	工公			杠*	龔拱	鞏*巩*		
溪		孔*						
群							共	
端	東					冢*		
透	通					寵*		
定	同童*桐*	動*				重		
余					廱*	甬勇*		用
章					鐘鍾*			緟*
书					春惷*			

精清从心邪帮滂並明来	恩* 蒽*		邦 龎 尨	縱 从從	慅*	頌* 訟*
				丰锋夆		
	龓	弄	龍			

鱼部开口(表十二)：

声\韵\字	开一			开二			开三			开四	
	模	姥	暮	麻	马	禡	鱼	语	御	麻	马
影	烏*										
晓	訏虖虖* 嘑*虎						唬*	許*鄦			
匣	乎壺湖*户祜*			下							
见	姑沽*古鼓蠱 雇故*			家豭 斝叚*		叚*		叚*			
溪									去		
群							巨*秬*遽*				
疑	吳吾* 五午			牙*			魚漁 圄敔敆*御 貯				
端	都*										
透		土	兔								
定	途涂圖*郐*迬*杜			瘥*				宁			
余	奴*伮*弩*						余興	女	念*		野
泥											
章					者		諸*		處*		
昌									車		
书							書* 黍		賒奢*舍*		
精		祖組*					沮且				
清	麤										且

| 从心邪庄初明来日 | 虘
穌*蘇* 素*

盧虘* 瀘*魯卤* | 敊

馬 | 叙
姐
初 楚齟*
盧*臚*呂旅
如 汝 | |

鱼部合口（表十三）：

韵 声　字	合一 模 姥 暮	合二 麻 马 祃	合三 虞 麌 遇
影晓匣见溪群疑帮滂并明	逋*赻* 圃* 步布* 鋪* 普* 匍*	苴(鏵) 寡* 夸	扜迂* 㮛* 于孟玗* 雨羽宇禹*雩霸 䢼* 虞* 夫 斧甫簠* 賦* 尃敷*㱃* 扶*鳧* 父輔 巫毋無 武舞

铎部（表十四）：

韵 声　字	开一 铎	开二 祃 陌	开三 御 药	开四 祃 昔/陌	合一 暮铎	合二 麦/陌
影晓匣见	各	亞 格		虢* 戟*	霍 鑊濩 郭	獲 虢*

（续表）

声＼字						
溪疑透定余泥昌船书禅精清从心邪崇帮并明来日	窻* 咢* 柝* 鐸* 諾* 作 造* 柞* 索 搏轉* 博* 亳 洛雾駱* 雒*	客* 宅 乍 霸* 伯百柏 白帛 貘 若	射庶* 趙*	逆屰 夜* 亦斁* 罞* 赤 赦* 石祐碩* 秸 昔舄* 夕席* 腊*		慕* 莫 路*

阳部开口(表十五)：

韵＼声＼字	开一 唐 宕	开二 庚 映	开三 阳 养 漾	开四 庚 梗 映
晓匣见溪群透	行 剛犅 康康* 亢 湯*	衡* 庚更	皂鄉 饗享 向 姜畗 羌 彊 弜瀁* 邕 昶*	京 卿 競 倞競

(续表)

定	唐 宕		長		
余			羊 易 陽 洋 養 羕*		
泥		叚*			
章			章		
昌			昌*		
书			商 賓 觴* 賞* 餳*		
禅			償* 嘗* 上 尚*		
精			品		
清	倉				
从			戕牆		
心	桑 喪		相 襄*		
邪				象	
庄			妝		
初		鎗*	刅*		
山				爽	
帮					兵 丙 柄 秉
滂	滂*				
並	旁	彭			並
明	汖	萌 孟			明 盟 皿 䵶
来	狼 粮*		良 梁* 粱* 兩 网* 量* 䟽		

阳部合口(表十六):

韵\声字	合一		合三		合四	
	唐	荡	阳	养 漾	庚 梗	映
影	汪* 允*			况	兄	
晓	巟*					
匣	黄 潢 皇 簧* 韹*		王	往 旺		永 咏*
见	光	廣*				
溪	匡*					
群			狂			
帮			方 亡			
滂	芳*					
明			亡 网	墾 妄* 望*		

支部(表十七):

声\韵\字	开一			开三			开四	合四
	佳	蟹	卦	支	纸	寘	齐	齐
匣							兮奚鎎	
见							鷄卜*	圭*
溪					企			奎*
群				軝*				
疑							麑	
端						智		
定					廌豸			
书					豕			
禅					氏是*	眡*		
精					此			
帮				裨*卑*		陴俾*		
滂			篦*					
並					婢		鞞*	
明						芈弭*		
来		買	賣*				盭	
日				兒				

锡部(表十八):

声\韵\字	开一		开三		开四		合一	合三
	卦	麦	寘	昔	霁	锡	卦麦	昔
影		戹*軶*	益嗌*				畫	
匣					系			
见	解				帝			
端					禘	敵*狄*		
定								役
余				易				
泥		疒						
书			啻*	垩適*錫*				

（续表）

| 精清心庄初帮并明来 | 責册霅 | 迹*束賜*壁*辟闢* | 錫析繫*糸覓*秝歷鬲 | |

耕部（表十九）：

韵\声\字	开一耕耿	开三清静劲	开四青迥径	合一耕	合三清静	合四青
影晓匣见溪群端透定余泥章书禅精清	營*耿*	霙荆*貞嬴*嬴*嬬*正征聲成晶	敬*政聖盛井	邢*刑*巠*巠*經*磬丁鼎聽盈壬甹廷*定奠寍寧濘青*	訇*縈*榮*罌*	熒絅

西周金文音系初探　429

（续表）

从			静*姘				
心			姓牲*星				
山	生牲 眚省						
帮			并				
滂			粤				
明			名鸣 命				
来			令霝鑪*铃*笭*				

歌部（表二十）：

韵　声　字	开一 歌 哿	开二 麻	开三 支 纸 寘	开四 马	合一 戈 果 过	合二 马 祃	合三 支
影	妸						
晓			戲*			化	
匣	河何				禾穌盉*㝢	觋	爲
见	柯*	加*嘉*	嫣*		戈 果*過*	冎	
溪	可						
疑	娥哦*我		宜儀*義				
端	多						
透	它拕	㗬*	池*		妥		
定	鼉		匜*	也*			
余							
章			够				炑吹
昌			施				
书							
精		左					
山		沙*			播*		
帮			皮*		鄱*		
并		麻*					
明							
来	羅		離		覼*		

月部(表二十一):

韵\声\字	开一 泰 曷	开二 夬 黠	开三 祭 月/薛	开四 霁 屑	合一 泰 末	合二 夬	合三 祭 月/薛
晓	害*				会*		喙
匣	匄㪿*	介			鄶*		卫害*曰戉粤
见		却					厥
溪							
疑		嶭	乂埶		枭 外		月
端			哲*				
透	汰 撻*	蕫	徹	钛*	兑夺*		
定	大 達						
章			折屮				
船			舌				
书			世*				
禅			誓*筮*				
精			祭				
清	蔡						毳*
心							岁 雪
山			喋袭*薛*				
帮	贝	毅 拜*	别八				巿*髮*嶭*
滂	浿		敝				伐罚*
並				蒇櫗*	败 迈*		旻
明			砅厉 岁烈*				鈣*
来	剌						
日							芮*

元部开口(表二十二):

韵\声\字	开一 寒 旱 翰	开二 删/山 谏	开三 元/仙 阮 愿	开四 先 铣 霰
影	安	晏	匽*郾*衎	宴*
晓	厂 漢*		獻憲	顯*
匣	鶾寒*	閒*閑*		倪

（续表）

韵\声	干	姦*間*柬*諫*	辛 曹遣	龐見
见溪群疑端透定余泥书禅清从心崇山帮滂並明来	侃* 丹單 旦 揮 誕* 但彈 難* 奴戈 楸*散* 屰* 闌	齔顏* 屰* 山 班 采辦* 蠻*	虞* 言㐱* 䢩 衍 羴 蟺* 遷 鄻* 鮮*鱻* 鞭 丏 免*湎*面 薆	虞彦* 前 邊* 片

元部合口（表二十三）：

韵\声	合一 桓緩換	合二 删 潸諫	合三 元/仙阮願	合四 先銑
影晓匣见溪	鵰* 洹雚寏* 官觀 盥罐 毌萑	綰* 鋄還寰*環*	夗 幻*宦*患 爰起 遠*	痟* 縣*贊* 犬

韵\声\字							
群疑端定余章禅精从心邪崇帮滂并明来	尚團*	段* 纘* 巺*		俴*	登元傳鳶專遄*泉宣亘旋樊*钂*蘇*夒*	願*邉*轉*萬曼*巴反	
	般番*槃妭兩*欒鸞*鑾*臠曷*						

脂部(表二十四)：

韵\声\字	开一	开二			开四		合三	合四
	皆骇	脂	旨	至	齐荠霁		脂旨	齐
影见溪群端定余泥章	皆*洒	伊遅彝夷*祇*	苨*雉旨	底*弟	婴启启啓𦛗*秪*底*	医殴*	癸溪夒	瞖*

西周金文音系初探　433

（续表）

| 船书禅精清从心邪崇山帮並明来日 | 偯* | 尸 臡 師 | 示 矢 視 姊*秭* 次師 死 兕 比妣匕疕* 牝 眉湄麋彌*美 爾 | 媚 坒 媚 二貳* | 雯*妻齊 西犀*灑 米 豊醴* | 雷 | |

质部（表二十五）：

韵声字	开一 栉	开三 至　质	开四 霁屑	合三 至　术	合四 霁屑
影晓匣见溪群疑端定余章船		懿* 一乙 吉 弃器* 洎 姞* 剔 垔遹 甈 姪 肆 至挚 寶*	頁 眣奎	季 遹*	血 叀惠*

(续表)

韵声字				
书精清从心庄初帮滂来日	櫛八	室失*即七自疾四騺*刾畀*渜*利	畢*戬*必*匹栗日	阝穗岬闭*贅*

真部（表二十六）：

韵声字	开一 臻	开三 真 轸 震	开四 先 霰	合三 谆 准 稕	合四 先 霰
影匣见溪疑透定余泥船书禅精清从心	臤掔	因 印 罱 寅 靷* 胤* 神* 申身僥* 臣 津* 進晋 親* 秦 盡 辛新䇘婶* 訊信*	煙* 天 田畋電*佃*甸* 年 千	鈞* 匀*尹 姁 笋*笌	淵 玄*兹*旬*

西周金文音系初探　　435

（续表）

| 邪帮并明来日 | | 賓編瀕*嬪民*敃*舜*閔人仁 | 煒儐 | 写 | 旬 徇 | |

微部（表二十七）：

韵　　　字 声	开一 咍	开三 微	开四 至	合一 灰贿队	合二 皆	合三 微尾未	合四 脂旨至
影晓匣见端定余章书清心帮滂明来	哀* 趑* 幾*僟*	衣依㜏	冀*	火 自 陮 枚 雷曇*	淮裒*懷*	威*委畏 虫 韋違*幃*漳* 歸鬼 非妃 敚微*尾	魏*　　　魄 追 頠* 唯惟*遺* 隹騅* 水 敜* 綏夊 未

物部（表二十八）：

韵　　　字 声	开一 泰没	开三 未迄	开四 至质	合一 队没	合三 未物/术	合四 至质
影晓见		既			鬱* 奉旻	

（续表）

声＼韵				
溪疑端透定余泥昌船心邪山帮滂並明来	沫	乞毅*豪* 弼*寐彪	胐*坚兀 對退*突隊內 配妹	聿出秫述*戌 弗由費*茀*剌未勿物律	墜* 欼㩋遂*隧*率達*

文部开口（表二十九）：

声＼韵	开一 痕	开二 山产	开三 真轸震	开四 欣／先铣
影晓匣见群疑端章	衷	限* 艱	禋* 巾董 覲*饉*瑾* 狘 甄*㐱*㐱*侲*跈	殷昕 斤 祈勤*旂* 典

西周金文音系初探　437

(续表)

| 禅心帮明来日 | | 辰晨豕輾*吝麢刃 | | 先 | 燹* |

文部合口(表三十):

韵＼声字	合一 魂 混 恩	合二 山	合三 文/仙	问/线	合四 谆 准 稕
影					顐*
晓	昏婚*		熏*纁*		
匣	圂		云員妘*	暈瘨*	
见	蜫昆*衮*鯀*	鰥*	君		麇
溪	困				
群			裙*		
定	豚屯 盾*				杶*
余					允
泥					汖*
昌			川		春
船					順*
禅					醇鶉*
精	尊孫				晙薦*
心					峻
帮	奔* 本*		分饋*	糞	
並			焚		
明	門		文聞蚊*	問	
来					淪*

缉部(表三十一):

声\韵字	开一 合	开二 洽	开三 缉	开四 帖	合一 合	合三 缉
影 匣 见 群 端 定 泥 章 禅 从 心 邪 来 日	合迨 匌* 眔遝 内* 雥 卅 庝*	帢*	邑 皀 及 牽 執 十 集 習 騽襲* 入廿	窢	卣	立

侵部(表三十二):

声\韵字	开一 覃	开二 咸鹽	开三 侵 寑沁	开四 添忝㮇	合一 冬宋	合二 绛	合三 东 送
影 匣 见 溪 群 疑 端 定 余	龕* 媅* 覃	咸緘* 喦 湛*	陰* 飲 今金*袷* 禽 沉	畣 簟* 朕 彤*		降涬	宮 中苗* 沖 融肜

（续表）

声＼韵字	开一	开二	开三	开四	合三	合一
泥章书禅精清从心山帮滂並来日	南男蠶三梦		趄突*諶*侵心*森林霖臨*壬	審*甚*寢寐品亩任妊	念*宗ㄡ	農宗宋
						終風豐寷*鄭*凡鳳戎	眾

叶部（表三十三）：

声＼韵字	开一	开二	开三	开四	合三
	盍	狎	叶	怗	乏
匣见透余禅精清從心幫來	盍市	夾甲	枼涉妾捷*鼠*	劦協聑燮敢*	法*

谈部(表三十四):

声\韵\字	开一 谈 阚	开二 衔 槛 鉴	开三 盐 琰 艳	开四 添
影匣见溪疑透定余泥章精	畓涵 甘 丙淡 郯* 柟*	洺* 臽 监	奄* 厌* 炎 欠 严* 厣* 俨* 始* 焱 占 从戈	
来日			冉妠	溓*

(原载《国学研究》第二卷,北京大学出版社,1994)

历史音韵学研究中的几个问题[*]
——驳梅祖麟在香港语言学会年会上的讲话

提要 本文从四个方面批评了梅祖麟教授在香港语言学年会上的讲话:1. 论述了王力先生如何用谐声系统研究上古音韵;梅氏攻击王力不懂"同声必同部",是疏于读书使然;2. 对比了王力、董同龢、李方桂三人如何对待古代有无复辅音的问题,指出梅氏杜撰的古音研究中的两条不同路线的说法不当;3. 批评了谐声现象反映上古汉语有形态变化的论调;4. 认为梅氏在他的讲话中有否定传统的倾向;讨论了怎样对待汉藏语比较研究的问题,对梅氏在汉藏语比较中的不科学的做法有所批评。

关键词 历史音韵学 谐声系统 复辅音 同源词 汉藏语比较

从北京大学中文系网站上读到梅祖麟的《有中国特色的汉语历史音韵学》,这是他 2001 年 12 月 8 日在香港语言学会学术年会上所作的报告。报告人以音韵学权威自居,拉起了一面"主流的上古音研究"的大旗。梅教授的讲话主要是批王力先生,如果他批得对,哪怕是有某些出入,我们自然应当欣然接受;然而他完全歪曲事实,给王力先生泼了

---

[*] 本文曾在纪念《中国语文》创刊五十周年学术研讨会(2002 年 6 月 27 日,南昌)上宣讲,载《古汉语研究》2002 年第 3 期。

不少污泥脏水。作为王先生的一个学生,不能不为王力先生洗刷一下。梅氏给音韵学指定的一条路,绝非什么主流正道,作为也搞一点音韵学的人,自然不应该怕惹是非而任其贻误读者。这就是我不能不讲一点意见的原因。

一 王力果真不懂"同声必同部"吗?

讲话首先是集中攻击王力先生连段玉裁的"同声必同部"说的重要性都不知道,在自己的研究中不懂得利用谐声字的资料来解决问题。这就是王力先生同李方桂先生、董同龢先生所以分出高下的原因,并煞有介事地举出两个证据:一是王力先生用《诗经》押韵的材料给脂微分部,由于合韵较多,"并不坚持一定要分部",结果董同龢在《上古音韵表稿》中参考谐声字给解决了,"老师不能证明的学说给学生证明了"。然后轻佻地挖苦讽刺说:"脂微分部的历史说明什么?如果我是王力,在三十年代研究脂微分部,把南北朝诗人用韵的资料用尽了,把《诗经》押韵的资料用尽了,还是功亏一篑,不能证明脂微两部一定要分,我会想:还有什么资料可以用,用了以后可以把'脂微分部'这个学说证成?如果我真正体会段玉裁'同声必同部'的力量,一定会去分析谐声字,不必等董同龢四十年代的研究,就把脂微分部的问题全部解决。王力先生显然没有如此做。为什么呢?就是因为他没有真正体会段玉裁'同声必同部'的力量。"二是"还有旁证",这就是王力先生的《汉语音韵学》大量地征引清儒古音学的原文,讲段玉裁的古音学那一章征引了六段段玉裁的话,"惟独没有征引的是段玉裁最有名的论'同声必同部'的那段。"(214页)经他这样一涂抹,王力先生似乎真的不懂段玉裁的"同声必同部"理论,似乎也真的研究古音不知道用谐声字材料。

事实到底怎样呢？我们知道，1937年王力先生发表了两篇音韵学论文：《古韵分部异同考》和《上古韵母系统研究》。它们是互相配合的姊妹篇，也是奠定王力先生古音学基础的两篇重要论文。《古韵分部异同考》就是把谐声偏旁分成三十二类，并将《诗经》入韵的字列在偏旁之下；然后把从顾炎武起到章炳麟、黄侃共十一家（包括江永、戴震、段玉裁、孔广森、王念孙、严可均、江有诰、朱骏声）的古韵分部列出，再考察他们各部包括哪些类谐声偏旁和《诗经》入韵字；最后列成《诸家分部异同表》（97页）。王力先生通过考察谐声偏旁及同谐声的《诗经》入韵字来考求诸家分部的异同，目的是为了建立自己的古韵系统，也就是为写《上古韵母系统研究》作准备。这不是用谐声资料来研究古音吗？我不知道批评者是不是读过这篇文章，难道王先生有这样一篇文章也不知道或者忘记了？再说，批评者在讲话中提到了《上古韵母系统研究》这篇文章，其实这篇文章有一小节专谈谐声问题，王力先生在此说："自从顾炎武以来，大家都知道谐声偏旁对于古韵归部的重要。段玉裁说得最明白：'一声可谐万字，万字亦必同部。'这一个学说是一般古韵学者所恪守不违的。"（119页）在谈"开合问题"时，王先生说："稍微研究汉语音韵的人，都知道汉语上古音开合两呼的界限颇严。谐声偏旁属于开口呼者，其所谐的字也常常属于开口呼；谐声偏旁属于合口呼者，其所谐的字也常常属于合口呼。"（123页）又说：高本汉"断定《切韵》时代有两种'合口'的[w]"（124页），"我大致赞成高氏的断案，但我比他更进一步，不仅拿《广韵》系统为根据，而且还拿谐声偏旁为根据。凡谐声偏旁，或其所谐之字，后世有变入轻唇音者，在上古即属合口呼；凡谐声偏旁，或其所谐之字，完全与后世轻唇绝缘者，在上古即属开口呼。"还说：如果《广韵》和谐声发生矛盾时，"这是可以牺牲《广韵》系统而迁就谐声系统的。"（125页）后面为上古韵母系统而作的图表，收字排列就是根据《诗经》押韵、谐声字类别和《广韵》系统三个因素来定的。我不知道批评者是不是真的读过这篇文章,如果真的读过,而且读懂了,就不应该作出王力不懂得用谐声字来研究古音的结论。难道只是听别人说过,只是耳食? 没有读懂? 或者更有别的什么原因? 我百思不得其解。

批评者又用所谓"脂微分部的历史"来论证王力先生不懂得用谐声的资料来解决问题时,节录了王力先生的一段话,却把王先生要表达自己观点最重要的话删去了,这里把它补上(删去的话,我们用{ }号框起来):

> 然而我们不能不承认脂微合韵的情形比其他合韵的情形多些,如果谈古韵者主张遵用王[念孙]氏或章[炳麟]氏的古韵学说,不把脂微分开,我并不反对。{我所坚持的一点,乃在乎上古脂微两部的韵母并不相同。假使说完全相同的话,那么,"饥"之与"饑"……其音将完全相等。我们对于后世的脂微分韵就没法子解释。}(189 页)

删去后,批评者代王先生下结论说:"换句话说,王力用《诗经》押韵的材料,得到的结论是脂微两部的元音虽不同而相近,并不坚持一定要分部。"(215 页)王力先生不反对别人遵用王念孙、章炳麟的脂微不分的学说,正说明他在学术上的谦虚态度,没有霸气;明明王先生说自己坚持"上古脂微两部的韵母并不相同",批评者却偏偏要引出王力"并不坚持一定要分部"。我不知道批评者为什么要这样做? 批评者嘲讽王先生"老师不能证明的学说给学生证明了",其实,当时用谐声字划分脂微两部也存在一些纠葛,只是从另一角度说明了"脂微分部说是值得而且必须采纳的"(72 页),直到 1962 年王先生在《古韵脂微质物月五部的分野》中把"隶"声、"惠"声归入质部,把"既"声归入物部,才解决得更好(248页)。三十年代王先生考察脂微分部是为了建立他的上古韵母系统,在这篇大文章中他为这一个问题写下了"脂微分部的理由"、"脂微分部的标准"、"脂微分部的证据"、"脂微分部的解释"。方方面面都谈了,王先生无疑是坚信自己已经解决这个问题,合韵多一些,他也作出了现代语言学的解释。他说:"最合理的解答乃是:脂微两部的主要元音在上古时代并非完全相同,所以能有分用的痕迹;然而它们的音值一定非常相近,所以脂微合韵比其他各部合韵的情形更为常见。"(188页)他表示自己不反对别人遵用王念孙、章炳麟的学说,不仅是应有的学术民主作风;何况他写这篇文章时,章炳麟、黄侃都还刚过世,是不是批评者要王先生也像他一样,嘲讽一通章炳麟在《文始》中已经发现了脂微分部的线索,却不懂得审音,因而不能把微部从脂部中分出来。王先生反而在文章中承认自己受到《文始》的启示,这同批评者的态度确实是天壤之别,我想,绝大多数读者是会赞同王先生的。顺便说一下,批评者设想,"如果我是王力",就会怎么怎么;恕我不客气地说,从讲话可以看出批评者确实自己没有全面弄过谐声资料,对谐声字系统了解得非常肤浅,即使知道用谐声资料可以证明脂微分部,恐怕也不一定能完成这个课题。

批评者嘲讽王先生不懂谐声资料重要性的旁证是王先生著的《汉语音韵学》没有征引段玉裁论述"同声必同部"那段话;其实,如果真正认真读了《上古韵母系统研究》的话,应该在王先生讨论"谐声问题"的论述中已经找到了答案。我们前面引过的那几句话,就说明了王先生对谐声问题的两个观点:一是谐声偏旁对古韵归部的重要性是从顾炎武起就是大家都知道的,段玉裁只是说得最明白。我们知道,顾炎武在《唐韵正》中考证古音时就常常从谐声出发。二是"同谐声必同部"对研究古音的人来说已经是一般常识。因此,在王先生看来就没有必要大讲特讲。难道王先生写书也要照批评者的思路吗?大家都知道,顾炎武的《诗本音》创建了诗韵系联的方法,推动了古音研究走上了科学的道路,到二十世纪对研究古音的人来说,无疑也是一般常识,难道《汉语音韵学》中还要征引《诗本音》的实例吗?依我看,批评者作为大发现征引的段玉裁的那段话,王先生恐怕倒是会有不同看法的,他可能认为段氏的这段话不严密。因为在《上古韵母系统研究》中讨论"谐声问题"时,王先生还提出了两点意见:一是"同谐声必同部"原则上是对的,但声符的认定还成问题,不能全依《说文》。二是"谐声时代与《诗经》时代不可混为一谈。谐声时代至少比《诗经》时代更早数百年。'凡同声符者必同部'的原则,在谐声时代是没有例外的,在《诗经》时代就不免有些出入了。"(119—120页)因此,王先生认为,使用谐声资料,不能拘泥于段氏的这个说法。其实段玉裁本人也没有拘泥于自己的这一说法,比如他在《六书音均表》中,把"求""述""球"等都归入第三(幽)部,却把"裘"归入第一(之)部。在这一点上批评者的观点是同王先生不同的。梅氏断言:"'同声必同部'还有更深一层的意义。段玉裁是说,谐声字所反映的韵母系统属于《诗经》时代。"(5页)这里我们不讨论批评者的论断是否合乎段玉裁的本意,也不讨论他同王先生的分歧谁是谁非,只想说明,他认为抓到了王先生不懂"同声必同部"的旁证不过是自己吹起来的肥皂泡。

二 不赞成古有复辅音就要逐出"主流音韵学"吗?

批评者集中攻击王力先生的第二方面的是:王力不懂谐声字对研究上古声母的重要,在四十年代,"面对谐声字这批资料,王力先生的路线是总退却。"(6页)甚至妄言:"对王力来说,谐声字所显示的是上古汉语有复辅音;这个结论使王力畏谐声字如蛇蝎。"(7页)指摘王力先生从《汉语史稿》到《汉语语音史》"更变本加厉"地反对古有复辅音的态度和言论,指摘王力先生不用汉藏比较的资料,因而要把王先生逐出他钦定的"主流音韵学"行列。

梅祖麟首先赞扬高本汉提出用谐声字研究上古声母"是个伟大的发现","是有中国特色的一种学说"(5页、9页)。杜撰出两条路线:王力的总退却路线,李方桂、董同龢的继续前进路线。梅氏大概不知道1927年王先生还写过一篇《谐声说》(95页),或许也不想知道。在这篇短文中,王力先生叙述了他同老师王国维讨论谐声的问题,他说:前人讲谐声"皆以韵说之","静安先生独疑字之衍声,当以纽,不当以韵。"他得到启发,因而悟出:

> "制字之初,意在便民;即偏旁可知其音,其例易晓。"其后语音演变,"由今纽韵读之,音皆不近,是古与声母同音而今异矣。六书之作,谐声后起,然必权舆于三代以前,降及周末,字音或已微异于古。"(96页)

对比高本汉的"伟大的发现":"谐声偏旁相同的两个字,它们上古声母的发音部位必然相同。"难道这两个说法真是南辕北辙吗?梅氏可以据此裁定:一个是伟大的发现,推动了古音学研究的发展;一个是"畏谐声字如蛇蝎",成为实行古音研究退却总路线的思想基础吗?如果梅氏如实地把这些情况说出来,我看相信他的裁定的,恐怕不会太多。

在这样一个虚假前提下(王力不懂谐声字和声母有关系),又虚构出在有无复辅音的问题上王力跟董同龢、李方桂是绝对对立的假象,以显示出是总退却和继续前进两条研究路线的分歧。果真如此吗?

先说董同龢。董同龢在《上古音韵表稿》中揭示了高本汉古有复辅音说将要遇到的许多复杂情况,指出:"有一部分l-母字是同时并谐两个或两个以上声母系统的"。并举例如下：

    孌 luân：變 piwän， 蛮 mwan——孿 swan——彎˙wan

    翏 liəu：謬 miəu——瘳 t'(←*t')iəu 膠 kau

    龍 liwong：龐 b'âng 寵 t'(←*t')iwong 龔 k̦iwong

  然后说："在这样的情况下，将以'孌翏龍'的声母是 bl-呢，dl-呢，还是 gl-呢？"(39 页)他还明确表示："现在所有的论证还不过是若干的可能而已。事实上古代带 l-复声母的形式如何，他们出现的范围又是怎样的，又必待日后有了新材料才能决定。"(38—39 页)至于其他复声母，他认为问题更多，并且说："如果古代的确是有那样的复声母，决定他们的形式与出现的范围在目前又是一件极困难的事情。"(43 页)因此，在他的《上古音韵表稿》的《声母总结》中说："复声母还要算作未知数。"因而被他"除去"了(43 页)，并没有列在他的声母表中。

  再说李方桂先生。李先生在《上古音研究》中讨论上古声母时，也没有构拟复辅音，只构拟了一套清鼻音和一个清边音①；后来在《几个上古声母问题》中，李先生虽然正式构拟了一套带词头 s-的复辅音，但是他一开始就说："我认为上古声母尤其是复声母是个很复杂的问题，有许多谐声字还没有解释的办法。"(85 页)最后又说："以上的假设与推论，似乎可以解释更多的谐声现象，可以使上古音有个更完整的系统。"(94 页)在《中国上古音声母问题》中也说："中国的谐声字有很多很复杂的东西，有些现象现在也没有办法可以解释。"(99 页)并表示自

---

  ① 李方桂先生在讨论上古的介音时附带谈到复辅音问题。一共谈了三点：一是作者拟的二等韵介音-r-和三等介音-j-，跟声母相连也可算复辅音，自然不同于一般所说的复辅音；二是来母字常跟舌根音及唇音互谐的例子，大体上采取高本汉的说法，稍加更改以存疑；三是中古的心母 s-及审母 s-字常跟别的声母谐声的字"暂时认为他们也都有过 *s 词头"。(同上 24—26 页)

己对上古声母的构拟"只是我个人的一个假设"(103页)。

现在再看看王力先生在《汉语史稿》中是怎样批评高本汉的,王先生说:

> 他在上古声母系统中拟测出一系列的复辅音,那也是根据谐声来揣测的。例如"各"声有"路",他就猜想上古有复辅音 kl-和 gl-。由此类推,他拟定了 xm-、xl-、fl-、sl-、sn-等。他不知道谐声偏旁在声母方面变化多端,这样去发现,复辅音就太多了。(68页)

梅氏是把这段话作为批判靶子引出来的,我们不知道王先生这些话到底错在哪里,也不明白这怎么是跟董同龢、李方桂先生绝对对立的,因而梅祖麟就可以根据它作出非常重大的判决:"面对谐声字这批资料,王力先生的路线是总退却。李方桂、董同龢两位的路线是继续前进。"(6页)请问:高本汉的复辅音构拟董同龢先生也批评了,王先生为什么就不能批评?李方桂先生把自己的上古声母的构拟都说成是"假设和推论",为什么王先生不能批评高本汉是根据"谐声来揣测的"?王先生批评:"他不知道谐声偏旁在声母方面变化多端,这样去发现,复辅音就太多了。"难道不是事实吗?如果按照高本汉的办法,在谐声字中一律贯彻下去,就会得出严学宭先生在《周秦古音结构体系》(稿)中那样的结论:二合复辅音140个,三合复辅音64个,四合复辅音4个,出现了 nkt-、xmk-、xknd-、xsdl-等这样一些奇特的复辅音(《音韵学研究》第一辑95—96页,中华书局,1984年)。两百多个还不算太多吗?我不知道梅氏面对严学宭先生的研究成果是高兴呢还是愤恨?严先生的研究与他同调,理应是高兴的;不过这却给王力先生的论断提供了根据,或许严先生的文章也可能招来梅氏的愤恨呢?我猜不透。但是有一点我可以肯定,严先生作学问比梅祖麟老实,他是确实弄过谐声字才发言的。

正因为王力先生对从林语堂、高本汉起到后来的"古有复辅音说"正反两方面的主要意见都是很关注、很清楚的；也因为他亲自全面研究过谐声系统，对谐声系统的复杂性有深刻的体会，才会越到后来越"变本加厉"地对古有复辅音的学说采取保留态度。梅祖麟指摘王力先生的"变本加厉"，也不过是王先生说了："从谐声偏旁推测上古声母，各人能有不同的结论，而这些结论往往是靠不住的。"（18 页）董同龢提出的上古有一个清鼻音，也是从谐声偏旁推测出来的，"谐声偏旁不足为上古声母的确证。所以我们不采用董说或高说。"（20 页）为什么谐声偏旁不足为上古声母的确证呢？因为谐声字不是一时一地的产物，即使只用《说文》以前的材料也在一千年以上，比《诗经》押韵字的时地问题复杂得多。一千多年间不同地域的人群所使用的语言会产生许多不同的变化，不同地域所造的字可能出现各种分歧，把它看成一个平面是很危险的，王力先生采取慎重的态度，有什么不对呢？我们认为，上古有无复辅音，本来是古音研究中一个正常的不同意见，只许一说存在，这是董同龢、李方桂先生可能采取的态度吗？他们在什么地方像梅氏这样没有商量余地就下结论："从汉藏比较的观点来看，上古汉语管保有复辅音声母。"（7 页）任何对古音确有较深研究的学者，恐怕都不会这样武断。

更叫人难以苟同的是，梅祖麟在批评王先生的《同源字典》时，抓住王先生讲"黑、墨"同源时说了："'黑'的古音可能是 mxək，故与'墨' mək 同源。"于是像逮住了什么把柄似的骂街式地数落着：

> 王先生这句话可真是语出惊人。第一，从《汉语史稿》(1958)到《汉语语音史》(1985)，王先生一直不承认上古汉语有复辅音。现在怎么拟构出来个王先生系统里没有的 mx- 来？第二，王先生

想来是把-x-看做中缀。于是一连串问题都来了：(ⅰ)上古汉语有没有中缀？(ⅱ)有没有-x-中缀？(ⅲ)如果有的话，上古汉语的-x-跟藏缅语中哪个成分对应？第三，王先生写到这里，不知是否想过："如果早知道《同源字典》要处理'墨、黑'这对同源词，我二十年以前就该好好读《上古音韵表稿》(1944)，'Consonant Combination in Archaic Chinese'(1960)，《上古音研究》(1971)。董同龢、雅洪托夫、李方桂都讨论过'墨、黑'这对同源词。说不定他们已经把问题解决了，不必我现在抓瞎。"(15—16页。按：梅文发表在《中国语言学报》时，删去了"第三"点。)

恐怕"语出惊人"的是梅祖麟自己，你怎么知道王先生这里的mx-就一定是复辅音？尤其怎么就一定要按你的思路来想问题？要把它看作中缀，要考虑它同藏缅语的关系。梅祖麟嘲讽王先生抓瞎，似乎他对他自己曾承认过的老师、王先生的学生董同龢先生的《上古音韵表稿》很有研究似的，可惜他没有想到，王先生的这个mx-竟然同《上古音韵表稿》是有联系的。《上古音韵表稿》在讨论明母和晓母相谐的关系时说：

> 高本汉似乎也注意到了这些现象。虽然没有作任何的解释，他却在许多地方把这里面一些x-母字的上古音写作xm-。如"悔"xmwəg"昏"xmwən是。他这种做法自然算不得问题的正式解答。只可以说他在表示有那么一层关系而已。所以李方桂先生就以为写作mx-也没有什么不可以，或许"悔昏"等字的声母更会是个清的唇鼻音m̥。
>
> 在我看来，这些例子根本就不适于用复声母的关系来解释的。(12—13页)

李方桂先生这里说的 mx-也是把-x-看成中缀吗？梅祖麟是不是现在还该好好读一读《上古音韵表稿》呢？王先生既不相信古有复辅音，更不会相信梅祖麟的上古汉语是有丰富形态变化的语言（这个大胆假设怎么看，下文再讨论）。本来王先生对上古声母的系统，一直就认为是一个没有解决的问题。早在三十年代他写《上古韵母系统研究》就说过："关于声母的一切，都是暂时的性质，我愿意保留到将来再研究。"（129 页）出于慎重，王先生对上古声母始终没有进一步作出结论，也没有肯定别人"已经把问题解决了"。他说"'黑'的古音可能是 mxək"，是想到了董同龢的清鼻音，也只是想说可能是一个与一般的双唇鼻音有别的 m-。这里可以看出，梅祖麟确实没有读懂王先生的书，没有读懂，就敢骂街式地嘲讽数落，这是多么轻薄。更有甚者，梅祖麟居然据此要把王力先生逐出他划分的"主流的上古音研究"队伍（10页），这又是多么霸道啊！不过，梅祖麟的批评落空了，他的愿望恐怕也只可能是落空。

三　谐声现象真是上古汉语形态的反映吗？

梅祖麟为什么要攻击王先生不懂谐声字的重要、不赞同古有复辅音就是古音研究中的总退却路线呢？原来梅祖麟早在 1992 年的一篇文章中曾有过交代，他说："藏文有种种复声母，如果上古汉语如王先生所说只有单声母，我们简直不知如何作比较。藏文也有音节末尾部分的复辅音，如果上古汉语如王先生所说没有后缀，没有末尾部分的复辅音，我们也不知道如何作比较。"（《汉藏语的"岁、越"、"还（旋）、圜"及其相关问题》，引自《梅祖麟语言学论文集》388 页）这倒是真话。

我们知道:汉藏语系包括汉语和藏缅、壮侗、苗瑶三个语族。汉语和藏缅语在词汇方面比较接近,学术界"确认"了许多汉藏同源的基本词根;在语音和语法方面汉语反而是和壮侗语、苗瑶语比较接近,却同藏缅语差别很大。拿藏语来说:在语音方面,古藏语不但有许多二合复辅音和一些三合、四合复辅音,还有七对复辅音韵尾和一些辅音交替现象,却没有声调。在语法方面,古藏语的动词是一个形态丰富的词类,利用前缀、后缀或内部屈折来表达各种语法意义;古藏语的名词也有一套格助词来表示它在句中的语法关系。也就是说,藏语是有形态变化的语言,是黏着型语言,而汉语是孤立型语言;不在上古汉语中弄出许多复辅音前缀、后缀来,就无法进行比较,无法论定上古汉语也是黏着型语言。梅祖麟与他的同道企望在谐声字中要找出上古汉语形态的反映来。他钦定的"主流"音韵学家潘悟云在《汉语历史音韵学》中作的努力最大,也说得最明确。他在书中第八章《谐声原则》中专列一节《谐声现象是上古汉语形态的反映》,一开头就说:"潘悟云(1987b)指出,谐声反映上古汉语的形态现象,而不是语音现象。"(122页)摆出了不容置疑的架势。又说:"我们正可以通过谐声分析,得出上古汉语语音形态相关的主要规则。"(126页)并且列举了他得出的十一条主要语音形态相关规则,可是却没有说明到底是什么形态现象。就拿他列举的第一条规则来看:

"韵尾相同而主元音相近的韵母形态相关,具体点说,就是 aE～eE,eE～iE,ɯE～uE,uE～oE,oE～aE,ɯE～aE(～表示交替,E 代表韵尾)。这种交替相当于清儒的旁转。例如 E 为-ŋ 时,aE～eE 表示阳部(-aŋ)与耕部(-eŋ)交替,下面是这种形态相关的例子:

aE～eE　　亡 *maŋ～氓 *mreŋ,　单 *tan～碑

*ten……

……

ɯE～aE　居 *kuǐ 居之切～居 *kǎ 九鱼切　黔

*grǔm～甘 *kam

这种语音形态相关相当于英语的 sing～sang～sung,但是我们对汉语的这种语音交替的实质所知甚少。"(127 页)

首先,作者既然说这种语音交替相当于英语的形态变化,那么它到底反映了汉语的什么形态呢?可是,非常让人失望的是作者竟然打起了"我们对汉语的这种语音交替的实质所知甚少"的障眼幌子,实现了金蝉脱壳,却要人们相信他的断言:这种旁转的例子反映了上古汉语的形态。不只是这一条所谓"相关规则"是这样糊弄含混,全部十一条都大致相似,没有明确结论。只在第二条"对转"例中作者提出了郑张尚芳的所谓代词有强调式,他自己提出了上古指代词有弱化式,想把它说成是形态,其实都是经不起推敲的猜测,而且不知作者怎么会误把"居"字也列到了指代词中,让它与"其"相配(128 页),这只怕是犯了一个不大不小的常识性错误。

真正能与形态沾点边的是第三条提出的所谓"读清声母为使动词,读浊声母为自动词"以及第六条提出的所谓前缀表示使动用法。作者说:"例如同一个字如有清浊两读,读清声母为使动词,读浊声母为自动词,周祖谟、周法高、王力对此都作过讨论"。其实周祖谟先生的《四声别义释例》并没有讨论清浊不同有使动、自动之别,而是在讨论四声别义时列举了"区分自动词变为他动词或他动词变为自动词"一类。他举了"饮、语、离、毁、去、禁"等例。"饮",於锦切,上声,是自动词;於禁切,去声,使饮,他动词,也就是使动。"语",仰举切,上声,是自动词;牛据切,去声,以言告之,他动词,但不是使动。"去",羌举切,上声,除之曰去,亦即使离去,他动词,也就是使动;丘倨切,去声,自离曰去,自动词。周法高先生在《中国古代语法·构词编》中讨论音变构词时,举了一例浊声母为使动的用例("见",古甸切,见母,清声母,视也,自动词;胡甸切,匣母,浊声母,使见曰见,使动),两例清声母为使动的用例("坏"和"败")。王力先生的《古汉语自动词和使动词的配对》是目前讨论这个问题最详尽、举例最多的文章,潘悟云所举的十个用例中的前五例就是变相摘引自这篇文章的。王先生除举了大量声调不同、清浊不同区分自动、使动的用例外,还举了多种区分形式。有同是次浊声母的,如:"入:入(内)",人执切,日母,自动词;奴答切,又奴对切,纳也,使入,使动词。有同是清声母的,如:"至:致",至,脂利切,章母,到也,自动词;致,陟利切,端母,使至也,使动词。又如:"出:黜",出,赤律切,昌母,自动词;黜,丑律切,透母,贬黜也,即使出,使动词。还有韵部对转的,如"回:运",回,户恢切,匣母,微部,转也,本义是旋转,自动词;运,王问切,匣母,文部,使旋转,使动。很显然,上古汉语中自动词和使动词配对的形式是多样的,并没有形成潘悟云所说的"浊声母表示自动,清声母表示使动"这样一条规律。周祖谟、周法高、王力三位先生认定它是构词现象,是上古汉语音变构词大格局下的一种特殊现象,不是什么形态变化,这种看法是符合上古汉语实际的。强把它同藏语的自动词、使动词的形态拉在一起,企图证明上古汉语也是一种有形态变化的语言,这是完全不顾客观语言事实的。

其次,作者自己也承认,他这里第一条所举的现象不过就是清儒所谓的古韵旁转,第二条就是清儒所谓的古韵对转;经他一"科学化",加上洋字母公式化,就深奥难懂了。这是浅入深出,确实沾上了近些年来流行的"洋化"的文风。大家都知道,汉字是形音义的结合体,作者讨论语音形态,举例却一律不注意义,这是割裂音义的做法;而且注音也随意,爱列反切就列反切,不愿意列就不列。这样做有什么好处呢？也是浅入深出的方法之一,让读者如堕五里雾中,又难于检核。例如,"亡""氓"本来都是阳部,他说是表示阳部与耕部交替。"砰"在《广韵》中只见于齐韵,作都奚切,作者要把它归入他的元2部,不作任何解释。不过,这样一来,在潘悟云的古韵系统中,就完全打破了段玉裁的"同声必同部"的原则,不知梅祖麟怎么又把他捧上"主流古音学"的宝座,要大家向他学习,这不是毫无原则吗？

再说,《汉语历史音韵学》这本书知识性错误实在太多,仅就《谐声原则》这章来说,除前面提到的把"居"列作代词外,再举两例:

①一字两读失落一读的惟一用例"雇":

"举'雇'字为例,它在《广韵》中读侯古切,折合成上古音为 * gla,意义为'农桑候鸟',当为本字。另一读古暮切,折合成上古音 * klas,《广韵》:'鸟也'。这说明作为鸟名的'雇'原来是有两个读音的,反映古代两个不同的形态。后一读另义'相承借为雇赁字',当为假借义,后来又增加了'亻'旁,成了新的形声字'僱'。"(125—126页)

查《广韵》姥韵"侯古切"小组首列"户"字,其中有"雇"字,注云:"《说文》曰:九雇,农桑候鸟。(下略)"又《广韵》暮韵"古暮切"小组首列"顾"字,其中也有"雇"字,注云:"本音户,九雇,鸟也。相承借为雇赁字。"这里明明说得清清楚楚,"鸟也"是说明"本音户",即姥韵"侯古切"那个音(今音 hù)的,它用在"九雇"这个词语中,"九雇"是鸟。暮韵"古暮切"是假借"为雇赁字"的"雇"(今音 gù)的音读。我百思不得其解,作者在这里怎么会搞错？是故意还是没有读懂呢？我宁肯相信是误释。作者还批评《汉语大字典》"'雇'的'农桑候鸟'义只留下侯古切一读,古暮切一读被丢弃了";其实是作者自己弄错了,《汉语大字典》并没有错。作者又列了一个表,对比《广韵》和《汉语大字典》处理"雇"、"僱"的变动情况,给"僱"字也拟上了上古音,这也是欠妥的。因为"僱"字在《康熙字典》中还没有,《中华大字典》才收入:"僱,俗雇字。"

②在第二条讨论对转问题时,说"盖"字除入声韵一读外,还有阳声韵一读:

"实际上,'盖'在南方许多汉语方言中还有见母覃韵上声读音,折合成上古音就是 ＊koṁ,后人不知它就是'盖'这个词的另一种读音,就造了一个方言字'匼'去代表它。"(129 页)

《广韵》覃韵上声是感韵,感韵"古禫切"小纽首列"感"字,收有这个字。注云:"《方言》云:箱类。又云:覆头也。又音贡。"我对方言所知甚少,不知南方哪些方言说"盖"这个词(还是这个字,不知作者到底指什么。是一个词还是两个词,都值得讨论)有这个音。作者也没有交代,我只能推测了。可以肯定,《广韵》的注释中的"方言"是指扬雄的名著《方言》,而不是指现代的方言。今本《方言》卷五作"械"。它绝不是后人造的方言字,《说文》就收了这个字,注云:"小杯也。"段玉裁《说文解字注》引《方言》后说:"按,械盖即许之'匼',音同字异。"

总之,梅祖麟逼着我读了潘悟云的《汉语历史语音学》,深感失望,我认为这本书从观点到材料都存在不少可议之处,绝不是什么主流正道的经典之作;梅祖麟把它捧为"有中国特色的历史音韵学"的"主流传统的著作",既是捧杀作者,又是贻误读者。

四　同源词与汉藏比较
——在古音研究中怎样对待汉藏比较？

梅祖麟的讲话还从同源词研究的角度，不但重点攻击了王力先生，还扫荡了从乾嘉学派、章黄学派到海峡两岸现在的不少学者。什么"徒子徒孙"，什么章黄学派"根本不是语言学"，什么"只有清儒才会发明这种论证法，外国人可没有这个能耐"，语言之粗野、狂妄以及一种说不出的怪味，哪像出自一个学人之口。他把王念孙的"因声求义"，包括王力先生的同源字"必须韵部声母都相同或相近"的原则都歪曲成"一声之转"，都是不科学的。那么，梅祖麟又是怎样考证同源词的呢？《汉藏语的"岁、越"、"还（旋）、圜"及其相关问题》是梅祖麟的得意之作，也是他考察汉藏同源词的代表作，他在文中论证了汉语的"岁"和藏语的 skyod-pa 是同源词。在这篇文章 1992 年发表的时候，我就曾对当时的研究生说过："这篇文章立论不可靠，对王先生的批评是片面之词。"因为文章中说了什么"王先生是我的太老师，我非常尊敬的前辈学者"，说什么"吾爱吾师，吾尤爱真理"；我虽然对他早有所了解，并不相信他的这些话，却因为他态度谦恭，也就只是看在眼里算了。现在为了辨明真伪，我们就看他是怎样论证同源词的吧。他说：

> "所以纯粹从汉语内部的资料来看，'岁'、'越'可能是同源字。正好东汉刘熙《释名》说过'岁，越也'，我们认为这不但是声训而且是正确的义训。
>
> 现在来说明藏文的 skyod-pa '行走、逾越、时间之逝去' 是'岁'、'越'的同源字。skyod-pa 有三种意思，'行走'和'岁'、

'越'的意符'步'、'走'相配,'逾越'和'越'字相配,'时间之逝去'和'岁'字相配。至于声韵,请比较一下:

(6) 汉:岁 *skwjats>sjwäi　　藏:skyod-pa

共同汉藏语的 *a 元音,在藏文里受到 *kw、*khw 等圆唇成分的影响而变为 o 元音,在上古汉语中保持不变,这是一般通律。共同汉藏语的 *-s 在藏文里大致保留不变,但在 -n、-r、-l 后变成 -d 再失落,-ds 直接变成 -d,所以藏文的 -d 也跟上古汉语的 -ts 对应。藏文的 skyod 和上古汉语的 *skwjats '岁'每个音都能对上号,这两个字显然是同源词。"(379 页)

拿藏语一个词的一个意思和两个汉字的一个部件相配,这是梅祖麟的发明创造;除此,这段文章讨论汉藏音义的搭配,用他构拟的汉语上古音来对应,都被他解释得"都能对上号",貌似科学。但是,我们知道,汉语"岁"这个字词在甲骨文中就出现了,表示岁星、岁时的意义。《书·尧典》:"期,三百有六旬有六日,以闰月定四时成岁。"这说明了早在殷商时代我们就已经采用了阴阳合历,很早就有了岁星纪年法。那么藏历是什么时候才有的呢? 根据藏文文献记载,它创始于松赞干布时期,最初运用物候观察,以麦熟为岁首,后受古汉历和古印度历的影响,七世纪中叶才使用十二年循环纪年,九世纪才使用六十年循环纪年。汉历和藏历相差一两千年,汉语中由天文、历法的发展而产生的专用字词"岁",怎么会同藏文的 skyod 是同源词呢?"岁"的一系列意义是:岁星(木星)、年成、年岁(由岁星运行一次到泛指一年)、年龄单位;从来也没有表示"时间之逝去"这样的意义,更没有"行走"、"逾越"的意义。强把它拉到一起,这不是汉藏比较,而是比附,梅祖麟的这篇文章是典型的比附之作。从比附出发,要求汉语上古音的构拟适应自己的需要,这只能是伪科学。梅祖麟嘲笑王先生"引了一大堆字典里有的资料,还是没有说明为什么他认为'荒(*smang)'和'秽'(*skwjats)同源。"我看,应该受到嘲笑的是梅祖麟自己,而不是王先生。为什么要引"一大堆字典里的资料"呢?王先生早在《同源字典序》中作了交代,他说:"为了保险,《同源字典》大量地引用古人的训诂,来证明不是我个人的臆断。"似乎王先生的话也打中了梅祖麟的要害,当然他不是针对梅祖麟的,而是有感于高本汉的《汉语词族》的释义多有不当而采取的正确措施。这也确实是在研究同源词时,王先生与梅祖麟的根本分歧之一;对同源词的意义确定,是主观臆断还是要有客观根据。至于是否说明了他为什么认为"荒""秽"同源,在王先生那里是很明确的。在音的方面,王先生注明:

xuang 荒:iuat 薉(秽)(晓影邻纽,阳月通转)

晓母、影母都是喉音,是邻纽,这说明了两字的声母是相近的;"荒"字是阳部合口一等,"秽"字是月部合口三等,阳部和月部的主要元音相同,又同是合口,只有韵尾有异,一是阳声韵,一是入声韵,所以叫"通转"(梅稿误作对转),因此韵母也是相近的。王先生在这里已经说明了"荒""秽"两字声音相近,意义也相近,所以是同源字。这里用的是现代语言学的声韵分析方法,绝不是什么"一声之转"。我们不知道梅祖麟为什么一定要在这里做文章,是真的没有理解王先生《同源字典》的体例(我们不想说他没有读懂),还是一定要按他的主张来认定同源词?按他的主张,"荒""秽"两字不同谐声系列,依他的拟音也不相近,似乎是不能认作同源词的。但是,为什么只能按照梅氏的主张呢?那不是太霸道吗?

梅祖麟是汉语声调源于韵尾说的积极主张者,因为古藏语是有词头、词尾的,也是有复辅音和复韵尾的,正好没有声调。要让汉语的声调也被证明是后起的才适应汉藏语的比较,这是梅祖麟及其同调者的迫切希望。于是有了上古汉语去声来自韵尾-s,上声来自韵尾-ʔ的说法。梅祖麟的《中古汉语的声调、声律与上声的来源》对上声来源于韵尾-ʔ说提出了三种证据:一是浙江温州、福建建阳、海南文昌等方言的上声字有喉塞音韵尾;二是佛经材料可以证明中古汉语上声字是短促的,这是早期有喉塞音韵尾的特征;三是古汉越语显示了汉代的上声字是从-ʔ尾来的。这种说法早被丁邦新先生驳倒,丁先生在《汉语声调源于韵尾说之检讨》中以无可辩驳的事实证明了这种说法是错误的,包括梅祖麟的三条理由。我们不在这里多引,只把丁先生在《结论》中举出的最重要的一条理由和结论抄在这里,丁先生说:

> "在《诗经》时代汉语和中古一样是有四个声调的,声调是音高,不是韵尾辅音。……如果去声字真有-s,何以-as(或-ats)能够和-at自由押韵,实在令人无法相信。如果再把在上古汉语中不可能存在的上声的ʔ和去声的-s(>-h)向下拉到《切韵》时代,更是没有确切证据的说法。"(《丁邦新语言学论文集》103页)

我们在这里只想强调一点,正如丁先生指出的,现代方言中有的上声字有喉塞尾的现象是后起的;而梅祖麟却要拿它来作为上声来自喉塞尾的证据。这又是一种以今律古的比附方法,可是在梅祖麟、潘悟云那里却是很常用的。我们知道,这种没有历史发展观点的做法,是语言史研究中的大忌,也是王力先生所不取的。梅祖麟在香港的报告中没有提出上古汉语声调来自韵尾的说法,是否他已经放弃了呢?看来并没有放弃。因为他在1999年为自己编选《梅祖麟语言学论文集》时,还选了《中古汉语的声调、声律与上声的来源》一文的英文稿,只是在后面的按语中作了一点说明,把韵尾-ʔ从上古推到了远古,承认了

"还是个尚未证实的假设"。(458页)

总之,在古音研究中如何对待汉藏比较、如何对待传统,王先生和我们同梅祖麟确实存在原则的分歧。王先生一贯重视汉藏语系语言的研究,要学生有这方面的知识,五十年代王先生在北大招收了第一批汉语史研究生,他为我们从当时的中央民族学院请来金鹏先生,给我们开了一年的汉藏语概要。王先生对汉藏比较的论著采取了很宽容的态度,认为这是一种探索,难免出错,不宜要求过严。郑张尚芳曾同王先生有过较长时间的联系,王先生始终采取鼓励和支持,甚至在古音构拟的个别问题上,也听从他的意见。这并非表明王先生赞同郑张的观点和研究方法,它只是表示一种宽容。王先生研究古音强调要有历史观点,要有系统观点,也强调要接受前人的研究成果;很不赞成随意采用汉藏语言比较的资料来促成新说。其实,这同李方桂先生的态度是完全一致的。李先生在《上古音研究》中首先高度肯定了清儒在古音研究中的成绩,认为他们在《诗经》用韵研究、谐声系统研究、《切韵》系统和古韵比较三方面都作出了巨大成绩。他一再说:"以上三项我觉得是他们对于上古音韵系统最大的贡献……我们仍然不能脱离以上三项的范围,依然得用他们所供给的宝贵材料。"(4页)"就现在的阶段而言,能成系统的考订上古音系的方法仍然要依据前面所提到清代学者的研究。"(5页)又说:"汉语与别的藏汉语系的语言的比较研究,这是将来发展汉语上古音系的一条大路,也有不少人尝试……可是这种工作一直到现在还只是初步的,还没有十分肯定的结论。我们现在可以应用的也不过少数比较可靠的例子拿来作上古音系的印证而已,还没有作到成系统的拟测藏汉语系的原始语音系统。"(5页)这同梅祖麟的看法和态度是多么对立啊!梅祖麟对传统否定一切,李先生却说清儒的研究成果是对古音研究"最大的贡献",现在还要"依据"清代学者的研究成果;梅祖麟对现有汉藏语比较推崇备至,李先生却认为"只是初步的",只有"少数比较可靠的例子"可"作上古音系的印证而已"。因此,在李先生的古音研究论著中,同王力先生一样,也是很少引用汉藏语比较材料的。我们是相信古音研究、汉藏语研究都造诣深厚的国际语言学大师李方桂先生呢,还是相信这两方面都不太地道的梅祖麟教授呢?人们是会作出正确选择的。

我们再看另一位古音研究、汉藏语研究都造诣深厚的国际学者张琨先生是怎样对待这些问题的吧。张先生在《汉语音韵史论文集》中说:"要在比较稳固的基础上进行汉藏语的比较研究,首先得把汉语、苗瑶语、藏缅语的原始形式拟出来;我们不能拿《诗经》(公元前1100年到600年)上古汉语音韵系统来跟时代较晚的古藏语、古缅甸语、泰语等的音系作比较。"(59页)又说:"究竟有没有藏缅语族?这在我心里还是一个大问题。现在最好是大家不要争辩系属划分问题,都好好地、扎扎实实地做点研究,像李先生那样把所有的泰语做出一个系统来。……把各个语族都搞清楚了,然后再说这些语言的系属划分问题。现在汉藏系语言的系属划分,完全是凭印象。"(230页)又说:"从前研究汉藏语总是想找同源语……一直到现在,如拿汉语和藏语比,找出来的同源字没有多少,偶尔有一两个字,比方说'飞'和藏语的 phur-ba 很相近,可是要深究的话,《切韵》里微韵的字跟藏语的-ur 有多少对应关系呢?很难说……我从前写过'针''铁'等字的文章,这可以找出相对应的字,可以找出一套。可是呢,这两个字可能是早期的文化借字。"(230—231页)还说:"理论假设可以,就如假设汉语原来没有声调一样。可是《诗经》以后,声调清清楚楚在那里,不能像蒲立本、梅祖麟说一直到汉朝,到了后来还可看到-s 和喉塞音的影响,这是无中生有。"(231—232页)梅祖麟所鼓吹的似乎都与张先生的主张很不相容,我们当然完全同意张琨先生的意见。也就是说:我们认为汉藏语的研究首先要把本族语研究好,然后才谈得上不同语言之间的比较研究。

  大家知道,汉藏语系和印欧语系不同,并没有从语言内部证实其语言系属。汉语和藏语即使确实同源,分开也已经五六千年,所接触的相邻语言很不一样。藏语从新石器时期同汉语分开后,到有文字的松赞干布时代,总在三千多年以上。在这漫长的时期中,它长期与西北的匈奴、突厥等阿尔泰语言接触。它们之间的影响、关系尚难肯定,怎能武断地认定古藏语有的词头、词尾、复辅音上古汉语也一定就有呢?汉藏语的比较研究比印欧语比较研究困难得多,正如李方桂先生指出的:"这种工作一直到现在还只是初步的,还没有十分肯定的结论。"这是一种清醒的估计,并没有过时。只是科学的发展需要探索,我们赞同王力先生的态度,因而对目前的汉藏语比较研究是关注的,也是宽容的;但是却不欣赏梅祖麟的比附之作,更不能容忍像梅祖麟这样否定传统,否定他人,自封"主流"的做法。当然,我们也希望汉藏语比较研究能尽快建立在语音对应规律的稳固基础之上。

参考文献

  (1) 梅祖麟:《有中国特色的汉语历史音韵学》。
  (2) 王力:《古韵分部异同考》(《王力文集》第 17 卷,山东济南:山东教育出版社,1989 年)。
  (3) 王力:《上古韵母系统研究》(《王力文集》第 17 卷)。
  (4) 董同龢:《上古音韵表稿》(《历史语言研究所集刊》第 18 本,1948 年)。
  (5) 王力:《古音脂、微、质、物、月五部的分野》(《王力文集》第 17 卷)。
  (6) 王力:《谐声说》(《王力文集》第 17 卷)。
  (7) 李方桂:《上古音研究》(北京:商务印书馆,1980 年)。
  (8) 王力:《汉语史稿》(北京:科学出版社,1957 年)。
  (9) 严学宭:《周秦古音结构体系》(《音韵学研究》第 1 期,北京:中华书局)。
  (10) 王力:《汉语语音史》(北京:中国社会科学出版社,1985 年)。
  (11) 梅祖麟:《汉藏语的"岁、越"、"还(旋)、圜"及其相关问题》(中国语文,1992 年第 5 期)。

(12) 马学良:《汉藏语概论》(北京:北京大学出版社,1991年)。
陈其光:《汉语源流设想》(《民族语文》1995年第5期)。
吴安其:《汉藏语同源研究》(北京:中央民族大学出版社,2002年)。
(13) 潘悟云:《汉语历史音韵学》(上海:上海教育出版社,2000年)。
(14) 丁邦新:《汉语声调源于韵尾说之检讨》《丁邦新语言学论文集》(北京:商务印书馆,1989年)。
(15) 张琨:《汉语音韵史论文集》(台湾联经出版事业公司,1987年)。

((原载《古汉语研究》2002年第3期;又获中国人民大学复印报刊资料《语言文字学》2003年第6期转载,《民俗典籍文字研究》第一辑(商务印书馆,2003年)转载,台北汉语历史音韵学研讨会《会前参考论文集》(2003年12月)转载)

音韵问题答梅祖麟

摘要 作者去年批驳了梅祖麟对王力古音学说及传统音韵学的攻击后,收到梅氏的来信。梅氏在信中承认一点错误,对两个具体问题作了一些解释,提出三个问题要求回答。本文就是对来信作出的正面答复。文章首先指出来信对两个具体问题的解释无助掩饰错误;然后论证了梅氏攻击王念孙的《广雅疏证》和王力的同源词研究的论点是错误的;陈述了双方对历史比较法和汉藏语比较的不同看法,指出目前汉藏语比较中普遍存在的缺陷;分析了古音构拟中的两种方式的优劣,批评了潘悟云采用的古音体系所存在的严重问题。

关键词 音韵学 复辅音 一声之转 同源词 汉藏语比较 古音构拟

2002年5月我从北京大学中文系网站上看到了梅祖麟教授2001年12月8日在香港语言学年会上所作的报告《有中国特色的汉语历史音韵学》。在这个报告里,梅祖麟教授对王力先生进行无端攻击。于是我撰写了《历史音韵学研究中的几个问题——驳梅祖麟在香港语言学年会上的讲话》一文,6月28日在南昌举行的纪念《中国语文》创刊五十周年国际学术讨论会上宣读。八月收到梅祖麟教授给我的信,信中他承认自己的讲话有错误,他说:"我在香港说王力先生不懂'同声必同部'经您驳正。我承认(甲)以前没有读过《古韵分部异同考》

(1937),(乙)妄言王先生不懂'同声必同部'更是不当。"针对我的文章,他特别作了一些解释,最后要求我在"修正稿里"回答他三个问题:"(1)一声之转是否能用来做同源词研究,(2)怎样做汉藏比较,(3)王先生的上古音系统是否能用来做汉藏比较。"对梅祖麟教授这封信,我当时只回了一封短信,未回答他所提的问题,也没有"修正"自己的稿子。后来见到梅氏在香港的报告发表在《中国语言学报》(Journal of Chinese Linguistics) 30.2 (2002),我的文章发表在《古汉语研究》(2002.3)。现在梅祖麟教授在《语言研究》(2003.1)发表《比较方法在中国,1928—1998》,并把他给我的信作为"附录"发表出来了,我如果再不回答,似乎不太礼貌,只得抽点时间,说说我的看法。

一、对梅氏来信中两个解释的看法

梅氏来信中就下面两个问题作了特别的解释:一是关于"黑、墨"的拟音和复辅音问题,二是关于以"岁"为例作藏汉语比较的问题。

关于"黑、墨"的拟音和复辅音问题,梅氏在来信中这样说:"大作……有一段是讨论我对'黑、墨'的拟音。今呈上拙著《上古汉语*s-前缀的构词功用》……(1)这篇文章补正了李方桂、董同龢上古音'黑'的拟音*hmə[kmək]。(2)宣读这篇文章……的主持人是李方桂先生……(3)平常在李方桂先生面前修改他的学说,不免战战兢兢。那次我讲完后,李先生一点没有不悦,私下也没有指责我论说不当。我相信李先生是接受我的说法的。"(23页)

我为什么在上次的驳议文章中谈到"黑、墨"的拟音呢?那是因为梅氏在讲话中抓住王力先生在《同源字典》中对这两个字的拟音,"像逮住了什么把柄似的""数落"了王先生一顿;我于是举出了李方桂先生也曾有过同样的说法来质询梅氏,为什么有过同样说法的两位学者,在梅氏那里会褒贬如此之大,一个是音韵学前进路线的代表,一个就要逐出所谓的"主流音韵学"?因此,不管李方桂先生是否接受了梅氏的修改意见,恐怕都不能拿来作为划分主流、非主流音韵学的根据,也不能拿来作为数落王先生的挡箭牌吧?我认为,梅氏这样的解释不说明什么问题。

至于梅氏在信中引用我上次文章中的一段话:"我们认为,上古有无复辅音,本来是古音研究中一个正常的不同意见,只许一说存在……任何对古音确有较深研究的学者,恐怕都不会这样武断。"然后列举了六位主张古有复辅音的学者,质问我,"他们是不是'对古音确有研究的学者'?"我的回答是肯定的,但是我说了"有无复辅音"是研究中正常的不同意见,既然如此,那么各自就应该互相尊重对方的主张。请问:王力先生对古有复辅音持保留态度,他们六位中有谁会像梅氏那样不遗余力地攻击王力先生呢?有谁会像梅氏那样只许一说存在,不许持不同意见呢?

"古有复辅音",恐怕并非根据赞成者比持保留意见者发表文章的人多就能算作定论。梅氏在来信中说:"拙著(良按,指《上古汉语 *s-前缀的构词功用》)的结论是说:*sm->*hm->中古音 x-。也就是说上古汉语比较早的阶段(可能是商代或者更早),'黑'、'威'的声母是 *sm-,后来(大概是战国时代)变为李方桂、董同龢两位先生拟构的 hm-[m̥]。"正如梅氏来信所说:李、董两位先生"把'黑'的声母拟作 hm-[m̥],是根据谐声的证据"的,梅氏的文章却是"从汉藏比较的观点",比照藏文拟成 *sm-的(这是很不可靠的,下文将分析);文章中只说"李方桂先生给上古汉语拟构的清鼻音 *hN-,更早的阶段是 *sN-"(30页),信中给出了比较具体的时代"商代或者更早"和"战国时代"。我们知道,王力先生的上古音系统很明确是《诗经》音系,而梅氏的 *sN-复辅音是"商代或更早"的音,那么比《诗经》音系起码早了六百或千年以上,并且也不是根据谐声得出来的。如果复辅音 *sm-可以跟单辅音 *m-谐声,那么 *h-为什么就不可以同 *m-谐声呢?我们说,根据谐声是得不出 *sN-复辅音结论的。梅氏信中所举的和明母互谐的晓母字,在春秋战国时代,声母不仅不可能是 *sm-,恐怕也不是 *hm-,而是 *h-。例如:双声联绵词"恍惚",又作"慌忽"、"慌惚"、"怳忽"。它们的上字都是晓母而不与明母相通的谐声字"恍""慌""怳",只能是 *h-,不可能是 *hm-;那么与明母相通的下字"惚"、"忽"应当也只能是 *h-。而这个联绵词在春秋战国时代的典籍中常用,四种写法都有。例如:《韩非子·忠孝》:"恍惚之言,恬淡之学,天下之惑术也。"《九歌·湘夫人》:"慌忽兮远望,观流水兮潺湲。"(据《文选》本,《楚辞》作"荒忽")《礼记·祭义》:"于是论其志意,以其慌惚以与神明交。"《老子》:"道之为物,惟怳惟忽。"宋玉《神女赋·序》:"晡夕之后,情神怳忽。"有无复辅音首先就要弄清时代,现在梅氏把他的 *sN-复辅音推到了"商代或更早"的时代。那么他在复辅音问题上攻击王力先生的口实就完全坍塌了。他对李方桂先生拟音的"补正",是与非,还有待进一步研究。至于有人跟在梅氏后面说"古有复辅音是常识",那恐怕只能说是无知妄言。

关于另一点解释,梅氏在来信中说:"大作……讨论了我对'岁 *skwjats>sjwai/藏文 skyod-pa'这对同源词的论证",接着引用了我批评他的一些尖锐的语句,却把我批评他的论据删去了。然后一则宣布"岁"的上古音是李方桂的拟音,他只作了一些修改;再则描绘了李方桂对他分析汉语"岁" *skwjats 和藏文 skyod-pa 同源的论证进行称赞的情景。于是质问我,如果读者知道李方桂先生赞成他的"同源的说法",会怎样看待我对他的批评。我在上次驳议一文中曾指出:汉语的"岁"是三千多年前甲骨文时代就已出现的与天文、历法有关的文化词,而藏族到七世纪以后才有历法,藏文 skyod-pa 根本与天文、历法无关,是一般的生活词。二者从时间来说,也相差在两千年左右,怎么可能成为同源词呢？因此,不管是不是李先生的拟音,也不管李先生是否曾称赞过梅氏的"同源的说法",都不能为梅氏的错误帮忙。这似乎没有多少可讨论的余地。梅氏在来信中说:"无可讳言,我不会藏文,做汉藏比较只能翻翻字典,利用前人的著作。"(25页)这种做法是很不为张琨先生所赞同的,张先生说:"不管研究什么语言,历史比较法在原则上是一样的,但在细节上有些可能不完全适用。不过研究汉藏语的人最主要还得先在材料上下工夫,因为很多人才与发音人做了三四个星期的调查,收集了一点词汇材料,然后就急于跟别的语言比,这样做靠不住,总得花(原记作'化')一两年工夫。"(232页)张先生的话是上个世纪八十年代初说的,却很切中目前的时弊,现在像梅氏这样靠翻词典作汉藏语比较的人并不是个别的,而且越是懂得少的人越是胆大。这样的浮夸学风是不可长的,梅氏似乎不应该带个不好的头。

二、"一声之转"和同源词研究

梅氏来信中要我回答的第一个问题是:"一声之转是否能用来做同源词研究？"

这就要回到梅氏在香港语言学会年会的讲话上去了。我在上次的驳议文章中说过:"梅祖麟的讲话从同源词研究的角度,不但重点攻击了王力先生,还扫荡了从乾嘉学派、章黄学派到海峡两岸现在的不少学者……他把王念孙的'因声求义',包括王力先生的同源字'必须韵部声母都相同或相近'的原则都歪曲成笼统的'一声之转',都是不科学的。"(7页)然后就批评了他所作的汉藏语同源词研究,没有就他对王念孙的《广雅疏证》所作的颠覆性评论作出正面反映。现在在这个问题上已经不只一个人对梅氏作了回应,用事实说明了梅氏的错误,本来用不着我再来饶舌;既然梅氏揪住不放,那就只好谈点个人的看法。

大家都知道，学术界历来都肯定《广雅疏证》是王念孙在训诂方面的代表作，也是乾嘉时代训诂方面成就最高的著作，与段玉裁的《说文解字注》堪称乾嘉时代文字、训诂著作中的双璧。成书后就为当时的学者所推崇，两百多年来，中外学人，交口赞誉，鲜有异议。可是梅氏在他的讲话中却全盘否定了《广雅疏证》。他认为："段玉裁、王念孙对古韵分部都有贡献"；王念孙的"《读书杂志》在校勘方面的诸多贡献，王引之的《经义述闻》记述王念孙对于经书中词句的解释，也是传世之作。"至于《广雅疏证》，虽然"王念孙说'今则就古音以求古义，引申触类，不限形体'。乍一看，像是个非常合乎现代语言学的想法。""但是一旦付诸实现，就创立了'一声之转'的同源词研究。"嘲讽这是一种"没有论证"的模式，"可以算是有中国特色的，因为（1）只有清儒才会发明这种论证法，外国人可没有这个能耐，（2）只有在'不破师说'的文化传统中，这种论证法才会延续下去。"因此，我们在上次驳议文中才不得不批评梅氏的这些论断和嘲讽是具有"一种说不出的怪味"的妄言。

研究汉语历史语言学的人都应该知道：《广雅》是继《尔雅》之后的一部重要的训诂书，是一部解释词义的书，也可以说是一部近义词汇释。它把先秦、两汉经传子史、医书、字书中所出现而不见于《尔雅》的字大都收罗在内，内容繁复庞杂，可算是囊括了汉魏以上的文字训解。王念孙注疏《广雅》，一要校勘文字，正今本之讹误，补脱落，删衍文；二要援引典籍，探求《广雅》所收义训的根据；三要对各条所收字词的音义关系进行分析，有古今、地域之异，有同源、关涉之殊。由于《广雅》所收的字和训释来源都很杂，加以清代以前又无注本，正如周祖谟先生指出的："为《广雅》作注没有足够的学识和坚忍不拔的毅力是不能成功的"。（350页）王念孙经过十年努力，三易其稿，才完成这部名著。只就校勘来说，《疏证》校订原书的讹误、错乱、脱夺处就达一千三百余条(据《疏证·自序》)。至于在疏证词义、阐发训诂方面,更能贯穿群书,援引精确,从多方面来疏通古训,指陈所注疏的字词的音义关系。《广雅》原书不到两万字,《疏证》五十万字左右,不但具体考释、疏证成绩卓著,而且在理论和方法上也给后人许多启示。段玉裁在为《广雅疏证》作的《序》中说:"小学有形、有音、有义,三者互相求,举一可得二。有古形、有今形,有古音、有今音,有古义、有今义,六者互相求,举一可得其五……怀祖氏能以三者互求,以六者互求,尤能以古音得经义,盖天下一人而已矣。假《广雅》以证其所得,其注之精粹,再有子云,必能知之。"王力先生在《中国语言学史》中也指出:"如果说段玉裁在文字学上坐上第一把交椅的话,王念孙则在训诂学上坐第一把交椅。世称'段王之学';段、王二氏是乾嘉学派的代表,他们的著作是中国语言学走上科学道路的里程碑。"(201页)一古一今两位同行学者的议论,可以说是无可移易的定评。

可是梅氏既不问《广雅》是什么书,也不顾《疏证》的性质和内容,一笔抹杀《广雅疏证》在多方面的创获。轻率地把王念孙的"就古音以求古义,引申触类,不限形体"的解决多类型词语(同义词、方言词、古语词、同源词)的音义关系的方法,简单地归结为一种"一声之转"的研究同源词的模式。然后从《广雅疏证》中摘引两条,断章取义,根据自己的逻辑来指摘"一声之转",嘲讽王念孙。梅氏说:

> 下面引证《广雅疏证》两个例(良按:为省篇幅本文引用时,删版本、卷次、页码。下同):
> (1)闾,里一声之转,乡谓之闾,遂谓之里,其义一也。(《释诂》)
> (2)《方言》云:"蘴,荛,芜菁也(梅氏脱引'芜'字)。陈楚之郊谓之蘴,鲁齐之郊谓之荛,关之东西谓之芜菁。"……芜者,蘴之转声也,荛之声又转而为蔓。(《释草》)

例(1)中,"间"属来母鱼部(*rjag),"里"属来母之部(*rjəg)(按:网上版本原作,"里"属来母佳部*rjig)。例(2)中,"蘴"属滂母中部(*phjəngw),"芜"属明母鱼部(*mjag),"蔓"属明母元部(*man)。读了《广雅疏证》,我们不知道为什么"间""里"是同源词,为什么'蘴''芜''蔓'是同源词。更不知道*phjəngw→*mjag→*man这种'一声之转'是神话还是语文学。

陈新雄教授的《质疑》和华学诚等的《商榷》都对此作出了回应,指出王念孙不是"没有论证",而是用丰富的文献资料论证了"间"、"里"之间和"蘴"、"芜"、"蔓"之间的意义相通,也指出了"间""里"古韵鱼部和之部相通是常例。我这里想补充的是:要明白王念孙并没有说它们是同源词,他只肯定了两例中提到的词不但意义相通,声音也是相通的,即贯彻了以声音来求语义的原则。同源词是后起的概念,我们不能强加给两百年前的王念孙;他的因声求义实践包括了后代的同源词,也孕育着后代的同源词研究。"间""里"义近,声音也相通,是近义词;"蘴"、"芜菁"、"蔓菁"是同一种草在不同方言中的名称,是方言词,王念孙认为"蘴"、"芜"、"蔓"在声音上也有通转关系。这里不见得王念孙就真的错了。"蘴"不是明母,但是它同"芜""蔓"都是唇音,在方言中并不能断定它们就不能相通。下面我们举几个现代方言的例子来看:

无　北京 u　苏州 vu 文,m 白　温州 vu　广州 mou　厦门 bu 文, bo 白　潮州 bo

雾　北京 uˀ　苏州 vuˀ　温州 vøyˀ 文,moˀ 白　广州 mouˀ　厦门 buˀ　潮州 buˀ

蔓　北京 manˀ 文,wanˀ 白　苏州 meˀ　温州 maˀ　广州 manˀ　厦门 banˀ　潮州 puengˀ

(据《汉语方音字汇》第二版 128 页、129 页、223 页)

三个古明母字在现代方言中不是也还有念唇音 b、p 的吗？请问梅氏，你凭什么断定王念孙错了，可以嘲笑他的分析"是神话还是语文学"呢？"一声之转"是古人探讨汉语音义关系的用语之一，王念孙在《广雅疏证》中还用了许多类似的用语，真正认真读过《广雅疏证》的人，无不肯定王念孙在讨论音义关系时是相当谨慎的。当然《疏证》并不是全无疏漏，但是那只是学术发展过程中必不可免的白璧微瑕。后来某些人滥用通转，随意比附，才是应该受到批评的。梅氏为什么会作出与众完全不同的评论呢？他在讲话的第一个注释中说："写作期间，郭必之给我讲解《广雅疏证》"；是否说明他并没有认真读过《广雅疏证》，只凭别人有限的讲解，就敢推倒两百年来学术界的公论。这未免胆子太大，学风过于轻浮了吧？

至于从《广雅疏证》生发开去，重点攻击王力先生，横扫"章黄学派"的"徒子徒孙""旁支别流"，把王力先生、邢公畹先生等的同源词研究一概归之为经梅氏歪曲过的"一声之转"的研究方法。我在上次驳议的文章中用了五六百字批驳了梅氏对王先生有关"荒""芴(秽)"同源的嘲讽，严正指出：王先生的同源词研究"用的是现代语言学的声韵分析方法，绝不是什么笼统的'一声之转'。我们不知道梅氏为什么一定要在这里做文章，是真的没有理解王先生《同源字典》的体例，还是一定要按他的主张来认定同源词？"梅氏没有回答我的质疑，再次发出"一声之转是否能用来做同源词研究"的追问；这是不是说明，梅氏要坚持认为王先生就是"章黄学派"的"旁支别流"，王力研究同源词的方法就是清人的"一声之转"？那么梅氏可以拿出理据，摆出事实，对我上次的质疑进行反批评，只要在理，自当受教。不从正面驳议，避实就虚的做法，是讨论问题的正确态度吗？

至于王力先生是不是如他所攻击的，是只懂得"一声之转"的"章黄学派"的"旁支别流"呢？我们也不得不同梅氏辩个明白。王力先生在《王力文集·序》中说:"我二十六岁开始走上语言学的道路。当时是 1926 年,我在清华大学国学研究院学习,赵元任先生教我们音韵学,我从此对语言学感兴趣。……1927 年冬,我赴法国入巴黎大学,学习实验语音学,同时听房特里耶斯(Vendryes)教授讲普通语言学。我的博士论文是《博白方音实验录》……1932 年秋回国,我在清华大学中文系任教,讲授中国音韵学概要和普通语言学。"王力先生的这段自述,说明他是语言学科班出身,先后受教于语言学大师赵元任和房特里耶斯。他在法国接受了最新出现的房特里耶斯的语言学理论,对当时已成为语言学高潮余波的历史比较语言学自然也是很熟悉的,从回国还教过普通语言学也足以说明。到了四十年代,王先生写《中国语法理论》和《中国现代语法》,他不但吸收了叶斯佩森(Jespersen)和房特里耶斯的语言理论,也还吸收了布龙菲尔德(Bloomfield)的语言理论。这说明王先生是密切关心世界语言学的新成果、新理论方法的。五十年代他写《汉语史稿》,就专门谈到了历史比较法,六十年代发表过专谈古韵拟测的文章《先秦古韵拟测问题》。王力先生是中国现代语言学的奠基人之一,这是学界的共识,恐怕不是梅氏的几篇文章就能抹杀的。

再谈王先生的同源词研究,这与梅氏弄的同源词也不是一回事。梅氏弄的是汉藏语同源词,即不同语言来源于共同祖语同一个词发展至今的不同形式;王先生研究的同源词是一个单音词为主的语言内部由于词义造词、音变造词而形成的音义相近的同族词。请问梅氏:高本汉的《汉语的词族》(Word Families in Chinese)同王先生的《同源字典》所采取的理论方法有什么不同?王先生说:"为了编写一部谨严的《同源字典》,我必须严格地坚持两个原则:(一)同源字必须是双声兼叠韵的;(二)同源字必须有训诂的根据。"同时还从刘熙的《释名》讲起,谈到宋代的右文说、章炳麟的《文始》,论其得失,也批评了高本汉的《汉语的词族》,说:"它的性质近似于章氏的《文始》,所不同者是没有原始字。高氏这篇文章的缺点也是音韵通转太宽,以致凭空臆测,所得的结论与章氏《文始》大不相同,但同样是可靠性不大。"(112页)王先生在多篇文章中批评了滥用"一声之转"的现象。他在《略论清儒的语言研究》中指出:王念孙的"就古音以求古义"的主张是合理的,"把这个原则推广到'声近义通'……就变成牵强附会了。"并说:"王氏父子已经有一些穿凿附会的地方,后人变本加厉,片面地强调'声近义通',主观臆断,无所不用其极。"(71页)在《语言学在现代中国的重要性》中也说:"中国小学界的现状是怎么样的?趁着一般人视音韵之学为玄妙,就拿'双声','叠韵','对转','旁转','一声之转'来证明一种很靠不住的学问。"(31页)我不知道梅氏读了王先生的这些话会有什么反应,在我看来,只要是真正相信真理的学者,应该是有所反思的。我们固然不要迷信前人,但是也不可盲目迷信自己。梅氏抓住"一声之转"从王念孙批到章黄学派,再批到王力先生,说了许多不符事实的话,这比说王力先生不懂"同声必同部",是更大胆的妄言。这不禁使我想起了杜甫的"不废江河万古流"的诗句,时代虽然变了,人情和哲理却是依旧的。

三、历史比较法和汉藏诸语言的比较研究

梅氏提出的第二个问题是:"怎样做汉藏比较"?

其实,这个问题我已经在上次驳议的文章中表示过我的意见。我引用了张琨先生有关进行汉藏语比较研究的主张后,说道:"梅祖麟所鼓吹的似乎都与张先生的主张很不相容,我们当然完全同意张琨先生的意见。也就是说:我们认为汉藏语的研究首先要把本族语研究好,然后才谈得上不同语言之间的比较研究。"接着我指出了汉藏语并没有

"从语言内部证实其语言系属。汉语和藏语即使确实同源,分开也已经五六千年",情况复杂,比较研究远比印欧语困难得多,"正如李方桂先生指出的:'这种工作一直到现在还只是初步的,还没有十分肯定的结论。'"(9页)因此我在回答梅氏的信中说,对这个问题在答辩文章中,"我的观点大致已经说了,也无意再说什么。"从上面的概括复述中,不难看出我对"怎样做汉藏比较"持什么样的观点。可是梅氏不愿意就此罢休,我也只得再申述一遍,说得更直白、详尽一些。

讨论汉藏语比较,不能不谈到历史比较法。梅氏的《比较方法在中国,1928—1998》是他把旧作《中国语言学的传统和创新》经过"改写"重新发表在《语言研究》上的。在这里他是以权威的姿态、带着很大的偏见、用西方某些人的眼光来总结二十世纪中国语言学的发展的。他几乎无视半个世纪以来大陆语言学的成绩,即使偶尔提到大陆学者的成果,也要加以贬低。比如他肯定周祖谟先生对《切韵》性质的研究,却要给周先生戴上"语文学家"的帽子(言下之意,当然是够不上"语言学家");而把他自己摆在"新历史语言学在中国的历程"中起过重要作用的几个语言学家之中,与董同龢先生、张琨先生平起平坐(22页)。梅氏在文章中还提出,二十世纪在语言学领域出现了三项新的方法和理论:"(1)描写语言学,(2)结构主义,(3)比较研究,包括比较构拟。"不过,这概括未必全面,而且我只好不客气地指出,这些并非只有梅氏才掌握了的。在中国大陆对这些方法和理论比梅氏懂得多的,大有人在,就是被梅氏视作"语文学家"的周祖谟先生,我也敢肯定一定比梅氏懂得多。周先生的入室弟子鲁国尧教授最近发表的《论"历史文献考证法"与"历史比较法"的结合》就比梅氏谈得深入得多。

至于王力先生,更在《汉语史稿》中专门谈到了历史比较法。他说:"语言学成为一门科学,是从历史比较法开始的。历史比较法开始于十九世纪初期,最初叫做比较语法(包括语音)。所谓比较,是把有亲属关系的语言加以比较的研究。当然在开始研究的时候并不知道它们是亲属的语言;但是,语音和语义的配合在最初既然没有必然的关系,那么,如果在不同的语言里有一些音近义同的词就是值得注意的。个别的地方相近或相同应该说是偶然的,如果系统地找出对应的规律来,那就绝对不是偶然的了。"(24页)接着他简要地介绍了历史比较法的大要,论述了研究汉语史采用历史比较法的必要性并涉及历史比较法的缺点。A.梅耶(Antoine Meillet)说:"比较方法只能得出一种相近的系统,可以作为建立一个语系的历史的基础,而不能得出一种真正的语言和它所包含的一切表达方式。"又说:"构拟并不能得出人们说过的那种真正的拉丁语;任何构拟都不能得出曾经说过的'共同语'。"(14页)可是潘悟云在《汉语历史音韵学·自序》中说:"自高本汉以后,汉语音韵学在研究方法上有了根本的改变……不仅其研究是以复原有声语言为目标(重点号为引者所加),而且其研究方法也是通过活的方言和亲属语言的历史比较来进行构拟工作。"(1页)梅氏不但看不出这是知识性错误,还推许潘悟云的这本书为当代中国主流音韵学的代表作。可见梅氏对历史比较语言学的了解,与王力先生相比,是不可同日而语的。

怎样做汉藏语比较呢?我们同梅氏确有几点原则分歧:(一)在我们看来,必须对比较的语言都相当熟悉才能做汉藏语比较;而在梅氏那里,只要会国际音标,有一点语言学知识,靠"翻翻字典,利用前人的著作",就可以做汉藏语比较。(二)我们同意张琨先生的意见,要在比较稳固的基础上进行汉藏语的比较研究,首先就要把各个语言、语支、语族搞清楚,把汉语、藏缅语、侗台语、苗瑶语的原始形式都拟出来,才能找出语音对应规律,进行可靠的比较研究;而在梅氏那里,只要从字典里找出汉语和藏语的一对词,两者音、义都相近,就可以进行比较,就可以认定二者同源。(三)我们认为,直到现在汉藏语比较研究还没有作出满意的成绩,能吸收进汉语古音研究中的资料并不太多,这同王力先生、李方桂先生作出论断时的情况变化并不太大;而在梅氏他们那里,则认为汉藏语比较研究有了很大发展,古音研究用不用汉藏语比较资料,已经是划分主流和非主流的分界线。(四)我们认为,"汉藏语系"还只是一种假说,缺乏充分的证据,尚有证实的必要;而在梅氏他们那里则认为,汉藏诸语言是一个语系,这已经是常识。

前两点不只是方法的分歧,也是学风的迥异。梅氏承认"我不会藏文,做汉藏比较只能翻翻字典"(25页),从字典里去找汉、藏两种语言音义都近、能够配对的词,一旦发现就算找到了同源词。这样的做法,是我们绝对难以苟同的。可是有些自命能与国际接轨的新派人物,却依葫芦画瓢,承继了这种衣钵,在自己的著作中靠翻字典就引用多种汉藏语同汉语比较的资料,还拿来炫耀自己的渊博。我在上次的驳议中已经引述了张琨先生的有关论述批评了梅氏,这里再引李方桂先生怎样对待这个问题的自述,进一步来明辨是非。李先生在《汉语研究的方向》中说:"我个人自从1930年到1970年左右,四十年的工夫我没有作中国音韵学的东西,一直都专门在作泰语的研究。……我在这四十年之中,对于泰语这方面比较的研究,曾经发表了很多的论文。但是对于泰语跟汉语的关系的论文却一篇也没有写过,这就表示我对于这件事情非常没有信心。"(238页)一个既有国学根基、又对泰语作了四十年研究的大学者,对做汉泰语比较还"非常没有信心";可是梅氏和某些新派"主流",凭着翻查字典的本事,却很有指点江山的气势,是不是学问越少"雄心""信心"反而越大呢?

就我粗浅的考察看,这些年来某些研究汉藏语同源的文章中存在三种可议之处,我把它叫做"三隔",即三种难以说通的隔阂。

一是"音隔",语音上有隔阂,即从古音上说不通。例如潘悟云《汉语历史音韵学》中的用例:

"壩　rags 堤坝"（156 页）

"武　dmag 军队"（160 页）

"田　lings 田猎"（218 页）（按：后鼻音以 ng 代，下同。）

引例中第一项是汉语字词,第二项是藏语的音,第三项藏音后的小字是藏语词义。例①是认为汉语的"壩"与藏语的"rags 堤坝"是同源词。潘悟云用它来作为汉语上古去声有*-s 尾的证据。这里的问题很多,我们先只从古音说不通这一点来讨论。先不管去声来自*-s 尾的说法是否能成立。我们从声韵谈起,"壩"是二等字,可以有个-r-,可是它的声母是帮母,跑到哪里去了呢？汉语"壩"的上古音与藏语的音对得上吗？这就是音隔。如果说是掉了,怎么掉的？再说去声来自*-s 尾,早已被许多学者从多方面批评透彻,我在上次的驳议文章中也引过丁邦新教授的文章,丁文有力地论证了声调源于韵尾说不能成立。潘悟云对丁文采取了避重就轻、避实就虚的做法。这是做学问的诚实态度吗？这里姑且不去多费笔墨。说有*-s 尾,也是一种音隔,形成双重音隔。其实"壩"是后起字,始见于《集韵》,怎么可能有*-s 尾呢？怎么会与藏语有同源关系呢？例②,汉语"武"是明母鱼部,依哪一家的拟音都不是复辅音,没有声母 d-(包拟古将"武"拟作*ma:k),这也是音隔。潘悟云是引来作"汉语上声字对应藏文的-g"的。上面已经说过,声调源于韵尾说不能成立,不过可以由主张阴声韵有浊辅音韵尾来解释。可以不算双重音隔。"武"和"军队"意义上也是勉强配上的,属于下面要说的"义隔"。例③,汉语"田"是定母、真部,据潘悟云说："传统脂质真在藏文中的同源词,有些是*-i、*-ig、*-ing。"（217 页）我们姑且承认他的假设,但是定母怎么变成了 l-,-s 尾又是怎么来的？这也是双重音隔。

这里需要申明,我们在这里还不是按王力先生的古音系统来谈音隔,而是就这些"做汉藏语比较"的人自己主张的古音系统来考察他们自己的说法。如果进一步要求,语言的历史比较在语音方面是要求语音的规律对应,而不是单个词的声韵相同或相近。相同相近者未必同源,迥异者却未必不同源。在现有的汉藏语比较研究中恐怕还找不到符合这个要求的成功例证。

二是"义隔",意义上有隔阂,比较的两个词意义上有差别,不易相通,拐弯抹角,勉强凑合上。比如:上次批评的梅氏的汉语的"岁"与藏语的 skyod-pa(行走,逾越,时间之逝去)同源的说法,就是一个相当典型的例子。上文说到梅氏比照藏文把汉语"黑"拟成 *sm-,很不可靠,问题也出在义隔。梅氏在《上古汉语 *sm-前缀的构词功用》中说:"换言之,'黑'是 *sm-。藏文 smag '黑,黑暗'……和汉语'黑'字同源,可证 *sm->*hm->x-。"(30页)包拟古拿藏文 smag 同汉语"黑"比较时,smag 的藏义注作"暗的,黑暗"。包拟古是对的,梅氏加注"黑"是错误的。其实这个藏文的意义相当于古汉语的"暗",汉语的"黑"原指黑色,汉代以后才引申出"黑暗(昏暗无光)"的意思。陈保亚教授告诉我:"'黑'的藏文是 nag po,藏语核心词'黑'是 n 声母,在藏语几大方言中都是 n 声母。缅文也是,缅语也是。"藏缅语的"黑"声母根本不是 m-,而是 n-,不用藏缅语的同义词"黑"与汉语的"黑"比较,是音对不上,属于音隔;改用义为"暗的,黑暗"的 smag 来比较,从音的方面有了说法,可是又掉进了义隔的泥坑。说得不好听一点,这就叫做"拉郎配"。

下面再举几个包拟古《原始汉语与汉藏语》中的例子:

藏语 rags 壩、堤	坞 *ʔraːk	(157页)
藏语 phub-ma 短稻草	髮 *p(l)ðp	(137页)
藏语 sdom 蜘蛛(sdom-pa 捆缚)	蚕 *sdhəm/dzâm	(70页)

例①,在汉语里无论古今,"坝"和"堤"并不是一回事,汉语"坞"本是小城堡,更同"坝""堤"扯不上关系。包拟古把它们认做同源词,显然是"义隔"(上面提到潘悟云是把这个藏语词同汉语的"坝"作比较,那是"音隔")。"坞"最早见于居延汉简,和"坝"一样也是后起的事物、后起的字词。都不可能构成汉藏同源。例②,藏语的"稻草"和汉语的"髪"拉到了一起,无非是音相似,"头发"不理或许跟杂草、稻草也有些形似。可是汉藏分开的新石器时代,居住在黄河流域的汉藏两族的先民就有"稻"的概念吗?例③,包拟古解释说:"最后一个对应例在词义上好像是没问题的:'蜘蛛'和'蚕',最初一定是'捆缚者,织网或茧者'的意思,从动词'捆缚'派生而来。"这种推想似乎很有道理,不过我们的古人还不至于"蚕"和"蜘蛛"都分不清楚;养蚕在中国是很古的,传说黄帝元妃嫘祖就教民养蚕,不过当汉族和藏族的先民在新石器时代分开的时候,是否就懂得养蚕,恐怕还有待考证。意义是很难掌握的,有很大的任人联想的空间,这就是王先生强调研究同源词"必须有训诂的根据"、批评高本汉"凭空臆测"的原因。现在有的做汉藏语比较的人,在这方面比高本汉有过之,而无不及。这是很难令人满意的。

三是"类隔",在汉藏比较中,同源词和借词是很难划分清楚的,两者是不同的类,把借词算做同源词,我们就把它叫做"类隔"。我在上次的驳议文章中引过张琨先生的话:"我从前写过'针''铁'等字的文章,这可以找出几个对应的字,可以找出一套。可是呢,这两个字可能是早期的文化借字。"(231页)张先生是对的,新石器时代怎么会知道几千年以后才发现的铁呢?把这些后起的词当作同源词,就是归错了类,是"类隔"。再举《汉语历史音韵学》的用例:

"(汉)银 *ngǔn　　(藏)dngul 银"(146页)

(独龙)银 ngǔl (148页)

"（汉）楼　　　（藏）thog 楼"(208 页)
"（汉）栋　　　（藏）gdung 梁,栋材"(209 页)
"（藏）grong 村庄/hgrong 村落　　（汉）巷厘/弄来"(280 页)

例①,"银"和铁一样,是殷商以后才有的事物,直至秦汉仍多称白金。汉语、藏语、独龙语成为关系词,应是借贷关系。例②,汉语"楼"原是指用木头搭成供了望的高架,战国末年才有供居住的"重楼"。例③,"栋"和"梁"非一物,而且"梁"本指木桥,引申为屋梁;它们是房屋建筑发展到相当高程度以后才会出现的文化词语。如果原始社会古人曾长期巢居或穴居,汉族和藏族的先民在新石器时代分开的时候,不可能出现这种科技词语。例四,"村庄/村落"和"巷/弄"意义上有城乡之别,属于"义隔",这里不去讨论。我们这里只想指出:"巷"是街市出现以后的词,"弄"本义为玩弄,用作"里弄"义更是六朝以后的事,怎么可能是汉藏同源词呢?语言是社会现象,是随着社会的发展而发展的;作语言比较研究,如果古汉语知识欠缺,又没有明确的历史观念,不联系社会发展来考虑问题,不闹笑话才怪哩!

以上批评都只是举例,也许容易给人留下狡辩的余地;这里不妨再举出两位学者对相同语言资料所作的比较研究来说明问题。上个世纪五十年代闻宥先生在《"台"语与汉语》中比较了 142 组"基本的、具体的"词和十二个数词(个位数和"百、千")后说:"目前可以确信为台汉同源的字,只有第 67 '鸡'一个。此外第 35 血字也有同源的可能。其余台汉相近的字,不是偶合,便是互借。再不然,便是有更远更复杂的渊源。三者之中,大约以第二类占大多数。"(121 页)而最近郑张尚芳在他的《汉语与亲属语言比较的方法问题》中提出了不同意见,他说:"依我们分析 142 词中有 108 条是同源的。"并列举了"脸 hna 对腮 *snɯɯʔ,眼 ra 对矑 *raa,颊 ken 对脸 *kram,耳 rɯ 对颐 *lɯ,嘴 pak 对

辅 *ba……天 wa 对宇 *hˆwa?……鸭 pit 对匹 *phid，鱼 pla 对鮒 *pa（据庄子音义），鸟 nuk/rok，当据拉珈 mlok、侗语 mok 对鹜……"（8 页）等等。这就是说，郑张确定的同源词，在闻宥先生那里百分之九十八以上是不被认可的。差别如此巨大是如何造成的呢？谁是谁非呢？一般都应该是后出转精的，可惜学术史上并非绝对如此。波澜起伏总是自然和社会发展的必然规律。

首先，我们看到，郑张是把配对的词大都作了调换，比如上举各例，在闻宥先生那里是"脸对脸"、"眼对目"、"颊对颊"、"耳对耳"、"嘴对口"、"天对天"、"鸭对鹜"、"鱼对鱼"。闻宥先生特别强调了选择配对词的代表性，批评了马伯乐（H. Maspero）、西门华德（W. Simon）等，闻先生说："他们不是在同义字之中选择可以代表这个语言的字，而是选择比较的时候适合自己所需要的字。"（84 页）郑张正是采取了闻宥先生所批评的那种态度，问题也就表现在三隔上。

我们知道：(1) 汉语的"脸"和"腮"很不同，"脸"原指"目下颊上"，即古代妇女搽胭脂的地方，宋代以后代替了古代的"面"（从额到下巴）；"腮"（本作"颛"）是现代两颊的下半部，也叫腮帮子，可能源于鱼鳃。台语的"脸"确指什么，我们不清楚；但是汉语的"脸"和"腮"都是后起字词，不会早于六朝，怎么可能成为台语和汉语的同源词呢？(2) "眼"原指眼球，今代替古代的"目"，指整个眼睛；"瞳"指黑眼珠，也就是"睛"，后起，不常用。二者有全体和部分之别。(3) "颊"与"脸"对，如果台语的"颊"是指从额到下巴，那倒与现代汉语的"脸"对得上。可是汉语的"脸"原指"颧骨"处，怎么办？(4) 汉语的"颐"是颊或腮，怎么可以同"耳"对呢？(5) "嘴"原指鸟嘴，后来代替了"口"，也指人嘴；"辅"本车辅，指绑在车轮外用以夹毂的直木，又用作"酺"，即面颊。"嘴"和"面颊"怎么好拉在一起呢？(6) "天"，颠也，本指人的头顶；"上天"一义不见于甲骨文，天命观出自周代。"宇"本指屋檐，引申指边界、空间,《淮南子·齐俗》:"往古来今谓之宙,四方上下谓之宇。""宇"字单用无"上天"义。而且"天"、"宇"都是后起的文化词,不可能出现在殷商以前的原始社会,构成台汉同源词。(7)"鸭对匹",这里找了一个很偏僻的用例来满足"鸭"音的需要,可谓用心良苦。《礼记·曲礼下》:"大夫雁,士雉,庶人之挚匹。"郑玄注:"说者以匹为鹜。"陆德明《经典释文》:"依注作鹜,音木,鸭也。"郑玄作注以"说者"标示出来,采取了不肯定的态度;陆德明注音,也未敢自信,"依注"注音,并未注"匹"的音,而是注"鹜"的音,"音木"。这样一来,郑张的拟音*phid 就很有些成问题了。(8)"鱼对鲋"、"鸟对鹜"两条,据郑张解释:"鲋为古小鱼统称,鹜既为古人最常猎食的鸟——野鸭,又为雏鸟统称,故可转指大名。"(9页)这一解释错误很明显。"鲋"的解释郑张注明是根据《庄子音义》,查《庄子音义》下《外物》:"鲋,音附,又音蒲,本亦作蒲。李云:'鲵、鲋,皆小鱼也。'"这是说"鲵"和"鲋"都是一种小鱼,并没有说"鲋"是"小鱼统称"。古书上"鲋"指鲫鱼,似乎没有异议。"鹜"不是"古人最常猎食的鸟",而是家鸭;魏晋以后才有时也指野鸭。上文所引《礼记》的陆德明疏:"野鸭曰凫,家鸭曰鹜。"《现代汉语词典》也注释得清清楚楚,实在不应该弄错。闻宥先生把这种不加甄别、选择的同源词配对的做法叫做"'自由结婚'的危险性";依我说:是胆子大,乱点鸳鸯谱。闻先生说:"汉语和某些邻接语言的关系是十分复杂的。不把两方面的文献贯通了来爬梳,是无法了解彼此间的真实关系的。"(123)这是一位对汉藏语言深有研究的前辈学者的经验之谈,他还有不少有关汉藏语比较的原则意见,都是很值得我们重视的。

总之,目前汉藏语比较研究中存在方法上的分歧,很有必要明辨是非;至于学风上的轻率浮夸,大言欺人,无疑是应该坚决纠正的。

下面我们将讨论后两点分歧:这二十多年汉藏语比较研究的成果如何评价?汉藏诸语言是否无疑是一个语系?

我们不妨先引一段汉语和藏语关系密切的主张者俞敏先生的话，他在《汉藏两族人和话同源探索》中说："从三十年前就主张汉藏关系近的有王静如、W. 西门和笔者……但是我们的意见引起的反响是很微弱的。本来么，材料不充足，方法不严密，有种种欠缺，自然产生这样的结果。最弱的是比常用词多，比语法少。我们里头有的人古汉语知识又欠些，免不了胡安排。"又说：即使古汉语知识不欠缺，熟悉材料，"那工作还逃不脱一个更致命的弱点——循环论证。……反响微弱，是赶上读者好脾气儿了。"（204 页）俞敏先生是真学者，他与某些连汉藏语比较的皮毛都懂得不多的人，是多么鲜明的对照啊！那些人跟着人家背后收集一点汉藏语比较的所谓"证据"，随声附和，就自诩是同国际接轨，"有自己建树"，就敢谈对中国语言学"作点贡献"；研究汉藏语言比较四十多年的俞敏先生却在这里把长期以来汉藏语比较中存在的问题和盘托出，这不是把那些人的梦幻新衣都揭穿了吗？

俞先生指出从语言内部证明汉藏语同源的困难后说："正面突破做不到，咱就迂回。……要是咱们能用史料证明汉、藏两族原是从一个母系氏族派生出来的，语言同源就得到坚如磐石的根据了。"（205 页）在这方面俞敏先生和邢公畹先生都作了认真的努力，他们的说法不无说服力；但是仍然只能说是一种推论，难以认作信史。退一步说，即使证明了汉藏两族同源，在分开至少有两三千年历史不可考的情况下，也不能保证汉藏两种语言一定同源，因为一个族群在几千年间还存在改用别种语言的可能性。我上次驳议的文章是在承认"汉语和藏语即使确实同源"的立足点出发来谈我的看法的。我表示，即使同源，情况复杂，也不能要求分开两三千年后的汉语，必定要同分开三四千年后的藏语相似；也就是说，公元七、八世纪的古藏语有词头、词尾，有复辅音，不能要求公元前六世纪以前《诗经》时代的古汉语也一定要有。打个不一定妥当的比方，如果这样要求，这不是要求伯伯、叔叔要像侄儿吗？

有这样的逻辑吗？何况从藏族史前传说和西藏地区的考古发现来说，不少藏族史专家认为，藏族先民就是旧石器时代、新石器时代在这里居住的考古遗址的主人，"绝非从其他地方迁来的"（参看《西藏通史》）。如果承认这个说法，那么汉语和藏语同源说的基础就动摇了。

我们在这里引用俞敏先生的意见，并没有要整个否定这些年来汉藏语比较研究的意思。我们对许多做汉藏语比较的学者这些年来的努力探索及其成果是肯定的，并且仍然坚持我在上次驳议文章中所表示的态度，对他们的研究要关注、要宽容。我们只是认为，不要夸大现有成果，从而否定李方桂先生在《上古音研究》中的估价："这种工作还只是初步的，还没有十分肯定的结论。"（5页）也不要把王力先生说的"这一方面（指汉藏语比较）也还没有做出满意的成绩"，当成陈旧观念、保守言论。我们应该看到，汉藏诸语言的比较研究比印欧语系的比较研究困难得多。因为印欧语系诸语言一是有形态变化，二是它有多种公元前的古文字，如古希腊文、古波斯文、古罗马文（拉丁文）、巴利文和梵文等，这两点有利于比较和考核；而汉藏诸语言除藏缅语有形态变化和汉语有公元前的古文字外，既无形态变化，又无古文字，这是很不利于比较研究的。因而做汉藏语比较绝不是短时间就能得出确定而令人满意的结论的，轻率而自以为是的做法只会给研究工作带来无法弥补的损失。汉藏诸语言系属关系的确立，只有在对诸语言的现状和历史都有较深的了解研究后，语音对应规律也弄得比较清楚，才能得到解决。

四、古音构拟和汉藏语比较

梅氏提出的第三个问题是："王先生的上古音系统是否能用来做汉藏比较？"

首先我就不得不说,这个问题的提出就是相当无理的。为什么呢?我们前面已经说过,汉藏诸语言是否一个语系,还有待证明。梅氏却要求把汉藏语系作为无须证明的大前提,来判断一个古音系统能否按他选择的材料和他采用的方法来证明汉语和藏语同源。这不是陷入了循环论证了吗?

在梅氏他们看来,汉语的上古音系统要比照藏语来构拟。潘悟云说:"语言的变化会使两个亲属语之间的语音差距变大,但是汉语与藏语的分化时间并不太久,上古汉语的构拟往往以藏文的语音形式作为主要参考依据就是这个原因。可以这样认为,上古汉语的拟音与古藏文的语音形式越接近,其可靠性就越大。"(266页)应该说,这不是潘悟云的"创新",观点来自包拟古。包拟古说:"目前存在好几家上古音构拟体系,其共同缺点是他们的构拟结果多未能与亲属语的形式密合,换言之,'比较构拟'未受重视,至少比起材料来所受的重视要少。"(3页)包拟古的话说得比较含蓄,留下很大闪避的空间;潘悟云的话说得直白,露出了明显的糊涂观念。"分化时间并不太久",多长算太久呢?汉语和藏语从分化到有文献的古藏语,据最短的估计也在三千年以上;那么从假设的原始印欧语分化到古希腊文、古波斯文、古罗马文、巴利文、梵文等都不到两千年,到古日耳曼语也才两千年左右,到古英语、古法语、古德语也不到三千年。两相对比,哪个久?从古日耳曼语到现在的英语、德语还不到两千年,两者的形式能"密合"吗?我在上文已经说过,要求《诗经》时代的上古汉语同古藏语相似,是很不合理的。如果说分化两千年后的上古汉语还同古藏语一样有词头、词尾,是一种黏着语;再经过一千年左右,到《切韵》时代就同现代汉语一样,变成了孤立语,一点黏着语的痕迹都不留下。这是不是前两千年变得太慢,而后一千年又变得奇快呢?我们认为,上古汉语不可能,也不应该与古藏语太相似;因此说什么"上古汉语的拟音与古藏文的语音形式越接近,其可靠性就越大",只能是无稽之谈。

王力先生怎样对待这个问题呢？他在《先秦古韵拟测问题》中说：

"拟测又叫重建。但是先秦古韵的拟测，和比较语言学所谓重建稍有不同。比较语言学所谓重建，是在史料缺乏的情况下，靠着现代语言的相互比较，决定它们的亲属关系，并确定某些语音的原始形式。至于先秦古韵的拟测，虽然也可以利用汉藏语来比较，但是我们的目的不在于重建共同汉藏语；而且直到现在为止，这一方面也还没有做出满意的成绩。一般做法是依靠三种材料：第一种是《诗经》及其他先秦韵文；第二种是汉字的谐声系统；第三种是《切韵》音系（从这个音系往上推）。"（291页）又说："古音的拟测是以音标来说明古音系统。这些音标只是近理的假设，并不是真的把古音'重建'起来。但是，即使是假设也要做得合理，如果假设不合理，连古音的系统也会弄错了的。"（339页）

王先生在这里明确表示拟测先秦古音是依靠传统使用的三种材料，一般不用汉藏语比较材料，这跟从高本汉到董同龢、陆志韦、李方桂等都是一致的，而不同于梅氏等人。构拟要看对象，如果是重建汉藏共同语，当然要用汉藏语比较材料，只能采取历史比较的方法；如果是构拟史料丰富的先秦《诗经》音系，当然应该以文献资料为主，适当参考其他资料，采取以历史文献考证为基础的内部构拟法。李方桂先生深明此理，所以尽管他掌握了非常多的汉藏语材料，他在《上古音研究》中却极少引用。其实中外语言研究，情况都一样，只说英语史和俄语史吧，引用了多少语言比较的材料呢？我们都看到，它们也大都是建立在文献考证的基础之上。

高本汉完成他的名著《中国音韵学研究》以后，就在清代音韵学家研究的基础上进行上古音的构拟，先后出版了《中日汉字形声论》(1940)《中上古汉语音韵纲要》(1954)，其后几家影响较大的上古音系统是董同龢的《上古音韵表稿》(1945)、陆志韦的《古音说略》(1947)王力的《汉语史稿》上册(1957)、李方桂的《上古音研究》(1971)。各家系统的明显分歧概括起来有如下几点：（一）有无复辅音。王力一家持保留态度，没有复辅音；董同龢拟有复声母，但又说："复声母还要算作未知数"；陆志韦赞成古有复辅音，却说"其详不得而知"。（二）一个韵部是一个主要元音还是多个主要元音。王、李两家是一个主要元音，其他三家是多个主要元音。（三）阴声韵有无韵尾辅音。王力一家坚持阴、阳、入三分的特点，阴声韵不拟浊辅音韵尾，其他四家都有。（四）在介音的处理上，高、董、陆三家是直接把中古的介音系统搬到上古。王力一家由于一个韵部只拟一个主要元音，要区分一、二等，于是开口二等拟个-e-，合口二等拟个-o-。李方桂一家也是一个韵部一个主要元音，同韵部的字从上古到中古的分化条件靠介音和声母为依据，他认为上古无合口，部分中古合口来自圆唇舌根音 kw、gw，上古有两个介音-r-、-j-和一个复合介音-rj-，四等韵里的-i-是元音性质，不算介音。可以看出，各家对构拟虽有不同看法，但是总的趋势是在向统一的方向发展。

因此，李方桂先生1983年在北大中文系为他召开的"上古音学术讨论会"上对王力先生说："我很高兴听到王先生有这么多意见跟我相同，我想将来会有更多的人持相同的意见。……我们现在之所以还有一些相同的意见，就是因为我们多少还有一些根据。我自己的这个办法也许还存在很多问题，但我希望后来人能够捡起这个破烂摊子，希望很多人能够有一个比较一致的看法。有这个一致的看法对于语言的比较研究用处很大，假使拿汉语跟藏语或别的语言比较，而各人对上古音的看法都不一样，那么比较的结果必然是乱七八糟的。"（15—16页）从李先生的这段话中，我们可以体会出三点意思：一是他不把自己的构拟看成是完美无缺的,不像那些自命"主流"者的自以为是;二是他对跟王先生有很多相同意见感到高兴,绝没有把他同王先生的分歧看成古音研究中的不同路线;三是李先生看到当时还拿不出一个认识统一的古音系统,这正是李先生不轻易做汉藏语比较的重要原因之一。

至于被梅氏许为当代音韵学主流的代表著作潘悟云的《汉语历史音韵学》,它的古音系统又是怎样的呢?我上次的驳议文章顺带对它作过一些批评,是因为读了它以后,确实"深感失望",担心经梅氏这样一捧,会贻误更多的读者。我指出:"这本书知识性错误实在太多",甚至会犯《广韵》都没读懂的错误;后来有人还抱打不平,质问我,除了我指出的三个例子外,还有多少?并说什么"如果这真的就是最离谱的错误,那么我对潘书反而就比较有信心了"。我真不知道质问者为什么不自己再审核一下潘书,看看自己能否发现更多错误,再来"仗义执言"。现在《古汉语研究》(2002年4期)发表了孙玉文的《〈汉语历史音韵学·上古篇〉指误》,该文说:"发现本书《上古篇》错讹太多,初步核查,有100多处。""篇幅有限,本文只举38例,少加分析。"(顺带说一句,我曾对作者说,计算错误,标准一定要从严,宁可少算,绝不要多算。)孙的"指误"全是有根有据的,这也证明我的话并没有说错。批评者还武断地认定我是"未及细读的情况下"就把"潘书拿来作靶子,往死里打"。这样说,真不知出于什么目的?说一句"深感失望",很有节制地指出一些错误,就是"往死里打"?我要告诉这位批评者:我说"深感失望"就表示我对潘悟云的这本新著原本期望值很高;但是读了以后,却只能说老实话。十九世纪英国著名小说家萨克雷在《市侩书》中说:"市侩是卑下地赞美平庸事物的人。"更何况潘书比萨克雷说的"平庸事物"更下一等。最近这位批评者还在网上向读者推荐潘书,对潘书的评价只提到"确实难读"。俗话说:"内行看门道,外行看热闹。"看来,这位批评者至今都没有看清潘书的门道,还处在"看热闹"的境况之中。现在情况的发展,逼得我只好对潘书提出基于事实的因而更严厉的批评,目的在于辨别真伪。

我在上次的驳议文章中还说过:"我认为这本书从观点到材料都存在不少可议之处,绝不是什么主流正道的经典之作。"又说:梅氏的吹嘘,"既是捧杀作者,又是贻误读者。"我在说这些话时,本来还给潘书留了很大余地,只作了一些旁敲侧击的暗示,暗示他在观点方面存在很多问题。比如我在批评潘书的"语音的形态相关"的"主要规则"时,选择他列举的第一条规则进行了重点批评。他在这条里,列举了六类十七对语音交替的例子,我只选择了两类四对,现在重抄如下:

aE ～eE　　亡*mang ～氓*mreng　　单*tan ～㘴*ten

ɯE ～aE　　居*kɯ居之切 ～居*ka 九鱼切

黮*grɯ̌m ～甘*kam

上次我只批评作者没有说明这种语音交替到底反映了上古汉语的什么形态,其实这里的问题很多。潘书在举例前解释说,"这种交替相当于清儒的旁转",第一对例子"亡"和"氓"是"表示阳部(-ang)与耕部(-eng)交替"(127页)。十七对用例有六对是同一个字,十一对是同声符的字;不但同声符的字分属不同韵部,同一个字也可以分属不同韵部。注意,不是阴、阳、入三声对转,是旁转。这是从顾炎武以来,或者按梅氏的说法,从段玉裁以来难得找到的"谐声原则"。按说,这都应该算知识性错误,我们却把它算作观点欠妥了。潘书还明确地总结出他的谐声规则:"*-im(p)大多与-em(p)出现在一个谐声系列"(244页)。这就是说,他的丙类韵部大多是两个韵部共一个谐声系列。

显然潘书的这种做法是从郑张尚芳那里来的。郑张在《上古韵母系统和四等、介音、声调的发源问题》中曾说"敦"字的四个异读王力先生的上古拟音是：①都昆切作*uən②度官切作*uan③都回切作*uəi④都聊切作*iəu。（64 页）何九盈的《上古元音构拟问题》对郑张这个说法提出了批评。我和何九盈教授交换意见时，他让我加了一个按语。这个按语是："其实郑张完全误解了王力先生。王先生在《王力古汉语字典》中为'敦'字列了八个今音，收了七个反切。在五个今音下列了古韵，都是文部或微部。其他三个今音下未列古韵，因为那是通假音。'敦'的都聊切是通'雕'的音，如果列古韵，也是'雕'的古音。不分本音和通假音，将把古音研究搅得一团糟，某些古音研究者却没有觉察到这一点。"（33 页）

我在选择旁转这条用例批评潘书时，就含有要提醒梅氏，潘书在这里完全打破了他所高举的"同声必同部"的原则。告诉他，他不厌其烦地谈论段玉裁的"同声必同部"，原本是把炮口对准王力先生的，可是炮弹却偏偏会飞到他封为主流音韵学家潘悟云那里去。

上次的驳议文章都只是零碎地、旁敲侧击地批评了潘书的某些观点，现在要全面讨论古音构拟问题，这就不得不谈到潘书采用的上古六元音系统。潘书第十六章《上古汉语的元音系统》比较了李方桂、王力、郑张尚芳三家构拟的元音系统，特别肯定了郑张的构拟系统，也就是他采用的系统。他列了一个表，只是把郑张自己所列的表在方式、次序上作了改变，韵部标识也有些变动。为了便于分析，我们还是把郑张自己所列的表抄录如下（为了比较，凡王力先生有的韵部下加重点号）：

	i	ɯ	u	o	a	e
-0	脂	之	幽	侯	鱼	支
-g	质（即）	职	觉	屋	铎	锡
-ŋ	真（昆）	蒸	终	东	阳	耕

-u	幽(幼)	幽	×	宵(夭)	宵	宵(尧)	
-ug	觉(激)	觉	×	药(沃)	药	药(的)	
-b	缉(执)	缉(涩)	缉(纳)	盇(乏)	盇	盇(夹)	
-m	侵(添)	侵(音)	侵(枕)	谈(赣)	谈	谈(兼)	
-i	×	微(尾)	微(灰)	歌(戈)	歌	歌(地)	
-d	质	物(迄)	物(术)	月(脱)	月(曷)	月(灭)	
-n	真	文(欣)	文(谆)	元(桓)	元(寒)	元(仙)	(69页)

郑张总结说:"以上共三十部57韵。实际还有古入声变去声的一些韵也要分开,那要增加23韵……六个元音还各分长短,分为六对。"(70页)这里郑张说是三十部,好像同王力先生的主张一样,而实际上是五十七部。他把"幽、觉""宵、药""缉、侵""盇、谈"和"歌、月、元"等五套韵部都一分为三,把"(脂)、质、真""微、物、文"一分为二。分开后主要元音不同。王力、李方桂的古音系统的重要特点之一就是一个韵部只有一个主要元音;换句话说,就是主要元音不同便是不同韵部。这里换个名称是掩盖不了实质的。

我们知道,传统的阴、阳、入三分的三十部也好,二十九部也好,三十一部也好,都是从顾炎武起到现代的古音学家黄侃、王力等人几百年来根据诗文押韵、谐声和《切韵》系统三者结合的研究成果,现在一分为二、一分为三,固然不可能符合诗文押韵的实际,也必然要打乱谐声系统。先看押韵,例如《诗经·卫风·氓》第六章前八句七个韵脚都是元部字,按王先生的拟音,全是-an,韵押得非常和谐;按郑张的系统,把元部一分为三,用郑张的拟音列在下面:

及尔偕老, 老使我怨(-ons)。 淇则有岸(-ans), 隰则有泮(-ons)。

总角之宴(-ens), 言笑晏晏(-ans), 信誓旦旦(-ans), 不思其反(-on?)。

看！这还能算押韵吗？哪里还有一点韵律和谐的可能！我看,古代诗人如果有知也会要提出抗议的。

郑张把它们分开的依据是异读、不规则变化、假借和零碎而不可靠的汉藏语资料；正如我上面已经指出的,他们是不管什么"同声必同部"的,不但同声符的字可以分属多部,甚至同一个字都可以分到四个韵部中去。这样一来,"-k、-ng"的甲类韵部("幽、觉""宵、药"除外),如果真实地按王力先生的办法处理,不会出问题；但是,实际是另搞一套,问题也不少,还有归入甲类韵部的"脂、质、真"更是另外的问题,由于篇幅有限,我们就不分析讨论了。至于"-n、-t"的乙类韵部和"-m、-p"的丙类韵部就都既不合诗文押韵,又必然乱了谐声系统。因此这个"上古六元音系统"的古音体系既是建立在沙滩上,又是自相矛盾的。经过上面的讨论,古音构拟中的两种不同做法和结果,哪一种比较符合《诗经》时代的古音实际,应该是明白不过的了。这绝不是某些自吹自擂或者互相吹捧的言辞所能改变的事实。我不得不说,潘书这样一个学术上的豆腐渣工程,一本从材料到大框架都大成问题的著作,梅氏却把它捧作当前的"主流音韵学"的代表作,无疑将误导读者,造成学术上的严重损失,梅氏难道不应有所反思吗？

更有甚者,潘悟云在一封广为散发的信中,竟然说什么："郑张尚芳的上古六元音系统是'文革'时间形成的。王力先生1978年在《中国语文》上发表了'同源字论',提出了与《汉语史稿》完全不同的上古韵母系统,说明他在"文革"十年一直在重新调整他的体系。比较过两者的人都会感到两者何其相似,为什么呢？因为他们两人"文革"期间一直在互相讨论,希望有一天能够公布这些信件,也是中国语言学界的一段佳话。"又说："否定王力先生等于否定郑张尚芳。"明眼人一看,无疑会意识到潘想要暗示什么,也会知道这是见不得阳光的谎言。请问:《同源字论》与《汉语史稿》的上古韵母系统有哪一点不同?都是二十九部,就只"药部"改称"沃部","葉部"改称"盍部",宵部、沃部、幽部、觉部、歌部和鱼部、铎部、阳部的拟音有些改动(au ～ ô; auk ～ ôk; əu ～ u; əuk ～ uk; a ～ ai; ɑ ～ a, ɑk ～ ak, ɑŋ ～ aŋ)。应该知道,名称的改变,拟音的改变,并不会改变韵母的系统;难道作为搞音韵的教授、博导,连这一点都不懂吗?"完全不同的韵母系统"从何而来?说郑张的上古六元音系统和王先生的上古音系统两者"何其相似"(还有一种比较谦虚的说法:"发展了王先生的系统"),经过上面的分析;可以确证这个六元音系统既不是王力古音系统的发展,更不是"何其相似",而是风马牛不相及。潘悟云的这种做法,我宁肯相信是由于浮躁无知而不是有意说谎。(这封信也染上了狂妄放诞的病菌,问题还很多,这里就不浪费笔墨了。)

至于用王先生的上古音系统能不能做汉藏语比较?事实是有人确实这样做过。俞敏先生的《汉藏同源字谱稿》就是一个例子。俞先生在《谱稿》的"例言"中说:"本谱收字横着分五栏。1. 藏文拼法和简单释义。2. 相应(可以算同源)的古汉语词。3. 王力先生给古汉语拟的音,以郭锡良(汉字古音手册)为准。4. 藏文透露的古汉语音。5. 经籍里用例。"(65 页)这篇近六十页的《谱稿》发表在《民族语文》1989 年第 2 期、第 3 期,收在《俞敏语言学论文集》中。参考王力先生的拟音做汉藏语比较的,在大陆恐怕并不只俞敏先生一人。梅氏是否应该把自己的眼光放开一些?

梅氏的提问我都回答完了,我不禁想起季羡林先生在《20 世纪中国学术大典·序》中的一段话,不妨用来作我这篇文章的结束语。季先生说:"倘若再从中西文化碰撞这个角度来看,西方文化,包括精华和糟粕,有的甚至于算不上文化,都如汹涌的怒涛一般,冲入中国,势不可挡。中国仿佛成了一片空虚,哪里还谈得上碰撞!中国一部分人又犯了一窝蜂的老毛病,凡外皆佳,是华必劣,对西方文化顶礼膜拜,其虔诚胜于朝山进香。鲁迅是主张'拿来主义'的,如果他能活到今天,看到这种'拿来'的情况,一定会是痛心疾首,而又无可奈何。反观西方,一般人仍以'天之骄子'自命,对中国文化一无所知。多少年来,我张皇'送去主义',我自认是有道理的。"(14页)季先生的话切中时弊,表达了学术界广大同仁的心声。是的,我们赞同鲁迅先生的"拿来主义",中外古今,只要是精华,都可以拿来;但是我们不会数典忘祖,也不会顶礼膜拜。对外来文化,我们当然要采取开明的态度,但是也一定要明辨是非,分清真伪,该碰撞时还得碰撞。梅氏发起的这场争论,也算是音韵学领域的一场碰撞吧。

2003年5月13日初稿,6月5日二稿,7月中修改定稿于北京海淀蓝旗营小区

参考文献

梅祖麟:《有中国特色的汉语历史音韵学》(《中国语言学报》,2002.2)。
梅祖麟:《比较方法在中国,1928—1998》(《语言研究》,2003.1)。
梅祖麟:《上古汉语*s-前缀的构词功用》(《第二届国际汉学会议论文集》,台北,1989)。
郭锡良:《历史音韵学研究中的几个问题》(《古汉语研究》,2002.3)。
张琨:《汉语音韵史论文集》(张贤豹译,台湾联经出版事业公司,1987)。
周祖谟:《读王念孙〈广雅疏正〉简论》(《周祖谟语言文史论集》,浙江古籍出版社,1988)。
王念孙:《广雅疏正》(上海古籍出版社,1983)。
王力:《王力文集序》(《王力文集》1卷,山东教育出版社,1984)。
王力:《同源字论》(《王力文集》8卷,山东教育出版社,1992)。
王力:《汉语史稿》(《王力文集》9卷,山东教育出版社,1988)。
王力:《中国语言学史》(《王力文集》12卷,山东教育出版社,1990)。

王力:《语言学在现代中国的重要性》(《王力文集》16卷,山东教育出版社,1990)。

王力:《略论清儒的语言研究》(同上)。

王力:《先秦古韵拟测问题》(《王力文集》17卷,山东教育出版社,1989)。

王力:《〈同源字典〉的性质及其意义》(同上)。

陈新雄:《梅祖麟〈有中国特色的汉语历史音韵学〉讲辞质疑》(《语言研究》2003.1)。

华学诚:《就王念孙的同源词研究与梅祖麟教授商榷》(《古汉语研究》2003.1)。

北大中文系语言学教研室:《汉语方音字汇》(第二版)(文字改革出版社,1989)。

鲁国尧:《论"历史文献考证法"与"历史比较法"的结合》(《古汉语研究》2003.1)。

A.梅耶:《历史语言学中的比较方法》(岑麒祥译,科学出版社,1957)。

孙玉文:《汉语历史音韵学·上古篇指误》(《古汉语研究》2002.4)。

潘悟云:《汉语历史音韵学》(上海教育出版社,2000)。

李方桂:《上古音研究》(商务印书馆,1980)。

李方桂:《汉语研究的方向》(《中国语言学论集》,台湾幼狮文化事业公司,1987)。

李方桂等:《上古音学术讨论会上的发言》(《语言学论丛》第十四辑,商务印书馆,1987)。

(美)包拟古:《原始汉语与汉藏语》(潘悟云、冯蒸译,中华书局,1995)。

闻宥:《"台"语与汉语》(《中国民族问题研究集刊》第六集,1957)。

郑张尚芳:《上古韵母系统和四等、介音、声调的发源问题》(《温州师范学院学报》1987.4)。

郑张尚芳:《汉语与亲属语言比较的方法问题》(《南开语言学刊》2003)。

俞敏:《汉藏两族人和话同源探索》(《俞敏语言学论文集》,商务印书馆,1999)。

俞敏:《汉藏同源字谱稿》(同上)。

恰白·次旦平措等:《西藏通史》(陈庆英等译,西藏古籍出版社,1996)。

何九盈:《上古元音构拟问题》(《纪念王力先生百年诞辰学术论文集》,商务印书馆,2002)。

季羡林:《20世纪学术大典·序》(语言学卷)(福建教育出版社,2002)。

[**附录**]去年郭锡良"复梅祖麟教授的信"

梅祖麟教授大鉴:

八月十二日来函及大作五篇,均已收悉,谢谢!台端"承认(甲)以前没有读过《古韵分部异同考》(1937),(乙)妄言王先生不懂'同声必同部'更是不当。";有此认识,深表欢迎。

至于其他问题,台端所作解释,虽难苟同,但是都能持讨论问题的态度,自可从长计议。

我在答辩文章中说,在对待传统和对待汉藏比较研究方面,我们存在原则分歧,我的观点大致已经说了,也无意再说什么。

余不一一。

此颂

文祺

郭锡良 2002.9.2

(原载《古汉语研究》2003年第3期;2003年12月台北汉语历史音韵学研讨会《会前参考论文集》转载;又被收入《中国当代思想宝库》,中国工人出版社,2005)

简评潘悟云的《谐声分析与异读》*

《音韵问题答梅祖麟》完稿后,收到友人送来的潘悟云在"东方语言学网站"上发出的一个帖子《谐声分析与异读》。潘在帖子中为他把"氓"归入耕部作了虚张声势、狂言唬人的辩解,并以腹诽和表示轻蔑的方式对待我上次对他的批评,还妄想颠倒是非,把错误推到我身上;因此不得不简单地给予批驳,以正是非。

潘悟云说:"有两种意义上的谐声分析,一种是语文学的,一种是语言学的。严格说来,语言学意义上的谐声分析是从董同龢的《上古音韵表稿》开始的。语言学意义上的谐声分析的特点,是把谐声作为一个系统与结构进行分析,从谐声行为总结出谐声原则来指导整个上古音系的构拟。"首先我们要问,"两种意义上的谐声分析"是谁划分的?根据何在?如果是潘悟云个人的"创新",那么两者的区别就要讲清楚。潘帖提出所谓的"语言学意义上的谐声分析的特点",验之潘悟云的实践,难免有"挂羊头"之讥。"把谐声作为一个系统"本是传统谐声分析的特点,可是在潘的实践中对这点是最不遵守的。我在《答梅祖麟》一文中对潘这方面的问题已作了较详尽的揭示,可以参考,不再重复。因此,我在那篇文章中说"潘书在这里完全打破了他(梅氏)所高举的'同声必同部'的原则",梅氏"原本是把炮口对准王力先生的,

---

* 本文作为对潘悟云的回答,先贴在北京大学中文系网站上,后又附录在《音韵问题答梅祖麟》之末,发表在《古汉语研究》。收入本《论集》时补上了《参考文献》。

可是炮弹却偏偏会飞到……潘悟云那里去。"而在潘帖中,梅氏只能站在潘所指摘的"死扣段玉裁'同声必同部'"的"语文学的"谐声分析之列;尽管潘悟云曾乞求梅氏"对中国语言学""能够担负起领导责任",帮助"拨正研究方向",但在这个问题上却无可奈何地要与梅氏发生内讧了。

潘悟云拉上董同龢先生作大旗,其实董先生把歌、月、元分成两系,跟潘悟云等的把它们分成两类或三类完全性质不同。董先生在《汉语音韵学》中总结说:"*a 与 *ê 两个系统在谐声中分得相当清楚,《切韵》仙薛祭的1、2两类恰恰分属两个系统之内。"(284页)潘帖没有提到的叶、谈两部,董先生也分成两系,他说:"*a 与 *ɐ 两个系统在谐声中分得很清楚。……黄侃晚年有'谈添盍帖古分四部说'大致与此相同。"(285页)可见董先生是遵守"同声必同部"原则的,按潘的标准只能跟黄侃同属他所指摘的"语文学谐声分析"之列;李方桂先生也不例外是属于语文学范畴的,因为他认为"拿研究谐声字所得到的结果跟《诗经》用韵的结果互相印证"是清代学者的重要贡献(3页),他只"用他们所供给的宝贵材料"来作研究(4页),没有在谐声分析上提出新见。只有潘悟云和他的同道所"创新"的"现代语言学意义上的谐声分析",确实与传统的谐声分析(潘所谓的语文学的)有巨大分歧,潘记谐声分析的特点是:一个谐声系列可以出现在两个以上的韵部,甚至一个字都可以分属两个或三四个韵部,用不着考虑"同声必同部"原则。

据说现代语言学意义上谐声分析的特点是由于他们重视异读和活语言的结果;恕我不客气地说:这如果不是有意骗人的谎话,就是自欺欺人的胡话。这里就拿潘帖要进行强辩的"氓"字为例来解读潘记谐声分析的实质。潘帖说:"'氓'字,北京有 máng、méng 两读,后者对应于《广韵》的莫耕切一读,前者对应于《广韵》失收的明母唐韵读音,'氓'的或体'甿'在《类篇》又读谟郎切,正是这个读音。《广韵》读耕韵的除'氓'以外,还有'萌'字。它们都是常用字,所以我更相信'氓'在上古就有阳部、耕部两个读音,前个读音在《广韵》一系韵书中失收,在北京等方言中保留下来。我与郭老先生的分歧也就出来了。郭老先生相信字书……我则比较相信活的语言材料。"潘帖似乎讲得头头是道,可惜他把一些基本问题都弄错了,因而变成了不是谎话,就是胡话。北京"氓"字确有两读,但是 máng 音只用于"流氓"一词中,这是后起音,大讲方言历史层次的人,怎么在这里不问历史层次了？再说,这个音绝对不是什么"对应于《广韵》失收的明母唐韵读音",这纯粹是胡猜。《说文》:"氓,民也。从民亡声。读若盲。"大徐本用孙缅《唐韵》注音:"武庚切"。小徐本朱翱注音:"没彭反"。这说明"氓"字在唐五代以前还多收在庚韵之内,与"盲"同音。《广韵》的莫耕切反映了庚、耕两韵混用的情况。"甿"的谟郎切更不是"氓"的什么"失收"读音,《类篇》十三下:"甿:谟郎切,旷野,或作畗。又莫耕切,《说文》田民也。""甿"作"旷野"解与作"田民"解应是同形字,通用作"氓"的只是作"田民"解的"甿"。我真不知道潘帖是怎么错的？如果讲异读不顾意义,这是基本理论上的失误。"氓"为什么会列入耕韵呢？王力先生在《汉语语音史》中指出汉代"耕部范围扩大","阳部范围缩小"(《文集》102页),先秦阳部的开、合口二等和部分开、合口三等转入耕部(104—105页)。因此汉魏以后出现的反切注音和韵书把"氓"字收入耕韵或庚韵是出自不同注音人的决定,而不是"氓"字有两读。《广韵》耕韵:"氓,民也。"与《说文》的释义相同,都是指称百姓或外来的百姓,折合今音都应该读 méng。"氓"在北京产生了后起义,用于"流氓"(《辞源》《汉语大字典》收列"流氓"一词,无书证,《汉语大词典》列今人陈白尘作品为书证),于是也产生后起的异读 máng。"盲"今音 máng 也是后来发生的变化。弄清楚了这一关系,潘悟云的多项猜测之辞,就都不攻自破了。董同龢《上古音韵表稿》也把"氓"列在阳部所辖的庚韵中,加注说明"《广韵》入耕韵"。如果我只点到这里,潘悟云和他的同道还会有遁词。潘可以说"写作时间太匆促,材料核实不够";捧场的也会说"无论他的研究有多少问题","他敏锐的学术眼光","知难而上的勇气",对"语言研究的正面影响都是毋庸置疑的"。

这就逼得我不能不指出:潘悟云在这里所以错误累累,根本原因是理论方法上错了。本来道理很简单,要确定先秦古韵系统只有两项资料,一是先秦古籍的押韵,二是谐声字的系统。李方桂先生在《上古音研究》中说:"这两方面的研究是根据两种不同的材料,用不同的方法所得到的结果。能相合,能互相应证,这使我们对于韵部的分类更可相信。"(3页)《切韵》系统只能用作古韵分部的参照系,而不能作为分部的根据,这应该是搞音韵的人的基本常识。所谓"拿《切韵》上推古音",一般是在古韵分部确定后,再拿《切韵》系统作为出发点,跟先秦的韵部比较,来观察上古音到中古音的演变痕迹。古韵各个部到中古分到哪几个韵,总是有规律、成系统的,但是也有少数逸出规律、系统的用例,前人都视作不规则变化。"氓、甿、萌"在董同龢的《表稿》和王力先生的《汉语史稿》中就都是作为不规则变化处理的。这是根据《广韵》来定的,如果根据《唐韵》,它们都在庚韵,就是合乎规律的规则变化了。从顾炎武到李方桂写《上古音研究》都是这样做的,没有异议;潘悟云为了贬低这种做法,给它扣上语文学的帽子,似乎他就能把一种实事求是地研究先秦古音的科学方法打入另册;然而这只能迷惑某些人于一时,经不起知情人轻轻地一戳。

据潘悟云自称,他重视活的语言,运用的是比语文学(潘曾说:相当于初等数学)高一个等级的现代语言学(潘曾说:相当于高等数学)的方法,"坚信""来源于上古阳部的中古二等韵是庚,来源于上古耕部的中古二等韵是耕",根据这一理论"坚信",他就可以大胆凭中古的音韵地位来决定上古的韵部归属,因而"'氓'在上古就有阳部、耕部两个读音"。这就是体现了潘记"历史比较语言学的基石"的做法,也是他的"语言学意义上的谐声分析"的典型例证。我不知道他的这个理论方法是从哪里学来的？或者是他自己的"创新"？我可以断言,这样的"创新"只能是贻误他人,也害了自己。其实这跟早已被批判的"叶音说"是相通的,是"以今律古"的反历史主义的做法。潘帖还有其他理论上、引例上的错误,(例如潘帖第一段说:"如'娲、叉、哇、洼、䐃、蜗'等等一大批字上古都属于鱼部,却有麻佳两个异读。"六个字没有一个是鱼部字。又,"䤍"有佳韵又读,错误与"甿"有耕部又读同。)限于篇幅不能一一指出。很明显潘帖的作者自己陷在了错误的泥坑中,他却杜撰出"两种意义上的谐声分析,一种是语文学的,一种是语言学的"。他用的是语言学的,别人用的是语文学的。这难道不是一方面拉大旗作虎皮,美化自己;一方面又歪曲事实,贬低对方吗？这不禁使人想起:三十多年前红卫兵的脾气和一贯的手法,怎么在今天的学人身上又复活了？这种做法绝不是个人问题,而是将毒化学术空气,贻害年轻一代,因而不得不作个简单的回应。

(2003年7月20日定稿)

参考文献

潘悟云:《谐声分析与异读》(东方语言学网,2003.6.30)。
郭锡良:《音韵问题答梅祖麟》(《古汉语研究》,2003.3)。
董同龢:《上古音韵表稿》(历史语言研究所单刊甲种之二十一,1944)。
董同龢:《汉语音韵学》(广文书局,1968)。
李方桂:《上古音研究》(北京,商务印书馆,1980)。
王力:《汉语语音史》(《王力文集》10卷,山东教育出版社,1987)。

(原载《古汉语研究》2003年第3期)

反训不可信

在古代汉语的教学和研究中,我们往往会见到"反训"的说法。所谓反训就是说一个词有正、反两个意思。例如"臭"字,现代汉语只指难闻的臭气,与"香"相对;但是在古代汉语中,"臭"既指难闻的臭气,又指芬芳的香气。例如:

> 如入鲍鱼之肆,久而不闻其臭。(《孔子家语·六本》)
> 同心之言,其臭如兰。(《周易·系辞上》)

例一是说进入了臭咸鱼的铺子里,闻到的当然是臭气;例二是说像兰草的气味一样,当然是芳香。人们于是把"其臭如兰"中的"臭"字,解释作"香",这就叫做反训。

反训被明确地提出来是从晋代郭璞开始的。我国最古的一部训诂学著作《尔雅》是一种故训汇编性质的书。它把许多训释汇辑在一起,因此往往一字多训。例如《尔雅·释诂》:

> 治、肆、古,故也。肆、故,今也。

郭璞在给《尔雅》这一条作注时就说:"肆既为故,又为今,今亦为故,故亦为今。此义相反而兼通者。"又《释诂》:

> 徂、在,存也。

郭璞注云:"以徂为存,犹以乱为治,以曩为曏,以故为今,此皆诂训义有反复旁通,美恶不嫌同名。"所谓"义相反而兼通","义有反复旁通,美恶不嫌同名",都是说一个词有正反两个对立的意思,也就是反训。

自从郭璞提出反训以后,确有不少注疏家、训诂学家沿用、赞同它。清代著名的训诂学家王念孙就说:"凡一字两训而反复旁通者,若乱之为治,故之为今,扰之为安,臭之为香,不可悉数。"①但是也有很多注疏家、训诂学家是抱怀疑、持反对态度的。早在宋朝,贾昌朝就在《群经音辨》中提出了疑问。他说:"夫理乱之义,善恶相反,而以理训乱,可惑焉。"②清代著名的训诂学家段玉裁、桂馥、朱骏声也都对反训有所批评。朱骏声批评把"祥"字解释成灾异、怪异时说:"按祲祥字犹祸福、善恶,岂宜通称,必是假借。如经传乱借为敵……羊即借为蝇,非本字有两谊相反也。"③

究竟一个词在同时同地能否具有正反两个意思呢?即反训的说法是否成立呢?这是需要辨明的。有的同志认为懂得反训,对阅读古书可以有帮助;也有人声称词有反训是一般常识。其实,这是把传统训诂学中早有争论,需要扬弃的见解,当作了真知灼见,这是大可商榷的。更有人在《北京晚报》写文章,说什么"臭"在古代兼有芳香、恶臭两方面的意思,正是汉语富有辩证精神的体现,批评别人认为"臭"在古代是气味的意思是不懂辩证法。这就更近乎颠倒是非了。我们知道,语言是人类的交际工具。人们在交际、交流思想时,说话需要明确,如果对立的概念用同一个词来表示,就容易产生歧义,影响交际。一般来说,在共时的语言词汇系统中,具有正反两个对立意义的词是很难存在的,除非在说反话时,临时给某个词加上了一种相反的意义。但是那只是一种修辞手段,而不是词的固有意义。

下面试就人们常谈的某些反训词,进行一些具体分析。

一、臭

我们还是先从"臭"字谈起。"臭"字用作名词在先秦是"气味"的意思,《广韵》说:"臭,凡气之总名。"例如:

色恶不食,臭恶不食。(《论语·乡党》)
口之于味也,目之于色也,耳之于声也,鼻之于臭也,四肢之于安佚也,性也。(《孟子·尽心下》)

从上述例证来看,"臭"本是同声、色、味等并列的概念,包括腥臊膻香等各种气味;后来词义缩小,只指难闻的气味,才与"香"对立。它的古义和今义是上位概念和下位概念的关系。用今义去理解古义,于是产生了正反两个意思同用一个词的反训说法。王筠说:"臭为腥臊膻香之总名,引申为恶臭。"④他的意见是完全正确的。战国以后,"臭"的词义也许已经开始缩小。例如:

香、臭、芬、郁、腥、臊、洒(当作漏,马臭)、酸(当作庮,牛臭)、奇臭以鼻异。(《荀子·正名》)

第二个"臭"字仍是气味的意思。第一个"臭"字和"香"并举,是词义已经缩小的体现,但是在先秦这种用法是极个别的。《说文解字》除了在《犬部》收了"臭"字以外,又在《卣部》收了"殠"字,解释说:"腐气也。"可见到了汉代,"臭"这个词的今义"腐臭"已经用得比较普遍,因而人们给今义另造了一个分别字"殠"。后来"臭"的古义逐渐消亡,于是剩下"腐臭"一个意义,"臭"行而"殠"废。此后人们在阅读古书时,没有考察"臭"字词义的消长,才产生了反训的说法。许多反训词都是由这种情况造成的。

二、乱

"乱"字是郭璞提出的典型的反训例证。现代汉语"乱"是紊乱、混乱的意思,与"治"相对;但是在先秦"乱"有"治"的意思。《说文》:"乱,治也。"《论语·泰伯》:"武王曰:'予有乱臣十人。'"《集解》引马注:"乱,治也。"我们在前面已经指出,宋朝贾昌朝已经对"乱"字的反训提出了怀疑,段玉裁更把《说文》"乱,治也"的训释改为"乱,不治也"。他说:"各本作'治也,从乙。乙,治之也。从𤔔。'文理不可通,今更正。乱本训不治,不治则欲其治,故其字从乙,乙以治之,谓诎者达之也。转注之法乃训乱为治。"

段玉裁的改训,固然不妥,但他们不从反训之说却是对的。其实,"乱(亂)"字本作"𤔔"。《说文·受部》:"𤔔,治也。""𤔔"是画的两只手,中间是𢆶,像一束乱丝,"冂"是收丝的架子(叫做"互"),字形象两只手拿着"互"整理头绪纷繁的丝束。它的本义应该是"治理乱丝"的意思,引申为治理一切纷乱的事物。正像"治"本是治水,"理"本是治玉,都引申为一般的治理。这是词义的扩大。《论语》中"乱臣"的确切意义应该是"治理乱世之臣"。这应该是"乱"字早期的引申义,是动词;后来再引申为形容纷乱的事物,变成形容词。汉代以后,本义和早期的引申义逐渐衰亡,只保存后起的引申义,专用为形容词"纷乱"的意思,与"治"相对。司马迁在《史记·夏本纪》中引用《尚书·皋陶谟》的"乱而敬,扰而毅"时,将"乱"改为"治",说明当时口语中"乱"的古义"治"已经消亡。许慎在解释"乱"时,是推求它的本义、古义,所以训"治"。郭璞没有区分"乱"字的古今义,于是提出了反训的说法。这同"臭"字相似,是由于没有分清古今义而作出的错误论断。

三、贾、沽、酤

这三个字同音,是同源词。古注中这三个字常有"买"、"卖"两个对立的训释。例如:

> 贾余馀勇。(《左传·成公二年》)

杜注:"贾,买也。"

> 贾用不售。(《诗经·邶风·谷风》)

郑笺:"如卖物之不售。"

> 沽酒市脯。(《论语·乡党》)

《释文》:"沽,买也。"

> 求善价而沽诸?(《论语·子罕》)

皇疏:"沽,卖也。"

> 无酒酤我。(《诗经·小雅·伐木》)

郑笺:"酤,买也。"

> 酤家不雠其酒,屠者罢列而归。(《新书·春秋》)

"酤家"是"卖酒的店家"。《玉篇》:"酤,卖酒也。"

这三个字也被看成典型的反训词。其实,它们的情况也同"臭"字相似。《说文》:"贾,市也。"段注:"市,买卖所之也。因之凡买凡卖皆曰市。贾者,凡买卖之称也。"段玉裁的意见是对的。"市"和"贾"原本词性不同。"市"是名词,指交易的地方;"贾"是动词,指买卖这种行为。"市"的词义引申,用作动词,也指买卖这种行为。例如:

> 责毕收,以何市而反?(《战国策·齐策》)

这是说,收完债,买卖什么东西回来。这里"市"的确切意义应该是"买卖货物",而不是"买"。因为最早的商业,是以物易物,无所谓买,也无所谓卖,双方是互为买卖的。许慎是用"市"的动词义来训释"贾"的,因此"贾"是"凡买卖之称",即"买卖货物"的意思。周代商业有了很大发展,一般都用货币来进行交易。于是产生了买方和卖方的对立,也产生了"买、卖"这两个词。但是"贾"仍指买卖双方的行为,是"买、卖"两个词的上位概念。其间"贾"字的意义还发生了另外的变化,用来指做买卖的人,变成了名词。《说文》:"一曰,坐卖售也。"即"行商坐贾"的"贾"。应该指出,"贾"变成商贾的意思时,可能同时声音也发生了变化。用做动词时,原本读平声;用作名词时,改读上声。"贾"字用来固定指商贾改读上声以后,人们于是假借读平声的"沽"字(原是水名)来表示"贾"字原来的动词义。这就是说,"贾"是本字,而"沽"是假借字。"酤"则是为"买卖酒"而造的专用字。三个字是一个词在历史发展中所使用的不同书写符号,只是各有分工。

在古书中(至少在汉代以前)这个词始终是"做买卖"的意思,而不是既有"买",又有"卖"两个对立意义的反训词。古注中正、反两训只是注释者用后来的概念随文释义罢了,并非确诂。

四、售

"售"字也被认为是有"买、卖"两义的反训词。常被用来作为例证的是柳宗元的《钴鉧潭西小丘记》:

> 问其主,曰:"唐氏之弃地,货而不售。"问其价,曰:"止四百。"余怜而售之。

反训论者把前一个"售"训卖,后一个"售"训买。我们知道:"售"是一个后起字,《说文》未收,本来写作"雠"。《说文》:"雠犹䜺(yìng)也。"段注:"雠者,以言对之。"这是应答的意思。《尔雅·释诂》:"雠,匹也。""雠"同"讎"、"俦"、"酬(酬)"是同源字。《说文》:"讎,双鸟也。"《玉篇》:"俦,侣也。"《说文》:"酬(酬),主人进客也。"这就是说:两鸟相类曰"讎",两人相侣曰"俦",交谈时以言应对曰"雠",饮酒时主人以礼应对曰"酬"。总之,这几个字的本义是"匹敌、酬对"的意思。词义引申,"雠"、"酬"由酬对、报答又产生了"实行、实现"的意思。因为酬对、报答是实现一种相应的行为。这是词义的扩大。例如:

> 挟邪作蛊,于是不售。(《文选·西京赋》)

李善注:"售,犹行也。谓怀挟不正道者,于是时不得行也。"

> 壮志未酬三尺剑，故乡空隔万重山。（李频《春日思归》）

"壮志未酬"是说壮志没有实现。

"雠"用于买卖、交易，本指对货物的报酬、回报。例如：

> 高祖每酤留饮，酒雠数倍。（《史记·高祖本纪》）

索隐："盖高祖大度，既贳饮，且雠其数倍价也。""酒雠数倍"本是说卖酒得到的报酬有数倍，得到的报雠数倍也就是卖出了数倍的酒。因此"雠"的意义引申为卖出货物，这是词义的缩小。"雠"的这一专用义后来写作"售"。《玉篇》："售，卖出物也。"《广韵》："售，卖物出手。"为了区分"雠"和"售"，声音也起了变化。"雠"本是平声，今读 chóu，"售"是去声，今读 shòu。《广韵》时代"雠"和"售"的声母还相同，声母的变化应在宋元以后。今湖南某些地方，"雠"、"售"仍然同音，读平声。声音变了以后，应该说是由"雠"分化出了一个新词。"售"这个新词在所有的字典、辞书中都只有"卖"一个意义，古籍中也从无训"买"的。《钴鉧潭西小丘记》中的第二个"售"字，只能认为是柳宗元采用先秦语法的使动用法，是"使卖出"的意思。把它训成"买"，是反训说的不恰当的推衍。

五、徂、故、曩

至于郭璞提到的"以徂为存"、"以故为今"和"以曩为曏"，则是另一种情况，这是郭璞把词的多义或字的通假错误地联系在一起了。

"徂"本训往。至于以"存"训"徂"，正如郝懿行所指出的，这是假"徂"为"且"。《说文》："且，荐也。"引申为"承藉"、"进献"的意思，而

"存"有"存问"、"抚恤"的意思,两者义近,《尔雅》于是用"存"来训"徂"。郝懿行说:"郭盖未明假借之义,误据上文徂往为训,而云以徂为存,义取相反,斯为失矣。"⑤郝懿行的批评是正确的。

至于《尔雅》的以"今"训"故",并非"古"、"今"的对立。而是由于"故"用作连词,是表因果关系,"今"用在句中,也可以表示因果关系。例如:

> 此无他,与民同乐也。今王与百姓同乐,则王矣。(《孟子·梁惠王》)

杨树达先生把这种"今"字认作假设连词,王念孙训作"若"⑥。这种"今"字与表因果的连词"故"有相通之处,因而《尔雅》说:"肆、故,今也。"郭璞误将它理解成"古、今"的意思,于是当作了反训。

"曩"和"昔"都是"从前"、"往昔"的意思,本是近义词。《说文》和《尔雅·释言》都说:"曩,昔也。"但是《说文》在训昔时说:"昔,不久也";《尔雅·释诂》又训"曩"为"久"。郭璞于是认为"曩"、"昔"相通,是"久"与"不久"对立,是反义为训。其实,它们都是说的过去了的一段时间,"久"与"不久"是相对的,是近义相通,不能认为是反训。

总之,人们经常列举的反训词,情况虽有不同,但是都可以从历史发展的角度解释清楚。反义为训、美恶同辞的说法实际上是传统训诂学在没有弄清某些词的词义演变的情况下而作出的一种以今义释古义的现象,它在注释古书时,虽然起过一定的历史作用,但是它本身是不确切、不科学的、不足为信。语言学发展到今天,我们对古代的词义必须作出更科学、更合乎实际的训释,不应再沿用反训的说法。

附　注

① 王念孙《广雅疏证》卷二下。
② 贾昌朝《群经音辨》卷七。
③ 朱骏声《说文通训定声·壮部·祥》。
④ 王筠《说文释例》。
⑤ 郝懿行《尔雅义疏·释诂第一》。
⑥ 杨树达《词诠》197页。(中华书局,1954)

(原载《电大语文》1984年第5期)

反训问题答客难

《语文论集》编者按： 郭锡良先生此文是对张凡同志《反训辨》一文的回答。根据本论集编委的意见，张凡同志将原稿做了修改，基本内容不变，加强了辩论的针对性，删去一些非语言学家的哲学论述，压缩了篇幅，并改题《反训果真不可信吗？》。郭写作此文时未见到修改稿。张文原准备在本论集与郭文同时发表，以体现学术争鸣。遗憾的是，后来张凡同志为了文章早日问世而改投他处。我们认为，反训问题的讨论是有必要的、有价值的。因此决定仍按原计划刊登郭锡良先生的文章。同时，为了更好地了解辩论双方的观点，特地摘写了郭锡良的《反训不可信》和张凡的《反训辨》两文的内容要点，附于郭文之后，以便对照。

我在广播电视大学讲古代汉语时，不少电大的学生来信谈到反训问题，因此写了一篇短文《反训不可信》发表在《电大语文》上，目的是希望学生不要轻信反训而对古文作出错误理解。文章发表以后，引起了一些异议，张凡同志的《反训辨》就是与我进行争辩的。《语文论集》的编者要我写点意见，作为答辩。在认真拜读了张凡同志的文章后，略抒浅见，以求是正。

《反训辨》将我的文章归纳为三个主要观点，然后逐条进行批驳，这里也就按张文的论点来谈谈看法。

第一点，我在《反训不可信》中提出了反训说是"传统训诂学中早有争论、需要扬弃的见解"。张文批评说:前人对反训的怀疑,"往往是出于不理解,不理解并不能拿来充作反对的足够根据。"这里需要说明,我的文章并没有把前人的"怀疑"当作我反对反训说的根据,只是指明反训说并非众口一辞地都赞同。我提到了"清代著名的训诂学家段玉裁、桂馥、朱骏声也都对反训采取了批评的态度"并举了实例;张文认为我举的实例,是他们对"个别反训词的不理解,以至提出批评",而我则是"以偏概全地说他们从根本上就否定反训说"。这一批评同我的文章是大有距离的,我并没有说他们"从根本上就否定了反训说"!张文进而提到齐佩瑢先生的《训诂学概论》(编者按:张文原稿中以齐文的话来反驳郭文,这些内容在修改稿中则已删去),说齐先生只是批评"郭璞注释的简单、生硬",而对反训说"仍然是肯定的"。这恐怕是对齐先生的误解。张文只引齐先生顺便谈到反训的一段话,而未注意到他对反训说的多处尖锐批评。齐佩瑢先生指出:从郭璞提出反训说以后,"一般小学家误以为训诂之原则,且以为训诂之方法者,于是凡相反者皆可相训矣。流弊所及,漫无涯涘,作俑始于郭氏,推衍启自清人,不得不加分辨也。"[①]就以张文提出的齐佩瑢先生曾"肯定"的五类反训词来说,齐佩瑢先生是怎样说的呢?《训诂学概论》把传统所谓的"反训词"分成五类进行分析以后,总结说:"以上五类,皆语义演变的恰成相反者,自不得叫作反训。严格地讲,'反训'这个名称根本不能成立,训诂是解释古字古言,基于相反的原则而去训释古语,才可以叫作反训;现在既知这些例子不过是语义演变现象中的一小部分,就不应再名为反训而认为训诂的原则了。恐以讹传讹,随波流荡,不可遏止,故特为辨正。"[②]在这里齐先生明明是对传统训诂学中的反训说加以"辨正",指出五类所谓"反训词"是"语义演变"的结果,甚至明确地说"反训这个名称根本不能成立";张文不提"自不得叫作反训"以下的话,而说齐佩瑢先生"承认古汉语中有一词而兼有正反两义这一语言事实",这恐怕是不妥的。何况齐先生在分析每类所谓"反训词"时,还有许多批评的话,张文都未提及。我以为齐佩瑢先生对反训说的分析批评是很透辟的,不应该引起什么误解。有人认为反对反训说的不过是郭某一人而已,其实,这并不是什么重要问题。即使反训说从来就没有人提出过异议,难道就不允许今天有人提出批评吗?其实近些年来有些同志讨论反训的文章实际上也是在纠正反训说的偏颇,我不过说得比较明白,或者说比较"偏激"一点罢了。吕叔湘先生在中国语言学会成立大会上所作的报告中曾指出过两种偏向,他说:"一种偏向是谨守中国语言学的旧传统埋头苦干,旧传统里没有的东西一概不闻不问。"[3]这一批评是很值得我们深思的。传统训诂学有许多精华需要我们去吸收,但是难道不要发展、不要扬弃一些什么吗?即或人家提错了,误把精华当作了要扬弃的东西,难道就成了大逆不道吗?对传统训诂学只许赞扬,不许批评,那难道是正常的吗?附带说两句,张文在这一部分引用《说文·受》字的段注,对段玉裁的意思是有误解的,这对我们的争论影响不大,这里就不辨正了。

第二点,张文批评我提出的不能把代表上位概念的词和代表下位概念的词混同起来是不懂得"个别和一般"的关系,还引用了经典著作列宁的话。其实这是毫不相干的两回事。张文说:"既然'个别就是一般',那么,下位概念代替上位概念就不应该视为一条禁忌了。"并举了一个例子:"听说我哥回来了,人在哪儿?"然后论证"哥"这个下位概念可以代替"人"这个上位概念。试问:"人"这个上位概念,不但可以用"哥"这个下位概念来代替,还可以用"弟"这个下位概念来代替,也可以用许多其他下位概念来代替。那么,是否"人"也是个"一身而兼有正反两个意义的反训词"呢?张文没有就此作出说明就立即分析了"臭"、"贾"等所谓"反训词"的一般和个别的关系,肯定它们是"反训词"。其实道理是一样的,如果承认"臭"原来的意义是"气味",就不能同下位概念的"香"、"臭"混同。现代汉语既有"气味"这个词,又有"香"、"臭"这两个词,"气味"是包括"香"、"臭"的,能否说现代汉语"气味"这个词也是兼有正反两个意义的反训词呢?还是齐佩瑢先生问得好:"如将分别者谓之相反为训,则不别者则将云何?"④两千多年前荀况在《正名》篇中就指出了"共名"和"别名"的关系。"共名"可以包括"别名",但不能与"别名"混同,这是简单的形式逻辑。"人"在具体上下文中可以指"哥",也可以指"弟",可以指"姐",也可以指"妹";注意,这里是"指";但绝不能说"人"这个词具有"哥、弟、姐、妹"这些词义,不可能是"反训词"。即使在注释时,也应该是"指"什么,或者"这里指"什么。如果直接注释成"人,哥也",总是不大妥当的吧?总之,张文提出的"一般"和"个别"的关系是不能否定代表上位概念的词和代表下位概念的词之间的区别的,对维护反训说没有多大说服力。

  第三点,我在文章中强调要分清词的古今义,指出有些所谓的"反训词"是由于词义演变的结果。张文举出"乱"字为例,说在《论语·泰伯》中"乱"字既有"乱臣"的用法(反训),又有"乱邦"的用法,"同一篇文章中的乱字有两个相反的意思"以此来驳我提出的论点。其实,《论语》是一部孔门弟子编辑的语录体的著作,《泰伯》并非孔子某个时候写的一篇文章,其中两章之间并不见得有什么关联。孔子在不同时候或不同场合说的话,有时用了某个词的古义,这是允许的。退一步说,即使在同一篇文章中,也是可以引用古语,参用古义的。《泰伯》:"武王曰:'予有乱臣十人'"。这里正是引用的古语。因此,在《论语·泰伯》中,"乱臣"与"乱邦"中"乱"的对立意义,本质上仍然是古今义的对立。张文又提出,词义的发展变化有个历史过程。言下之意,一个词的原意义和后起义有一个长期同时并存的过程,词义演变造成的"反训词"也就有了存在的理论根据。我并不反对这种提法的合理性,但是反义的长期同时并存,这是需要考证的,要用大量材料来说明;我固然要避免"主观臆测",而张文要论证自己的论点,也不是推理所能说明问题的。至于要严格分清词的古今义,不要把词义演变的历时现象同语言的共时现象混同起来,这一观点却并非谬论。

至于张文后一部分把"反训词"出现的原因,总结成是支配一切事物发展的"对立统一的规律""在语言发展过程中的反映之一"的说法,并非直接针对我的文章,我不想多说什么;但是由此而对许多词所作的分析,似乎把"被"、"蒙"、"学"、"从"、"牵"、"尤"、"祥"、"瑞"、"台"、"息"、"干"、"发"、"校"、"粪"等都当作了"反训词",这却是难以苟同的。按照张文的推理,"人"也可以说是"反训词"了,因为"人"既可以指"坏人",又可以指"好人",这也是事物的对立统一。再说张文认为"反训词的形成"是古人"朴素的辩证观反映到语言工具上的突出表现",可是又承认"古汉语中的反训词后来就逐渐消失了","它毕竟有不小的缺陷"。这就未免自相矛盾了。

反训是训诂学上的客观事实,它是真知灼见,还是应该扬弃的观点?这是可以而且应该继续讨论的。赞成也好,反对也好,都应该允许说话。正如张凡同志文章最后说的,我们的讨论,应该是对各种语言现象,做出更科学、更合乎实际的解释。

后　　记

拙文固然是答复张凡同志的,但也可以说是对具有张凡同志同样观点的人作点答辩。如果公开发表时,张凡同志的文章有所改动,因而拙文的某些部分对张文的回答可能不完全合适,但是对某些人可能还不是无的放矢。

附　注

① 齐佩瑢《训诂学概论》145 页。（中华书局，1984）
② 同上，155 页。
③ 《吕叔湘语文论集》2 页。（商务印书馆，1983）
④ 同①，146 页。

附一：郭锡良《反训不可信》内容要点

"认为所谓反训就是说一个词有正、反两个意思。"例如"臭"既指臭气又指香气。古代学者有的赞同，有的如段玉裁、桂馥、朱骏声抱怀疑或反对的态度。"如果对立的概念用同一个词来表示，就容易产生歧义，影响交际。一般来说，在共时的语言词汇系统中，具有正反两个对立意义的词是不可能存在的，除非在说反话时，临时给某个词加上了一种相反的意义。但是那只是一种修辞手段，而不是词的固有意义。""臭"的古义是气味的总名，后来只指臭味，古义是上位概念，今义是下位概念，两个意思不是共时存在的。同样，"乱"的本义是"治理乱丝"，引申为治理一切纷乱之事物，这是古义。表示纷乱的意思是后起的引申义，是今义。它们也不是共时存在的。"贾、沽、酤"三个是同源词，至少在汉代以前，是"做买卖"的意思，而不是"既有'买'，又有'卖'两个对立意义的反训词"。"售"的古义也只是"卖"，柳宗元在《钴鉧潭西小丘记》中的"余怜而售之"，其中的"售"，"只能认为是柳宗元采用先秦语法的使动用法，是'使卖出'的意思。把它训成'买'，是反训说的不恰当的推衍。"至于郭璞提到的"徂、故、蠹"，则是"郭璞把词的多义或字的通假错误地联系在一起了。""人们经常列举的反训词，情况虽有不同，但是都可以从历史发展的角度解释清楚。反义为训、美恶同辞的说法实际上是传统训诂学在没有弄清某些词的词义演变的情况下而作出的一种以今义释古义的现象，它在注释古书时，虽然起过一定的历史作用，但是它本身是不确切、不科学的，不足于信。语言学发展到今天，我们对古代的词义必须作出更科学、更合乎实际的训释，不应再沿用反训的说法。"（拾羽摘）

附二：张凡《反训辨》内容要点

认为"所谓'反训'，就是反义为训，即用反义词去解释词义，这是我国传统训诂学训释词义的一种方法。兼有正反两个意义的词就叫反训词"。认为古人对反训的"怀疑往往是出于不理解，而不理解并不能拿来充作反对的足够根据。

由于历史及科学发展水平的局限,古人对一些问题不理解也是自然的。对反训持所谓'怀疑、反对'态度的段玉裁等人在注释中不少地方仍沿用了反训。""像段玉裁、朱骏声等人对乱字、祥字这类个别反训词的不理解,以至提出批评,并不能以偏概全地说他们从根本上就否定反训说。"齐佩瑢在《训诂学概论》中"曾对郭璞提出过批评","他虽然不同意反训的名称,"但"他承认古汉语中一词而兼有正反两义这一语言事实。"认为"臭"在先秦著作中"确实既可指香又可指臭。""既然'个别就是一般',那么,下位概念代替上位概念就不该视为一条禁忌了。"至于"贾","正如作为总名的臭字一样,贾既是总名,就可以指买,也可以指卖","在具体语言环境中的词义,不一定就是处于贮存状态时的全部概念。"关于"乱"字在汉代以前其词义"是治理与纷乱并存呢,还是只有本义和初期的引申义——治理?如果说是后者,那么仅就'乱臣'所出的《论语·泰伯》篇中其它几个乱字该如何理解呢?如'危邦不入,乱邦不居','好勇疾贫,乱也;人而不仁,疾之已甚,乱也','勇而无礼则乱',这几个乱字显然是与治相对立的乱。"认为在共时的语言词汇系统中,具有正反对立意义的词是不可能存在的,这一观点"只能是一种主观臆测","历史事实经证明,它实际是存在的。"反训词"是词义的本身发展变化形成的"。反训词的形成就是朴素的辩证观的反映。传统训诂学中所说的"施受同词"、"美恶同词"、词义转化,都反映了对立统一和转化规律。"反训词的存在是不容置疑的","语言学发展至今天,比起古人来,我们有了各门学科的高度发展,有了辩证唯物主义与历史唯物主义的科学武器,对包括反训和反训词在内的各种语言现象,确实应该做出更科学、更合乎实际的解释。"(拾羽摘)

(原载《语文论集》四,外语教学与研究出版社,1991)

《孔雀东南飞》的一处错简

《孔雀东南飞》(《古诗为焦仲卿妻作》)有一段写兰芝被迫离开焦家的当天,清晨起来认真梳妆打扮的情景:

> 鸡鸣外欲曙,新妇起严妆。著我绣袷裙,事事四五通。足下蹑丝履,头上玳瑁光,腰若流纨素,耳著明月珰。指如削葱根,口如含朱丹。纤纤作细步,精妙世无双。

由于错简,理解起来总觉扞格难通,注家也就有了分歧。以近年的几种注本为例,如中国青年出版社的《历代诗歌选》,在"事事四五通"后注释说:"指梳妆打扮时每件事都反复四五遍。"上海古籍出版社的《汉魏六朝诗一百首》亦在"通"后加注说:"遍。四五遍是形容穿戴认真。"这都是采用清初李因笃《汉诗音注》的意见。李认为"妇人衣饰将毕,然后著裙。'著我绣袷裙',则妆成将出矣。'事事四五通'句,乃要其终言之。见自初妆以至妆成,每加一衣一饰,皆著后复脱,脱而复著,必四五更之,数数延迟,以捱晷刻也。迟回展转,一言写尽。"这种理解从总体上看是正确的,但在行文上却难以讲通。因为"事事四五通"并非紧接"新妇起严妆",起总括下文的作用;又不是先写梳洗打扮的各项事情,然后以"事事四五通"总承上文。"著我绣袷裙"既是梳妆打扮的最后一件事,却提在最前面,把"事事四五通"夹在著裙与穿鞋、插簪、系带、戴耳珰等事的中间,这样行文显然不合逻辑。另外有一种说法,如北京出版社《汉魏六朝诗选注》注者所主张的,"著我绣袷裙,事事四五通"二句是说"兰芝要尽量打扮得整齐,穿好绣袷裙后,需要做的事还是四五件。指下文的穿鞋、插簪、系带、戴耳珰"。这样说在行文上是合乎逻辑了;但从事理上说,李因笃所谓"妇人衣饰将毕,然后著裙",更符合客观实际,不应是先著裙,然后再作其他装束。再者,"事事四五通"从词义内涵和句式结构来看,"事事"不是"需要做的事",而是"每件事","四五通"也不能理解为"四五件","通"是动量词,不是名量词。所以这种解说也不妥当。

其实这段诗存在着错简问题。余冠英先生在他五十年代所注的《乐府诗选》中指出:"'著我绣袷裙,事事四五通'两句似当移在'耳著明月珰'句下。'事事',分明不只一事,指蹑履、戴簪、著衣、施珰、穿裙五件事而言。如论次序,下床先著鞋,然后梳头,换衣,戴耳珰,最后著裙,较为合理。每事四五遍,或是心烦意乱,一遍两遍不能妥帖,或言其极意装束,一遍两遍不能满意。"余先生指出这里可能有错简,找出了问题的症结;但他只是从内容方面来考虑问题,未充分论证,因而只说'似当',而未敢肯定。

余先生的说法是很有启示的,但是"著我绣袷裙,事事四五通"两句不当移在"耳著明月珰"句之后,而当移在"口如含朱丹"句后。因为"新妇起严妆"的内容不仅包括穿戴装束,还包括盥洗和涂抹化妆品。"指如削葱根"是写盥洗后施用了白色的手膏;"口如含朱丹"则写施用了以朱砂为主要成分的口脂。梳妆、盥洗诸事毕后,最后著裙。诗篇正是依次描写了兰芝梳洗打扮的过程,并且点明每件事都反复了四五遍。如果只是移在"耳著明月珰"一句之后,中间插入"指如削葱根,口如含朱丹"二句,仍有文句割裂、文气不顺的毛病。

如从古韵出发来考察这段诗的押韵情况,可以找到更确凿的证据来说明我们对错简的校改是正确的。下面将这段诗句按今传本次第

和校改后的次第分别列举,作一对比,不同韵部的韵脚用不同的符号标示:

> 鸡鸣外欲曙,新妇起严妆。著我绣袷裙,事事四五通。足下蹑丝履,头上玳瑁光。腰若流纨素,耳著明月珰。指如削葱根,口如含朱丹。纤纤作细步,精妙世无双。(今传本次第)
>
> 鸡鸣外欲曙,新妇起严妆。足下蹑丝履,头上玳瑁光。腰若流纨素,耳著明月珰。指如削葱根,口如含朱丹。著我绣袷裙,事事四五通。纤纤作细步,精妙世无双。(校改后次第)

下标 * 号的是阳部字,下标 · 号的是东部字,下标 △ 号的是元部字。按原次第,一至四句和最后两句,韵脚孤单不相押。校改后二、四、六句押阳部韵,七、八句押元部韵,十、十二句押东部韵;或句句为韵,或隔句为韵,整齐不紊,这同全诗的押韵规则是一致的,足证这段诗原貌应是如此。

(原载《文史》第二十三辑,中华书局,1984)

怎样掌握古汉语词义漫谈*

一

　　词汇是发展的,词义是不断演变的。古今词义不同,千万不能以今义去比附古义;即使同属古代汉语,一个词的词义在不同时代的古文中,也往往会有所不同,词义具有明显的时代性。拿"寺"字来说吧,金文作屮,其实本是"持",用手从下托扶着东西就叫"持"。《说文》:"寺,廷也,有法度者也。从寸,之声。"这是从汉代的意义来解释的,并不可信。先秦"寺"有侍奉的意思,见于《诗经》、《左传》和《韩非子》,只用于"妇寺"或"寺人"。例如:

　　　　匪教匪诲,时维妇寺。(《诗经·大雅·瞻卬》)
　　　　将焚公宫,而弑晋侯。寺(《释文》:"寺本又作侍。")人披请见。(《左传·僖公二十四年》)

　　"妇寺"的"寺"和"侍人"即侍奉在君主左右的宫廷近侍(宦官)。"侍奉"和"托扶"的意义是有联系的。秦代以后用宦官担任外廷的重要职务(九卿),于是把他们任职的官署称作"寺",如太常寺、大理寺、太

＊ 发表时原题为《要攻克词汇这个难关》,收入文集时改了题目,行文也相应有所删改。

仆寺、鸿胪寺等。《说文》的解释就是根据"寺"的这个意义来的。《左传·隐公七年》:"发币于公卿。"杜预注:"诣公卿府寺。"孔颖达疏:"自汉以来,三公所居谓之府,九卿所居谓之寺。"在西汉时,府和寺是有分别的,只有九卿的官署才称"寺"。东汉以后,"寺"的词义扩大,凡官署皆可称"寺"。《汉书·元帝纪》:"地震于陇西郡……坏败水原道县城郭官寺及民室居。"注:"凡府庭所在皆谓之寺。"佛教传入中国后,东汉明帝时派人到天竺(印度)求经,以白马驮回佛经四十二章,开始存放在鸿胪寺,后在洛阳西面建立白马寺以藏经,于是"寺"又有了佛寺的意义。六朝以后,"寺"一般只保留佛寺的意义。在阅读古书时,需要根据作品的时代来理解"寺"的意义。

再如"房"字,先秦是与"堂"、"室"相对的。前为堂,后面正中是室。先要升堂,然后才能入室,堂有户通室。所以《论语·先进》说:"由也,升堂矣,未入于室也。"室的两旁是房。《说文》:"房,室在旁也。"段注:"凡堂之内,中为正室,左右为房,所谓东房西房也。"房也有户通堂。例如:

> 君子阳阳,左执簧,右招我由房。(《诗经·王风·君子阳阳》)
> 执荐者百人,侍西房。(《荀子·正论》)

这里的"房"是与"室"有别的。汉代以后,"房"和"室"的这种分别消失了,住的房间一般都称"房",皇后的住室叫"椒房",芳香高雅的住室叫"兰房"。同时"房"和"室"还分别产生了一些新的意义。"房"可指物体分成间隔状的各部分,例如《淮南子·氾论》:"而蜂房不容鹄卵,小形不足以包大体也。""室"可以指刀剑的鞘,例如《史记·刺客列传》:"(秦王)拔剑,剑长,操其室。"

总之,掌握古代词义,不仅不能以今律古,还要注意词义的时代性。

有些词不仅古今意义不同,还有先秦不同于两汉、两汉不同于南北朝、南北朝不同于唐宋的情况。

二

一词多义是由词义发展而形成的。词义发展的规律往往是从本义到引申义,各个义项之间有着内在的联系。例如"行"字,甲骨文作𠘧,像十字路口,本义是道路。《诗经·豳风·七月》:"女执懿筐,遵彼微行。"由"道路"引申为"走路"、"行走",《论语·学而》:"三人行,必有我师焉。"这是由动作涉及的对象引申指动作本身,属于词义转移。由"行走"再引申为"走了"、"离开",《论语·微子》:"使子路反,至则行矣。"由"行走"还引申为"实行",《论语·先进》:"冉有问:'闻斯行诸'?子曰:'闻斯行之。'"由"实行"再引申为"行使"、"使用",《论语·卫灵公》:"行夏之时(使用夏朝的历法),乘殷之辂,服周之冕。""行"的各个义项之间的关系可以表述如下:

行(道路)——行走(走路)——①走了(离开);②实行——行使(使用)

由"道路"义到"行走"义是近引申,由"行走"义到"走了"义或"实行"义也是近引申;但由"道路"义到"行使"义却显然是远引申。不揭示出"行走"、"实行"义等中间环节,我们很难理解"道路"义和"使用"义之间会有什么联系。因此,在掌握词义时,我们要自觉地去发现一词多义之间的这种引申的线索,揭示词义的系统性,而不把它们当作一个个孤立的义项来看待。目前一般的字典、辞书往往只是罗列义项,没有顾及义项之间的联系,义项的排列大多杂乱无章。王力先生主编的《古代汉语》分析了一千多个古汉语常用词,注意了各个义项之间的引申关系。我们编写的《古代汉语》在"引申义分析例"中分析了七十五个常用词,对词义引申的线索作了较为详细的分析。新版《辞源》和《古汉语常用字字典》也大致注意了这个问题。

词义引申往往又是从个别到一般,从具体到抽象的。比如"左"、"右"两个字,甲骨文作ナ、又。《说文》:"ナ,左手也。象形。""又,手也。象形。"例如:

左并辔,右援枹而鼓。(《左传·成公二年》)

"ナ"古籍中一般写作"左";"又"假借作副词,表方位时古籍中一般写作"右"。"左手"、"右手",这是具体事物,引申为指左手或右手的一方,表示方位,就从具体到抽象了。从左手、右手还引申为辅佐的意思,《说文》:"左,ナ手相左也。"又:"右,手口相助也。"段玉裁注:"以手助手,是曰左,以口助手是曰右。""左"、"右"用作表示方位后,产生了分化字"佐"、"佑"来表示辅助的意思。其实最初大概是以左手帮助叫做"佐",以右手帮助叫做"佑",这也是比较具体的,引申为凡辅助都叫做"佐"、"佑",这就抽象了。例如:

以佐王治邦国。(《周礼·天官·大宰》)
上天孚佑下民。(《尚书·汤诰》)

"佐"一般是下对上的辅佐,"佑"一般是上对下的帮助。
"右"由帮助、保佑又引申为偏袒,例如:

王叔陈生与伯舆争政,王右伯舆。(《左传·襄公十年》)

从左手、右手引申为辅佐、保佑、偏袒,是很明显地从具体到抽象的演变过程。

词义引申又是从实到虚的,许多虚词都是由实词虚化而成的。"以"本是动词,是"用"的意思。例如:

> 季孙欲以田赋,使冉有访诸仲尼。(《左传·哀公十一年》)
> 忠不必用兮,贤不必以。(《楚辞·九章·涉江》)

虚化成介词,同宾语结合,表示动作、行为的工具或方式。例如:

> 以羽为巢,而编之以发。(《荀子·劝学》)

"以"组成的介宾结构可以在述语之前,也可以在述语之后,"以"可以译作"用"或"拿",还带有动词性。"以"带宾语又可以表时间,例如:

> 其弟以千亩之战生,命曰成师。(《左传·桓公二年》)

"以"的动词性减弱,不能再译成"用"或"拿"。"以"带宾语又表原因,例如:

> 晋侯秦伯围郑,以其无礼于晋,且贰于楚也。(《左传·僖公三十年》)

这时"以"的动词性几乎完全消失了。"以"带宾语还可以表目的或结果,例如:

> 楚人伐宋以救郑。(《左传·僖公二十二年》)

> 孤违蹇叔以辱二三子,孤之罪也。(《左传·僖公三十二年》)

应该说这里"以"的宾语本是前置的,"伐宋以救郑"即"以伐宋救郑","违蹇叔以辱二三子"即"以违蹇叔辱二三子",这样分析介宾结构就是表原因了。由于宾语前置,"以"的后置成分处在宾语的位置,而新的介宾结构变成了表目的或结果了。"以"更进一步虚化了,已经向连词转化。有的古汉语语法就把这种"以"字看成连词,也未尝不可,但是应该看到它是从表原因的介宾结构虚化而成的。由于有了这种形式,介词"以"最后完全虚化成连词,相当于"而"或"与",例如:

> 孤偃惠以有谋,赵衰文以忠贞,贾佗多识以恭敬。(《国语·晋语》)
> 使民敬、忠以劝,如之何?(《论语·为政》)

"以"从动词虚化成连词,表现了一个逐步虚化的过程。

总之,要掌握一词多义之间的内容联系,首先就要抓住本义。再根据引申的一般规律(由具体到抽象、由实到虚)探究出引申义的系统,就会对词义有更明确、更透彻的认识。

三

不但词义具有系统性,词汇的组成也具有一定的系统性。在词汇组成的系统性方面,我们需要重视两个问题,一是同义词的辨析,二是同源词的探求。

所谓同义词,绝不能认为它们的意义和用法完全相同。《尔雅·释诂》:"初、哉、首、基、肇、祖、元、胎、俶、落、权舆,始也。"这是看到了这组词在一定的语言环境中,意义有相通之处,都有"开始"的意思,类聚在一起,算是一组同义词,这只着眼在它们的同,而未注意辨析它们的异。清人郝懿行在注疏时指出:"初者,裁衣之始;哉者,草木之始;基者,筑墙之始;肇者,开户之始;祖者,人之始;胎者,生之始也。"这就是辨析其异。对待同义词,应该重在辨异,而不在识同。例如"执"、"操"、"持"都是"用手拿"的动作,但是意义有差别。"执"的动作重在把东西拿得紧、对事物掌握得牢固;"操"则是把东西拿得稳、对事物掌握得熟练;"持"本是托扶着东西,重点在维护、保持事物的平衡。因此,"执"可以构成"执着"、"固执","操"可以构成"操练"、"操纵","持"可以构成"维持"、"保持",都是不能互换的。这种构词能力的不同,正体现了三个词原来意义的细微差别。懂得三个词在意义上的微殊,就可以更透彻地理解它们在句中的确切意义。例如:

文子执戈逐之。(《左传·成公十六年》)
犹未能操刀使割也。(《左传·襄公三十一年》)。
庄子持竿不顾。(《庄子·秋水》)

"执戈"表示紧握着戈,"操刀"表示拿刀的熟练,"持竿"表示维持钓竿的平衡。即使是同一个宾语,"执戈"和"操戈"、"执刀"和"操刀","执竿"和"持竿",表述的重点也是有着不同的。

有的同义词,区别不在词义而在语法功能。例如"之"和"往",都有表示"到某地去"的意思。《尔雅·释诂》:"之,往也。"但是"之"是及物动词,要带宾语,而"往"是不及动物词,不带宾语。例如:

齐闵王将之鲁,夷维子执策而从。(《战国策·赵策》)
晨往,寝门辟矣。(《左传·宣公二年》)

总之,对同义词我们必须特别注意它们意义上的细微差别和句法功能上的不同。

我们还必须注意,有的词在古代并不是同义词,而是到了后代才变成同义的。例如"快"和"疾"、"慢"和"徐"。"快"、"慢"的义符都是"心"(忄),本是表述人的思想感情和心理活动的。"快"是愉快、快乐,"慢"是傲慢、怠慢。例如:

有风飒然而至,王乃披襟当之,曰:"快哉此风!"(宋玉《风赋》)

在这里楚襄王是赞美和风使人爽快、愉快,而不是说风的速度快。又如:

上慢下暴,盗思伐之矣。(《周易·系辞上》)

这里是说在上位的傲慢,而不是说行动迟缓。"快"到魏晋以后才产生行动迅速的意义,与"疾"才同义,"慢"在先秦也很少用于行动迟缓的意义。"快"和"疾"、"慢"和"徐"本不同义,当"快"、"慢"用来表示行动的缓急义以后,"疾"、"徐"大概在口语中已经逐渐衰亡下去。它们的同义,是处在不同的时代,本不应算作同义词。有些同义词是方言的差别,例如《方言》卷十:"崽者,子也。湘沅之会,凡言是子者谓之崽,若东齐言子矣。"现在湘方言还把"儿子"叫做"崽"。这自然难以找出意义和用法上的差别来。

所谓同源词是说的一组词本是同一语源,后来分化成意义相关而不完全相同的词,在古代它们的声音和意义都有着一定的联系。例如:"梳"和"疏"是同源词,"梳"的齿是稀疏的,所以叫做"梳"。"篦"和"比"是同源词。《说文》:"比,密也。"《左传·文公十八年》:"是与比周。"注:"比,近也。周,密也。""篦"的齿是密的,所以叫做"篦"。考察同源词,需要有古音知识,古汉语的初学者,自己探求同源词,困难较大,王力先生的《同源字典》提供了学习的方便。

要攻破词汇这个难关,除以上讲的三方面以外,还应该学会通过字形来掌握本义,了解"因声求义"的方法来解决文字通假问题,这里就不一一赘述了。

(原载《中文自修》1985 年第 8 期)

汉文（Chinese characters）

记录中国汉语的文字。亦称"中文"。汉文使用的传统独特符号称为"汉字"。汉字是一种表意兼表音的文字，其中纯粹的表意字只有一小部分，90％以上的字是一半表意（义符），一半表音（声符），因此是一种意音文字。还因为汉字的标音成分也是采用的表意符号，一般也简称表意文字，以区别于完全表音的拼音文字。

简史和影响 汉字是世界上最古老的文字之一，也是唯一从古到今不断发展、一直使用并仍有生命力的一种文字。现存已经释读的最古汉字叫做甲骨文，是3000多年前的遗物。山东莒县陵阳河遗址出土的陶器上发现的象形符号，当是原始文字，属于距今4000多年的大汶口文化晚期。西安半坡仰韶文化遗址（距今6000年左右）和青海乐都柳湾马家窑文化遗址（略晚于仰韶文化）出土的陶器上也刻有一些文字性的符号。由于甲骨文已经是相当成熟的文字，推算汉字的起源应再上溯一两千年。因此，汉字的历史可能有5000年以上。中华民族的祖先凭借汉字创造并保存了辉煌灿烂的古代东方文化，同时由于汉字的特殊性质，保持了书面语的统一，对维护民族的团结起极为重要的作用。

汉字不仅是汉族人民通用的文字，历史上也曾是国内少数民族的契丹文、西夏文、女真文等古文字以及壮族、布依族、白族、瑶族、水族等民间使用的、记录本族语言的土俗字的蓝本。国内许多少数民族，如满族、回族、壮族、苗族、瑶族、布依族、侗族、白族、哈尼族、土家族、黎族、畲族、纳西族、水族、东乡族、土族、仫佬族、毛难族、仡佬族、裕固族、撒拉族等都部分或全部使用汉字。国外如日本、朝鲜、越南古代曾长期使用汉文作为书面语,后来又借用汉字记录自己的语言,或利用汉字的偏旁笔画和造字方式创造自己的文字。例如日本的片假名、平假名,朝鲜的谚文、越南的字喃等。日文、南朝鲜文中,至今仍使用部分汉字。汉字使用的人口总数大约在 10 亿以上,是世界上使用人口最多的一种文字,已成为国际通用的语文之一。

汉字的结构特点 汉字发源于图画。早期的图画文字很少发现,但殷周金文中有些表示族名、人名的象形符号,却保存了毕肖原物的特征。例如:🐘(象且辛鼎)🐟(鱼鼎)。后来为了便于书写,逐渐减少图画性,加强符号性,因此甲骨文中的象形字都是用简单的线条勾画出事物的轮廓或其特征部分。"目"字象眼睛,"鸟"字象鸟,"牛"字勾画出牛的头尾和它的一对大角。由于客观事物纷繁复杂,有些抽象事物无形可像,于是就采取表意方法。如"上"、"下",在古文中,以一长画表示地面或某一事物,再用一短画指明在其上或其下。又如"本"和"刃",在木下加一短画作"本",指明是树木的根部;在刀口处加一短画作"刃",指明是刀的锋刃。这种使用符号的象征性造字方法古人称作指事。指事字突破了象形字的局限,使汉字由象形过渡到表意。表意的发展是把两个或两个以上的象形字组合起来赋予新义,即是会意。如"日"和"月"结合表示"明";两个"木"结合表示"林"。这种会意的方法比象形、指事的方法造出更多的字来。据清人朱骏声统计《说文解字》,其中象形字 364 个,指事字 125 个,而会意字却有 1167 个(各家统计稍有出入)。从象形到表意是汉字发展过程中一个重大的进步,但是表意的方法仍有很大的局限性。如树木成千上万种,画出来难于分辨。于是在"木"旁加"兆"字表示读音,成为"桃";在"木"旁加"每"字表示读音,成为"梅"。又如,表示心理活动的"想"、"忘"、"念"、

"怒"、"愁"难于会意,就以"心"表意,以"相"、"亡"等表音。这些即是形声。形声的方法是汉字的主要造字方法。《说文解字》所收的9353个字中,据朱骏声统计,形声字有7697个,占82%以上。现代汉字中形声字已占90%以上。汉字从表意发展到标音,是一次意义重大的变化,它使汉字成为一个完整的文字体系。

传统上关于汉字的造字方法有"六书"的说法,即象形、指事、会意、形声、转注、假借。清人戴震指出,只有象形、指事、会意、形声4种是造字方法,而转注、假借则是用字的方法。所谓假借,是指不造新字而借用同音字或近音字表示的方法。如"其"原是簸箕的象形,借作代词和副词的"其";"自"原来是鼻子的象形,借作介词的"自"。至于转注,许慎的定义就含混不清,后人的解释更众说纷纭,实际都包含于象形、指事、会意、形声等4种方法之内,与汉字的造字原则无关。

汉字的字体是一个个方块的形式,每个方块字都是由一个或两个以上的部件组成。一个部件组成的是独体字,即"六书"中的象形字、指事字;两个或两个以上部件组成的是合体字,即"六书"中的会意字、形声字。合体字大都可以分成两个大部件,每个大部件又可以由几个小部件组成。这种组成合体字的部件一般叫做偏旁。例如,"初"字是由"衤"(衣)和"刀"两个偏旁组成的。偏旁也叫"旁",口语里有立人旁(亻)、竖心旁(忄)、提手旁(扌)、走之旁(辶)等。形声字的义符和声符还分别称作形旁和声旁。如"忄"是"懈"字的形旁,而"解"是它的声旁。声旁"解"又是由"角"、"刀"、"牛"3个部件组成的会意字(《说文解字》认为是用刀解剖牛角的会意)。合体字偏旁部件搭配的方式是多种多样的,主要是左右结构和上下结构,其次是内外结构和左右上下相夹的结构。如江(左形右声)、期(右形左声)是左右结构;空(上形下声)、基(下形上声)是上下结构;问(内形外声)、固(外形内声)是内外结构;街(形分左右)、衷(形分上下)是左右上下相夹的结构。此外,还有偏旁只占一角的,例如,"縠"字形旁在左下角,"徙"(从辵,止声)字声旁在右上角。

汉字的结构还可按部首分析。一般地说,部首就是形旁,也就是义符。许慎著《说文解字》时根据小篆的形体结构,从中概括出540个偏旁(义旁)作为一部分字的首出字,凡同一偏旁的字都统属其下。因此,形旁是对声旁而言,部首是就它所统属的字而言。《说文解字》540部是文字学的部首,部首标示着该部字本义所属的意义范畴,但是不便查检。明代梅膺祚编《字汇》时,把540部改并成214部,这是检字法部首。从《康熙字典》以来,一般都沿用《字汇》的分部。中华人民共和国成立后新编的汉文字典,部首的分合有些变化,但都是在214部的基础上修改而成。从偏旁部首的分析入手,是掌握汉字的一个有效的方法。

方块汉字是由一个或几个部件组成的,而部件又是由若干笔画组成的。隶变以后,汉字书写的最小单位是笔画。楷书有8种基本笔画:

丶 一 丨 丿 ㇏ ノ 亅 ノ
点 横 竖 撇 捺 提 钩 啄

基本笔画又连写成比较复杂的笔形:

乚 ㄱ ㇀ 〈 ㇈ 亅
竖横 横竖 横撇 撇横 撇点 横弯钩 竖钩

这些笔形可以用"折"这个名称来概括。50年代归纳成为"横竖撇点弯"(五笔法),现在广泛用于汉字排序。跟笔画有关的是笔顺,即书写时笔画的顺序。汉字的笔顺一般都是从上到下,从左到右。写楷书要求笔画工整,间架匀称,字体方正。

汉字形体的演变　汉字除某些旧字的消亡、不少新字的产生和结构的变化外,在书写体式方面也经过多次重大变化,形成多种字体。早在秦代有人曾对字体作过分类,《说文解字》中提到"秦书有八体"。通行的分类,主要有"真、草、隶、篆"4种。从甲骨文开始,汉字的形体主要经历了两次重大的变革:第一次是由篆书变为隶书,第二次是由隶书变为楷书。通常把小篆以前的文字总称为古文字,包括甲骨文、金文、六国古文、大篆、小篆;隶书是汉字形体演变史上的重要转折点,是古文字演变成现代文字的分水岭;楷书是从隶书演变出来的通行至今的正式字体;此外还有作为手写体的草书和行书。汉字形体的演变是由近似图画的线条写实变成由笔画组成的符号,主要是笔势的变革,即笔画姿态的变革。小篆以前的早期文字,线条以圆转为主;隶书以后的后期汉字,笔画以方折为主。形体的演变,总的趋势是由繁趋简。

甲骨文 本是指殷代刻写在龟甲兽骨上的占卜记事,也叫契文、卜辞、殷虚文字。主要出土于河南安阳小屯村,这里是商王盘庚迁殷以后的首都,后世称为殷墟。共出土甲骨10万余片,有单字4500个左右,能够确认的不超过1000个。中华人民共和国成立后,相继在河南省郑州、洛阳和山西省洪洞县、陕西省长安县,以及扶风、岐山一带古代的"周原",也发现有字甲骨。山西、陕西出土的甲骨是周代的遗物,因此甲骨文当是商周文字。甲骨文在很大程度上沿用图画的写实手法,不少字保留了图画文字的特点,象形的程度较高。由于处在文字使用的早期阶段,甲骨文的形体结构没有定型化,一个字有多种写法,有的偏旁不固定,可以变换;书写款式没有一定规范,可以正写、反写,还可以倒写、斜写;字的大小不一,随形体的繁简而变化;还有把两三个字写在一起的合文。在200多年中甲骨文的字形结构和书写特点有一些变化。独体变合体,象形变形声,是结构方面的发展。在书写体势方面,后期逐渐趋于方正,排列均匀整齐,文字端正严整,大小较划一,小字居多,表现出刻写技术的日益成熟。

汉文（Chinese characters） 539

甲骨文　金文　大篆　小篆　隶书

金文　旧称钟鼎文，是铸刻在商周青铜器上的铭文。内容大都是祀典、锡命、征伐、契约等记事。商周两代有铭文的铜器出土在 4000 件以上，其中商器很少。商代早期铜器的铭文只有 1 至 5、6 字，往往是记作器人的族名或名字，或记为某人作器。商代后期的铜器才有较长的铭文，但不超过 50 字。周代铭文渐长，最长的毛公鼎多至 497 字。金文全部单字可能在 3000 以上，已经考释出来的有 1804 字。商代金文的形体接近甲骨文，只是书写体势略有不同。金文比甲骨文更加圆转，笔画有粗有细，常有肥笔。西周中期以后金文体势的变化日益显著，变化的主要趋势是线条化和形体的匀圆整齐，即方形圆形的肥笔被线条所代替，笔画基本是用圆的转折，字形大小整齐。到战国末年，金文的字体已经接近小篆，另外，春秋后期有些铜器上的文字，追求字形美观，把笔画拉成细长，故作婉转曲折之势，有时还加上鸟形或虫形图案，后人称之为鸟篆或鸟虫书。

大篆 又称籀文,得名于《史籀篇》,春秋、战国时期通行于秦国。北京故宫所存中国最古的刻石文字"石鼓文"就是代表。《说文解字》在重文里收录了籀文223字。大篆的特点是字形整齐匀称,笔画圆转,继承了西周晚期金文的书写体势,又向匀称、圆转的方向发展,形体一般比小篆繁复。广义的大篆又可作为甲骨金文、籀文以及春秋战国时代"六国文字"的总称。

石鼓文
发现于陕西凤翔,系春秋秦襄公时的遗物,主要叙述秦奴隶主贵族的畋猎生活

六国文字 旧称古文,是由汉代的古文经而得名的。《说文解字》在重文里收录了古文经中的古文约500余字。六国文字最可靠的资料是中华人民共和国成立后出土的战国文物,主要是书写在竹简和缯帛上的文字,合称简帛文字。六国文字最显著的特点是简体字流行,又因为它大多是用毛笔写在简帛上,笔画往往前粗后细,形似蝌蚪,所以又叫"科斗文"。

小篆 原称篆文,汉代才称作小篆或秦篆,是秦统一六国后的标准文字。秦始皇推行"车同轨、书同文"的政策,由李斯等搜集通用的汉字,以秦国的大篆作标准,整理省改,编成课本,颁布全国。这是一次影响深远的文字规范化工作。小篆在笔画匀圆整齐化的省改下,不少字已经丧失了原来的象形面貌,图画性大大减弱,符号性进一步加强,写法固定,结构整齐,成为古文字的最终形式。

隶书 亦称左书,是篆书演化而成的便写字体,也是一种民间创造的字体。萌芽于战国,通行于秦汉之间。当时称为"今文",后来改名"左书",即佐助篆书的意思,更后才有隶书的名称。从篆书到隶书的变化称为"隶变",主要是笔画形态的变化,即将篆书的不规则的曲线或匀圆的线条改成方折的笔画,字形变为方正平直。东汉章帝(公元76)以后,笔势敛束无波的早期隶书又变成带有波势挑法、笔势舒展的后期隶书。隶变以后,汉字完全失去了古文字时代的象形面貌,而变成了纯粹表意兼标音的符号。

楷书 亦称真书、正楷,是隶书再进一步的演变,所以又称今隶(今隶也有用来指后期隶书的)。楷书萌芽于西汉,成熟于汉末。它把汉隶的挑法改成定型的勾撇,不采汉隶的波势,而要求笔画平稳,变隶书的扁方形为竖长形。从魏晋以来一直是正式书写字体。现在汉字的印刷体也是楷书适应刻字和印刷的需要而发生的图案化。

草书和行书 草书一般认为始于汉初,开始只是草率的隶书,因而被称为草隶。在要求急速写就的时候隶书自然地成为草隶。草隶虽然草率,可是字形各自分开,不是一笔连下。草隶到东汉章帝时成为章草。到汉末,又进一步草率化,成为今草。唐代还有更加放纵的狂草,难于辨认,不是常用的字体。至于行书,是楷书的快写字体,相传始于汉末。它不像楷书那样端正,也不像草书那样草率,但书写快速,不难辨认,有较大的实用价值。魏晋以后,成为人们写信、打草稿等日常应用的手写体。除印刷体和缮写公文外,现今可以说是楷书和行书配合应用的时代。

书法艺术 书写汉字,发展成为一种艺术,是由汉字的形体特点和书写工具毛笔所决定的。汉字的笔画多变化,形体结构复杂多姿;而毛笔身粗端锐,柔中有刚,能粗能细,能大能小,运笔时可轻可重,提、顿、回、转,便于发挥艺术创造性。历代书法家辈出,碑刻手迹,保存下不少珍贵的艺术遗产。汉字书法艺术是世界上任何一种文字不可比拟的。李斯算是最早的知名的篆书家,汉代碑刻不少隶书珍品,对后代的书法艺术影响很大。魏晋以后,篆、隶、草、楷、行,各体大备,书法艺术蓬勃发展。钟繇以楷书闻名。王羲之号称书圣,楷书、行书、草书都有独创,其子献之擅长行书。世称二王。唐代最有名并对后世影响最大的书法家有欧阳询、颜真卿、柳公权,他们的楷书被后世学习、临摹,被称作欧体、颜体、柳体。此外,虞世南也工楷书,李邕以行书著称,张旭、怀素善草书,李阳冰工篆书。苏轼、黄庭坚、米芾、蔡襄被称为北宋四大书法家,都以行书名世。元代著名书法家,首推赵孟頫,他取法晋唐,增损古法,世称赵体,与唐代诸家并提,世称"颜、柳、欧、赵"。明代书法家以祝允明、文徵明、董其昌声誉最高,清代有傅山、郑燮、邓石如、何绍基、吴昌硕等书法名家。

对汉文的研究 中国对汉字进行零星解说,早在春秋时代就已开始。例如,《左传·宣公十二年》:"夫文,止戈为武。"又《昭公元年》:"夫文,皿虫为蛊。"《周礼·保氏》有六书之说,可见战国时对汉字的解释已具系统性。汉许慎的《说文解字》是中国语言学史上第一部分析字形、说解字义、辨识音读的学术巨著,影响十分深远。魏晋以后,字书有晋吕忱作《字林》,梁顾野王作《玉篇》。五代、宋初徐铉、徐锴兄弟专治《说文》,大徐校定《说文》,小徐作《说文解字系传》,对《说文》的研究有贡献。郑樵著《通志·六书略》等,开创了研究六书的风气。元代有戴侗的《六书故》、周伯琦的《六书正讹》,明代有赵㧑谦的《六书本义》，都是郑氏学说的后继。清代《说文》之学大盛，段玉裁《说文解字注》，桂馥《说文解字义证》，王筠《说文解字句读》、《说文释例》，朱骏声《说文通训定声》，并称《说文》四大家。清末还是古文字学兴起的时期。金文的研究，宋代虽已开始，但很粗疏。至清代金文出土的增加，甲骨文的发现，揭开了汉文研究的新篇章。清末以来，研究古文字的著作如孙诒让《名原》、吴大澂《说文古籀补》，改变了宋代以来独尊《说文解字》的风气。辛亥革命以后，古文字的研究进展较快，成绩显著。影响最大的著作，如罗振玉的《殷虚书契考释》(1915)，王国维的《戬寿堂所藏殷虚文字考释》(1917)，郭沫若的《甲骨文字研究》(1931)、《卜辞通纂》(1933)、《两周金文辞大系考释》(1935)，唐兰的《古文字学导论》(1935)、《天壤阁甲骨文考释》(1939)，于省吾的《双剑誃殷契骈枝》(1940—1945)，容庚的《颂斋吉金图录》(1937) 等。

中华人民共和国成立后，中国科学院考古研究所在安阳小屯建立了考古工作站，经多次发掘，又获得大量商代的甲骨刻辞；在河南洛阳、郑州等地也有商代的甲骨出土；在山西洪洞、陕西长安还发现了周代的甲骨刻辞；在湖南长沙、仰天湖、马王堆以及山东临沂银雀山等地发现了大量竹简、帛书。不少文字学工作者开始注意战国文字、秦汉文字的研究。陈梦家的《殷虚卜辞综述》(1956)，杨树达的《积微居甲文说》(1954)、《积微居金文说》(1959)，中国科学院考古研究所的《甲骨文编》(1964)，郭沫若主编的《甲骨文合集》(1978—1983)，于省吾的《甲骨文字释林》(1979) 等，是50年代以来古文字研究的重要成果。

汉字的简化、整理和汉语拼音的推行　1956年1月，国务院公布《汉字简化方案》，包含515个简化字和54个简化偏旁。1964年类推成为《简化字总表》，共收2238个简化字。这些简化字现已成为全国图书、报纸、刊物以及学校教育和日常文书工作的用字规范。

1955年12月,中国文字改革委员会和文化部发布《第一批异体字整理表》,淘汰了1055个音同义同而写法不同的异体字,例如泪(淚)、春(旾)、床(牀)等,括号内的异体字停止使用。

汉字属于表意文字体系,从字形上不容易读出音来。为了给汉字注音,历史上曾有过"直音"、"反切"等方法。辛亥革命后,1918年公布注音字母,这是汉字标音方法的一大进步,对识字教育和统一读音有很大贡献。但是,注音字母采取汉字笔画形式,不便于国际流通。早在1605年明万历三十三年,来到中国的意大利传教士利玛窦(M.里奇)设计了用拉丁(罗马)字母给汉字注音的有系统的方案。1625年,法国传教士金尼阁(N.特里戈尔)出版了拉丁字母的注音字汇《西儒耳目资》。清末一部分知识分子提倡改革文字,卢戆章、朱文熊、刘孟扬等人曾拟制过各种拉丁字母拼音方案。1928年南京大学院正式公布由赵元任、钱玄同、黎锦熙等制定的"国语罗马字"。1931年瞿秋白、吴玉章等在苏联设计"拉丁化新文字",1933年传来中国,成为拉丁化群众运动。

1949年10月,中国文字改革协会成立,开始研究汉语拼音方案的工作。1954年12月,中国文字改革委员会成立后,设立汉语拼音方案委员会,进一步对汉语拼音方案进行了全面的系统研究。1958年2月11日,全国人民代表大会批准公布拉丁字母式的《汉语拼音方案》。同年秋季开始,全国小学的语文课本采用汉语拼音给汉字注音。1977年联合国地名标准化会议决定,采用汉语拼音字母作为中国地名罗马字母(即拉丁字母)拼写法的国际标准。1982年国际标准化组织(ISO)决定,采用《汉语拼音方案》作为文献工作中拼写汉语的国际标准。《汉语拼音方案》已由中国法定标准发展成为国际标准。

为加强新时期的语言文字工作,国务院1985年12月决定将中国文字改革委员会更名为国家语言文字工作委员会。

参考书目

唐兰:《中国文字学》,开明书店,上海,1949。古籍出版社,上海,1979年重印本。

蒋善国:《汉字形体学》,文字改革出版社,北京,1959。

[**后记**]　本文是《中国大百科全书·民族卷》的一个条目,原定限两千字以内,由周有光先生执笔。后来要求扩充为八千至一万字,适逢周先生出国,《民族卷》编委会决定由我重写。发表时署名周有光、郭锡良。文稿未经周先生审阅,文责当由我负;此次《论集》增补,周先生欣然赞同我将此文收入。收入本书时删去甲骨图版一幅、书法图版七幅。

(原载《中国大百科全书·民族卷》,
中国大百科全书出版社,1986)

说 "斃"

"斃"字的古今义是不同的。古义是"倒下",今义是"死"。一般人不了解这一点,常常用今义去理解先秦古籍中的"斃"字。例如《左传·隐公元年》中的"多行不义,必自斃"一语,不少人错误地把"必自斃"理解为"一定会自己找死",甚至见诸报刊和某些选本。就是某些很有影响的先秦古籍注释本,也常把"斃"字误注为"死";大多数字典、辞书对"斃"字意义的解释也有错误,错得特别厉害的是新版《辞海》。转引如下:

> 毙(斃、獘)bì 倒下,死,灭亡。《左传·哀公二年》:"郑人击简子中肩,毙于车中。"又《僖公四年》:"公祭之地,地坟;与犬,犬毙;与小臣,小臣亦毙。"又《隐公元年》:"多行不义,必自毙。"

看来编者虽然没有把"倒下""死""灭亡"分列为三个义项,但是从举例来看,三个例句正与前面三个解释相对应,这暗示着编者是认为"斃"字有三个意思,三者之间有引申关系,是前一个意思引申出后一个意思,即由"倒下"引申出"死",由"死"再引申出"灭亡"。这种引申的理解并不错,但是所举例句除第一例外,另两例都错了。《隐公元年》一例,晋代杜预注作"踣也"。"踣"就是"倒下"。杜预的注是正确的。不过,这里的"倒下"是用在抽象的意义上,带着一种比喻、修辞的意味。事情是这样的:郑庄公的母亲姜氏替庄公的弟弟公叔段索取了封邑京,大夫祭仲认为封邑过大,不合制度,将形成尾大不掉、难于控制的局面,劝谏庄公早作安排,庄公回答祭仲说:"多行不义,必自毙,子姑待之。"郑庄公的本意是说:"〔公叔段〕如果多做不义的事情,必定会自己摔跤,您暂且等待着事情发展吧。"如果真是"灭亡"的意思,那么下文公叔段掠取西鄙、北鄙两邑时,郑庄公又先后说"无庸,将自及"(用不着,〔他〕将自己赶上〔灾祸〕)、"不义不暱,厚将崩"(〔做人〕不讲道义就团结不了人,土地多了将会垮台),就变成语无伦次,逻辑混乱了。事实上不是郑庄公说话缺乏逻辑,而是一些人和《辞海》编者的理解有误。陆宗达先生在《训诂浅谈》中曾对这个例句作过正确的分析,可惜同杜预的注一样,都没有得到某些人的重视。第二例《僖公四年》的两个"毙"字也不是"死"的意思,而仍然是"倒下",我们下文再详细论证。

事实上,先秦古籍中的"毙"字,全都不能理解为"死";除了有些是通"敝"或"弊"以外,都只是"倒下"的意思,既用于人、畜、物的具体的"倒下"的动作,也用于抽象事物的"衰败",即"倒下"的比喻义。为了弄清"毙"字的来源及其意义的发展,我们考察了十几部先秦古籍,有的没有用"毙"字,有的虽用了,但没有作"死"解释的。用"毙"最多的是《左传》,共二十三次。有的很明显是"倒下"的意思,例如:

长木之毙,无不摽也;国狗之瘈,无不噬也,而况大国乎?(《哀公十二年》)

有的通"敝",即"挫伤"或"衰败"的意思,例如:

既不能强,又不能弱,所以毙也,国危矣。(《僖公七年》)
敝邑易子而食,析骸而爨,虽然,城下之盟,有以国毙,不能从

也。(《宣公十五年》)

不义而强,其斃必速。(《昭公元年》)

其中有可能理解为"死"的仅以下五处:

六日,公至。毒而献之。公祭之地,地坟;与犬,犬斃;与小臣,小臣亦斃。(《僖公四年》)

射其左,越于车下;射其右,斃于车中。(《成公二年》)

颜高夺人弱弓,籍丘子鉏击之,与一人俱斃,偃,且射子鉏,殪。(《定公八年》)

郑人击简子,中肩,斃于车中。(《哀公二年》)

《定公八年》一例,鲁人颜高仓促间被齐将籍丘子鉏击斃了,还可以翻过身来,射死子鉏。这当然是没有死,而是被人击得趴倒了。《哀公二年》一例,赵简子被郑人击斃于车中,战后还自夸战功,当然只是被击伤了肩,倒在车中。《辞海》用来作"倒下"的例句,无疑是正确的。《成公二年》一例,韩厥的车右被射斃于车中,后文又说"韩厥俛定其右"。晋杜预注:"右被射仆车中,故俯安隐之。"杜预认为车右是被射伤后,倒仆在车中,所以韩厥要把他安放、隐蔽好。王力先生主编的《古代汉语》依杜预说,注作"仆倒",这是对的;但是王伯祥先生的《春秋左传读本》和北京大学中国文学史教研室选注的《先秦文学史参考资料》却都误注为"死"。最麻烦的是《僖公四年》一例,太子申生送上的胙肉、祭酒,被骊姬下了毒药,毒酒倒在地上,地都松裂凸起来,这是剧毒。犬吃了这种有剧毒的胙肉,小臣饮了有剧毒的祭酒,无疑是要死的。但是要感谢许慎,他在《说文解字·犬部》给我们保存了非常珍贵的资料:

> 獘,顿仆也。从犬,敝声。《春秋传》曰:"与犬,犬獘。"獘,或从死。

可见许慎当时看到的《左传》,《僖公四年》的两个"斃"字是写作"獘",而不是写作"斃"的。刘文淇《春秋左氏传旧注疏证》在引用《说文》后说:"是贾氏(按:指贾逵。)本作犬獘。此从斃,当是唐本所改。"《疏证》的话是颇有见地的。许慎看到的本子是从犬的"獘",对这两个"獘"字的理解是"顿仆",即"趴倒"的意思,而不是"死"。这也就是说,《左传》原文的本意,是着重描述犬吃了胙肉,立即倒仆在地,小臣饮了祭酒,也立即倒仆了,而不是记述被毒死的结果。

从这里我们不难作出一个判断,今本先秦古籍中的"斃"字,本当作"獘"。今本写作"斃",都是汉以后的人改易的。原因是,到了汉代,"獘"已经由"顿仆"的意思引申出了"死"的意思,并产生了分化字"斃";在传抄先秦古籍时,也就有用"斃"代"獘"的了。再到魏晋以后,对先秦古籍中这种经过改易的"斃"字,更产生了错误的注释。例如《国语·晋语》也记载了《左传·僖公四年》同一事情:"骊姬与犬肉,犬斃。"吴人韦昭注:"斃,死也。"旧版《辞海》和新版《辞源》沿袭了韦昭的错误,引用了《国语·晋语》这句话作"死"义的例证。又如《庄子·说剑》:"于是文王不出宫三月,剑士皆服斃其处也。"晋司马彪注:"忿不见礼,皆自杀也。"司马彪的注释也是错误的。其实《庄子》原文的本意只是剑士三个月见不到喜养剑士的赵文王,都穷困趴倒在他们的住处,并没有自杀。应该指出,《说剑》出自《庄子》的《杂篇》,可能是秦以后的作品;但是在《史记》中,"斃"字也仍然是"顿仆"的意思,例如《史记·苏秦列传》:"秦赵相斃。"这是用的"顿仆"的比喻义,不是"死"的意思。因此,我们说司马彪犯了与韦昭同样的错误,以他当时的今义去释古义。

"斃"字先秦无"死"义,已经论述如上;那么汉代产生了"死"这种新义,是否确凿有据呢?根据我们的考察,"斃"字用作"死"义,最早见于王充的《论衡》:

> 赵(燕)简公杀其臣庄子义而不辜。简公将入于桓门,庄子义起于道左,执彤杖而捶之,斃于车下。(《死伪篇》)
> 厉鬼举楫戈而㨑之(指夜姑掌),斃于坛下。此非能言、用手之验乎?曰:"夫夜姑之死,未必厉鬼击之也,时命当死也。"(《祀义篇》)

《死伪篇》中王充提到的这个传闻,见于《墨子·明鬼下》:"庄子仪荷朱杖而击之,殪之车上。"《墨子》用"殪"。《说文解字·歹部》:"殪,死也。"《论衡》改"殪"为"斃",说明他是把"斃"理解为"死"了。《祀义篇》一例,前面说"斃",后面说"死",很明显"斃"是"死"义。"斃"在《论衡》中也有不作"死"解的,例如:

> 申生告之曰:"帝许罚有罪矣。斃之于韩。"其后四年,惠公与秦穆公战于韩地,为穆公所获,竟如其言。(《死伪篇》)

晋惠公并没有死在韩之战,只是被秦穆公俘虏了,几年以后才死。《左传》记载此事作"敝",因此这个"斃"字仍只能看作"顿仆"的比喻义。《论衡》使用"斃"字,反映了旧义、新义并存的局面。王充略早于许慎。我们可以推断,"獘"字产生出"死"义和分化出"斃"字,大概也不会早很多,否则许慎就不会把"斃"当作"獘"的或体重文了。

"斃"不仅是从"獘"引申来的,而且可能与"㡀"、"敝"、"弊"都是同源词。《说文解字·㡀部》:"㡀,败衣也。从巾,像衣败之形。""㡀"这个词本是指破烂的衣服,词义扩大,可以表示其他破烂的东西,于是产生了分化字"敝"。后来"敝"可以兼指"败衣","㡀"字反而废弃了。词义再扩大,不仅破烂的东西可以用"敝"表示,生物因伤病而倒下也可以用它来表示,因而又产生了分化字"獘"。这里我们还想指出,"獘"的倒下义,并非一般的倒下,乃是指因伤病、疲惫而倒下。如果倒下,再也起不来,就是"死"了。这就是"獘"的"死"义和分化字"斃"产生的线索。由此我们还可以理解,为什么"斃"作"死"解,总是用于贬义。这正是因为它是从"破烂"义引申来的。另一方面,"敝"的"破烂"义用于抽象事物,还产生了"弊病"的意思,分化字"弊"也由此产生。

从"斃"的古今义及它与"㡀、敝、獘、弊"等字的关系,我们可以看到,词义是有时代性的,也是有系统性的;训释词义一要有明确的时代观念,二要能从词汇的系统性来考察它与同源词的关系。

(原载《语言研究论丛》第三辑,天津人民出版社,1987)

李白在哪儿望天门山

偶翻中华书局出版的《新编千家诗》(1999年出版),诗、书、画三者结合,形式完美,印刷装订也很不错。但是浏览一下题解、注释,却有不甚洽意之感。这主要是有的不必注的注了,该注的却没有注[①];或者注释、说解不太贴切,甚至注错了[②]。特别是翻到李白《望天门山》一首七绝时,发现所配的画竟然是李白站在岸上观风景,不禁感到愕然。画面是:长江从左上角流向右下角,江两边是山,李白站在下面偏左的山石上,目光右顾,大概是看着滔滔东流的江水吧,左手指着左上角的一片孤帆,孤帆的顶上是太阳。见了这副画面,我立即产生了一个疑问:这是《望天门山》所描写的情景吗?

李白的诗句是:

天门中断楚江开,碧水东流至此回。
两岸青山相对出,孤帆一片日边来。

如果李白是站在岸上观景,怎么会感受到"两岸青山相对出"呢?一个"出"字,说明了这是动景。实际上只能是李白乘船经过天门山了望两岸山景时才会有这样的感受。"站在岸上观景"是否只是画家个人的理解呢?看来不是。编注者在《题解》中说:"全篇句句写'望',诗人连用'开'、'回'、'出'、'来'四个动词,表现出山水的气势、动态美和蓬勃生命活力,饱含着诗人赞美祖国壮丽江山的激情。""句句写'望',

望着那"孤帆一片日边来",自然也是站在岸上观景了。编注者由于让李白站错了地方,其他的分析恐怕都难说了。

前人为这首诗所作的注释都比较简单,无论是清人王琦的《李太白文集》,还是今人瞿蜕园、朱金城的《李白集校注》,都没有为解决这个问题提供可资参考的资料。复旦大学中文系古典文学教研组选注的《李白诗选》把这首诗列在不编年部分,注释更简略。只有中国社会科学院文学研究所编的《唐诗选》在这首诗的后面有一个注释说:"末句意思说早晨日出东方,孤舟从水天相接处驶来,宛如来自太阳出处。"(184页)显然《唐诗选》的编注者认为李白是在船上望天门山的;不过他们认为李白是逆流而上,我以为这仍然是不妥的。因为天门山以下至南京,长江基本上是向北流,因而这首诗的第二句,有的版本作"碧水东流直北回",我以为那可能更贴近李白的原作。这一段由南向北的水路在两百华里左右,逆流而上,一个白天是到不了的,这就与"宛如来自太阳出处"不合。

我们认为李白是乘船顺流而下经过天门山时写下这首千古传诵的绝句的。人们或许要说,四句诗给的信息很少,不同解释很难说谁是谁非,彼此不过是不同的看法罢了。这是一种遁词,其实对古籍的训释是有客观标准的。从知人知世的角度来说,我们只要联系李白的经历和他的全部诗作,不仅可以弄清李白到底是在哪儿望天门山,连这首绝句的写作年代也大致可以考证出来。

根据典籍大家都知道,李白自开元十三年(726)出蜀,游襄汉,泛洞庭,东至金陵扬州,第一次过天门山,当在此时;后来西归,留安陆十年,仍有过天门山的可能,但较难考证。不过这时过天门山,不应有"孤帆一片日边来"的感情。天宝元年(742),李白至长安,供奉翰林三年,离京后,漫游齐鲁梁宋十年,过天门山的可能性甚小。天宝十二载(753),李白至宣城,后入庐山,两三年之间漫游江南各地,过天门山之事，可以考见。安史乱后，李白以永王事被流放夜郎，遇赦还，憩江夏、岳阳，复如寻阳、宣城，上元二年（761）又曾过天门山。最后，宝应元年（762）李白往依从叔当涂县令李阳冰，十一月病死；天门山在当涂县西南三十里，此时李白当然可能往游。根据李白的这一经历，可以推断《望天门山》一诗是天宝十三载（754）李白从宣城往游广陵（今扬州市）时所作。此年李白与魏万在广陵相遇，同游金陵，互有唱和。青弋江从宣城流过，北流不到百里汇入长江，汇合口今为芜湖市，天门山距汇合口不过五六十里。李白乘船早上进入长江，顺水顺风，下午就经过天门山。芜湖在天门山的西南，李白过天门山时，回首来路，正是落日西沉处。这正合了"两岸青山相对出，孤帆一片日边来"的情景。

"诗言志"，写景总是为了抒情，单纯为写景而写景，是不足为训的。李白的《望天门山》恐怕不只是写一个"望"字。他被迫"五噫出西京"，"十载客梁园"，主要在北方过着漫游生活，不能施展自己的抱负，心情是愤激的。这时他刚回江南不久，乘船再过天门山，深为长江浩浩荡荡、开山断石、一往无前的气势所感动，又喜看两岸青山，山峰连着山峰地成对迎面出现在顺流而下的帆船两旁，于是写下了这首绝句。是写景，也是抒情。它既是对浩荡长江的赞颂，也是抒发他希图克服阻力、绝不放弃建功立业抱负的情怀。"孤帆一片日边来"一句是写当时景，也是寓意他被迫离开长安南来的愤激情。这同《登金陵凤凰台》中的"总为浮云能蔽日，长安不见使人愁"的情感是一致的。《登金陵凤凰台》应该也是李白这次东下扬州遇魏万后，与魏万同游金陵时所作。

李白此次东下返回宣城后，第二年就爆发了安史之乱，以后李白个人再过天门山时，已经年过六十，并且是戴罪之身，不会再有"孤帆一片日边来"这种感情了。最后一年李白在当涂居住，可能往游天门山，

也可能写诗,但是更不可能写出《望天门山》这首绝句来。现存李白集,在《姑熟十咏》中另有一首《天门山》:

> 迥出江上山,双峰自相对。岸映松色寒,石分浪花碎。参差远天际,缥缈晴霞外。落日舟去遥,回首沉青霭。

这倒确实是站在岸上观景,不过前人已经指出这是赝作。李白集还有《天门山铭》一篇,很可能是李白最后在当涂时所作。它的风格当然也与《望天门山》迥然不同。总之,《望天门山》是写在船上观望两岸山景,而绝不是写站在岸上观景,应该是可以肯定的。

附　注

① 例如所选刘方平《夜月》:"更深月色半人家,北斗阑干南斗斜。今夜偏知春气暖,虫声新透绿窗纱。"(94页)注释只有两条:"更深:指夜半三更以后。""阑干:横斜的样子。"这两个词语不难懂,其实没有必要加注,注释也只是变相从《现代汉语词典》上抄来的。需要加的注倒是"北斗"和"南斗"两个词语。今天的读者对天象的了解比古人少,不但不知道南斗,有的恐怕连北斗也不知道。即使知道了北斗是围绕北极星转的北斗七星、南斗是二十八宿中的斗宿,也仍然不知道"北斗阑干南斗斜"是描写什么样的天象,表达什么意思。编选者绕过它恐怕是自己也没有弄清楚。

② 例如所选的刘禹锡的《酬乐天扬州初逢席上见赠》:"巴山楚水凄凉地,二十三年弃置身。"(260页)编选者的注释是:"巴山楚水:指四川和湖北、湖南一带。这里泛指诗人贬谪的地方。""二十三年:刘禹锡从被贬为连州(今广东连县)刺史,到回到京城时将跨进二十三个年头。"永贞元年(805)九月刘禹锡确曾被贬连州刺史,但在赴贬所途中,十一月即再贬为朗州(今湖南常德市)司马,这次被贬连州刺史,实际上未成为事实,故史称二王八司马事件。元和十年(815)被召回京城,三月才出为连州刺史,常庆元年(821)出任夔州(今重庆奉节市)刺史,常庆四年(824)出任和州(今安徽和县)刺史,至宝历二年(826)冬写这首诗时只有二十二个年头。诗称"二十三年弃置身"是因为这是一句仄仄平平仄仄平的句式,第三个字必须是一个平声字,否则就是犯孤平。注释说"将跨进二十

三个年头"既失实（实际只有二十一年），又掩盖了诗人为了诗律而灵活处理它的事实。"巴山楚水"是诗人实写其贬谪之地，既不宜说"指四川和湖北、湖南一带"，更不能说是"泛指诗人贬谪的地方"。"巴山"点明了"夔州"，"楚水"固然是说"朗州"，也包括了"连州"与"和州"。战国时楚的范围很广，古人称楚是把南方广大地方都包括在内的。

（原载《古籍研究》2002 年第 2 期）

王维《鸟鸣涧》的"桂花"

偶翻《新编千家诗》(中华书局1999年出版),见所收王维五言绝句《鸟鸣涧》,编注者只给首句的"闲"字加了注:"安静"。我就感到不妥。再看《中华古诗文读本》辰集对这句诗的注释是:"人闲桂花落:在寂无人声之时,桂花轻轻飘落。"更证实有的理解是不正确的。再考察下去,发现两个注本都只是沿袭了别人的错误。

早在七十年代,中国社会科学院文学研究所编的《唐诗选》(人民文学出版社,1978),就把这句诗注释为:

"桂花",亦称木犀,有春花、秋花、四季花等不同类型,此处所写当是春日发花的一种。一说冬天开花的桂,春深花落。"闲",寂静意。在寂无人声人迹处,花开花落无声无息。

葛杰、仓阳卿选注的《绝句三百首》(上海古籍出版社,1980)提出了另一种意见,他们的注释是:

桂花——月亮的光华。古代神话中说,月亮中有桂树,所以桂往往被用来作为月的代称。"桂花落",即月亮的光华洒落在大地上。

我认为《绝句三百首》的注释是基本正确的,可是《文学评论》1983年第1期发表了刘璞的《"桂花"不是月光》(以下称刘文)一文,作出了相反的结论。他认为《唐诗选》解释正确,《绝句三百首》解释错误。"这似乎已成定论,流行甚广,现在加上《新编千家诗》等这样发行量很大的普及读物的推广,是否以讹传讹,很有辨正的必要。

现在来看全诗:

人闲桂花落,夜静春山空。
月出惊山鸟,时鸣春涧中。

首先应该弄清楚,"闲"和"静"的意思是不同的。"闲"是闲暇、空闲、悠闲,重在表示没有事情、没有活动,与"忙"相对;"静"是安静、清静、寂静,重在表示没有声响、安定不动,与"动"相对。"闲"一般是没有安静义的。诗中"人闲"与"夜静"对举,更说明诗人在两句诗中要表达的重点是不同的。从《唐诗选》到《新编千家诗》的编注者都用"寂静"或"安静"来释"闲",已经犯了转移概念、注释不准确的毛病。因而造成《唐诗选》和《中华古诗文读本》对这句诗的解释并不一致。至于刘文更是发挥想象,对全诗的内容作了近两百字的描述,我不知道能不能算串讲? 他下面的话,应该算是对这首诗前两句的解释:

夜已深,人们都安睡了,整个春山显得那么空蒙、静谧。夜静极了,甚至连桂花飘落的声音也隐约可闻。

这离王维本来的诗句的意思更远,添加了作者的不少想象成分。试问:这两句诗、即使是全首诗有哪个词语表现了"夜已深,人们都安睡了"这一内容呢?

阅读古诗文首先就要落实词句,连词句都不落实是很难谈赏析的。

勉强要谈，十有九是很难不陷入主观臆测的。刘文事实上落到了这一地步。它批驳《绝句三百首》将桂花释作月光的几点理由（所谓"词语训释、句法关系、艺术风格"）都是没有说服力的，也经不起分析、反驳，我们没有必要为此多花费笔墨。

这里只要论证桂花是指称月光就什么问题都解决了。其实这对古人和我们的前辈学者，根本不成什么问题；他们不仅知道因为传说月中有桂树，因此古诗文中往往用桂来作为月亮的代称，同时也常常以桂花来指代月亮或月光。

"花"字原本写作"华"。《说文·华部》："华，荣也。"《尔雅·释草》："木谓之华，草谓之荣。"《广韵·麻韵》："华，呼瓜切。花，俗，今通用。（中古音[xwa]，今音 huā）"作"光华"、"华夏"义时，音有变化，古为声母不同，今为声调不同。《广韵·麻韵》："华，户花切。（中古音[ɣwa]，今音 huá）""花"是六朝后起字，"花"行而"华"用为"光华""华夏"义专用字；但仍有将"桂花"写作"桂华"的，写作"华"，也要念作"花"。（如陆机《短歌行》："时无重至，华不再扬。"）隋唐以后"华"一般都用作"光华"义。例如：

  含情不得语，频使桂华空。（张九龄《秋夕望月》）
  桂华澄远近，璧彩散池塘。（李林甫《秋夜望月》）
  桂华临洛浦，如抱李膺仙。（羊士谔《郡中玩月》三首之二）
  桂华吐耀，兔影腾精。（韩愈《明水赋》）
  何待桂华相照，有人人如月。（范成大《好事近》）

这都是用"桂华"指代月亮或月光的，应该不会被人误认为是写植物的桂花吧？如果王维的《鸟鸣涧》也像这样是写作"桂华"，也许会少让一些人作出误释。在古诗文中也有写作"桂花"是指代月而不应发生问题的用例。如：

> 桂花那不落,团扇与谁妆?(梁简文帝《望月诗》)
> 天汉看珠蚌,星桥视桂花。(庾信《舟中望月》)
> 自从孤馆深锁窗,桂花几度圆还缺。(李贺《有所思》)

"桂花(华)"在古诗文中常用来指称月亮或月光,虽然得到了证实;可是刘文的作者一定还会提出,《鸟鸣涧》中的"桂花"并不见得是指代月光的。那么我们就要论证王维所写的鸟鸣涧在春天是没有桂花的。

人们一般都只知道桂花是秋天才开花的,江南某些地域,比如湖南,女孩农历九月生,往往取名桂华或桂花。《鸟鸣涧》写的是春景,《唐诗选》的选注者注意到了这个问题,作出了努力,弄清楚了桂花"有春花、秋花、四季花等不同种类",似乎解决了这个矛盾;然而在我们看来,这个劲却是使错了方向,并没有解决问题。因为桂花虽然可以有春季开花的,但不等于说王维写的鸟鸣涧这个地方就也有春天开的桂花。

首先我们查看《全唐诗》王维的全部诗作,他有三首诗写了桂花,除《鸟鸣涧》外,还有:

> 山中有桂花,莫待花如霰。(《崔九弟欲往南山马上口号与别》)
> 幸与(一作"有")丛桂花,窗前向秋月。(《山茱萸》)

其中一首可以断定是在秋天,一首无法确定季节。再看全部《全唐诗》,出现"桂华"的有九首诗,出现"桂花"的有七十四首。可以肯定是指代月的有上述所举张九龄、李林甫、羊士谔、李贺等人的四首诗,不能肯定的有《鸟鸣涧》等三首。剩下七十六首,像王维《山茱萸》这样在诗句中就已明确提到秋的有十首,从诗题可以断定是写秋景的有三首,从诗句中其他词语可以推测是写秋景的还有十首以上。例如:

> 冷露无声湿桂花,今夜月明人尽望。(王建《十五夜望月寄杜郎中》)

> 桂花半落红橘垂,江头骑火照辇道。(张籍《楚宫行》)

"冷露"、"红橘垂"是秋景。总计在七十六首写到桂花的诗中,近三分之一的诗作可以推定是写秋景的,其他是无法确定季节的。另有一首像《鸟鸣涧》一样是写的春天,摘抄四句如下:

> 昔年经此地,微月有佳期。
> 洞口桂花白,岩前春草滋。(李颀《送东阳王太守》)

我们把它列在不能肯定是指称月还是植物的三首诗之中。《全唐诗》写到桂花的诗作,大致反映了一般人的认识,桂花是秋天才开花的。这也应该是岭南以北中国各地桂花生长的情况。

我们知道,桂树本是南方的树木。李时珍《本草纲目》引嵇含《南方草木状》云:"桂生合浦交趾,生必高山之巅。"种植逐渐向北扩展,形成多个品种,李时珍把它分成五种。清代赵学敏《本草纲目拾遗》说:

> 《纲目》分桂为五种:曰桂,即今所谓交桂;曰牡桂,今广桂;曰菌桂,俗呼木犀;曰天竺桂,浙中山桂也,有子如莲;曰月桂,四季有花香,此桂子乃天竺桂子也。

他又引《学圃余蔬》说:

> 有一种四季开花而结实者,此真桂也,闽中最多,常以春中盛开。凡桂四季有子者,此真桂也。江南桂八、九月盛开,无子,此木犀也。

李时珍在《本草纲目》中也引前人的话说：

> 苏恭以单桂牡桂为一物，亦未可据。其本高三四丈，多生深山蛮洞之中，人家园圃亦有种者。移植于岭北，则气味殊少辛辣，不堪入药也。三月四月生花(?)，全类茱萸，九月结实。今人多以装缀花果作筵具，其叶甚香：可用作饮，尤佳。二月八月采皮，九月采花并阴干，不可近火。

还有清初陈昊子纂辑的《花镜》也说：

> 桂一名梫，一名木犀，一名岩桂。……其种不一：白名银桂；黄名金桂，能著子；红名丹桂，不甚香。又有四季桂、月桂，闽中最多；叶如锯齿而纹粗，花繁而香浓者，俗呼球子木犀。花时凡三放，为桂中第一。

综合以上几种本草名著的意见，我们可以得出结论：桂有多种，有春季开花的，有四季开花的，但是都只生长在南方亚热带地区，像福建、广东、广西、云南等地。岭南以北，长江、黄河流域，都只生长八、九月盛开的秋桂。不仅明清以前的古代如此，现在也还是如此。今年有便到西安，向朋友请教，也都说陕西的桂树是秋天开花。从多方面考察，都说明王维写的陕西蓝田县的"鸟鸣涧"，当时不可能有春天开花的桂树，因此《鸟鸣涧》中的"桂花"，只可能是指代月光。

（原载《文史知识》2002年第4期）

《名原》评议

《名原》是孙诒让晚年的著作,成书于光绪三十一(1905)年,他去世后才刊行。1986年又由齐鲁书社出版了戴家祥的校点本。全书分《原始数名》《古章原象》《象形原始》《古籀撰异》《转注揭橥》《奇字发微》和《说文补阙》七篇。这是孙氏研究古文字的总结性的代表作。

孙氏服膺戴段二王,精研小学,致力于校治群经诸子,著述丰富,其中《周礼正义》《墨子间诂》《札迻》是最受人们称道的。同时他还从年轻时就好金石之学,先后撰有《古籀拾遗》《古籀馀论》,订正了宋人薛尚功、清人阮元、吴荣光和吴式芬等人金文著录书中的考释错误。甲骨文出土,刘鹗的《铁云藏龟》首先拓印出版,孙氏依据它于1904年撰写了《契文举例》,成为第一部考释甲骨文的著作。由于事属草创,所据资料又很有限,不免误释较多,"是者与误者尝并在一条中"(王国维语[①]),这本是一个学科开创初期难免的现象,我们自不应苛求。陈梦家曾指出,孙氏"所认识对的以及和罗氏水平相等的共185字"[②],这是谁也不能抹杀的,即使是对《契文举例》评价偏低的罗振玉和王国维也不得不承认孙诒让"为此学开山",指出"盖此事之难非徵君(指孙诒让)之疏也。"[③]

孙氏在研究了金文、甲骨文之后,撰写《名原》,是企图从理论上来总结自己研究古文字的成果。他在《名原·叙录》中说:

  每惜仓沮旧文不可复睹,窃思以商周文字展转变易之迹,上推书契之初轨。(1页)

这就是说,他希望根据甲骨金文到籀文、小篆的演变发展来探讨汉字的原始状况。

又说:

> 今略撷金文、龟甲文、鼓文、贵州红岩古刻与《说文》古籀互相勘校。揭其歧异,以著省变之原;而会最比属,以寻古文、大小篆沿革之大例。(上2页)

这就是说,他要探寻汉字字形演变的原因和规律。

孙氏的这些认识,在清末还十分崇信《说文》的学术氛围中,是颇具先进性的。他对汉字系统的全面认识,不仅超越在他之前的俞樾、吴大澂,也胜过在他之后的章炳麟。孙氏对汉字的历史发展观点很明确,他相当简要地论述了汉字随着社会的发展而演变的轨迹。他说:

> 最括论之:书契初兴,形必至简;遏(?)其后品物众而情伪滋,简将不周于用,则增益分析而渐繁。其最后文极而敝,苟趣急就,则弥务省多,故复减损而反诸简。其更迭嬗易之为,率本于自然。而或厌同耆异,或袭非成是,积久承用,皆为科律。故历年益远,则讹变益众。(上1页)

在这里孙氏把汉字简化和繁化的辩证关系说得相当精彩,比我们在一段时期内为了提倡汉字改革而片面强调简化是汉字发展的唯一规律,要科学得多。

他在论述象形字的演变时说:

> 盖书契权舆,本于图象。其初制必如今所传巴比伦、埃及古石

刻文,画成其物,全如作缋。此原始象形字也。其形奇诡,不便书写,又不能校若划一,于是省易之。或改文就质,微具匡郭;或删繁成简,粗写大意;或举偏该全,略规一体。此省变象形字也。最后整齐之,以就篆引之体,而后文字之与绘画,其界乃截然别异。此后定象形字,今《说文》所载,大略如是。(上5页)

孙氏在这里把象形字分成原始象形字、省变象形字和后定象形字三类,叙述了它们的流变和特点。这些认识是从比较甲骨文、金文、石鼓文、籀文、篆文等古文字而得出的,因而也是正确的。象形字是汉字的基础,对象形字的演变有一个正确的认识,再运用偏旁分析法来考察古文字,就不会拘泥于一笔一画,也不会流于臆断。孙氏在运用偏旁分析法考察古文字方面有不少成功的例证,对罗、王等后来的古文字学家无疑是有启示的。例如:《名原》根据甲骨文和金文对"止"字以及从"止"的"步"、"徙"、"降"、"出"、"先"等字的考释,就很有说服力。最后他归纳说:

综考金文、甲文,疑古文"止"为足止,本象足迹而有三指。……金文足迹则实绘其形,甲文为"丨",则粗具匡郭。(上18页)

又说:

仓、沮造字之初,简易划一,丨大抵如是。甲文出于商代,盖犹知此例。自后人增益分析,各自成为数形;而"止"之为足,转成假借。又或变从止为从屮丛屮,乃成草木之形,于原始造字之旨益远矣。(上18页)

孙氏在这里对"止"的字形的分析,对《说文》的批评,以及对它作为偏旁时形体讹变的分析，大都是正确的。又如：《名原》对"㐭"字以及从"㐭"的"啬"、"墙"、"畾"、"圖"等字的考察（上21页），对其字形演变的分析，也是令人信服的。再如：《名原》析"凤""朋"为二，指出"实在凤象羽毛形，……而贝朋字则象连贝形，象义固渺不相涉。"（上12页）纠正《说文》的失误；对邵钟等铜器中"悬"字的考证（下19页），改正前人的误释，更是不可移易。

孙氏在推原、析异，考察汉字的原始状态及其繁简演变的过程中，还对六书中的转注提出了自己的独特观点。表面上他赞同小徐《说文解字系传》的观点，实际上他根本不是从汉字的形体结构来讨论问题的。他说：

> 盖仓、沮制字之初，为数尚尠，凡形名之属未有专字者，则依其声义，于其文旁诂注以明之。其后递相沿袭，遂成正字。此孳乳浸多之所由来也。自来凡形声骈合文，无不兼转注。……盖转注以形著义，与假借以声通读，其例皆广无畔岸，故古文偏旁多任意变易。（下13）

孙氏在这里是从汉字的历史发展来谈转注的，他把添加义符的分化字看作转注，因而认为形声和转注是相互兼任的。这同传统六书说有关转注的各种说法，无论是主形、主音或主义的说法都是不同的，也许它并不符合许慎的原意，但是这却不失为一种对汉字的发展具有启示意义的新说法。

总之，《名原》在探讨汉字的原始状况及演变原因和考察分析字形繁简变化等方面都作出了重要贡献，代表了清代古文字研究的最高水平。

2000年6月21日

附 注

① 转引自陈梦家《殷虚卜辞综述》55页,中华书局,1988年。
② 陈梦家《殷虚卜辞综述》56页。
③ 同注①。

(原为参加孙诒让国际研讨会论文,
载《长江学术》2002年第5期)

词典义项处理漫议

《现代汉语规范词典》经过编写者十多年的认真努力,大功告成,已经出版。它吸收了前人的优秀成果,又加注词性,力图按词义的发展脉络排列义项,这是体现了词典编纂发展的方向,成绩无疑应该得到充分肯定。我们知道,《现代汉语词典》凝聚了丁声树先生、吕叔湘先生、李荣先生等老一辈学者和许多编纂者的多年心血,是公认的二十世纪科学性最强、质量最高的辞书。二十多年以来,后出的现代汉语的字典、词典不少,可是几乎无不是从它脱胎出来的,大多只在收词、注释、举例、编排等方面做了某些改变,未见有从词典编写原则上作出重大变动、发展的。作出这种尝试的恐怕要算《现代汉语规范词典》了。

《现代汉语规范词典》无疑也吸收了《现代汉语词典》的优秀成果,说它是在后者的基础上编写出来的,恐怕也不为过。但是《现代汉语规范词典》确实又是经过近百名专业人士长期钻研的结晶,它既吸收了《现代汉语词典》的精华,又明显有所提升、有所发展,是以一个新面貌出现的。翻开两部词典正文的第一页比较一下,立即可以得出这个印象。这里只比较字头"阿":

"阿 ā 〈方〉前缀。①用在排行、小名或姓的前面,有亲昵的意味:~大/ ~宝/ ~唐。②用在某些亲属名称的前面:~婆/ ~爹/ ~哥。"(《现代汉语词典》)

"阿 ā 词的前缀。附着在姓、名、排行或某些亲属称谓的前面,多含亲昵意味(多用于方言)△ ~王/ ~毛/ ~大/ ~妹。"(《现代汉语规

范词典》)

后者对前者的改动有三:首先,后者把前者的两个义项合并为一个,这是合得好的,符合词义概括性原则。其次,前者把"阿"定作方言成分,后者只说"多用于方言"。这是符合语言发展事实的。"阿斗""阿飞""阿Q""阿姨"都已经是全民常用词。第三,前者只说用在第一义项时"有亲昵的意味",不包括"用在某些亲属名称的前面";后者包括所有情况,却不说"有",而说"多含"。这也是表述得准确一些,至少对现状来说是这样。

对义项的设置、处理,我们不妨再举一个动词"打"来作比较。《现代汉语词典》给动词"打"列举了二十五个义项(引例大都删去,下同):"①用手或器具撞击物体";"②器皿、蛋类等因撞击而破碎";"③殴打、攻打";"④发生与人交涉的行为";"⑤建造;修筑";"⑥制造(器物、食品)";"⑦搅拌";"⑧捆";"⑨编织";"⑩涂抹;画;印";"⑪揭;凿开";"⑫举;提";"⑯舀取";"⑱捉(禽兽等)";"⑲用割、砍等动作来收取";"㉕定(某种罪名):他曾被~成右派。《现代汉语规范词典》却只给动词"打"列了三个义项:"①[动]击。a)用手或用器物击打……b)被击而破碎……c)(用武器等)攻击;攻打……d)(风、雨等)击打……②[动]同宾语结合,表示处置这些宾语的相应动作或行为。a)表示捕猎、收获、割取、提取、舀取等……b)表示制造、建造、搅动、开凿、编织、绾结、涂抹、加印等……c)表示拿着、捆扎、揭开等(用来改变事物存在的状态)……③[动]与某些动词或形容词结合,构成复合词。……"后者的第一义都是"击打",根据击打的手段不同和击打的结果又分成四种情况。前三种情况相当于前者(《现代汉语词典》)的前三个义项,第四种情况是前者没有考虑的。后者的第二义又分成从a)到n)十四种情况,包含《现代汉语词典》从④到㉕的二十二个义项。后者二义a)项包含前者⑯⑱⑲三个义项,二义b)项包含前者⑤⑥⑦⑨⑩五个义项,二义c)项包含前者⑧⑪⑫㉕四个义项。后者二义j)项"通过一定的装置使进入△～气／～针。"是前者没有考虑的。后者三义"构成复合词"又分成三种情况：～量、～算、～扮、～听；～败、～通、～住；～蔫、～滑、～斜。更是前者没有涉及的。从这一比较中，我们可以发现，《现代汉语规范词典》在义项的设置、处理中是作了很深入研究的。动词"打"的意义灵活、复杂，《现代汉语词典》较好地把它作了全面梳理，分成二十五个义项，这是首先应该肯定的；但是，又应该看到，把这些意义平列成二十五个义项，释义还带有传统义训的意味，互相之间，缺乏联系，总是难以令人完全满意。《现代汉语八百词》把它归成十二个义项，第十二义又分五种情况，共计十六项。《现代汉语规范词典》应该是参考了这两种著作的，它作了更大的归并，只列两个义项，也是十六种情况，但与《现代汉语八百词》的分合并不完全一致。这种处理办法，倒是同《王力古汉语字典》有相通之处；"打"字在这部字典中只列了两个义项，分别为动词义和介词义。动词义是："①击。（引例删）引申为攻打，殴打。（引例删）又作某些动作代称。如'打鱼'、'打水'。"这里是一个本义，两个引申义；王先生认为都是近引申义，所以不另列义项。作为古汉语字典可以这样处理，作为现代汉语词典却未免欠妥。因此，《现代汉语规范词典》把本义和第一引申义立作一个义项，把后一个引申义另立义项是完全应该的。至于第二个义项之中再细分的项是否都分得妥当，自然可以进一步研究。不管怎样，重视词义的概括性无疑是应该的。

至于按意义引申脉络排列义项，本该是词典处理义项的原则之一。段玉裁、朱骏声等注《说文解字》早已涉及这个问题；上个世纪八十年代以后新编的辞书，不少都在向这方面努力，如《汉语大字典》、《汉语大词典》、《王力古汉语字典》等。不过正式打出旗号，并设计一套表示方式的只有《现代汉语规范词典》。比如动词"爱"，《现代汉语词典》列举四个义项:"①对人或事物有很深的感情(引例删,下同)②喜欢③爱惜;爱护④常常发生某种行为;容易发生某种变化"《现代汉语规范词典》也是四个义项:"①[动]对人或事物有深厚真挚的感情△→②[动]珍惜;爱护△→③[动]喜欢;爱好△④[动]经常容易发生(某种行为或变化)△"但是,后者把前者的二义和三义变换了一下,引申脉络就出来了。二义、三义都是从一义引申的,四义又是从三义引申的。《现代汉语规范词典》在这方面所作的努力,成果是比较明显的,应该得到肯定。

不过,正如吕叔湘先生在《序》中指出的,要做好这个,"却不简单"。如果真正要实现这条原则,恐怕首先要把汉语词汇史弄清楚,否则是难免不出错误的。例如:"获",《现代汉语规范词典》的释义是:"①[动]捉到;擒住△→②[动]得到;取得△→③[动]收割(庄稼)"这是说,二义和三义都是从一义引申来的,这个结论就大可商榷了。在字头的后面词典还作了交代:一义、二义的繁体是"獲",三义的繁体是"穫"。无疑这两个字是有意义上的联系,也可以说是引申关系,但是它不是多义关系,而是同源关系。"獲"字早在甲骨文中就出现了,隶定作"隻";《说文》:"獲,猎所获也。""穫"字不见于甲骨金文,最早见于睡虎地秦简;《说文》:"穫,刈谷也。"在传世文献中,"獲"字最早用作三义"收割(庄稼)"的出现于战国时期;《荀子·富国》:"人善治之,则亩数盆,一岁而再获。"杨倞注:"獲,读为穫。"朱骏声在《说文通训定声》中也说:"獲,假借为穫。"前人认为"獲"用于三义是通假,这个意见是对的。我们知道,两个字的今音虽然相同,古音却是不同的:"獲",《广韵》胡麦切,古音匣母铎部,合口二等;"穫",《广韵》胡郭切,古音匣母铎部,合口一等。二者古音不同,当然不是异体字,也不是古今字,而是音近的同源字。现在的处理方式是把同源关系混同为一词多义了,严格来说,也是不太妥当的。

又如:"石"字作为容量单位时,这个义项如何处理呢?辞书中多有不同。《现代汉语词典》按音序排列,释作:"石 dàn 容量单位,十斗等于一石。(在古书中读 shí,如'二千石、万石'等。)"《现代汉语规范词典》采用了相同的方式。《汉语大字典》按部首排列,"石"字两音:"(一) shí 《广韵》常只切,入昔禅。铎部。""(二) dàn (旧读 shí)《广韵》常只切,入昔禅。铎部。"容量单位列在二音量词义项下:"量词。1. 古重量单位,重一百二十斤。(引例删,下同) 2. 官俸的计量单位。秦、汉以为官位的品级。3. 容量单位,十斗为一石。"《汉语大词典》按部首排列,"石"字只列一音:"shí 《广韵》常只切,入昔,禅。"容量单位列在第十五义项量之内:"量词(今读 dàn)。(1)计算容量的单位。十斗为一石。(2)计算重量的单位。一百二十斤为一石。(3)官俸的计量单位。秦汉以为官位的品级,如万石、二千石等。"《王力古汉语字典》按部首排列,也只列一音:"shí 常只切,入,昔韵,禅。铎部。"容量单位也列在量词义项之内:"(二)量词。①容量单位。十斗为石。②重量单位。百二十斤为石。今读 dàn。"五部辞书在读音的处理上分成了四种方式,都不算完美。两部现代汉语词典从现代音出发,音 dàn 是正确的,又指出"在古书中读 shí",这也处理得比较好;但是是否在所有古书中都要读 shí 呢?却值得商榷了。《汉语大字典》是偏重古代的,也以 dàn 为正音,把 shí 作为旧读,这就很不妥当了。所列的三种计量单位,它认定在古书中都要读作 dàn,这就是以今律古了。《汉语大词典》以 shí 为正音,比《汉语大字典》稍好,但笼统地注今读 dàn,仍然让读者无所适从,并同样掩盖了古今音读变化的事实。《王力古汉语字典》也以 shí 为正音,重量单位注今读,容量单位不注,更造成内部不一致。其实,"百二十斤为石"是古制,存在于某些方言中(上世纪五十年代以前,湖南不少地方就把"百二十斤"称作"担",也有写作"石"的);普通话重量单位称 dàn,是市制一百斤,写作"担"。因此,按理容量单位不可不注今读,重量单位倒是可以不注。

　　目前出版的辞书,为什么对计量单位的"石"注音如此分歧呢?恐怕是因为对容量单位及其称量词的变化缺乏了解所致吧。我们知道:度量衡制度是因时因地而异的,容量单位最初往往与容器有关。战国时代的度量衡制度已经齐备,各国情况纷繁,多有歧异。容量单位,秦制是:1 斛 10 斗,1 斗 10 升。商鞅铜方升合今 202 毫升。(据丘光明《中国历代度量衡考》,下同)齐制是:1 豆 4 升,1 盉(斗)10 升,1 区 20 升,1 釜 100 升,1 锺 1000 升。一升合今 206 毫升左右。汉承秦制,出土量器主要是斛、斗、升,一升合今 200 毫升左右。与"斛"相当的容量单位还有"石",秦汉以后的文献中很少用"斛"计算容量,一般都用"石"。先秦用"石"做容量单位的多见于《管子》,《管子·国蓄》:"中岁之谷,粜石十钱。"尹知章注:"按古之石,准今之三斗三升三合。"又见于《国语·周语》:"关石和钧,王府则有。"韦昭注:"石,今之斛也。"比"石"大的容量单位还有个"儋",《汉书·蒯通传》:"守儋石之禄者,阙卿相之位。"应劭注:"齐人名小甖为儋,受二斛。"魏晋以后度量衡单位值加大,到隋唐时代容量已三倍于古,一升合今 600 毫升左右,不但上面举到的唐人尹知章的注《管子》说明了这个问题,根据古量器的考察也得到了证实。容量增大,一斛十斗,所盛谷物过重,不便使用;到了宋代就改五斗为一斛(上世纪五十年代以前湖南农村用的量器,一斛是二斗五),十斗称 dàn(儋),写作"石"。这可说是口语和书面发生了异途相承现象。《正字通》曾批评说:"石与儋别,《蒯通传》'守儋石之禄'注:'儋小甖受二斛'……俗讹呼石为儋,《同文举要》:'石转音担,量名。'令石儋为一,音义并非。"黄生《字诂》也批评说:"今俗用此(石)为儋字,至呼二千石亦如此音,此最鄙谬。"因此宋以前的古书,作为量词的"石"字只应读 shí,不宜读 dàn;宋以后又需从俗,将错就错了。

最后，我们谈谈义项的同一性问题。这就是说，一个字头下面的所有义项是不是都在语义结构系统的同一平面上，是需要我们认真考虑的。《现代汉语规范词典》采取了先前出版的《现代汉语规范字典》的同一办法，不少字头下面的义项，既有一词多义的义项，又有同源词义项和词素义义项。例如："把1"字列了十一个义项，其中动词义六项（握住/控制；独占/守卫；看守/紧挨；靠近；/固定住使不开裂/从后面托起婴儿的屁股）；名词义三项（手推车、自行车等上供手握住的部分/一手可以握住的或扎成小捆的东西/把子）；量词义一项，又分六种情况（如"一把芹菜"、"一把菜刀"、"一把眼泪"等）；介词义一项，又分三种情况（如"把车修好了"、"别把眼睛哭红了"等）。按说，词性不同，就应该算不同的词，虽然有引申关系，也只是同源词，不能等同于一词多义。尤其介词是虚词，与实词列在一起，很难令人首肯。《现代汉语词典》就是另立字头。再如前面举到的"打"字，《现代汉语规范词典》的第三个义项，明确说明了是"构成复合词"，它自然是词素义，与词义不在一个平面上。这样三种不同性质的义项，原来是字典，列在一起，还可以有个说法；现在是词典，再不能因为要显示词义发展脉络顺序而忽略不顾，应该有所区别。

2004年3月3日于北京西郊

（原载《语言文字应用》2004年第2期）

韩愈在文学语言方面的理论和实践

唐代的古文运动是一次文学的革新运动,同时也是一次文学语言的革新运动。韩愈是这一运动的领袖,他对文学和文学语言的发展,都起了重大的作用。本文就是企图从文学语言的角度来探讨一下韩愈在文学语言方面有些什么意见,他的实践怎样。为说明问题方便起见,本文分成两部分:

(一)韩愈关于文学语言的理论;
(二)韩愈在文学语言方面的实践。

一 韩愈关于文学语言的理论

(一)文学和语言的划分

古人对于文学和语言分科的观念是很模糊的,他们往往把两者纠缠在一起。把语言从文学中划分出来成为独立的科目,这还是很后的事情。至于孔门四科也有言语、文学两科,那完全是另一回事。因为孔门的"言语",实际上就是指口才说的,"文学"却是文章博学的意思。"言语,宰我、子贡",就是说宰我、子贡口才好,能说会道。"文学,子游、子夏",就是说子游、子夏会写文章,很有学问。一直到《世说新语》也还是这样分法。这和科学地把文学和语言划分开来,完全没有关系。

关于文学语言,韩愈也没有写过专门的文章。不过,文学是语言的艺术,撇开语言,就没有文学。因此前人提出对文学的意见时,往往就包含着对文学语言的意见。特别是唐代的古文运动,在很大程度上是一种文学形式的改革,也可以说就是文学用语的改革。古文家在提出他们的文学主张时,很大一部分是对文学用语的意见。因此,我们可以,而且也只有从韩愈对文学的意见和主张中,找出我们需要的材料来。

关于这一点,韩愈自己也曾作过一些说明。在《送孟东野序》中说:"人声之精者为言,文辞之于言,又其精也。"在《送陈秀才彤序》中说:"缵言以为文。"这就是韩愈对语言、文辞、文章相互关系的看法。一个是加工不加工的关系,一个是部分和整体的关系。韩文中提到言、语、字、句读时,多是指一般的词句、语言;提到辞、文辞、词的时候,多是指加工的语言,作品的语言;提到文、文章、文学、辞章、词章时,则是指成篇的作品。下面处理材料时,我们就是本着这样一条界线。

(二) 他的主张

韩愈对文学语言的意见,首先表现在他继承了早期古文家提倡古文、反对骈文的主张这一点上。

他在《答刘正夫书》中明显地说:"或问为文宜何师?必谨对曰:宜师古圣贤人。"在《答李翊书》中追述他自己:"始者非三代两汉之书不敢观,非圣人之志不敢存。"在《上兵部李侍郎书》中也说:"得从容于经传史记百家之说","忆自唐虞以来,编简所存","奇词奥旨,靡不通达"。在《举张籍状》中说张籍"学有师法,文多古风"。在《与袁相公书》中说樊宗师"善为文章,独追古作者为徒"。在《韦侍讲盛山十二诗序》中说韦盛山"读六艺之文,以探周公孔子之意"。在《醉赠张秘书诗》中说:"东野动惊俗,天葩吐奇芬。张籍学古淡,轩鹤避鸡群。"又说:"险语破鬼胆,高词媲皇坟。"其他像说卢云夫"嗜好与俗殊酸咸"(《酬司门卢四云夫院长望秋作》),说王用"公所为文章,无世俗气"(《太原王公墓志铭》),说卫府君"独不与俗为事,乐弛置自便"(《监察御史卫府君墓志铭》)。都是赞美、称道、恭维他们能够作古文,不作时文,能够学古,不受世俗牵缚。这个"古"是先秦两汉之"古",不是魏晋南北朝之"古";"世俗"是当时写骈文的世俗,也是魏晋南北朝的世俗文风。在《答李翊书》中还叹息着"有志乎古者希矣"。在《答崔立之书》中,述说他读了自己应试时的诗文时,"颜忸怩而心不宁者数月"。因为唐代是用律赋取士的,律赋是骈文的一种变体。他读了自己所写的自己又极力反对的骈文,自然要忸怩不宁。在《送孟东野序》中,更直接地批评六朝的文学:"其声清以浮,其节数以急,其词淫以哀,其志弛以肆,其为言也,乱杂而无章。"在《荐士诗》中更尖锐的指斥,"齐梁及陈隋,众作等蝉噪,搜春摘花卉,沿袭伤剽盗。"

但是,韩愈虽然竭力提倡古文,实际上却又不是真正复古,而是反对模仿,提倡创造。

在《答刘正夫书》中,他很直接明白地说:"师其意,不师其辞。"在《答侯继书》中也说:"然其所志,惟在其意义所归。"在《答李秀才书》中说:"愈之所志乎古者,不惟其辞之好,好其道焉耳。"在《题欧阳生哀辞后》中说:"愈之为古文,岂独取其句读不类于今者邪?思古人不得见,学古道则欲兼通其辞,通其辞者,本志乎古道者也。"都强调指出对古书是"师其意,不师其辞","通其辞",只是为了学习"古道"。在《答李翊书》中也说,"行之乎仁义之途,游之乎诗书之源",原因是要"无迷其途,无绝其源",而不是去机械地硬搬古人的词句。

对于前人的遗产,韩愈在《进学解》中作了一个概括的说明,那就是"沈浸酽郁,含英咀华","上规姚姒","下逮庄骚"。从五经到扬雄的作品的精华,都应该吸取,做到和他们"同工异曲",做到"闳其中而肆其外"。所以《在答李翊书》中,他说"唯陈言之务去"。在《南阳樊绍述墓志铭》中说:"必出于己,不袭蹈前人一言一句。"又说:"惟古于词必己出,降而不能乃剽贼。"在《答刘正夫书》中也强调"能自树立,不因循"。在《太原王公墓志铭》中赞美王用"其所树立,殆不可学"。在《监察御史卫府君墓志铭》中称道他能"弛置自便"。

怎样去创造呢?那就是反对矫揉造作,雕琢词句,而提倡"因事以陈辞"。

在《答李秀才书》中,他说:"愈所为不违孔子,不以雕琢为工。"在《醉赠张秘书》的诗中说,"至宝不雕琢"。在《送陈秀才彤序》中说:"读书以为道,缵言以为文,非以夸多而斗靡也。盖学所以为道,文所以为理耳。苟行事得其宜,出言适其要,虽不吾面,吾将信其富于文学也。"在《南阳樊绍述墓志铭》中说:"放恣横从,无所统纪","不烦绳削。"又说:"文从字顺各识职。"在《太原参军苗君墓志铭》中说:"纂辞奋笔,涣若不思。"在《答胡生书》中说:"因事以陈词,古之作者,正如是尔。"在《进撰平淮西碑文表》中认为要"辞事相称",在《上襄阳于相公书》中也认为"文章语言"要"与事相侔"。这都是反对雕琢,提倡因事以陈辞的例证。

在文章的修辞,文学语言的加工上,韩愈还常常提到文气问题。

在《赠崔立之评事诗》中称赞崔立之"才豪气猛易语言",在《上襄阳于相公书》中也恭维于文"劲气沮金石",在《唐河中府法曹张君墓碣铭》中也说:"君尝读书为文辞有气,有吏才。"都提到气,把气看得很重要。在《答李翊书》中有更详尽的阐说,他认为:"气,水也,言,浮物也。水大而物之浮者大小毕浮,气之与言犹是也,气盛则言之短长与声之高下者皆宜。"这种重视文气的观点无疑是与反对粉饰雕琢,提倡因事陈辞,密切相关的。

但是,韩愈反对矫揉造作,雕琢词句,提倡"因事以陈辞",重视文气,却又不是反对文学语言的加工。相反地,他正是重视加工,善于加工,所以才能成为古文运动的领袖,把雕章镂句的骈文打垮下去。韩愈重视文学语言的加工,不但具体体现在他的写作实践中,而且也贯串在他的主张中。

前面已经提到,他是非常重视继承前人的遗产的,指出要"沈浸酴郁,含英咀华",做到和前人的好作品"同工异曲",这是一点。还有在《柳子厚墓志铭》中,他称赞柳宗元"为词章,泛滥停蓄,为深博无涯涘"。在《病中赠张十八诗》中,称赞张籍"龙文百斛鼎,笔力可独扛"。在《贞曜先生墓志铭》中,称赞孟郊"及其为诗,刿目鉥心,刃迎缕解,钩章棘句,掐擢胃肾,神施鬼设,间见层出。"在《醉赠张秘书诗》中,也说孟郊"天葩吐奇芬"。在《答刘正夫书》中更明确地认为,只有"用功深者,其收名也远,若皆与世浮沉,不自树立,虽不为当世所怪,然亦无后世之传也"。在《进撰平淮西碑文表》中,认为如果"文字暧昧,虽有美实,其谁观之。"在《答李翊书》中又述说他自己作文,"惧其杂也,迎而距之,平心而察之,其皆醇也,然后肆焉。"在《答尉迟生书》中,他又说:"体不备不可以为成人,辞不足不可以为成文。"在《上襄阳于相公书》中更提出"丰而不余一言,约而不失一辞。"这都是主张加工,重视加工的例证。

《隋唐诗话》还记载了一个故事:"贾岛初赴举京师,一日于马上得句云:'鸟宿池中树,僧敲月下门。'初欲作推字,炼之未定,不觉冲尹。时韩吏部权京尹,左右拥至前,岛具告所以;韩立马良久,曰:'作敲字佳矣。'"为了一个词,就在大街上替别人推敲良久,可见韩愈多么重视文学语言的加工。

反对骈文,提倡古文;反对模仿,提倡创造;反对矫揉造作,提倡因事陈辞;重视文气,同时又强调加工的重要,这就是韩愈关于文学语言的理论的一个轮廓。

（三）他的主张的重大意义

反对骈文，提倡古文，从文学方面看，是反对六朝以来骈文的脱离社会现实，不能载道的文风；从语言方面来看，就是反对骈文的那种讲究声律、堆砌典故、忽视语言的社会作用和违背语言发展的规律的偏向。

我们知道，骈文是最讲究形式的，为什么韩愈说它"乱杂而无章"呢？这就因为只着重对偶、声律、词藻、典故时，必然要影响思想内容的条理。一味追求外表美观，内容却变得杂乱无章了。韩愈指斥骈文"搜春摘花卉，沿袭伤剽盗"，从文学方面看也是攻击形式主义的文学的；从语言方面看，就因为这样的结果，使得语言不能表情达意，自然就不能载道，不能化今传后，语言的社会作用就完全丧失了。同时，追求形式，受到束缚，也就妨碍语言的健康发展。因此，反对骈文，提倡古文，是当时社会迫切的客观需要，也是符合文学语言发展的要求的。

反对模仿，提倡创造，这无疑也是适应文学语言的需要的。因为如果千篇一律，人云亦云，拾掇前人的牙慧，那就会使语言变得陈旧呆板，丧失它的生动性。最初人们用"光阴似箭，日月如梭"来比拟时间过得快，那是很具体、很形象的。但是陈陈相因，大家都这样写，就变成了陈词滥调，丧失了它的具体性、形象性。屠格涅夫把全民语言形象地比作大海，指出我们每一个人都可以自由地去把一部分波浪引导到自己的语言河床里、磨坊里来，这是很有意思的解释。[①] 如果我们不是自己去大海中引导一部分波浪到河床里、磨坊里来，而是去别人的河床里磨坊里舀取一瓢两瓢水，那就自然没有力量。

同时，语言是随着社会的发展而发展的，词汇更是处在差不多不断改变的状态中。文学语言如果不提倡创造，就要停止发展，就要脱离社会发展的需要。固然文学语言是在口语的基础上来进行加工的，大部分新词新语都是人民创造的;但是,把它纳入文学语言中去,作家却起着重要的作用。同时文学语言也并非完全被动的,它也反过来给口语以巨大的影响。因此,创造新词新语来丰富文学语言,就是作家的职责之一。韩愈在他的主张中,反对"袭蹈前人",提倡"树立","词必己出",这无疑是完全正确的。如果韩愈改革文学语言的主张中,没有这很重要的一点,不但减轻了对骈文的攻击力量,而且也真会堕入复古主义的泥坑中去,就不会有任何意义、任何价值。

反对矫揉造作,提倡因事陈词,这更是韩愈改革文学语言的主张中最重要,最有价值的论点之一。我们知道,语言是人们的交际工具,交流思想的工具。思想和语言,语言和思想是密切结合而不可分的。因此,文学语言首先就应该是为思想内容服务,与思想内容相适应的。高尔基说:"语言是事实的骨头、筋肉、神经、皮肤,因此,为了正确和鲜明地描写人创造事实的过程和事业影响人的过程,语言的准确、明了、朴素是完全必要的。"②在这里,高尔基给文学语言提出了最基本的,也是最重要的要求——"准确、明了、朴素"。韩愈说,"文从字顺各识职","文所以为理","出言适其要",这就是向文学语言提出了"准确、明了"的要求。韩愈说,"非以夸多斗靡","不以雕琢为工",这就是向文学语言提出了朴素的要求。韩愈说,"因事以陈辞","辞事相称","与事相侔",这和把语言比作"事实的骨头、筋肉、神经、皮肤"的思想,精神上也是相通的。尽管韩愈并没有认识到"语言是思想的直接现实",但是他却意识到了文学语言应该为思想内容服务,应该与思想内容相适应。"因事以陈辞","辞事相称","与事相侔",这就是说,事情怎么样,话就应该怎么说,不要夸多斗靡,不要雕琢粉饰。任何时候,这都是文学语言应该遵循的重要原则。

我们知道,骈文正是违反了这一重要原则。"遗理存异,寻虚逐微,竞一韵之奇,争一字之巧"③,雕琢粉饰,夸多斗靡,完全追逐形式美,而不顾思想内容,客观事物。早期古文家,虽然鄙弃这种"雕虫小技",但是明确地提出"因事以陈辞"的正面主张,却是韩愈的功绩(陆机在《文赋》中说过类似的话,但他不是古文家)。

是的,韩愈提倡"因事以陈辞",还不是以口语作基础来进行创作,而是以先秦两汉的文学语言作基础的,这不能不是一个很大的缺陷。不过,语言是根据自己的内部发展规律而发展的。它不是经过爆发,而是经过新质要素的逐渐增多,旧质要素的逐渐衰亡来进行的。特别是基本词汇和语法结构变化得特别慢。唐代离先秦虽然有了千多年,但语言的基本面貌并没有改变,基本词汇和语法结构并没有完全改变。他虽然主张根据先秦两汉的文学语言来进行创造,但生活在当时的语言环境中,不能不受口语的影响;加以他又主张"不师其辞","能自树立","因事以陈辞",这样创造出来的语言比违反语言发展规律而矫揉造作的骈文的语言,自然要接近口语得多。

韩愈重视文气,高唱着气盛言宜,这一点对后代的古文家影响也极大。"气",到底是一个什么东西呢?韩愈没有作具体的说明,讲得很玄妙,似乎很难捉摸。但是如果从韩愈的整个主张来看,仍然是可以理解的。韩愈讲"文以明道","因事以陈辞",又把语言看作表情达意,化今传后的工具。在《送浮屠文畅师序》中说:"以求咏歌其所志",在《择言解》中说:"言起于微,而为用且博,能不违于道,可化可令,可告可训。"他的"气之与言,犹水之与物"这一观点是和上述几点密切相关的。自然,不能简单地就把"气"归之为"道"或者"事",也不能简单地就把它看作文章的思想内容,必须全面地来考察。我们认为在这里韩愈是从创作过程来谈的,不是针对具体作品说的。在创作过程里,首先是"因事以陈辞"的"事"转化成"文以明道"的"道",再由这个"道"转化成"气之与言"的"气",这种"气"一盛,"言"就自然无所不"宜"了。用今天的话来说,就是客观生活经过作家的感受变成了作家的思想认识（理性认识），由这种思想认识转化成高度的意志情感（创作的要求），有了这种意志情感，作品就自然很得心应手的写出来了，作品的语言也就自然很流畅，很适宜表达思想内容了。

在《送孟东野序》中韩愈说，"物不得其平则鸣"，"其歌也有思，其哭也有怀"。在《上贾滑州书》中说："丰山上有钟焉，人所不至，霜既降，则铿然鸣，盖气之感，非自鸣也。"在《送王秀才序》中说："及读阮籍陶潜诗，乃知彼虽偃蹇不欲与世接，然犹未能平其心，或为事物是非相感发。"这就为我们上面的考察作了很好的说明。因为"不平则鸣"和"气盛言宜"正是紧密相联的，也就是说事物是非感触了人们的"心"，产生了一种一吐为快的意志情感（也就是韩愈所说的"气"），因此就发而为言，这种言的"短长""高下"是随意志情感为转移的。这是文学创作的问题，也是文学语言加工的态度问题。既然"言之短长，声之高下"是随为"事物是非相感发"的意志情感——"气"所决定的，那么，重要的就在于"言"应该表达意志情感，应该反映感发意志情感的"事物是非"，而不在于雕琢粉饰，调声用典。体现在具体作品中，就是感情饱满，词句流畅，言之有物。这也就抨击了、纠正了六朝骈文的不顾文气，追求词藻华艳的"论卑气弱"的弊病。无疑，从上面的说明中，可见韩愈的文气说和他的提倡创造，提倡因事以陈词的观点是密切相关的，是他改革文学语言的主张中很重要的一环。

文气是一个很复杂的问题，有许多不同的说法。有人认为韩愈所谈的"气"就是孟子所谓的"我善养吾浩然之气"的"气"，是作家的德行修养问题。以道统继承者自居的韩愈，接受孟子的影响，是不可否认的；但是把韩愈提倡的文气完全归结为孟子的"浩然之气"，归结为作家的德行修养，这就还值得研究。在《答李翊书》中韩愈是谈怎样"立言"的问题，也是介绍自己的创作经验。他告诉李翊，要一心学习圣人，"非三代两汉之书不敢观，非圣人之志不敢存"，还要识别古书的正伪,把不合圣人的思想言谈去掉;创作的时候,就要务去陈言,防止庞杂。一句话,就是要善于"代圣人立言"。要做到这一点,就必须"处若忘,行若遗,俨乎其若思,茫乎其若迷",数十年不改,"无望其速成,无诱于势利,养其根而竢其实,加其膏而希其光",也就是说,要有代圣人立言的志气,这种志气一"盛",创作起来,言就"汩汩然来矣",就"浩乎其沛然矣。"这是和不平则鸣的思想相联系的。因为韩愈看到了社会的弊病,看到儒道"火于秦,黄老于汉,佛于晋魏梁隋之间"(《原道》),因而不平在心,"有思""有怀",有为圣人鸣不平的强烈要求和意志,自然要发而为言。再深究一步,也就是要保持那种"用则施诸人,舍则传诸其徒,垂诸文而为后世法"(《答李翊书》)的时刻要求实施自己的政治主张的意志情感。这和孟子的"浩然之气"有分别,和作家的德行修养更是无关。如果用韩愈的行动来检验,就更看出他绝不是一个有德则有言的主张者。我们知道,他为了一官半职,三上宰相书求荐,竟至自比盗贼管库(《后十九日复上宰相书》)。他"为博塞之戏,与人竞财"④,受到张籍的批评。他也喜声色之乐,宠侍妾柳枝、绛桃。⑤一个讲究养"浩然之气"修德养性的道学夫子是不会这样的。把"文""行"紧密地联系起来,应该是宋代道学家的事情。因此从韩愈的整个文学主张,从他的生活行动来看,把他提倡的文气归结为作家的德行修养是难于说通的。

韩愈重视文学语言的加工。在他的言论中,不但强调继承前人的遗产,称赞柳宗元等善于加工,正面提出了加工的主张,提出了要使语言"醇"而不"杂",认为只有功夫用得深,才能传得久,传得远,而且更进一步提出了怎样加工,提出了文学语言丰富多彩的要求。"丰而不余一言,约而不失一辞",这就是说语言要丰富多彩,却又不添加一句多余的话,要简约,却又不少说一个应该说的词,要做到恰到好处。

既反对雕琢,但是又必须加工,所以韩愈在语言的运用上才有那样大的成就,才能把文学语言从骈文的形式主义的枷锁下解放出来,使它客观上向口语接近了一大步。他不但给唐代古文家的影响极大,而且也给宋元明清的文学语言以巨大的影响。这就是韩愈关于文学语言的理论的重大意义。

二 韩愈在文学语言方面的实践

(一) 彻底地反骈偶

韩愈不但是反对骈文,提倡古文的理论家,而且也是一个成功的实践家。韩愈以前提倡古文的作家,他们虽然反对骈文,自己却也摆不脱骈文的桎梏。萧颖士、李华的文章,风格虽然有了改变,但没有把骈文的华靡气息澉洗干净。如李华的《吊古战场文》,基本上都是四字的偶句,对仗相当工整。即使像柳宗元,前期的作品,大多也不出骈文的窠臼。正如他自己说的,"始吾幼且少,为文章以辞为工,及长乃知文者以明道。"(《答韦中立书》)就是后期的作品,有些也没有完全摆脱骈文的影响。柳宗元自己说得好,"凡人好辞攻书,皆病癖也。吾不幸早得二病,学道以来,日思砭针、攻熨,卒不能去。"(《报崔黯秀才书》)

韩愈就不同,他的作品,没有丝毫骈俪气息,有时甚至故意避免对句,因此有所谓"横空盘硬语"。朱熹认为柳文不及韩文的醇正,[⑥]固然是从思想内容——道统方面来提的,但是在形式上——作品的修辞、语言的运用上也是用得着的。宋祁说:"柳柳州为文,或取前人陈语用之,不及韩吏部卓然不丐于古,而一出诸己。"[⑦]这是看到了韩文的创造性,也是看到了韩文反骈偶的彻底性。

所以李汉在序《昌黎先生集》时说:"时人始而惊,中而笑且排,先生益坚,终而翕然随以定。呜呼! 先生于文,摧陷廓清之功比于武事,可谓雄伟不常者矣。"当时科举取士是用骈文(律赋),奏状碑记也多是用骈文,反对古文的势力是很强大的。若不是"先生益坚",并在写作实践上彻底反骈偶,取得巨大的成就,那是不能战胜骈文的。

以前有些人认为韩柳虽然提倡古文,却也擅长骈文。柳宗元固然被认为是骈文的一大家,韩愈的文章中,也被认为有许多骈俪的词句,《进学解》就常常被引来为例。⑧其实这完全是一种牵强附会。固然《进学解》中有一些"业精于勤荒于嬉,行成于思毁于随"的对句,但是这并不就是骈文的语言。骈文不仅要对仗,而且还讲究调声、用典、藻饰,这四点是统一的,把一切的对句和骈文的语言混为一谈,这是错误的;用这来为骈文作辩护,也是没有力量的。我们知道,平列的结构是语言中客观存在的,不但汉语中有,西洋语言中也有。如拉丁语:"Art longa, vita brevis."(艺术长,生命短)。又:"Verba volant, scripta manent."(语言飞逝,文字停留)。⑨如俄语:"В речах по-соловьиному, а в делах по-эмеиному."(说得像夜莺一样好听,做得像花蛇一样狠毒)。"богатый и в будни пирует, а бедный и в праздник горюет."(富人连平日也花天酒地,穷人连节日也愁眉苦脸)⑩。偶句本身并不是一种什么不好的结构,相反地,某些平行的思想内容就需要这种平列结构,才能表达恰当。问题是骈文把这一结构代替了一切。如徐陵的《劝进梁元帝表》,全文两百来句,除三两句散行以外,全是偶行。其他作品,也都基本上是四六偶句。庾信的作品也是这样。李商隐以后,四六的对仗,就要求得更加严格。后世的书启体,更是全篇之内,始终没有散行。这样一来,一句话可以说清的,为了对仗,一定要补足两句;两句话说不清的,为了对仗,也勉强要把它削成一联;不需要六个字的,要凑足六个字,四个字说不清的,定要删成四个字。比如庾信《哀江南赋》有"王子滨洛之岁,兰成射策之年"一联,实际上的意思不过是说"我庾信十五岁时",为了对仗,就不得不凑成六个字的两句。另方面又因为字数的限制,有时就不得不把一些要说的人名、地名和语词阉割掉,把一些名词作毫无道理的省略。比如王勃《滕王阁序》:"杨意不逢,抚凌云而自惜,钟期既遇,奏流水以何惭?"就把杨得意说成杨意,钟子期说成钟期。还有一些虚词的用法,也因为对仗而违反语法的常规,"于"字就是用得非常滥的。比如《容斋三笔》载范文正公的一篇书启中有"志在逃秦,入境遂称于张禄,名非霸越,乘舟偶效于陶朱"。这里的"于"字,就是用得违反语法常规的。《贵耳集》载的一篇无名氏的文章,有"翡翠帘前,好似汉高之祖,鸳鸯殿上,有如秦始之皇",两联"之"字的用法,更是毫无道理。同时四六对仗也给语法结构带来了束缚,因为它基本上只有几种形式,而且也只能有那样几种形式,句子的语法结构完全定型下来。单句的并列("南昌故郡,洪都新府"或"腾蛟起凤,孟学士之词宗;紫电清霜,王将军之武库"),等立复句的并列("襟三江而带五湖,控蛮荆而引瓯越"),就是它的基本形式。附加语很多的单句和结构很复杂的主从复句在骈文里都是不存在也不可能存在的。

  韩文却完全摆脱了这种骈四俪六两两相对的桎梏,没有句数的限制,也没有字数的限制。从句式方面看,韩愈是最喜欢用排比句的,极少、几乎是不用真正的对偶句。《进学解》中一些被认为骈偶的句子,实质上也不过是一些比较整齐的排比句。排比和对偶的不同,就在于它不是两两相对,也没有字数的限制。两句一排比可以,三四句一排比也可以,甚至还可以长到八九句一排比。如《原道》,从"为之工以赡其器用"到"为之刑以锄其强梗"就是八句一排比,从"其文《诗、书、易、春秋》"到"而其为教易行也"就是九句一排比。句子的字数也不一致,"其文《诗、书、易、春秋》"等九句,就是四字的、六字的、七字的各二句,五字的、八字的、十四字的各一句。《原道》开始四句的一排比,也是一句五字,一句七字,一句八字,一句十字。除了这种排比句以外,韩文中还有不少散行的长句。比如在《送孟东野序》中有"杨朱、墨翟……张仪、苏秦之属,皆以其术鸣"一句,韩愈一口气就举出了十四个人名,句子长到三十七个字。在《毛颖传》中有"阴阳卜筮……百家天人之书,及至浮图老子外国之说,皆所详悉"一句,也是一连举出了十五件事物,句子长到四十个字。附加语多的单句和结构复杂的主从复句就更不胜枚举。比如《张中丞传后叙》的第一句,"元和二年四月十三日夜,愈与吴郡张籍阅家中旧书",就是有很多附加语的二十一字的单句。仍举《张中丞传后叙》为例,从"当其围守时"到"远之不畏死亦明矣"就是十一个单句构成的一个复句,单句与单句之间有并列关系,也有主从关系,一环套住一环,整个地连在一起。

在这里我们就看到了:骈文由于追求形式,一方面造成语言的重复累赘,违反文学语言要求简洁的原则;一方面又因辞害意,违背了语言的社会本质——作为社会的交际工具,人们交流思想表达感情的工具,同时也破坏了语言的纯洁健康。韩文真正实践了自己"因事以陈辞"的主张,事情应该怎么说,就可以怎么说,把要表达的思想感情用既简洁又明确的语言表达出来。同时它对文学语言的语法发展也起着积极的作用,它不但继承了唐以前的文学语言的全部语法形式,而且还随着全民语的发展逐渐"改良和改正自己的规则"。事实上韩文的语法结构是受到当时口语的影响的,也是在先秦两汉文学语言基础上发展了的(下面要详细谈)。这就是韩文摒弃了四六对仗的重要意义。

韩文的彻底反骈偶,不但表现在摒弃四六对句上,而且也表现在彻底地不用典上。骈文不用典,实际上就不成为真正的骈文。比如陆贽的文章,就是这样,可以说它是散化的骈文,也可以说是骈化的散文。真正的骈文是特别讲究用典的,庾信的《哀江南赋》就是堆砌了许多典故来比喻时事。单说《衣江南赋》的序,只有一百十六句就有四十多个典故。《谢滕王赍马启》全文才十一句,正文只有五联,就是五个典故。唯一的传记文《丘崇传》也用了三十个典故以上。徐陵的文章也不例外,《劝进梁元帝表》全文才二百句左右,典故就有六十多个,《玉台新咏序》一百六十多句,典故也有五十多个。李商隐以后的四六,更是极端重视用典的。因此李商隐被称为"獭祭鱼",杨大年号称"衲被",都是堆砌典故的结果。至于韩文,则几乎是全不用典,《原道》《原毁》《师说》《进学解》《张中丞传后叙》《圬者王承福传》《谏迎佛骨表》《祭十二郎文》《祭鳄鱼文》都找不出一个典故来。韩文也引用古代事物,但那只是引用古代事物来讲清道理,说明问题,绝不是用典。引用古代事物和用典的不同,是显而易见的,没有多加说明的必要。

骈文的堆砌典故,固然妨碍行文的流畅,使得文章呆板,没有一点清新的气息。但更重要的是,典故太多就必然使作品晦涩难懂,违背文学语言要求明白易晓的原则。徐陵、庾信、王勃、李商隐等人的作品,我们如果不首先搞清楚那些典故,就不能真正读懂它。而且其中有些僻典,千多年来都没人懂得,注疏家都只好注上"未详"的字样。比如徐陵《玉台新咏序》:"新制连篇,宁止蒲萄之树。""蒲萄之树"一典,注家就没有解释。[11]李商隐的文集,冯浩在搜集了诸家的注疏以后,再作《樊南文集详注》时仍不得不说明:"未解者数条,请俟之博物君子"。[12]由此可知有些骈文的晦涩难解到什么程度。

我们并不笼统的反对用典,而且认为适当的用典,还应该提倡。比如"拔苗助长","雪中送炭"这样的典,为什么要反对呢?即使不知道典故的渊源,凭字面也可以懂得它的意思。它最大的好处,是能够使语言形象化,使文章变得生动活泼。骈文的用典,却完全是另一回事,它追求的是华艳典雅,而不管人民大众是否懂得。比如王勃的《上明员外启》:"侧闻金乌耸辔,俯圆燧而抽光,瑶兔浮轮,候方诸而吐液。"用金乌代替日,用瑶兔代替月,除了华丽典雅,适宜对仗以外,还有什么呢?再如庾信《哀江南赋》"始含香于建礼",李商隐《为安平公谢徐兖海观察使表》"每含香而自叹",都用"含香"来表示作尚书郎,也不过因为尚书郎太一般,不典雅不华丽罢了。为了掩饰空虚,本来很小的事,无话可说,也可以用几个典,生枝长叶,说上一大套。比如前面提到的庾信的《谢滕王赉马启》,正文五联,就是五个典故,但总的意思不过是"好马,跑得快"五个字罢了。这样用典已经完全失去了积极意义,是文学语言中一种不良倾向,会破坏文学语言的纯洁健康。

因此,韩文的彻底不用典,对骈文来一个彻底的反动,是有着非常重要的意义的。它不但使韩文清新简洁,明白晓畅,而且对文学语言的纯洁健康,对文学语言的发展都起着积极的作用。

骈文的另外两个特点是和上面两个特点结合在一起的。调声和对仗,藻饰和用典都是分割不开的。既然不用对仗,也就无从调声,既然彻底不用典,也就失去了藻饰的最重要的手段。因此韩文所注重的是文气,是因事陈辞,能自树立;而所得的结果是语句浩瀚流利,音调铿锵自然。

总之,韩文摆脱了骈文的形式束缚,真正实践了他的气盛言宜,因事陈辞的主张,因而和骈文比较是大大地向口语跨进了一步,是文学语言史上一次重大的革新。

(二)向当时口语接近

和骈文比较是革新,和先秦两汉的古文比较又怎样呢?在上一节我们指出了韩愈在理论上并不是一个真正的复古主义者,在实践上是否也可以这样说呢?是的,我们觉得也可以这样说。尽管韩文没有摆脱先秦两汉文学语言的格局,但它却吸收了很多当时口语中新产生的词汇现象和语法现象。

首先就是口语词汇的运用。韩愈对官名地名和当代事物的名称完全采取现实的态度,不带任何拟古主义的色彩。官名地名不必列举,当代事物的名称最明显的就是有一大批佛教道教的词语进入韩愈的文章中。如佛、佛寺、浮屠、僧、尼、上人、师、道士、山人、修行、寺、观、释氏、福田等。这一批词语应该是六朝以后才进入到全民语的词汇中的,先秦的古书中没有,两汉也极少用。还有一批随着隋唐科举制才产生的新词语,如进士、明经、甲科、主司、及第、登第、落第、贡、举、考试、中科、博学宏词等,也是韩文中常见的。除了当代事物的名称以外,还有一些当代口语的其他的词汇也是韩文中常用的。如"都"字作副词"皆"字用,就是屡见不鲜的。《答崔立之书》中有"若都不可得",《与崔群书》中有"又不知无乃都不省记"。都字的这种用法是先秦两汉没有的。"都"——《说文》:"有先君之旧宗庙曰都"。《广雅·释名》:"国城曰都,都者,人所都会也。"《广韵》:"都犹总也。"曹丕《与吴质书》:"顷撰遗文,都为一集。"由都城的"都",引申为"人所都会"的"都",又引申为总集的"都",最后作副词"皆"字用,应该不会早到魏晋以前。还有用"太阳"代替"日",在韩文中也出现了。如《贺太阳不亏状》中有"太阳合亏","太阳不亏"等语,都是用的"太阳",不是用的"日"。太阳作为日的同义词,应该是很晚的事情,不会早于六朝以前。[13]还有像眼(目)、脚(足)、写(书)、到(至)等词,也是汉魏以后才产生的,韩文中也能找到。

如果我们仔细地阅读韩文,把它和先秦两汉的作品对照一下,还会发觉到韩文中的双音词增加了很多。就拿《原道》来说吧,我们也可以找出恩爱、壹郁、葬埋、祭祀、器皿、货财、天下、国家等四十来个双音词。又如《欧阳生哀词》第一段不到两百字,双音词却占了二十多个。先秦的作品中,双音词一般是少得多的。

固然韩文中有很多双音词先秦两汉早就有了,但是值得指出的是它们在先秦的使用频率小得多。一个双音词往往有同义的单音词,在先秦同义的双音词使用的频率比单音词小,到了韩文里,恰恰反过来了。比如说,"国家"一词,先秦早就有了,它和"国"是同义词。在《孟子》中,"国"出现五十次以上,加了修饰语的,像大国、小国、邻国、敌国等还除外,"国家"却仅仅出现六次。还得指出,这种"国家",结合得还不很紧,往往有"国"和"家"的意思。《论语》中,"国"字出现九次,除大国、国命、灭国以外,也有六次,"国家"却一次也没有出现。在《昌黎先生集》十一和十二两卷中,"国家"就出现四次,"国"仅仅出现一次,而且还因为"国"上有数词"一"。引文除外,包括引文《四书·大学》中的一段,"国"出现三次(这也很富于启发性,一段《大学》,"国"就出现两次)。这一个比例变化是很大的,我们绝不能忽视。即使有些词变化不会这样大,但是我们可以肯定同义的双音词的使用频率在韩文中比先秦两汉要大得多。这里我们还可以看出一个问题,那就是汉语的双音化早在先秦就开始了,但单音的比重还是比双音大得多,许多词还是从单音向双音过渡的时期。到唐代,同义双音词就渐渐占了上风,或者竟代替了同义的单音词。因此韩文中使用了这一批双音词,也就是使用了当时口语中的词汇。

　　韩文中也有许多双音词,是先秦两汉没有的,主要是根据同义词重叠、反义词对待的两种构词法而组成的。其中有些是当时口语中流行的,有些是韩愈自己创造的。韩愈自己创造的新词,后来也许有些被人民采纳了,进入了全民语的词库,有些就只保留在韩文或个别其他的古籍中。分别哪些是当时的口语,哪些是韩愈自己创造的,这是一件复杂艰巨的工作,目前还不能做到。但是不管它们来源怎样,韩文中双音词增多,却是一件极明显的事实。这不能不是受了口语的影响,向口语接近的表现。

　　其次,有些新兴的语法形式也被韩文采用了。

　　如数词"两"字,已经不再是只能表示天然成双或被认为成双的东西了,它已经和现代的用法相同,代替了"二"的一部分用法。如《与崔群书》:"凡两度枉问"和"须亦有一茎两茎白者"。《上李尚书书》:"谨献所为文两卷,凡十五篇"。《科斗书后记》:"两部合一卷"。《张中丞传后叙》:"两家子弟材智下"。《毛颖传》:"毛氏有两族"。《祭十二郎文》:"韩氏两世"。《题欧阳生哀辞后》:"惟自书两通。"这些都不是天然成双或可以被认为成双的东西。这种新的用法,汉以后才逐渐产生的。⑭韩文中却普遍大量的使用,这是一件重要的事实。

又如顺序数词"第"字的使用,也是很多的。如:《与崔群书》有"左车第二牙",《唐正议大夫尚书左丞孔公墓志铭》有"公于次为第二",《故江南西道观察使王公墓志铭》有"第几人,非王某邪"和"治称第一",《祭女挐女文》有"祭于第四小娘子挐子之灵"。顺序数词用"第"字,先秦没有,汉代才逐渐产生,特别是顺序数词后面还带名词,更是魏晋以后的事。⑮

又如处所状语的移前,《张中丞传后叙》中有"籍大历中于和州乌江县见嵩",《答侯继书》有"明日又于崔大处得足下陕州所留书",《记宜城驿》有"甄氏于小城北立墅以居"。这种处所状语移到动词的前面,是汉以后才开始的。⑯

我们还可以看到,韩愈由于学古不到家,受口语的影响,把否定句中代词宾语移到动词的后面,把第三人称代词"其"字用在宾格的也有。如《释言》中有"相国将不信之矣","二公将不信之矣";《殿中侍御史李君墓志铭》有"星官历翁,莫能与其校得失",《中大夫陕府左司马李公墓志铭》有"是与其故,故得用"。

自然,从语法方面来看,韩文的基本面貌还是和先秦两汉一致的,新兴语法形式的采用还是比较个别的。不过,语法是最稳固的,语言的发展是渐变而不是爆发。六朝虽然是汉语变化最大的一个时期,但是旧的语法形式也不是一下就会完全死亡的。我们认为,在相当长的时期内,会是新旧并存的局面。如果念一念变文,就会发觉它也夹杂了许多古老的语法形式。变文是一种向广大群众讲唱的文体,它必须使人们(识字、不识字,有文化、没有文化的)都了解,尚且如此。这就说明了许多古老的语言形式在唐代还是人们所能了解的。韩文运用它们,就更是很自然的了。我们知道,文学语言对新形式的采用本来就是比较保守的;旧形式如果还适用,它就绝不放弃旧形式。应该说,韩文并没有一概地排斥新的语法形式,而是比较慎重的和有选择的采用了它。

韩文由于运用了这样多的当时的口语词汇和新兴的语法形式,读起来就绝不像先秦两汉的作品那样古奥难懂。虽然,韩愈不是有意识的要向当代口语接近,但客观上起了这一效果。

(三) 韩文的语言风格

正是因为韩文既彻底反骈偶,又并非机械地仿古,因而造成了自己特有的风格。皇甫湜说:"韩吏部之文,如长江大注,千里一道,冲飚激浪,污流不滞。"[17]苏辙说:"韩子之文,如长江大河,浑浩流转。"[18]都喜欢用"长江大河"来比拟韩文,这就是说韩文的风格是气势浩大的。风格固然是"作家所有作品中的主要思想和艺术的特点的总和"[19],但是从形式上来看,语言的特色就是造成作家风格的最重要的条件。造成韩文这种气势浩大的风格的重要语言条件之一,就正是我们前面已经提到的排比的修辞手段(句法形式)。因为单词只句,往往显得气势薄弱,而同范围同性质的事物用结构相似的句子、词语排比列举在一起,意思就加重,气势就显得浩大。

比如《原道》"古之时人之害多矣"至"呜呼!其亦不思而已矣"一段,如果去掉中间几小段二十多句相排比的句子,那么最后"今其言曰,圣人不死,大盗不止,剖斗折衡,而民不争。呜呼!其亦不思而已矣"这样一个断语,就没有力量得多;这一段的气势,就自然薄弱得多。可是韩愈在这里像一个雄辩的演说家,感情激昂地滔滔不绝地用排比的句法列举了十多件圣人为民谋利除害的事情,然后再下一个断语,驳斥道家对圣人的看法,这就显得多么有力量,多么有气势!又如《论佛骨表》的第一段，如果不用排比的句子，说成"某在位多少年，年多少岁"，而改成"黄帝、少昊、颛顼、帝喾、帝尧、帝舜及禹皆在位七八十年以上，年皆百余岁"，力量就薄弱得多，也就没有了原文的气势。许多同类型句子排比在一起，就像长江大河中的浪头一个紧接着一个，真有"冲飚激浪，污流不滞"、"浑浩流转"的气势。同时，在一段排比以后，韩愈往往又用一个较长的句子或一小段作一收束。上面举的《原道》的例子，"呜呼！其亦不思而已矣"就是这样的收束。《论佛骨表》的"此时天下太平，百姓安乐寿考，然而中国未有佛也"，也是这样的收束。用一个感叹词"呜呼""噫"或连接词"故"、"是故"引起一个结语，是韩愈常用的办法。必须要有这样的收束，因为如果老是排比下去，就会也变成平铺直叙，单调无力，没有波澜。到一个地方，来一个收束，既蓄积了前文的气势，又为下文的开展准备了力量。就像长江大河滔滔不绝地直流而下，到一定地方，也必须有一个洄水湾；这洄水湾蓄积了上游的水势，又为下游的急流重新准备了力量。比如《进学解》中弟子所说的一段话，前面用了几十个排比的句子，列举出先生在各方面的成就，中间用一"然而"作转折，又叠用排比的句子，再列举出先生在各方面的不幸。这种排比就像长江大河中滔滔不绝的巨浪，一"然而"就是那洄水湾。一放一收，一收一放，就这样在语言方面形成了韩文气势浩大的风格。

　　无疑，排比是韩文最基本的修辞手段，几乎每一篇韩文都有排比的句子。《原道》抽去了排比的句子就不成为《原道》，《论佛骨表》抽去了排比的句子就不成为《论佛骨表》，韩文去掉了排比的句子，也就不成为韩文。但是除了排比以外，韩愈还喜欢用一些虚词，把许多简单句扣在一起，构成很长的复杂的句子，这也是造成韩文风格的重要语言条件。

　　前面我们已经举出过《张中丞传后叙》中的一个例子，是由十一个单句构成的一个复句。其实在韩文许多的篇章中都能找出这样的长句来,比如《争臣论》从"官以谏为名,诚宜有以奉其职"到"熙鸿号于无穷也"也是由八个单句构成的一个复杂的按断句。又如《柳子厚墓志铭》中从"今夫平居里巷相慕悦"到"又下石焉者,皆是也",更是由十四个单句构成的复句。这种句子,都不能分开,必须一口气念下去,似乎真是一气呵成,不可遏止,因此也就造成了韩文的无所不包,气势浩大的风格。

苏辙《上欧阳书》说:"孟子之文,语约而意深,不为巉刻斩绝之言,而其锋不可犯。韩子之文,如长江大河,浑浩流转,鱼鼋蛟龙,万怪惶惑而抑绝蔽掩,不使自露,而人望见其渊然之光,苍然之色,亦自畏避不敢迫视。"就正是看到了孟子和韩愈的文章语言上的差别。一个是"语约而意深";一个是"长江大河","鱼鼋蛟龙"无所不包。这也就是说后者句子长、句子复杂。韩文的这种句法——用虚词构成复杂的长句,开了古文家的先例(自然韩愈也是学《庄子》学《史记》的),到宋代欧、苏、曾、王就更发展了这一手法。

如上所述,韩文不但彻底反对骈偶,摆脱了形式的束缚;同时又采用了当时口语中很多的词汇和语法形式;并且有着自己独特的风格。因此他的实践,我们也是应该给以充分的肯定的。在当时来说,韩文确实是一种准确、明了、朴素的语言,是一种有生命力的语言,是唐代文学语言革新的重大成果之一。

＊　　＊　　＊

韩愈由于他在古文运动方面理论和实践的重大成就,由于他的理论和实践的一致,因此在当时和后代(从唐、宋到明、清)声誉都是很高,影响都是很大的。他不但是中国文学史上一个很重要的作家,而且也是汉语文学语言史上很重要的一个作家,我们应该更进一步地详细研究他。

附　注

① 苏联《文学报》专论《文学语言中的几个问题》(译文载 1952 年第一二月份《文艺报》),以下简称《文学语言中的几个问题》。

② 转引自《文学语言中的几个问题》。

③ 李谔《上隋文帝书》(见《隋书·李谔传》)。

④ 张籍《与韩愈书》(参考韩愈《答张籍书》)。

⑤ 《唐语林·邵氏见闻录》均载其事,参考《昌黎先生集》卷十《夕次寿阳驿》和《镇州初归》两首诗。

⑥⑦ 《柳河东集》叙说。

⑧ 刘麟生《中国骈文史》和瞿兑之《骈文概论》。

⑨ 这两个例子是王力先生供给的。

⑩ 引自《俄文教学》1956 年第 5 期。

⑪ 见《徐孝穆集笺注》。

⑫ 见冯浩《樊南文集详注》发凡。

⑬ 参考王力《汉语史讲义》第 54 节(北京大学 1956 年油印稿)。

⑭⑮　参考王力《汉语史讲义》第 34 节(北京大学 1956 年油印稿)。

⑯ 参考王力《汉语史讲义》第 42 节(北京大学 1956 年油印稿)。

⑰ 皇甫湜《谕业》。

⑱ 苏辙《上欧阳书》。

⑲ 毕达柯夫《文艺学引论》340 页(北京大学版)。

(原载《语言学论丛》第一辑,新知识出版社,1957)

汉语历代书面语和口语的关系

研究汉语史最基本的材料是历代的书面语,弄清历代书面语同口语的关系是研究汉语史的前提条件。

一

汉语古代的书面语有两大系统:一是文言文,一是古白话。文言和白话同口语的关系如何?看法颇有分歧。有人认为文言只是一种书面语言,古人说话不会那样满口"之"、"乎"、"者"、"也"、"矣"、"焉"、"哉";不少人更拿汉字难写作为古代汉语"言文不一致"的根据。他们认为由于汉字难写,只好节省些,所以文言只是口语的摘要。至于殷商时代的甲骨刻辞,他们还可以补上几条理由:一是龟甲兽骨,刻写困难;二是文体单一,篇幅简短。

其实,这种观点是大可商讨的。我们知道,口语和书面语是一种语言的两种变体,两者当然有自己的特点,有某些差异。差异产生的根本原因是:口语是通过口耳相传的耳治语言,往往是随口而出;书面语是让人阅读的目治语言,往往是经过认真思考才写出来的。具体来说,口语大都是交际双方共处在一个特定的时空之间的直接交际活动,有着丰富的语调、语气,声音有高低轻重,还可以借助手势、面部表情等多种辅助手段,边想边说,因此既可能有较多的省略,又可能出现一些啰嗦重复或者破碎的、不完整的句子。书面语是靠文字作媒介,用于传远传久的交际工具,没有口语所具有的辅助手段,但可以反复思考,仔细推敲,因此,句子一般更加完整,结构更加严密,行文更加简洁。总体来看,两者的关系只是加工和未加工的区别,就语言系统来说,应该是一致的。其差异主要是修辞表达、言语风格方面的,是属于语言系统以外的东西。所谓"言文不一致",不应该是指这种差异,而应该是指语言系统上的不同。事实告诉我们,一种语言的书面形式和口头形式的系统不同,是由某种特定的历史、社会条件造成的。例如:拉丁语在中世纪曾被欧洲许多国家共同使用作书面语,汉语曾被日本、朝鲜、越南用作古代的书面语,从东汉起日益脱离口语的文言文一直到"五四"以前还被用作书面语。

二

从语言系统的角度来看,我们认为,书面语同口语自殷商到西汉都是一致的。这可以从文献资料和语言发展等多方面得到论证。

首先我们从甲骨刻辞谈起。"汉字难写,刻写困难"能否成为甲骨刻辞不反映当时口语的论据呢?答复应该是:不能。众所周知,甲骨刻辞基本上是殷王占卜之辞。殷人信鬼,古人说:"国之大事,在祀与戎。"祭祀占卜,当时有巫史专人负责。在他们看来,占卜之辞就是人与神对话,一字一句,必然恭敬惟谨地记录下来,哪会因为难写难刻,就任意删节摘要呢?再说,军国大事,对一个王朝来说,多刻写几个字也算不上什么困难。更何况在那文明史的初期,语言知识还处在十分低的情况下,摘要如何摘?省略如何省?谁能定出这个标准呢?事实上,从甲骨刻辞来看,虽然不是没有省略的地方,但更普遍的是重复很多。例如:

丙子卜,韦贞:我受年?

丙子卜,韦贞:我不其受年?(《殷虚文字乙编》876)

癸卯卜,今日雨?其自西来雨?其自东来雨?其自北来雨?其自南来雨?(《卜辞通纂》375)

东土受年?南土受年吉?西土受年吉?北土受年吉?(《殷契粹编》907)

例①是一段正反对贞的卜辞,反问只多了"不其"两字,其他全是重复。例②例③一个问题从多方面贞问,重复更多。这种情况在甲骨刻辞中并非特例,可见省略、摘要之说与实际是不符的。

认为甲骨刻辞不能反映当时口语的另一论据是"文体单一,篇幅简短"。这也是没有说服力的。我们知道,甲骨刻辞虽然文体单一、篇幅简短,但是它反映的社会生活却十分广泛,包括农业渔猎、征伐祭祀、天文历法、方国地理、先王先公、旧臣百官,几乎遍及殷商时代社会生活的各个方面。甲骨出土有十多万片,语料该在一百万字以上,《甲骨文编》所收单字有4672个,已识字一千有零。如果承认甲骨刻辞是在当时口语的基础上进行加工的书面语,而不是口语的摘要,那么,这样大数量的语料就必然可以反映当时口语的全貌。这里可以拿《论语》作为我们讨论问题的佐证。《论语》全书只有15920字,所用单字1400多个,它是语录体,篇幅也不长。但是,根据我们初步考察,春秋战国时期的各类词、各种语法成分、各类句型,在《论语》中都是齐备的;常用的基本词也出现了;如果从语音系统方面来分析,在《论语》所使用的1400多个单字中也得到了反映(可参看拙作《殷商时代音系初探》,载《北京大学学报》1988年第六期)。总之,《论语》是足以反映当时语言系统的基本面貌的;那么,比《论语》语料多几十倍、上百倍的甲骨刻辞无疑也能反映殷商时代的语言系统全貌。我们应该考虑,语言的词汇量可以很大,任何有限的语料都不可能包括全部词汇;但是常用词汇、基本词汇远比一般词汇小得多。例如,现代英语总词数在六七十万个以上,但是其中4500个常用单词已占书报中所用词汇的99%;汉字在六万以上,而现代汉语常用汉字三千个,已占书报用字的99%以上(字与词不是一回事,但有密切联系)。《甲骨文编》收单字四千多,应该说已能基本反映当时词汇系统的全貌。

  我们还可以从语言发展的角度来考察,人们不难发现,殷商时代的甲骨刻辞同西周金文和周秦的文献语言是一脉相承的。历史学界大都赞成商人东来、周人西来说,但是留下的书面语言如此惊人的一致,这是什么原因呢?有人曾提出一种看法,认为这是经过语言融合,商人的语言成了胜利者。我们却倾向于商人、周人都是华夏族的分支,使用的是同一种语言。因为历史传说、文献资料都没有商人、周人发生语言隔阂、语言融合的任何迹象。至于周代的语言比商代的语言系统更完善,内容更丰富,这是语言发展的结果。从语言史的角度来看,某些周秦具有的语法成分、句型结构在甲骨文中没有,例如甲骨刻辞中指示代词只有"之"、"兹",疑问代词一个也没有,应该承认周秦文献中众多的指示代词和疑问代词是后来才产生的。由殷商到周秦语法的发展线索是很清楚的。如果甲骨刻辞同当时的口语不一致,只是口语的摘要,而不是在口语的基础上进行加工的,这种发展是很难富有规律性的。这里不是谈汉语的历史发展,我们就不占用篇幅来一一论证了。

  下面我们谈周秦书面语同口语的关系。西周金文和周秦文献所保存的书面语显然也是同当时的口语一致的。《诗经》中的国风大多是民间歌谣,民歌是一般老百姓唱的,往往最能反映口语的实际。例如:

    将仲子兮,无逾我里,无折我树杞。岂敢爱之?畏我父母。仲可怀也,父母之言,亦可畏也。(《郑风·将仲子》)

这一章诗，同现代汉语相比，主要是词语有较大不同，大多是单音词同双音词的区别；至于句法结构方面，几乎同现代汉语完全一致。语言的词汇是处在不断变化之中的，经过两千多年的旧质要素的逐渐衰亡、新质要素的逐渐积累，古今的差异必然是较大的。又如《论语》，是孔门弟子辑录孔子和孔子某些弟子言行的著作。看来是，话怎样说就是怎样记录的，因而带有很浓的口语色彩。例如《子路、曾晳、冉有、公西华侍坐》一章，孔子同弟子一问一答和孔子自问自答的神情、语气都表达出来了。拿来同现代汉语比较，主要也是词语方面的区别，语法方面有很大的一致性。我们还注意到，《论语》的句尾语气词用得特别多，两个语气词连用的有47处，三个语气词连用的有9处。这正是反映了当时口语的具体表现。例如：

　　　　其犹穿窬之盗也与？（《阳货》）
　　　　子曰："庶矣哉。"（《子路》）
　　　　子曰："亦各言其志也已矣！"（《先进》）
　　　　鄙夫可与事君也与哉！（《阳货》）

语气词是表示说话口气的，不是句子所要表达的主要内容，有的文体语气词就用得很少。几个语气词连用，是表示一种复合的语气（参看拙作《先秦语气词新探》二，《古汉语研究》1989年第一期）；现代汉语没有三个语气词连用的情况，先秦典籍中也只出现在少数几部典籍中。这正说明，口语中有的语言现象，在《论语》中得到了真实的反映。

　　如果《诗经》和《论语》是反映当时口语的，那么，其他典籍的语言也是同当时口语一致的。因为春秋战国期间的典籍，从语言系统来看，是非常一致的。所谓"周诰殷盘，诘屈聱牙"，只说明它的时代更早一些，同现代口语的距离更大一些，而不能说明它同当时的口语不一致。

春秋以后,有所谓"雅言",这种"雅言"大概就是当时的共同语,正因为有这种"雅言"作为加工的基础,才会形成当时书面语的十分一致。方言的差异恐怕主要表现在语音和部分词语上。

到了汉代书面语同口语的关系如何呢?胡适在《白话文学史》里认为:战国时代文体已经同语体不一致,到了汉武帝时,古文已经成为一种死文字了。①他拿《史记·儒林列传》的一段话作为论证:"臣谨案,诏书律令下者,明天人分际,通古今之义,文章尔雅,训辞深厚,恩施甚美。小吏浅闻,不能究宣,无以明布谕下。"其实这是误解,"小吏浅闻,不能究宣"是从小吏的知识浅薄,不能解释清楚诏书律令的内容来说的,而不能证明书面语变成了完全脱离口语的死文字。我们只要考察一下《史记》引用先秦典籍的情况,就可以作出正确的结论。例如:

> 帝曰:"畴咨若时登庸?"放齐曰:"胤子朱启明。"帝曰:"吁!嚚讼,可乎!"(《尚书·尧典》)
>
> 尧曰:"谁可顺此事?"放齐曰:"嗣子丹朱开明。"尧曰:"吁!顽凶,不用。"(《史记·五帝本纪》)

《五帝本纪》有关帝尧的记载,基本上就是把《尚书·尧典》引用过来,《尧典》文辞深奥一些,《五帝本纪》通顺一些,也就是译成了汉代的语言。《尧典》写定并不太早,但是作为口头传说,应当较早,所以保留了一些比较古老难懂的词语。司马迁不但在引用《尚书》的材料时,大多译成汉代的语言,就是在引用《左传》《论语》《战国策》的材料时,也多有改动。②据我们的初步考察,先秦典籍,判断句是不用系词"是"的,《史记》中却出现了六次以上;先秦典籍很少出现结果补语、趋向补语,《史记》中却用得相当多;先秦表被动的"为……所"式用例非常少,还处在萌芽状态中,《史记》中表被动的"为……所"式却很多,有72例,是各种被动句中用例最多的一种,占被动句总数的四分之一以上;先秦的无定代词"他"只用作宾语、定语,《史记》中却有六例用作主语。语法具有极大的稳固性,一种语法成分、句法结构的变化往往需要几个世纪才能完成。《史记》在语法方面同先秦典籍已有相当多的差异,可见它并非仿古之作,而是随着口语的发展而进行加工的书面语。西汉其他典籍的语言系统大多与《史记》相似,因此西汉的书面语仍然保持了与口语的一致,而不是变成了"死文字"。

三

书面语脱离口语的内在原因是书面语具有相对的保守性,而书面语的保守性又往往是由于仿古造成的。战国以后,典籍日多,为书面语提供了仿古的蓝本。加上汉武帝罢黜百家,独尊儒术,崇古之风日盛;东汉以后,文尚整饬,魏晋以后,形式主义、唯美主义的文学思潮笼罩文坛。在这种社会思潮、文化思潮的影响下,宗经、徵圣,为文务求典雅,遣词意在工丽。汉语书面语自然日益脱离清新活泼的口语的发展,分歧越来越大。

东汉初年,书面语大概已经开始脱离口语,所以王充要为自己"形露易观"的著作辩护。王充主张"文字与言同趋","口则务在明言,笔则务在露文"。③王充的《论衡》确实是东汉最接近口语的著作,它同当时的其他典籍的语言有着明显的区别。

魏晋以后,形成骈体文。骈文一是讲究对仗声律,二是追求用典藻饰。讲究对仗声律,句子大多是四字、六字,四字句的节奏一般是二二,六字句的节奏一般是三三(三一二)或二四(二二二),因而句子的语法结构必然受到很大限制。例如:

庾亮儿遭苏峻难遇害,诸葛道明女为庾儿妇,既寡,将改适,与亮书及之。(《世说新语·伤逝》)

人若有如木之质以为形,又有异木之知以为神,则可如来论也。(范缜《神灭论》)

见有一人将胡麻车在险路中不能得前。(《百喻经·索无物喻》)

像以上这样的句子结构是不可能在骈文四、六句格式中出现的,还有很多句型或复杂的句法结构也是不能的。至于用典藻饰,又必然造成口语词被排除在外的情况。正如隋代李谔所批评的:"连篇累牍,不出月露之形;积案盈厢,唯是风云之状。"④在骈文中,颜色、金玉、灵禽、奇兽、香花、异草是用得最多的词语,有些骈文,仅颜色一类词就占全文字数的十分之一。用典之多,更是造成不少骈文"殆同书抄"。不难发现,骈文从语法和词汇两方面都严重地脱离了不断发展的口语。

唐代兴起的古文是对当时时文(即骈文)的反动,是文体的改革,也是书面语的改革;但是它举的是复古的旗帜。韩愈说:"或问为文宜何师?必谨对曰:宜师古圣贤人。"又说:"始者非三代两汉之书不敢观","惟古于词必己出"。⑤这是明确提出了模仿秦汉以前书面语的主张,成了古文运动尊奉的宗旨。在实践上韩文的语言也确实是遵循先秦的语法系统,有意避免使用当时口语的语法成分或句式。例如:

人其人,火其书,庐其居。(《原道》)

这是运用词类活用的手段。这类词类活用现象在先秦比较普遍,到了唐代已经逐渐衰亡下去;但是韩愈不仅采用,还加以推衍。仅《原道》一文就有21字28次词类活用现象,其他文章也用得不少。又如,六朝以后判断句一般都要用系词"是",甚至骈文中都不乏用例,可是韩文中却找不出一例来。在词汇运用方面,韩文也重在仿古,只是对反映当时新事物的名词采取了比较现实主义的态度。比如东汉以后产生的佛教、道教的词语和隋唐以后随着科举制度产生的新词语,在韩文中是普遍使用的。这是无法避免的现实,除非写文章全不触及现实生活。至于唐代口语中大量产生的所谓"俗语词"在韩文中是很难找到的。韩愈以后的古文家对待口语的态度是同韩愈一致的。这是一种仿古的书面语,无疑是脱离口语发展的。随着时间的推移,它同口语的分歧必然越来越大,但是它却处在文学语言正宗的地位。一直到"五四"运动才被新的文学语言所取代。

魏晋以后,也有一些吸收口语成分较多的著作,主要是东汉以后的佛经翻译,唐末五代的敦煌变文、《祖堂集》以及禅家语录等。它们大量地采用口语的语法成分、句式和俗语词,又还沿用先秦的虚词或句法结构,形成一种文白夹杂的书面语。例如:

(1) 妇于后时,心厌傍夫,便还归家,语其夫言:"我是汝妻。"夫答之言:"我妇久死,汝是阿谁?妄言我妇。"(《百喻经·妇诈称死喻》)

(2) 老人曰:"弟子虽听一年,并不会他《涅盘经》中之义,终也不能说得姓名。"老人言讫,走出寺门,随后看之,并无纵由。是何人也?便是庐山千尺潭龙,来听远公说法。(《庐山远公话》)

这两段话明显地杂用了文言、白话两种语言成分、句式和语词。例(1)是六朝的文献,其中用介词"于"、代词"其"、"之",这是文言成分,在当时口语中可能已经衰亡;但是两个判断句都用了系词"是",并且不带语气词"也",这是魏晋以后才普遍使用的句式;还有副词"便"和"阿谁"中的词头"阿",都是汉代以后才产生的。例(2)是出自唐末五代的变文,其中的"是何人也"明显是用的先秦句式,"是"作代词,"也"作判断语气词,到唐代已经衰亡。但是它所用的白话成分,比《百喻经》更多。例如用在动词后宾语前的修饰性的"他",是唐代才产生的;"终也"中用作副词的"也"和"看"用作"观看"义都是六朝以后才有的;"便是"的用法也不会早于六朝;"说得"、"走出"这种结果补语、趋向补语结构也是先秦很少使用的。这种文白夹杂的文体是古白话的源头。它随着口语的发展而有变化,但是在宋代以前很难找到纯粹白话的文献。

宋代以后,这种文白夹杂的书面语仍然被语录体等所采用,例如《朱子语类》等;但是一种完全在当时口语基础上进行加工的书面语也产生了,这就是宋元平话、元代白话碑、《元典章》、《元朝秘史》、《老乞大》、《朴通事》和明清的章回小说等。这种书面语比较真实地记录了当时的口语,随着口语的发展而发展,不同时期的作品在语言上往往有所不同。例如:

(1)话里且说宇文绶发了这封家书,当日天色晚,客店中无甚底事,便去睡。方才朦胧睡着,梦见归去,到咸阳县家中,见当直在门前,一壁脱下草鞋洗脚。(《简贴和尚》)

(2)你看他们使枪的使枪,使剑的使剑,使刀的使刀,使斧的使斧,扛的扛,抬的抬,掀的掀,捎的捎。(《西游记》第65回)

(3)我死我的,与你何干?(《红楼梦》第20回)

例(1)是宋元平话,唐宋以后产生的许多新的语法成分在这短短的一段话中出现了。有动词词尾"了"和"着",有词尾兼语尾"底",有指示代词"这",有疑问代词"甚"。整段文章也全是元代口语中使用的句式。例(2)中的一种句式:主语=谓语+"的"。这是明代才产生的。例(3)的"A+V+A的",这种句式是清代才有的。宋元以后整个语法系统已经同现代汉语相差不远,只有少数语法成分或句式衰亡了,"五四"以后新产生的语法成分或句式很少。所以王力先生用《红楼梦》作为撰写《中国现代语法》的资料,基本上已经够用。词汇方面差距较大,主要是"五四"前后新产生的词多,消亡的词是少数。

最后,我们要谈到诗歌的语言。东汉以后,诗歌的语言一般比散文更接近口语。汉魏乐府、六朝民歌和唐诗中的不少作品,尤其是唐人的白话诗,如王梵志诗、寒山诗、拾得诗,都是很接近口语的。例如:

敕勒川,阴山下。天似穹庐,笼盖四野。天苍苍,野茫茫,风吹草低见牛羊。(《敕勒歌》)

床前明月光,疑是地上霜。举头望明月,低头思故乡。(李白《静夜思》)

这两首诗歌除系词"是"以外,虽然没有使用先秦以后的语法成分或句法结构,但是它明白如话,运用的是古今一致的词汇和语法结构,应该认为是同口语相一致的。又如:

两个黄鹂鸣翠柳,一行白鹭上青天。窗含西岭千秋雪,门泊东吴万里船。(杜甫《绝句》)

借物莫交索,用了送还他。损失酬高价,求嗔得也磨。(王梵志《借物莫交索》)

杜甫的这首《绝句》,数词同名词结合时,中间都用了一个量词,这是六朝以后的语法规则。王梵志这首诗用的口语成分更多:"莫",用作禁止性的否定副词,产生于西汉;"他",用作"别人"的意思,产生于东汉末年;"了",用作表完成态的动词词尾,唐代才产生;"磨",句尾语气词

"吗"的早期写法,产生于唐代。汉魏以后的古诗、近体诗也有同口语相距较远的,尤其是宋代以后的诗,学汉魏,学唐人,具有保守性,同不断发展的口语距离必然越来越大。至于词、曲,一般比古体诗、近体诗更接近口语。不过,我们应该看到,诗歌语言虽然有与口语一致的一面,但由于形式的限制,总难反映口语的全貌。

总的来看,从东汉到唐末,是汉语书面语同口语相分离的一段时期。处于文学语言正统地位的是骈文、古文这种仿古的书面语;而不被当时重视的译经、变文、语录等用的则是一种文白夹杂的书面语。宋代以后,汉语书面语存在三种情况:一是仿古的文言文,二是在当时口语基础上进行加工的古白话,三是继承唐代以前文白夹杂的混合语。文言、白话的抗衡、消长直到"五四"以后才得到解决,此后,汉语书面语又回到了"言文一致"的康庄大道。

附　　注

① 胡适《白话文学史》第一编第一章。
② 参看何乐士《史记语法特点研究》(载《两汉汉语研究》,山东教育出版社,1984)
③ 《论衡·自纪篇》。
④ 《隋书》卷66,《李谔传》。
⑤ 韩愈《答刘正夫书》、《答李翊书》、《南阳樊绍述墓志铭》。

(原载《程千帆先生八十寿辰纪念文集》,
江苏古籍出版社,1992)

增 补 本 跋

　　十年前我将当时个人所写汉语史方面的论文收集起来,承商务印书馆允予出版;于是请启功先生题名《汉语史论集》,于1997年面世。论集共收论文二十篇,都是1994年以前发表的。分成四类:有关语法的十篇,有关音韵的三篇,有关文字、训诂的五篇,有关文学语言的两篇。十年过去了,有关汉语史方面的论文又发表了二十多篇,心想出个续编;商之商务印书馆编辑部,他们建议出个增补本。我认真一想,觉得也好。因为初版中的文章,还有不少读者想看看,现在已不易找到,一起印出,也是提供一个方便。又想到蒋礼鸿先生的《敦煌变文字义通释》,1959年初版不到一百页,才五六万字;他一再订补,1988年出版第四次增订本时,就超过了六百页,已经四十多万字。这体现了蒋礼鸿先生深入研究、精益求精的学术探求。我的出版增补本,自然不能同蒋先生相比;在我这里,只是时间的推移,多写了一些文章,是真正把后写的篇目增补进去罢了。

　　增补的二十篇除一篇外,都是1994年以后发表的。属于语法的有《远古汉语的句法结构》等十二篇,按发表时间的先后列在语法类原有十篇的后面;属于音韵的有《历史音韵学研究中的几个问题》等三篇,按发表时间的先后列在音韵类原有三篇的后面;属于文字、训诂的有《汉文》《李白在哪儿望天门山》等五篇,《汉文》发表于1986年,插在原有篇目《说"斃"》的前面,其他四篇也按发表时间的先后列在文字、训诂类原有五篇的后面。有些篇目发表时,因各种原因曾有个别删改之处,收入本论集时,一般都恢复原貌。

回顾逝去的岁月,不禁感慨很多。二十世纪是世界巨变的时代,更是中国变化极大的时期。处在这样的时代,我们的经历也是多变而复杂的;但是作为一个没有离开过学校而被称作"两门干部"的知识分子,经历又可说是很简单的。我们都只能在时代大潮的汹涌中翻滚浮沉,长期处在改造和接受再教育的处境中。年过五十还被称作年轻教师,年近花甲也没有脱离中青年教师队伍。我们担当着自觉接受改造、积极听从指挥的角色。多工作,少索取,多考虑集体利益,少提个人要求。在神州大地,这算是时代对我们这一代人提出的无可指责的人生准则。

从北京大学毕业后留校,我同许多人一样,主观上都是在努力实行时代对我们提出的准则。五六十年代校内的教学工作、社会工作,校外的兼职和教材编写,多重任务压在肩上;忙得不但没有节假日,连一天睡眠八小时也很少做到。经过"文革"十年的磨难,知识分子迎来了自由开展学术研究的春天,我还是一心扑在教学和古汉语教材建设上,还是校内、校外要兼顾,兼职比以前更多。六十岁以前一直埋头干,一点也没有觉察到"老之将至"。进入六十岁,我交卸了教研室的工作,想多做些个人研究,以便应付出版社的多个稿约;可是博士生的培养,博士生课程的开设,是应该摆在首位的,还有《王力文集》的编辑、《王力古汉语字典》的编写任务,也必须摆在个人研究的前面,稿约只得推掉。唯一的自留地是研究先秦语法的发展,本论集增补的十二篇语法史文章就是这方面的主要成果。七十岁退休,只想赶快送走最后两届博士生,好来完成个人原定的几项研究任务。2001年出国探亲,着手增订八十年代出版的《汉字古音手册》,半年时间初步增收了一千多字。回国后本想继续《手册》的增订工作,没想到遇上梅祖麟要君临古音研究学界,从乾嘉学派扫到章黄学派及其"旁支别流"(梅氏用语);

在友朋提供信息、倍加鼓励的情况下,我不得不对"打上门来"的西式银样镴枪头进行回击。这就成了本论集增补的三篇音韵类的文章。至于文字、训诂类的五篇文章,有的是应约为文,有的是有感而发。

从探亲回国又三年了,校内、校外的零碎事情仍然不少,《汉字古音手册》的增订一字未动,现在真希望能安静下来,重新拣起这个增订工作。体力、目力虽然日益不济,但是一想起了一师八十自寿诗中的豪情壮语:"漫道古稀加十岁,还将馀勇写千篇",就鞭策我要继续前进,为我国的语言学事业再做一些个人力所能及的工作。

郭锡良

2005年1月24日于京郊蓝旗营初稿
2月12日于海口万恒城市花园定稿